༄༅། །གངས་ཅན་གཙུག་ལག་རིན་ཆེན་ཕྲེང་བ། །དེབ་བརྒྱད་པ།

༄༅། །སྟོང་འཁོར་ཡེར་ཧེ་ཉི་ཚན་ཞི་མཚུ་ཞྲིའི་ནོ་མོ་ཧན་གྱི་ འབྲུངས་རབས་གསོལ་འདེབས་སོགས། །

རྒྱལ་དབང་སྤྲུལ་མིང་བློ་བཟང་འཕྲིན་ལས་རྣམ་རྒྱལ་གྱིས་མཛད།

XZCB བོད་ལྗོངས་མི་དམངས་དཔེ་སྐྲུན་ཁང་།

图书在版编目（CIP）数据

董廓诺们汗转世传：藏文/洛桑赤列朗杰著 .--拉萨：西藏人民出版社，2014.10（2021.7重印）

ISBN 978-7-223-04492-9

Ⅰ.①董…Ⅱ.①洛…Ⅲ. ①董廓多吉嘉措-传记-藏语 Ⅳ.①B949.935.5

中国版本图书馆CIP数据核字（2014）第211317号

西藏经典文化丛书 (第八卷)

董廓诺们汗转世传

策 划 人：道帏·才让多杰
著　　者：洛桑赤列朗杰
主　　编：道帏•才让多杰
责任编辑：道帏•才让多杰
责任校对：卓玛措　杨尖措
封面设计：格桑罗布
版式制作：白玛曲吉
出版发行：西藏人民出版社（拉萨市林廓北路20号）
印　　刷：西藏新华印刷厂
开　　本：787×960 1/16
印　　张：12.125
字　　数：136千字
印　　数：1,001-3,000
版　　次：2014年10月第1版
印　　次：2021年 7 月第2次印刷
书　　号：ISBN 978-7-223-04492-9
定　　价：25.00元

༄༅། །གངས་ཅན་གཙུག་ལག་རིན་ཆེན་ཕྲེང་བ། །
དེབ་བརྒྱད་པ།

༄༅། །སྟོང་འཁོར་ཨེར་ཏེ་ནི་ཚན་ཞི་མཛྷ་ཕྲིའི་ནོ་མོན་ཧན་གྱི་འཁྲུངས་རབས་གསོལ་འདེབས་སོགས།

༄༅། །གངས་ཅན་གཙུག་ལག་རིན་ཆེན་ཕྲེང་བ། །དེབ་ཕྲེང་གི་རྩོམ་སྒྲིག་ཨུ་ཡོན་ལྷན་ཁང་།

སྤྱི་ཁྱབ་རྩོམ་སྒྲིག་པ།
བསྟན་རྒྱས། པ་སངས་དབང་ཆེན།

གཙོ་སྒྲིག་པ།
རྡོ་སྤྲིན་ཚེ་རིང་རྡོ་རྗེ།
གཙོ་སྒྲིག་གཞོན་པ།
པ་སངས་དབང་ཆེན།

ཁོངས་མི།
པདྨ་ཚེ་རིང་། དཔྱངས་ཅན་འཚོ། སྒྲོལ་མ་མཚོ།

སྔོན་འགྲོའི་གཏམ།

སྟོང་འཁོར་སྐུ་ཕྲེང་རིམ་བྱོན་ནི་མདོ་སྨད་ཡུལ་དུ་བྱོན་པའི་བླ་རབས་ཤིག་ཡིན་ཞིང་བསྟན་པའི་ཕན་ཉེས་ཆེད་ངལ་བ་འཁུར་བླངས་ཀྱིས་མདོ་སྨད་དང་དབུས་གཙང་། སོག་ཡུལ། རྒྱ་ནག་ཏུ་ཞབས་སོར་འཁོད་ནས་འགྲོ་དོན་བསྐྱངས་ཤིང་སྙན་གྲགས་རྒྱས་པས་གོང་མའི་ཕོ་བྲང་དུ་གདན་དྲངས་ཏེ་གདུལ་བྱ་དུ་མར་ཆོས་ཀྱི་བདུད་རྩིས་ཚིམ་པར་མཛད། གོང་མས་སྟོང་འཁོར་ཨེར་ཏེ་ནི་ཚན་ཞི་མཉྫུ་ཤྲཱིའི་ནོ་མོན་ཧན་ཞེས་པའི་ཆེ་ལོ་བསྩལ་ཞིང་མཛད་པ་ཕྱོགས་བཅུར་རྒྱས།

རྒྱལ་དབང་སྤྲུལ་མིང་བློ་བཟང་འཕྲིན་ལས་རྣམ་རྒྱལ་ལམ་འབྲུག་རྒྱལ་དབང་ཆོས་རྗེས་མཛད་པའི་དགེ་ལྡན་བསྟན་པའི་ཉིན་བྱེད་སྟོང་འཁོར་ཨེར་ཏེ་ནི་ཚན་ཞི་མཉྫུ་ཤྲཱིའི་ནོ་མོན་ཧན་གྱི་འཁྲུངས་རབས་གསོལ་འདེབས་རྣམ་དཔྱོད་ཚོགས་གཉིས་མའི་འགྲེལ་པ་དང་། ཚེ་དབང་སྐུ་བརྟན། དངུལ་གདུང་རིན་པོ་ཆེ་བྱང་ཆུབ་མཆོད་རྟེན་གྱི་དཀར་ཆགས་(ཆག) བཅས་རབ་གསལ་ནོར་བུའི་མེ་ལོང་དཔྱོད་ལྡན་ཀུན་དགའ་བསྐྱེད་བྱེད་བཞུགས་སོ་ཞེས་པའི་ཤིང་དཔར་མ་འདི་ནི་ཡིག་སྒྲོལ་དབུ་ཅན་ཡིན་ཞིང་ནང་དོན་ཐད་སྟོང་འཁོར་སྐུ་ཕྲེང་རིམ་བྱོན་གྱི་རྣམ་ཐར་དང་འཁྲུངས་རབས་གསོལ་འདེབས། སྐུ་བརྟན་སོགས་འདུས་ཡོད། འདིར་ཤིང་དཔར་མ་པར་བརྒྱབ་ནས་དེར་པར་སློག་བཏབ་པ་ཞིག་ལ་གཞིར་བཟུང་ནས་རྩོམ་སྒྲིག་བྱས་ཤིང་། སྤྱིའི་ཚནས་མ་ཡིག་ལ་བཟོ་བཅོས་མ་བགྱིས་པར་སོར་བཞག་བྱས་ཡོད་མོད་བསྐྱུང་ཡིག་རབྱམས་དང་བཅས། སོའི། བློ་ལྟ་བུ་སོགས་ཁ་ཕྲལ་ནས་བཀོད་ཡོད། ཡང་དཔེ་ཆ་འདིར་ག་དང་གའི་སྦྱོར་སྟངས་ངེས་མེད་དུ་འབྱུང་བ་སྟེ། བརྒྱལ་དང་བརྐྱལ། སྐྲག་དང་སྒྲག བསྒོས་དང་བསྐོས་སོགས་ལྟ་བུ་ལའང་མ་ཡིག་སོར་བཞག་གིས་ཁ་སྐོང་དུ

དག་བཅོས་བགྱིས་ཡོད། ས་མིང་གི་ཐད་དཔའ་རས་དང་དཔའ་རིས་སོགས་དང་། འགོ་ལོག སུར་དགེ ཐུང་རྟུ། ཙོ་ནི་སོགས་འབྱུང་ཡང་དེ་ལ་དག་ཆ་ཡིན་མིན་གྱི་བརྡར་ཤ་གང་ཡང་མ་བྱས་པར་སོར་བཞག་བྱས་ཡོད།

དཔེ་ཆ་འདིའི་མ་ཡིག་གི་ནང་དུ་སྐུ་བརྙན་ལག་བྲིས་ཚོན་ཅན་དུ་མ་བཀོད་འདུག་ཀྱང་པར་སློག་སྐབས་གསལ་པོ་ཐེལ་མེད་པས་འདིར་མ་བཀོད། འདིར་ག་སྒོས་སུ་བརྗོད་དགོས་པ་ཞིག་ལ་ནུབ་བྱང་མི་རིགས་སློབ་གྲྭ་ཆེན་མོའི་རྒྱན་ཡུམ་སྐྱབས་ཀྱིས་དཔེ་ཆའི་འདིའི་སློག་རྟུལ་མ་ཡིག་མགོ་སྤྲོད་གནང་བས་བཀའ་དྲིན་ཡིད་ལ་འཆང་བཞིན་རྗེས་སུ་ཡི་རང་ཞུ། ང་ཚོས་རྩོམ་སྒྲིག་བྱེད་སྐབས་དཔེ་ཆའི་སྣེ་མོ་མི་གསལ་བའི་ཆའང་བྱུང་ལ། དབུ་ཅན་བསྐྱུང་ཡིག་ཅན་ཁ་ཕྲལ་མ་ཤེས་པའང་ཡོད་སྲིད་པ་དང་། དེ་བཞིན་རིག་པའི་བརྡར་ཤ་མ་ཆོད་པའང་འབྱུང་ངེས་པས་མཁས་མང་མདུན་སར་ཉེས་པ་ཁུར་བླངས་ཀྱིས་དགོངས་འཆར་ལྷུག་སྤེལ་ཡོད་པ་ཞུ་ཞུ། ཞེས་རྗེ་སྲིས་ཚེ་རིང་རྡོ་རྗེས་བོད་ཤིང་རྟ་ལོའི་གྲོ་བཞིན་ཟླ་བའི་ཚེས་༢༨ ཉིན་སྒྱུར་བའོ། །

༄༅། །དགེ་ལྡན་བསྟན་པའི་ཉིན་བྱེད་སྟོང་འཁོར་ཨེར་ཏེ་ནི་ཆན་ཞི་མཉྫུ་ཁྲིའི་ནོ་མོན་ཧན་གྱི་འབྱུངས་རབས་གསོལ་འདེབས་རྣམ་དཔྱོད་ཚོགས་གཉིས་མའི་འགྲེལ་པ་དང་། ཚེ་དབང་སྐྲུ་བརྟན། དངུལ་གདུང་རིན་པོ་ཆེ་བྱང་ཆུབ་མཆོད་རྟེན་གྱི་དཀར་ཆགས་བཅས་རབ་གསར་ནོར་བུའི་མེ་ལོང་དཔྱོད་ལྡན་ཀུན་དགའ་བསྐྱེད་བྱེད་བཞུགས་སོ། །

རྒྱལ་དབང་སྤྲུལ་མིང་བློ་བཟང་འཕྲིན་ལས་རྣམ་རྒྱལ།

༄༅། །ན་མོ་གུ་རུ་མཉྫུ་གྷོ་ཥ་ཡ། རྒྱལ་ཀུན་མཁྱེན་བརྩེ་གཅིག་ཏུ་བསྡུས་པའི་དཔལ། །ཁྲི་རུའི་མདངས་འཛིན་གཟུགས་ཀྱི་སྐུར་ཤར་བ། །བདེ་ལྡན་ཞིང་མགོན་ཚེ་མཐར་ཡས་པ་དང་། །དབྱེར་མེད་དཔལ་ལྡན་བླ་མས་དགེ་ལེགས་སྐོལ། །ཟབ་གསང་ཆོས་ཀྱི་ཉི་མ་ཙོད་པོ་ཆེས། །འགྲོ་བློའི་མུན་པ་སེལ་དང་ལྷན་ཅིག་ཏུ། །ཐུབ་བསྟན་སྣང་བས་འཁོར་ཡུག་འཇིག་རྟེན་ཁྱོད། །འགེངས་མཛད་དྲན་དབང་མཐའ་དག་ཕྱག་གི་ཡུལ། །ཁྱད་པར་ཐུབ་གཞུང་ཛམྦུའི་སུ་ཕཏྲ། །དཔྱད་གསུམ་དག་པའི་བྱེ་དོར་གྱིས་སྦྱངས་པའི། །རྟོན་མེད་རིང་ལུགས་སྲོལ་མཁས་ཚོང་ཁ་པ། །ཡབ་སྲས་བརྒྱུད་པར་བཅས་ལ་གུས་པས་འདུད། །བསྐལ་བཟང་མདོ་སྔགས་སྙིང་པོ་ཞྭ་སེར་བསྟན། །འཇམ་དཔལ་དབྱངས་བཞིན་འཆད་རྩོད་རྩོམ་གསུམ་གྱིས། །རྒྱ་མཚོའི་གོས་ཅན་ཁྱབ་པར་སྤེལ་མཛད་པའི། །མགོན་དེའི་སྐུ་ཕྲེང་རིམ་བྱོན་

རྣམས་ལ་འདུད། །གང་ཁྱོད་གདུལ་བྱའི་མོས་བསམ་དྭངས་པའི་མཚོར། །གང་འདུལ་
གཟུགས་སྐུའི་ཟླ་སྣང་བརྒྱ་ཕྲག་བརྒྱ། །འཆར་ནུབ་དུ་མར་སྟོན་པའི་རྣམ་རོལ་གྱིས། །འགྲོ་
ཚོགས་དབུགས་དབྱུང་མཛད་འདི་དམ་པའི་ཚུལ། །སླར་ཡང་འཁོར་བ་ཇི་སྲིད་དེ་ཡི་བར། །
སྤྲུལ་པའི་རོལ་གར་རྒྱུན་མི་འཆད་སྟོན་ཅིང་། །སྐུ་གསུང་ཐུགས་ཀྱི་འཕྲིན་ལས་མཐའ་དག་
ཀྱང་། །བདེ་ལྡན་མགོན་དང་རྣམ་དབྱེར་མ་མཆིས་པར། །འགྱུར་ཕྱིར་འཆི་མེད་དཔལ་སྟེར་
ལྷག་པའི་ལྷའི། །སྣང་བརྙན་མིག་གི་བདུད་རྩིར་འཆར་བའི་དཔལ། །སྐྱེ་དགུའི་བསོད་
ནམས་ཞིང་དུ་ཡོངས་བསྒྲུན་པའི། །དཀར་ཆག་ཐར་འདོད་དད་པའི་འཇུག་ངོགས་དང་། །
ཡོངས་འབྲེལ་འབྲུངས་རབས་རྟོགས་བརྗོད་བཻཌཱུརྻའི། །ངོ་ཤལ་ལུང་རིགས་སྲད་བུར་བརྒྱུས་
པའི་འཕྲེང་། །ལེགས་པར་སྤེལ་འདི་དཔྱོད་ལྡན་མཁས་རྣམས་ཀྱི། །བློ་གྲོས་མགུལ་པ་མཛེས་
པའི་རྒྱན་དུ་ཡོངས། །ཞེས་ཆེད་དུ་བརྗོད་པའི་ཚིག་གི་རིམ་པ་ཉམས་འགྱུར་འབུམ་གྱི་དཔལ་
དང་ལྡན་པས་སྔོན་བསུས་ཏེ་གང་གླེང་བར་བྱ་བའི་རིམ་པ་ནི། དེ་ཡང་ཇི་སྐད་དུ། ༄ཀུན་
གཟིགས་པཎ་ཆེན་ཐམས་ཅད་མཁྱེན་ཅིང་གཟིགས་པ་ཆེན་པོ་བློ་བཟང་དཔལ་ལྡན་བསྟན་
པའི་ཉི་མ་ཕྱོགས་ལས་རྣམ་རྒྱལ་དཔལ་བཟང་པོའི་གསུང་ལས། བསྐལ་བཟང་གླུ་དབང་
ཚོགས་ཀྱི་བསྙེན་པའི་གནས། །འཛམ་དཔལ་དབྱངས་ཀྱི་རིང་ལུགས་ནོར་གྱིས་གཏམས། །
འཕྲིན་ལས་རླབས་འཕྲེང་དུས་ལས་མི་ཡོལ་བའི། །མང་ཐོས་རྒྱ་མཚོ་ཆེ་ལ་གསོལ་བ་
འདེབས། །ཞེས་ཡོངས་སུ་བསྔགས་པ་དོན་དང་ལྡན་པའི་རྗེ་བཙུན་དཔལ་ལྡན་བླ་མ་དམ་པ་
ཐུགས་རྗེའི་བདག་ཉིད་སྟོང་འཁོར་མཆོག་གི་སྤྲུལ་སྐུ་རིན་པོ་ཆེ་བསྐལ་བཟང་འཇམ་དབྱངས་
རྒྱལ་བ་རྒྱ་མཚོ་དཔལ་བཟང་པོ་ཞེས་གྲགས་དཀར་གྱི་བ་དན་འཁོར་ཡུག་རི་བོའི་ཁོངས་ཀུན་
ཁྱབ་པར་འཕྱོ་བའི་མགོན་པོ་འདི་ཉིད་ནི་ངེས་པའི་དོན་དུ་རིང་མོ་ཞིག་ནས་སྨིན་གྲོལ་ཡོན་
ཏན་ཀུན་རྫོགས་སྤངས་རྟོགས་མཐར་ཕྱིན་ཞི་བ་མཆོག་གི་གོ་འཕང་བརྙེས་ཟིན་པ་ཞིག་ཡིན་
ནའང་། ཇི་སྐད་དུ་སློབ་སྤྲིངས་ལས། ཉི་མ་རླབས་ཆེན་ཏ་ཝན་རྒྱུ་བ་སྣང་བྱེད་གང་ཡིན་

དང་། །ཁྱུར་ལ་མི་བརྩེགས་ས་ཡིས་འཇིག་རྟེན་འདེགས་པ་གང་ཡིན་དེ། །རང་དོན་འགའ་མེད་ཆེན་པོ་རྣམས་ཀྱི་རང་བཞིན་དེ་འདྲ་སྟེ། །དེ་དག་འཇིག་རྟེན་ཕན་དང་བདེ་བའི་རོ་ལ་གཅིག་ཏུ་གཞོལ། །ཅེས་གསུངས་པ་ལྟར། ཉི་མའི་དཀྱིལ་འཁོར་ནི་འཇིག་རྟེན་གྱི་མུན་པ་ཡོངས་སུ་སེལ་བ་ལ་སྐྱོ་ངལ་དུབ་པ་སྐད་ཅིག་ཀྱང་མེད་པར་ཉིན་མཚན་བར་མ་ཆད་དུ་ཀུན་ཏུ་འཁོར་བ་ལ་བརྩོན་པ་དང་། ས་ཆེན་པོ་ནི་རྒྱུ་བ་དང་མི་རྒྱུ་བའི་ཁུར། ཇི་ལྟར་ཐམས་ཅད་འདེགས་པ་ལ་མི་བཟོད་པ་མེད་པའི་ཐེག་པ་ཆེས་ཆེ་བ་དང་ལྡན་པ་དེ་བཞིན་དུ། རང་ཁོ་ནའི་དོན་གྱི་ཕྱིར་ཞི་བའི་དབྱིངས་སུ་བཏང་སྙོམས་སུ་གནས་པ་རིང་དུ་བཏང་ནས་གཞན་དོན་འབའ་ཞིག་ཁུར་དུ་འཁྱེར་བ་ལ་འཁོར་བ་མ་སྟོང་གི་བར་དུ་གཅིག་ཏུ་བརྩོན་ཅིང་དེ་ལ་ཞུམ་པ་དང་སྐྱོ་བ་དང་། ངལ་བ་དང་དུབ་པ་སོགས་ཀྱི་ཆ་ཕྲ་མོ་ཙམ་ཡང་མི་མངའ་བར་འདོད་ལྡན་མཐོ་རིས་ཀྱི་དགའ་ཚལ་དུ་འཇུག་པ་བཞིན་དུ་དགའ་བ་དང་སྤྲོ་བ་ལྷག་པར་གཟེངས་སུ་བསྟོད་པར་མཛད་དེ་རབ་འབྱམས་རྒྱ་མཚོའི་ཞིང་ཁམས་རྣམས་སུ་གང་ལ་གང་འཚམས་དེ་ལ་དེ་སྟོན་གྱི་སྒྱུ་འཕྲུལ་དྲ་བའི་རང་གཟུགས་མཐའ་ཡས་བསམ་གྱིས་མི་ཁྱབ་པར་བསྟན་པའི་སྒོ་ནས་གདུལ་བྱའི་ཁམས་ལ་འཕྲིན་ལས་རྒྱུན་མི་ཆད་པར་འཁོར་མོ་ཡུག་ཏུ་འཇུག་ཅིང་། དེའི་ནང་ཚན་མི་མཇེད་འཇིག་རྟེན་གྱི་ཁམས་འདིར་འཕགས་བོད་ཀྱི་ཡུལ་གྲུ་རྣམས་སུ་མཁས་པ་དང་གྲུབ་པའི་རྣམ་པར་རོལ་པ་སྤྱི་དང་། ལྷག་པར་སྙིགས་མའི་དུས་འདིར་འཇམ་མགོན་རྒྱལ་བ་གཉིས་པའི་བསྟན་པ་འཛིན་སྐྱོང་སྤེལ་བའི་སླད་དུ་ངུར་སྨྲིག་འཛིན་པའི་རོལ་གར་གྱི་ཕྲེང་བ་ཟམ་མི་ཆད་དུ་བསྟན་པ་མཐའ་དག་ཀྱང་མཁས་བཙུན་བཟང་གསུམ་དང་འཆད་རྩོད་རྩོམ་གསུམ་སོགས་སྐུ་གསུང་ཐུགས་ཀྱི་རྣམ་པར་ཐར་པ་སྲས་བཅས་རྒྱལ་བའི་ཚོགས་དང་མི་གཉིས་པར་འཇུག་པ་ཤ་སྟག་ཏུ་མཆིས་མོད། དེ་ལྟ་ནའང་དེང་དུས་ཀྱི་སྐྱེ་བོ་ལེགས་ཉེས་འབྱེད་པའི་བློ་གྲོས་ཀྱི་མཐུ་དམན་ཅིང་། ཕྱོགས་རེ་བའི་མིག་ཀྱང་སྟང་ཤུགས་ཀྱི་ལིང་ཏོག་གིས་འདོངས་པ་སོགས་ཀྱིས་དམ་པའི་རྣད་དུ་བྱུང་བའི་རྣམ་

ཐར་ཡིད་ཡུལ་དུ་མ་གྱུར་པས་སོ་སྐྱེ་རང་ག་བར་འཛིན་པའི་འདུ་ཤེས་ཀྱིས་ཀུན་ནས་བསླངས་
ཏེ་ཅི་རིགས་པར་སྨྲ་བ་དང་ཉན་པ་སོགས་ལྟར་ལེན་པའི་བྱེད་ལས་ཀྱིས་རང་གཞན་གྱི་རྒྱུད་ལ་
དཀར་མིན་གྱི་ལས་ཚབ་པོ་ཆེ་བསགས་པ་རྣམས་ལ་སྨན་པར་འགྱུར་བའི་ཕྱིར་དང་། གང་ལ་
དད་ཅིང་འདུན་པའི་སྐྱེ་བོ་རྣམས་ཀྱི་གུས་པའི་མྱུ་གུ་གོང་ནས་གོང་འཕེལ་དུ་སྤེལ་བར་བྱ་བ་
སོགས་དགོས་པ་དུ་མ་ཞིག་གི་སླད་དུ་བདག་ཉིད་ཆེན་པོ་འདིའི་སྐུ་ཕྲེང་སྔ་ཕྱི་རྣམས་ཀྱི་རྣམ་
པར་ཐར་པ་མཐའ་དག་འགོད་པར་མི་ནུས་ཀྱང་། མདོ་ཙམ་ཞིག་གླེང་དགོས་པར་ཇོ་ཐོགས་
ཤིང་། དེ་དང་རྗེས་སུ་འབྲེལ་བར་མགོན་པོ་འདི་ཉིད་དམ་པའི་དོན་དུ་ཟུང་འཇུག་རྡོ་རྗེའི་
སྐུ་བརྙེས་ཟིན་མོད་ཀྱང་། རྟག་འཛིན་ཅན་དང་ཕྱི་བཤོལ་གྱི་ལེ་ལོའི་གཞན་དབང་ཅན་
རྣམས་ཆོས་བསྐུལ་བའི་ཕྱིར་དང་། རེ་ཞིག་ཞིང་གཞན་དང་གཞན་གྱི་གདུལ་བྱ་འདུལ་བའི་
དུས་ལ་བབས་པ་སོགས་གཟིགས་ནས་ཞིང་འདིར་ཐུན་མོང་བའི་ལྟར་སྣང་ཙམ་དུ་སྐུའི་ན་
ཚོད་ཆུང་ངུ་ནས་རྣམ་སྨིན་གྱི་ལུས་འདོར་བའི་ཚུལ་བསྟན་མོད་ཀྱང་། ཇི་སྐད་དུ། ལུང་
རྣམ་འབྱེད་ལས། ཆུ་སྲིན་གནས་ཀྱི་གདུག་ཅན་པ། །དུས་ལས་འདའ་བར་འགྱུར་སྲིད་
ཀྱི། །སངས་རྒྱས་གདུག་ལ་བྱམས་པ་ནི། །དུས་ལས་འདའ་བར་མི་འགྱུར་རོ། །ཞེས་
གསུངས་པ་ལྟར་སྐྱེས་བུ་དམ་པ་རྣམས་གདུལ་བྱ་འདུལ་བའི་དུས་ལས་གཡེལ་བར་འགྱུར་
བའི་གོ་སྐབས་ཙུང་ཟད་ཀྱང་མི་མངའ་བར་མ་ཟད་སྔོན་གྱི་ཐུགས་བསྐྱེད་དང་དམ་བཅའ་
བརླག་པ་མེད་པས་ཀུན་ནས་བསླངས་ཏེ། སླར་ཡང་བསམ་བཞིན་མྱུར་དུ་སྲིད་པའི་སྒྱུ་
འཕྲུལ་འཛིན་པར་འགྱུར་བ་ནི་ཆོས་ཉིད་ཡིན་ལ། དེའི་ཕྱིར་༧སྐྱབས་མགོན་དམ་པ་ཉིད་ཀྱི་
ཟག་མེད་ཐུགས་ཀྱི་དགོངས་པ་ཟབ་མོ་ཡོངས་སུ་རྫོགས་པར་བྱ་བའི་ཕྱིར་དང་། ལྷག་པར་
མཆོག་གི་སྤྲུལ་སྐུ་འཕྲུལ་ཐལ་ངེས་རྙེད་རིམ་པར་བྱོན་པ་མཐའ་དག་གི་སྐུ་ཚེ་མཛད་འཕྲིན་མ་
ལུས་པ་མགོན་པོ་ཚེ་མཐའ་ཡས་པ་དང་སྒོ་ཀུན་ནས་མཚུངས་པར་གྱུར་པ་སོགས་ཀྱི་སླད་དུ་
གང་གི་འཕྲིན་ལས་ཀྱི་ཁ་ལོ་མཛོད་པ་དང་ཧན་ཆོས་རྗེ་རབ་འབྱམས་པ་ཚུལ་ཁྲིམས་ཆོས་

འཕེལ་སོགས་ནས་རྣམ་པར་དཀར་བའི་ལྷག་བསམ་ཀུནྡ་ལྟ་བུས་ཀུན་ནས་བསླངས་ཏེ། རིན་ཆེན་དུ་མའི་ཁམས་ལས་མངོན་པར་གྲུབ་པའི་བཅོམ་ལྡན་འདས་ཚེ་མཐའ་ཡས་པའི་སྐུ་བརྙན་དང་། བྱང་ཆུབ་ཆེན་པོའི་མཆོད་རྟེན་བཅས་གསར་བསྐྲུན་དུ་མཛད་པ་རྣམས་ཇི་ལྟར་སྒྲུབ་པའི་ཚུལ་གྱི་དཀར་ཆག་མདོར་བསྡུས་དང་བཅས་པ་ཕྱོགས་གཅིག་ཏུ་འགོད་པར་བྱའོ། །དེ་ཡང་ས་བཅད་ཀྱི་དབང་དུ་བྱས་ན་སྔོན་བྱུང་འཁྲུངས་རབས་རྟོགས་བརྗོད་དང་འབྲེལ་བའི་རྣམ་ཐར་མདོ་ཙམ་གླེང་བ་དང་། རྗེས་འཇུག་གདུལ་བྱ་རྣམས་ཀྱིས་བླ་མའི་མཛད་འཕྲིན་སྤེལ་ཕྱིར་སྐུ་གསུང་ཐུགས་རྟེན་སོགས་ཇི་ལྟར་སྒྲུབ་ཚུལ་བཤད་པ་དང་། དེ་དག་ལ་བརྟེན་ནས་དགེ་བ་རླབས་ཆེན་མཐའ་ཀླས་པ་ཐོབ་ཚུལ་གྱི་ཕན་ཡོན་སྨོན་ལམ་དང་བཅས་པས་མཇུག་བསྡུ་བ་གསུམ་ལས། དང་པོ་ནི། དེ་ལ་འཁྲུངས་རབས་རྣམ་ཐར་སོགས་ཀྱང་བདག་ཅག་རྣམས་ཀྱིས་རྨོངས་ཞེན་ལྷུར་ལེན་པས་རང་བཟོ་དང་། འོལ་ཚོད་སོགས་སུ་རྟོགས་པ་སྤངས་ཏེ་ཡིད་ཆེས་ཀྱི་ངེས་པ་སྐྱེ་བའི་སྐད་དུ། ༸སྲིད་ཞིའི་གཙུག་རྒྱན་པཎ་ཆེན་ཐམས་ཅད་མཁྱེན་ཅིང་གཟིགས་པ་ཆེན་པོས་དྲི་མ་མེད་པའི་ཡེ་ཤེས་ཀྱི་གཟིགས་པ་རྨད་དུ་བྱུང་བའི་སྒོ་ནས་ལེགས་པར་དཔྱད་དེ་གསར་དུ་བཀའ་རྩོམ་བསྐྲུངས་པའི་འཁྲུངས་རབས་གསོལ་འདེབས་རྣམ་དཔྱོད་ཚོགས་གཉིས་མར་གྲགས་པ་ཉིད་གཞིར་བཟུང་སྟེ་དེ་ཉིད་ཀྱི་ཚིག་འབྲེལ་རགས་བསྡུས་དང་བཅས་པའི་སྒོ་ནས་བརྗོད་པར་བྱ་ལ། དེ་ཡང་ཐོག་མར་དགོས་པ་ཁྱད་པར་ཅན་གྱི་སྐད་དུ་སྟོན་པ་ཐུབ་པའི་དབང་པོ་ལ་མཆོད་པར་བརྗོད་པ་དང་། བར་དུ་རྗེ་བླ་མ་ཉིད་ཀྱི་བཀའ་དྲིན་དྲན་པའི་སྒོ་ནས་སྐྱེས་པའི་རབས་ཀྱི་ཕྲེང་བར་གསོལ་བ་འདེབས་པ་དང་། མཇུག་སྨོན་ལམ་རྣམ་པར་དག་པས་རྒྱས་འདེབས་པ་གསུམ་ལས། དང་པོ་ནི།

ཨོཾ་སྭ་སྟི། རྣམ་དཔྱོད་ཚོགས་གཉིས་དཔལ་ལྡན་རྩེ་བརྒྱ་ཡིས། །ལེགས་སྨྲའི་ས་འཛིན་བཅོམ་དང་ལྡན་ཅིག་ཏུ། །རྒོལ་ངན་སྤྲིན་སྐྱེས་མངལ་ཁུར་ལྟུང་བྱེད་པའི། །ཐུབ་དབང་སྤྲིན་སྟོང་མངའ་བས་དགེ་ལེགས་སྩོལ། །ཞེས་གསུངས། དེ་ལ་ཨོཾ་ནི་ཇི་སྐད་དུ། ཨོཾ་ནི་ཅི་ཞིག་ཡིན་

པར་བརྗོད། །མཆོག་དང་ནོར་སྐྱེར་དཔལ་དང་དབྱངས། །ཞེས་སོགས་གསུངས་པ་ལྟར་གྱི་
གནས་སྐབས་དང་མཐར་ཐུག་གི་དོན་མཆོག་ཏུ་གྱུར་པ་མང་པོ་ཞིག་ལ་འཇུག་པས་ན། དོན་
དེ་རྣམས་འདོད་བྱའི་གཙོ་བོར། བྱ་བའི་ཕྱིར་དང་པོར་སྨོས་ལ། དེ་བཞིན་དུ་སུ་སྟི་ཞེས་པ་
བདེ་ལེགས་ཀྱི་སྒྲ་སྟེ། སྤྱིར་མངོན་མཐོ་དང་། ངེས་ལེགས་ཀྱི་ཡོན་ཏན་ཕལ་ཆེ་བ་ལ་བདེ་བ་
དང་ལེགས་པའི་སྒྲ་འཇུག་ཏུ་ཡོད་མོད་ཀྱང་། འདིར་བསྟན་གྱི་བརྗོད་བྱའི་གཙོ་བོ་ནི། རང་
གཞན་སེམས་ཅན་ཐམས་ཅད་ཀྱི་འདོད་བྱའམ་སྒྲུབ་བྱའི་གཙོ་བོ་མཐར་ཐུག་པ་གནས་སྐབས་
མངོན་མཐོ་དང་ཞི་བ་ཕྱོགས་གཅིག་པའི་བདེ་བ་དང་ལེགས་པ་ཙམ་མ་ཡིན་པར་བདེ་ལེགས་
ཐམས་ཅད་ཀྱི་ནང་ནས་ཆེས་མཆོག་ཏུ་གྱུར་པ་བླ་ན་མེད་པའི་སངས་རྒྱས་བཅོམ་ལྡན་འདས་
ཀྱི་གོ་འཕང་ལ་བྱེད་པ་ཡིན་ལ། དེ་ཉིད་དང་པོར་སྨོས་པའི་རྒྱུ་མཚན་ནི། རང་ཅག་རྣམས་
ཀྱིས་བླ་མའི་བཀའ་དྲིན་དྲན་པའི་སྒོ་ནས་གསོལ་བ་འདེབས་པ་དང་། སྨོན་ལམ་གདབ་པ་
སོགས་ཀྱིས་མཚོན་པའི་དགེ་བ་བྱས་པ་དང་བྱེད་པར་འགྱུར་བ་མཐའ་དག་རང་ཉིད་གཅིག་
པུའི་ཕྱིར་དུ་མ་ཡིན་པར་སེམས་ཅན་ཐམས་ཅད་ཀྱིས་བླ་ན་མེད་པའི་གོ་འཕང་བདེ་ལེགས་
ཀུན་གྱི་མཆོག་ཏུ་གྱུར་པ་དེ་ཉིད་ཐོབ་ཕྱིར་དུ་བྱེད་དགོས་པར་ཤེས་པའི་ཕྱིར་དང་། ཡང་
རྣམ་པ་གཅིག་ཏུ་ན་འདོད་བྱའི་གཙོ་བོ་མཐར་ཐུག་པ་དེ་ཉིད་དང་པོར་སྨོས་ནས། དེ་འདྲ་
བ་དེ་ཐོབ་བྱེད་ཀྱི་ཐབས་གང་ལ་རག་ལས་པ་ཡིན་ན། བདེ་ལེགས་ཀུན་གྱི་རྩ་བ་དྲིན་ཅན་
རྗེ། །ཞེས་གསུངས་པ་ལྟར་བཤེས་གཉེན་དམ་པ་མཚན་ཉིད་དང་ལྡན་པ་ཚུལ་བཞིན་དུ་
བསྟེན་པ་ལ་རག་ལས་པ་ཡིན་ནོ་ཞེས་འདོམས་ཕྱིར་དེའི་འོག་ཏུ་གསོལ་བ་འདེབས་པའི་རིམ་
པ་རྣམས་བརྗོད་པ་སྟེ། མདོར་ན་རྒྱུ་དེ་རྣམས་འབྲས་བུ་ཕུན་སུམ་ཚོགས་པའི་རྒྱུར་འགྱུར་
བར་བྱ་བའམ། འབྲས་བུ་དེ་རྒྱུ་ཕུན་སུམ་ཚོགས་པ་ལ་ལྟོས་དགོས་པར་ཤེས་པའི་ཕྱིར་དུ་ཡིན་
ནོ། །རྣམ་དཔྱོད་ཅེས་པ་ནི་མངོན་བརྗོད་ཀྱི་གཞུང་སོགས་ལས་ཤེས་རབ་ཕུལ་དུ་ཕྱིན་པའི་
མིང་གི་རྣམ་གྲངས་སུ་བཤད་པ་བཞིན་ཕུལ་དུ་བྱུང་བའམ། ཁྱད་དུ་བྱུང་བའི་དོན་ཏེ། དེའི་

ཕྱིར་སྐབས་འདིའི་རྣམ་དགྲོད་ནི། ཡེ་ཤེས་སམ་མཁྱེན་པ་ཐམས་ཅད་ཀྱི་ནང་ནས་ཆེས་ཕུལ་དུ་ཕྱིན་པ་རྣམ་པ་ཐམས་ཅད་མཁྱེན་པའི་ཡེ་ཤེས་ལ་བྱེད་པ་ཡིན་ལ། དེ་ནི་རྒྱུ་བསོད་ནམས་དང་ཡེ་ཤེས་ཀྱི་ཚོགས་གཉིས་མཐར་ཕྱིན་པའི་དཔལ་ལམ་ཡོན་ཏན་མཐའ་དག་དང་ལྡན་ཞིང་། དེའི་བྱེད་ལས་སམ་ནུས་པའི་ཁྱད་པར་ནི་དཔེ་གང་དང་མཚུངས་ན། ས་འཛིན་ཏེ་རི་བོ་འཇོམས་པར་ནུས་པའི་བརྒྱ་བྱིན་གྱི་རྡོ་རྗེ་རྩེ་བརྒྱ་པ་དང་མཚུངས་ཏེ། རྡོ་རྗེ་དེ་ནི་ཕྱི་རོལ་པའི་གཏམ་རྒྱུད་སོགས་ལས། སྔོན་རི་འདི་རྣམས་པན་ཚུན་དུ་འགྲོ་འདུག་བྱེད་པས་སྐྱེ་བོ་མང་པོ་ལ་གནོད་པར་གྱུར་པ་ལས་བརྒྱ་བྱིན་གྱིས་རྡོ་རྗེ་བསྣུན་ནས་རྐང་པ་བཅག་པས་དེ་ནས་བཟུང་སྟེ་འགྲོ་བར་མ་ནུས་པ་ཡིན་ཞེས་གྲགས་པའི་གཏམ་རྒྱུད་དང་སྦྱོར་བར་མཛད་པའམ། ཡང་ན་བརྒྱ་བྱིན་གྱི་རྡོ་རྗེ་དེ་ནི་ཕ་ལམ་གྱི་རང་བཞིན་ལས་གྲུབ་པས་ཚུར་ལ་ཐ་མལ་བའི་དངོས་པོ་གང་གིས་ཀྱང་ཆོད་པར་མི་ནུས་ཤིང་། ཕར་ནི་ཕྱི་རོལ་གྱི་དངོས་པོ་ཕལ་པ་གཞན་ལྟ་ཅི། རི་བོ་རྣམས་ཀྱང་ཐལ་བར་རློག་པར་ནུས་པའི་ཡོན་ཏན་དང་ལྡན་པ་དང་། གཞན་ཡང་དཔྱིའི་ཚིག་རྒྱན་ལས། རྩེ་མོ་དག་ལ་མེ་གནས་པ། །བརྒྱ་བྱིན་གྱི་ནི་རྡོ་རྗེ་གང་། །འདི་ནི་དྲན་ན་ལྷ་མིན་གྱི། །བུད་མེད་མངལ་ནས་ལྷུང་བར་བྱེད། །ཅེས་བརྒྱ་བྱིན་གྱི་རྡོ་རྗེ་རྩེ་བརྒྱ་པ་དེ་ཉིད་ཀྱི་ནུས་མཐུ་ཁྱད་པར་རྣམས་སྤྱིན་སྐྱེས་ཏེ། ལྷ་མ་ཡིན་གྱི་བུད་མེད་མངལ་ལྡན་མ་རྣམས་ཀྱི་ཡིད་ལ་དྲན་པ་ཙམ་གྱིས་ཡང་ཤིན་ཏུ་འཇིགས་ཤིང་སྐྲག་སྟེ་མངལ་གྱི་བྱིས་པ་ཡང་རང་དབང་མེད་པར་ཕྱི་རོལ་དུ་ལྷུང་བར་བྱེད་པ་སོགས་ཀྱི་ནུས་པ་དང་ལྡན་པ་དེ་བཞིན་དུ་ཚོགས་གཉིས་མཐར་ཕྱིན་པའི་དཔལ་དང་ལྡན་པའི་སངས་རྒྱས་བཅོམ་ལྡན་འདས་ཀྱི་ཐུགས་རྒྱུད་ཀྱི་རྣམ་པ་ཐམས་ཅད་མཁྱེན་པའི་ཡེ་ཤེས་སམ། བདག་མེད་རྟོགས་པའི་ཤེས་རབ་ཀྱི་རྡོ་རྗེས་གཞན་རྒྱུད་ཀྱི་འཇིག་ཚོགས་ལ་ལྟ་བའི་རིའི་རྩེ་མོ་མཐོན་པོ་ཉི་ཤུ་སོགས་ལྷག་མེད་དུ་བཅོམ་ཞིང་། དེ་བཞིན་དུ་ལྟ་ངན་དེ་དག་གིས་ཀུན་ནས་བསླངས་ཏེ་ལོག་པར་སྨྲ་བའི་གྲུབ་པའི་མཐའི་རི་བོ་མཐའ་དག་ཀྱང་རྟེན་འབྲེལ་ཟབ་མོའི་གཏན་ཚིགས་ཀྱི་རྡོ་

རྗེས་ཡོངས་སུ་བཅོམ་པར་མཛད་པ་དང་ལྡན་ཅིག་ཏུ། རང་ཉིད་ཀྱི་ཆོས་དང་མཐུན་པར་མི་འཇིགས་པའི་དམ་བཅས་པ་ལ་སུན་འབྱིན་པར་འདོད་པའི་མུ་སྟེགས་བྱེད་སོགས་ཀྱི་རྒོལ་བ་ངན་པའི་ཚོགས་རྣམས་སྤྱོབ་པའི་ཁུར་གཏན་མེད་དུ་གྱུར་ཏེ། ཞུམ་ཞིང་འོག་ཏུ་ལྷུང་བར་མཛད་པའི་ཐབས་མཁས་ཐུགས་རྗེའི་ནུས་མཐུ་ཕུལ་དུ་ཕྱིན་པ་སྟེ། དེ་ཡང་གང་ལ་ལྡན་པ་ཡིན་ཞེ་ན། ཐུབ་དབང་སྤྱན་སྔོན་མངའ་བ་ཞེས་གསུངས་ཏེ། ཐུབ་པའི་དབང་པོ་ཞེས་པ་ནི་སངས་རྒྱས་བཅོམ་ལྡན་འདས་ཀུན་ལ་སྤྱི་ཁྱབ་ཏུ་འཇུག་པ་ཡིན་མོད་ཡང་འདིར་དངོས་སུ་སྨོས་པ་ནི་རང་ཅག་གི་སྟོན་པ་མཉམ་མེད་ཤཱཀྱའི་རྒྱལ་པོ་ཡིན་ལ། དེ་ནི་སྤྱན་སྔོན་མངའ་བ་ཞེས་སྙན་དངགས་པ་ལྟར་ན་ཕས་ཀྱི་རྒོལ་བ་འཇོམས་པ་སོགས་ཀྱི་ཆ་ནས་བརྒྱ་བྱིན་དང་མཚུངས་པར་གསུངས་པ་སྟེ། དཔེར་མཚོན་ཙམ་ཡིན་གྱི་རྣམ་པ་ཐམས་ཅད་དུ་དེ་དང་མཚུངས་པར་གསུངས་པ་ནི་མ་ཡིན་ཏེ། སངས་རྒྱས་ཀྱི་སྐུའི་བ་སྤུ་གཅིག་གི་རྩེ་མོ་བརྒྱར་གཤགས་པའི་ཆ་ཤས་གཅིག་གི་ཡོན་ཏན་ཀྱང་བརྒྱ་བྱིན་ལ་མི་མངའ་བའི་ཕྱིར་དང་། དེར་མ་ཟད་སྤྱན་སྔོན་མངའ་བ་ཞེས་པ་ཡང་མཐའ་གཅིག་ཏུ་བརྒྱ་བྱིན་ཁོ་ན་ལ་ངོས་བཟུང་བྱ་མི་དགོས་ཏེ། སྟོན་པ་ཐུབ་པའི་དབང་པོ་ཉིད་ནི་ཤེས་བྱ་ཀུན་ལ་ཆགས་ཐོགས་མི་མངའ་བར་འཇུག་པའི་ཡེ་ཤེས་ཀྱི་གཟིགས་པ་དྲི་མ་མེད་པ་དང་ལྡན་ཞིང་སེམས་ཅན་གྱི་ཁམས་ཀུན་ལ་སུ་ནི་དར། སུ་ནི་རྒུད། སུ་ནི་མ་སྨིན་པ་སྨིན་པར་བྱ་བ་སོགས་རྟག་པར་རྒྱུན་དུ་བརྩེ་བའི་སྤྱན་རས་སྔོན་གི་གཟིགས་ཤིང་སྐྱོང་བར་མཛད་པས་ན་སྤྱན་སྔོན་མངའ་བ་ཞེས་གསུངས་པ་ཡིན་ཅིང་། དེ་ལྟ་བུའི་སངས་རྒྱས་བཅོམ་ལྡན་འདས་ཀྱིས་བདག་གཞན་སེམས་ཅན་ཀུན་ལ་འདི་ནས་བཟུང་སྟེ་བྱང་ཆུབ་སྙིང་པོའི་བར་གྱི་ཐུན་མོང་དང་ཐུན་མོང་མ་ཡིན་པའི་ཕུན་སུམ་ཚོགས་པ་སྤྱི་དང་། ཁྱད་པར་དུ་ཡང་དགེ་ལེགས་ཐམས་ཅད་ཀྱི་མཆོག་ཏུ་གྱུར་པ་ཐར་པ་བླ་ན་མེད་པའི་གོ་འཕང་དེ་ཉིད་སྩོལ་ཅིག་ཅེས་མཆོད་པར་བརྗོད་པ་ཡིན་ལ། དེའི་དགོས་པ་ནི་གནས་སྐབས་རྩོམ་པ་སོགས་ལ་བར་ཆད་མི་འཇུག་པ་དང་། མཐར་ཐུག་གདུལ་བྱ་རྣམས་

མྱུར་འདས་ཐོབ་པར་འགྱུར་བ་སོགས་ཀྱི་ཆེད་དུ་ཡིན་ཏེ། ལྷ་ལས་ཕུལ་བྱུང་གི་བསྟོད་པ་ལས། སྙིང་ནས་དད་དམ་ཇི་ལྟར་དགའ་བའམ། །ཐེ་ཚོམ་གྱིས་སམ་གཞན་གྱི་ངོར་ཡང་རུང་། །གང་ཞིག་ཐུབ་དབང་ལ་ནི་ཕྱག་བྱས་པ། །དེས་ནི་ལྷ་ཡི་བདེ་སོགས་ཕུལ་བྱུང་ཐོབ། །ཅེས་གསུངས་པའི་དོན་དང་མཐུན་ཅིང་། དེ་ལྟར་མཆོད་པར་བརྗོད་པའི་ཤུགས་ལ་རྩོམ་པར་དམ་བཅའ་བ་ཡང་མཛད་པ་ཡིན་ནོ། །

གཉིས་པ་བར་དུ་རྗེ་བླ་མ་ཉིད་ཀྱི་སྐུ་འཕྲེང་རིམ་བྱོན་ལ་གསོལ་བ་འདེབས་པ་ལ། ༧སྐྱབས་མགོན་མཆོག་གི་སྤྲུལ་པའི་སྐུ་ཉིད་རྗེས་འཇུག་རྣམས་ལ་བཀའ་དྲིན་གྱི་སྒོ་ནས་དང་པོར་སྨྲས་ཏེ་གསོལ་བ་འདེབས་པ་དང་། དེའི་རྗེས་སུ་སྐྱེས་པའི་རབས་ཀྱི་འཕྲེང་བ་གཞན་དག་ལ་ཡང་ཡོན་ཏན་བརྗོད་པའི་སྒོ་ནས་གསོལ་བ་འདེབས་པ། སྔར་རྗེ་བཙུན་མཆོག་གི་སྤྲུལ་སྐུ་ཉིད་ལ་ཁྱེ་བྲག་ནན་ཏན་དུ་སྨོན་ནས་གསོལ་བ་འདེབས་པ་གསུམ་ལས། དང་པོ་ནི། བསྐལ་བཟང་རྣམ་འདྲེན་དུ་མའི་མདུན་ས་ཆེར། །འཇམ་པའི་དབྱངས་བཞིན་རྒྱལ་སྲས་གཞོན་ནུའི་ཚུལ། །བཟུང་སྟེ་ཆོས་ཚུལ་རྒྱ་མཚོའི་དགའ་སྟོན་གྱིས། །སྐལ་ལྡན་ཚིམ་མཛད་ཞབས་ལ་གསོལ་བ་འདེབས། །ཞེས་གསུངས་ཏེ། དེའི་དོན་ནི་རྗེ་བཙུན་འཇམ་དཔལ་དབྱངས་ནི་ངེས་པའི་དོན་དུ་རྒྱལ་བ་མ་ལུས་པ་བསྐྱེད་པའི་ཡབ་གཅིག་པུར་གྱུར་པ་ཉིད་དུ་ཟིན་ཀྱང་། དྲང་དོན་གདུལ་བྱའི་སོས་ངོར་བསྐལ་བ་བཟང་པོའི་རྣམ་འདྲེན་ཉི་མ་སྟོང་གིས་མཆོན་པའི་ཕྱོགས་བཅུའི་སངས་རྒྱས་མཐའ་དག་གི་དྲུང་དུ་རྒྱལ་སྲས་གཞོན་ནུའི་ངང་ཚུལ་བཟུང་ནས་དེ་དག་གི་དམ་པའི་ཆོས་འཛིན་པ་དང་སྤེལ་བ་སོགས་ཀྱི་གསང་བ་བསམ་གྱིས་མི་ཁྱབ་པའི་འཕྲིན་ལས་ཀྱི་སྒོ་ནས་འཁོར་བ་མ་སྟོང་བར་དུ་འགྲོ་བའི་དོན་མཛད་པ་དེ་བཞིན་དུ་སྐྱབས་མགོན་ཐུགས་རྗེ་ཅན་འདི་ཉིད་ཀྱང་སྔར་གོང་དུ་བརྗོད་པ་ལྟར་ངེས་པའི་དོན་དུ་བླ་ན་མེད་པའི་ཡེ་ཤེས་ཀྱི་བདུད་རྩི་མངོན་དུ་མཛོད་ཟིན་ཀྱང་ཚུ་རོལ་མཐོང་བའི་སོས་ངོར་བསམ་བཞིན་དུ་རྒྱལ་བའི་སྲས་ཀྱི་ངང་ཚུལ་གྲངས་མེད་པར་འཛིན་པའི་སྒོ་ནས་བསྐལ་པ་བཟང་

པོའི་སངས་རྒྱས་སྟོང་དང་དེ་སྲས་ཐུ་བོ་བརྒྱུད་འཛིན་དང་བཅས་པ་ཐམས་ཅད་ཀྱི་ལུང་རྟོགས་ཀྱི་བསྟན་པ་འཛིན་པའི་རབ་དང་མཆོག་དང་ཕུལ་དུ་གྱུར་ཏེ། ཐེག་པ་གསུམ་དང་རྒྱུད་སྡེ་བཞི་ལ་སོགས་པའི་མདོ་སྔགས་ཀྱི་ཆོས་ཚུལ་ཟབ་ཅིང་། རྒྱ་ཆེ་བ་རྒྱ་མཚོ་ལྟ་བུའི་དཀའ་སྟོན་འཕང་མེད་དུ་འགྱེད་པས་སྐལ་ལྡན་བུང་བའི་ཚོགས་ཀྱི་ཤེས་རྒྱུད་གྲོལ་བ་མཆོག་གི་སྨྲང་རྩེས་ཡོངས་སུ་ཚིམ་པར་མཛད་པ་ལ་གཞན་དྲིང་མི་འཛོག་པའི་དབལ་(དཔལ) ལྡན་བླ་མ་དམ་པ་གང་གི་ཞབས་ཀྱི་པདྨོ་ལ་སྒོ་གསུམ་གུས་པ་ཆེན་པོས་ལན་བརྒྱར་བཏུད་དེ་བྱང་ཆུབ་ཀྱི་བར་དུ་གསོལ་བ་འདེབས་པར་བགྱིའོ། །ཞེས་པའི་དོན་ཏེ། དེའི་ཕོངས་ནས་བསྐལ་བཟང་འཇམ་དབྱངས་རྒྱལ་བ་རྒྱ་མཚོ་ཞེས་རྗེ་བཙུན་མཆོག་གི་སྤྲུལ་སྐུ་རིན་པོ་ཆེ་ཉིད་ཀྱི་མཚན་སྒྲ་ཡང་ཐོན་པར་མཛད་པ་དང་། ལྷག་པར་འདིར་དངོས་བསྟན་ལ་སྤྱངས་རྟོགས་ཀྱི་ཡོན་ཏན་དང་མཛད་པ་འཕྲིན་ལས་སོགས་རྗེ་བཙུན་འཇམ་དཔལ་དབྱངས་དང་མཚུངས་པར་གསུངས་པའི་ཤུགས་སམ། དོན་གྱི་གནས་ཚོད་ལ་འཇམ་དཔལ་དབྱངས་ནི་རྒྱལ་བ་སྲས་དང་བཅས་པ་ཐམས་ཅད་ཀྱི་སྤྲུལ་གཞི་སྟེ། རྣམ་འདྲེན་སྟོང་ལ་སོགས་པའི་དུས་གསུམ་གྱི་སངས་རྒྱས་མཐའ་དག་ཀྱང་འཇམ་དབྱངས་ཉིད་གང་ལ་གང་འདུལ་དེ་ལ་དེ་སྟོན་གྱི་རོལ་པར་བྱོན་པ་ཡིན་པར་མདོ་རྒྱུད་ཀུན་ནས་ལན་གཅིག་མིན་པར་གསུངས་པ་དང་། ནང་ཚན་མཉམ་མེད་ཤཱཀྱའི་རྒྱལ་པོའི་བསྟན་པའི་སྙིགས་མའི་དུས་འདིར་མཁས་པ་དང་གྲུབ་པ་སོགས་ཀྱི་རྣམ་པར་རོལ་པས་འགྲོ་བ་འདུལ་བར་མཛད་པའི་དམ་པའི་སྐྱེས་བུ་ཕལ་མོ་ཆེ་ཞིག་རྗེ་བཙུན་འཇམ་དཔལ་དབྱངས་ཉིད་ཀྱི་སྒྱུ་འཕྲུལ་དྲ་བའི་རང་གཟུགས་སུ་གསུངས་པ་ལྟར་སྐྱབས་མགོན་དམ་པ་འདི་ཉིད་ཀྱི་སྐུ་ཕྲེང་ཀུན་གྱི་མཚན་ལ་ཡང་འཇམ་དབྱངས་ཡི་མཚན་སྒྲ་དངོས་ཤུགས་ཅི་རིགས་པའི་སྒོ་ནས་ཐོན་པར་མ་ཟད་འཇམ་དབྱངས་ཉིད་མི་རྗེའི་རྣམ་པར་རོལ་པ་གནམ་བསྐོས་གོང་མ་ཆོས་ཀྱི་རྒྱལ་པོ་□ཆན་ཞི་མཉྫུ་ཤྲི་ཞེས་འཇམ་དཔལ་དབྱངས་ཁོ་ནར་བསྔགས་པར་མཛད་པ་བཞིན། ཀུན་གཟིགས་པཎ་ཆེན་ཐམས་ཅད་མཁྱེན་པ་ཆེན་

པོས་ཀྱང་ཡེ་ཤེས་ཀྱི་གཟིགས་པས་ལན་བརྒྱར་དཔྱད་པའི་སྒོ་ནས་རྗེ་བླ་མ་འདི་ཉིད་དམ་པའི་དོན་དུ་རྗེ་བཙུན་འཇམ་དབྱངས་གཞོན་ནུ་མཐོན་མཐིང་རལ་པའི་ཟུར་ཕུད་དོར་ཏེ། བསམ་བཞིན་དུ་ངུར་སྨྲིག་གི་རྒྱལ་མཚན་འཛིན་པ་ཞིག་ཡིན་ནོ་ཞེས་གསལ་བར་ལུང་བསྟན་པར་མཛད་པ་ཡིན་ལ། དེའི་ཕྱིར་སྤྲུལ་གཞིའི་གཙོ་བོ་དངོས་ནི་གཞན་དུ་དོགས་པ་དང་ཡིད་གཉིས་མ་དགོས་པར་འཇམ་མགོན་བརྟན་པའི་འཁོར་ལོ་ཉིད་ཡིན་པར་ངེས་པ་གཏིང་ནས་རྙེད་པར་བྱ་ལ། དེ་ཡང་རྗེ་བཙུན་འཇམ་དཔལ་དབྱངས་འདི་ཉིད་ནི་དང་པོར་ཐུགས་བསྐྱེད་པའི་གནས་སྐབས་ཉིད་ནས་ཀྱང་དུས་གསུམ་གྱི་རྒྱལ་བ་སྲས་དང་བཅས་པ་ཐམས་ཅད་ཀྱི་མཛད་པའི་ཁུར་མ་ལུས་པ་གཅིག་ཏུ་བསྣམས་ཏེ་འཁོར་བ་མ་སྟོང་གི་བར་དུ་འཕྲིན་ལས་རླབས་པོ་ཆེ་རྒྱུན་ཆད་མེད་པའི་སྒོ་ནས་སེམས་ཅན་གྱི་དོན་མཛད་པར་དམ་བཅས་ཤིང་སྨོན་ལམ་བཏབ་པ་ཡིན་ཏེ། ཇི་ལྟར་ཞེ་ན་སྙིང་རྗེ་པདྨ་དཀར་པོའི་མདོ་ལས། རྗེ་བཙུན་འཇམ་དཔལ་དབྱངས་ཉིད་སྔོན་རྒྱལ་པོ་རྫེབས་ཀྱི་མུར་ཁྱུད་ཀྱི་སྲས་གསུམ་པ་དབང་པོའི་ཚོགས་སུ་གྱུར་པའི་ཚེ། དེ་བཞིན་གཤེགས་པ་རིན་ཆེན་སྙིང་པོའི་སྤྱན་སྔར་འདི་སྐད་དུ། བཅོམ་ལྡན་འདས། བདག་གིས་བཅོམ་ལྡན་འདས་དགེ་སློང་གི་དགེ་འདུན་དང་བཅས་པ་ལ་ཡོ་བྱད་ཐམས་ཅད་ཀྱིས་བསྙེན་བཀུར་བགྱིས་པ་གང་ལགས་པ་དང་། བདག་གི་ལུས་དང་། ངག་དང་། ཡིད་ཀྱིས་ལེགས་པར་སྤྱད་པ་གང་ལགས་པ་དང་། རྗེས་སུ་ཡི་རང་བ་དང་ལྡན་པའི་བསོད་ནམས་ཀྱི་ཕུང་པོ་གང་ལགས་པ་དེ་དག་ཐམས་ཅད་བླ་ན་མེད་པ་ཡང་དག་པར་རྫོགས་པའི་བྱང་ཆུབ་ཏུ་ཡོངས་སུ་བསྔོའོ། །སངས་རྒྱས་ཀྱི་ཞིང་ཉོན་མོངས་པར་ནི་བདག་བླ་ན་མེད་པ་ཡང་དག་པར་རྫོགས་པའི་བྱང་ཆུབ་ཏུ་མངོན་པར་འཚང་རྒྱ་བར་མི་བགྱི་ཞིང་། ཤིན་ཏུ་མྱུར་བར་ཐོབ་པ་ཡང་མི་བགྱི་ལགས་སོ། །ཇི་སྲིད་དུ་བདག་བླ་ན་མེད་པ་ཡང་དག་པར་རྫོགས་པའི་བྱང་ཆུབ་མངོན་པར་རྫོགས་པར་འཚང་རྒྱ་བ་དེ་སྲིད་དུ་བྱང་ཆུབ་ཀྱི་སྤྱོད་པ་སྤྱོད་ཅིང་ཕྱོགས་བཅུའི་འཇིག་རྟེན་གྱི་ཁམས་མཐའ་ཡས་མུ་མེད་པ་གཞན་དང་

གཞན་དག་གི་སངས་རྒྱས་བཅོམ་ལྡན་འདས་རྣམས་མཐོང་བར་གྱུར་ཅིག བདག་བྱང་ཆུབ་སེམས་དཔའི་སྤྱོད་པ་སྤྱོད་པ་ན་གང་དག་བདག་གིས་དང་པོར་བྱང་ཆུབ་ཡང་དག་པར་འཛིན་དུ་སྩལ་བ་དང་། བདག་གིས་གང་དག་དེར་དང་པོར་བྱང་ཆུབ་སེམས་བསྐྱེད་དེ། བྱང་ཆུབ་ཀྱི་སེམས་ལ་རབ་ཏུ་བཀོད་པ་དང་། གང་དག་བདག་གིས་ཕ་རོལ་ཏུ་ཕྱིན་པ་རྣམས་ཡང་དག་པར་འཛིན་དུ་སྩལ་ཞིང་བཙུད་དེ་རབ་ཏུ་བཀོད་པའི་སངས་རྒྱས་བཅོམ་ལྡན་འདས་གང་དག་བདག་གིས་བྱང་ཆུབ་ཡང་དག་པར་འཛིན་དུ་སྩལ་བ་དེ་དག་སངས་རྒྱས་ཀྱི་ཞིང་གངྒཱའི་ཀླུང་གི་བྱེ་མ་སྙེད་ཀྱི་རྡུལ་ཕྲ་རབ་ཀྱི་རྡུལ་སྙེད་ཀྱི་སངས་རྒྱས་ཀྱི་ཞིང་དག་ན་ཆོས་སྟོན་པར་མཛད་པ་རྣམས་ཀྱང་བདག་གི་ལྷའི་མིག་གིས་མཐོང་བར་གྱུར་ཅིག ཅེས་པ་ནས། བདག་བྱང་ཆུབ་ཀྱི་ཤིང་དྲུང་དུ་གནས་ཤིང་རྡོ་རྗེའི་གདན་ལ་མཆིས་བཞིན་དུ་སངས་རྒྱས་དང་བྱང་ཆུབ་སེམས་དཔའི་སྤྲུལ་པ་དག་སངས་རྒྱས་ཀྱི་ཞིང་བགྲང་བ་ལས་འདས་པ་གཞན་དག་ཏུ་འགྲེད་པར་གྱུར་ཅིག སངས་རྒྱས་རེ་རེས་ཀྱང་སྤུ་ཏྲི་གཅིག་ལ་སེམས་ཅན་རྣམས་ལ་ཆོས་སྟོན་ཅིང་། དེ་ཉིད་ཀྱི་སྤུ་ཏྲི་ལ་ཡང་སེམས་ཅན་བགྲང་བ་ལས་འདས་པ་སྙེད་དག་བླ་ན་མེད་པ་ཡང་དག་པར་རྫོགས་པའི་བྱང་ཆུབ་ཡང་དག་པར་འཛིན་དུ་སྩལ་བ་དང་། རབ་ཏུ་འགོད་པ་དང་། ཕྱིར་མི་ལྡོག་པ་ལ་འགོད་པར་གྱུར་ཅིག དེ་བཞིན་དུ་བྱང་ཆུབ་སེམས་དཔའི་སྤྲུལ་པ་དག་ཀྱང་བྱང་ཆུབ་སེམས་དཔའི་བྱ་བ་བགྱིད་པར་གྱུར་ཅིག བདག་གིས་བྱང་ཆུབ་ཐོབ་པ་ན་ཕྱོགས་བཅུའི་འཇིག་རྟེན་གྱི་ཁམས་བགྲང་བ་ལས་ཡང་དག་པར་འདས་པ་གཞན་དག་ཏུ་ཡང་བདག་གི་ལུས་གདའ་བར་གྱུར་ཅིག སེམས་ཅན་གང་དག་གི་མིག་གི་དབང་པོས་བདག་གི་ལུས་མཚན་གྱིས་བརྒྱན་པ་མཐོང་བར་གྱུར་པའི་སེམས་ཅན་དེ་དག་ཐམས་ཅད་ཀྱང་བླ་ན་མེད་པ་ཡང་དག་པར་རྫོགས་པའི་བྱང་ཆུབ་ཏུ་ངེས་པར་གྱུར་ཅིག ཅེས་པ་ལ་སོགས་པ་དཔགས་པར་དཀའ་བའི་ཐུགས་བསྐྱེད་རྒྱ་ཆེར་མཛད་པའི་འབྲས་བུ་མཚང་བ་མེད་པ་ལྷག་དང་བཅས་པ་མངོན་དུ་མཛད་པས་ན་དུས་གསུམ་དུ་ཕྱིན་

ཟིན་པ་དང་། འཁྲུལ་པར་འགྱུར་བའི་བདག་ཉིད་ཆེན་པོ་མཐའ་དག་གི་སྤྲོ་བ་དང་བསྡུ་བའི་བྱེད་པོའི་བླ་ན་མ་མཆིས་པ་ཡིན་པར་མང་དུ་བརྗོད་མ་དགོས་ཤིང་། མགོན་པོ་འདིའི་གསང་བ་གསུམ་གྱི་རྣམ་པར་ཐར་པ་རྒྱས་པ་ནི་མདོ་རྒྱུད་བསྟན་བཅོས་དུ་མ་ནས་ལན་ཅིག་མིན་པར་འབྱུང་བ་རྣམས་ལས་ཤེས་པར་བྱ་སྟེ། འདིར་མཐའ་དག་འགོད་པ་ནི་ཡི་གེས་འཇིགས་པར་མཐོང་ནས་མ་སྤྲོས་སོ། །དེ་བས་ན་སློ་ཀ་འདིས་ནི་དངོས་བསྟན་ལ་གོང་དུ་བརྗོད་པ་བཞིན་སྐྱབས་མགོན་མཆོག་གི་སྤྲུལ་སྐུ་ཉིད་རྗེས་འཇུག་རྣམས་ལ་བཀའ་དྲིན་གྱི་སྒོ་ནས་དང་པོར་སྨོས་ཏེ་གསང་བ་གསུམ་གྱི་ཡོན་ཏན་འཇམ་དབྱངས་དང་མཚུངས་པར་བསྔགས་པའི་སྒོ་ནས་གསོལ་བ་འདེབས་པ་དང་། ཤུགས་ལ་རྗེ་བཙུན་ཤེས་རབ་འཁོར་ལོ་ཅན་ཉིད་གང་གི་སྤྲུལ་གཞིའི་གཙོ་བོ་ཡིན་པར་གསལ་བར་སྟོན་བྱེད་ཀྱི་གཟུང་དང་། དེར་མ་ཟད་སྐྱེས་པའི་རབས་ཀྱི་ཕྲེང་བ་མཐའ་ཡས་པ་དུ་མར་བསྟན་པ་མཐའ་དག་མདོར་བསྟན་གྱི་སྒོ་ནས་འཆད་བྱེད་ཀྱི་གསུང་ཡང་ཡིན་ནོ། །

༈ འདིར་སྨྲས་པ། དུས་གསུམ་རྣམ་འདྲེན་ཐོན་དང་འཁྲུལ་འགྱུར་ཀུན། །སྤྲོ་དང་བསྡུ་བའི་བྱེད་པོ་དམ་པ་རྗ། །རིང་ནས་སྨོན་པའི་འབྲས་བཟང་མངོན་གྱུར་པའི། །སྐྱེས་མཆོག་དེ་ལ་འཇམ་དཔལ་དབྱངས་སུ་གྲགས། །རྒྱལ་དང་དེ་སྲས་རབ་འབྱམས་མ་ལུས་པ། །གང་གི་ཡེ་ཤེས་གཅིག་པུའི་རྣམ་འགྱུར་ལས། །གཞན་དུ་མེད་པའི་ངང་ཚུལ་པོ་ན་ལ། །ངེས་པ་གཏིང་ནས་རྙེད་དེ་ཐལ་མོ་སྦྱོར། །ཁྱད་པར་བུ་རམ་ཤིང་པའི་རིང་ལུགས་འདི། །ཡུན་དུ་གནས་དང་རིང་དུ་འཕེལ་མཛད་པའི། །འདྲེན་པ་མཐའ་དག་མགོན་དེའི་འཕྲིན་ལས་ཀྱི། །རོལ་མོ་ཉིད་དུ་ཚད་མའི་ལུང་གིས་བསྔགས། །དེས་ན་རྗེ་བཙུན་བླ་མ་འདི་ཉིད་ཀྱང་། །དེ་ལྟ་ཉིད་ཅེས་ཀུན་ལ་སྟོན་པའི་ཕྱིར། །ཐམས་ཅད་མཁྱེན་པའི་མགུར་གྱི་བུམ་བཟང་ལས། །སྨད་བྱུང་གསུང་གི་གསང་བས་ལུང་ཡང་བསྟན། །གཅིག་ཉིད་དུ་མར་སྤྲོ་དང་དུ་མ་ཡང་། །གཅིག་ཏུ་བསྡུ་སོགས་རྒྱལ་བའི་ངོ་མཚར་ཀུན། །ཚུར་མཐོང་བློ་ཡིས་གཞལ་བར་མི་ནུས

པའི། །ངང་ཚུལ་དྲན་པར་བྱོས་ཤིག་ཤེས་ལྡན་ཀྱི། །ཞེས་བྱ་བ་ནི་བར་སྐབས་ཀྱི་ཚིགས་སུ་བཅད་པའི་རིམ་པའོ། །

༈ གཉིས་པ་སྐྱེས་པའི་རབས་ཀྱི་ཕྲེང་བ་གཞན་དག་ལ་ཡོན་ཏན་བརྗོད་པའི་སྒོ་ནས་གསོལ་བ་འདེབས་པ་ལ་ཐོག་མར་སྐྱེས་རབས་ཀྱི་ཕྲེང་བའི་དང་པོ་ནི། མགོན་ཁྱོད་ཞི་བའི་དབང་ཕྱུག་གྱུར་པའི་ཚེ། །སྒྲ་དབྱངས་རྒྱལ་པོའི་སྤྱན་སྔར་ཐུགས་བསྐྱེད་དེ། །ཞེས་གསུངས་ཏེ། དེ་ཡང་རྗེ་བླ་མ་འདི་ཉིད་ཀྱི་འཁྲུངས་རབས་ཀྱི་ཕྲེང་བའི་ནང་ཚན་བྱང་ཆུབ་སེམས་དཔའ་ཞི་བའི་བློ་གྲོས་ཞེས་བྱ་བའི་རྣམ་པར་ཐར་པ་གསང་བ་བསམ་གྱིས་མི་ཁྱབ་པ་ལས། སྟེང་ཕྱོགས་འཇིག་རྟེན་ཁམས་ནི་གྲངས་མེད་པ། །འདས་པའི་ཞིང་ན་མི་ཡི་འདྲེན་པ་ནི། །སངས་རྒྱས་སྒྲ་དབྱངས་རྒྱལ་པོ་བྱ་བ་བྱུང་། །ཐུབ་པའི་དབང་པོ་དེ་ཡི་དྲུང་དུ་ནི། །སྐྱེས་བུའི་ཁྱུ་མཆོག་འཇམ་དཔལ་སྙིང་པོ་དང་། །ལྷ་ཡི་བུ་ནི་རྣམ་དཔྱོད་མཆོག་ལྡན་པ། །ཞི་བའི་དབང་ཕྱུག་ཅེས་ཀྱང་བྱ་བ་བྱུང་། །ཞེས་དང་། དེ་ན་རིགས་ཀྱི་བུ་ནི་གཉིས་པོ་དེས། །སྐར་མའི་དབུས་ན་བསིལ་ཟེར་བྱེད་པ་བཞིན། །ས་བཅུའི་བྱང་ཆུབ་སེམས་དཔའ་དཔག་མེད་དང་། །ཉན་ཐོས་དགྲ་བཅོམ་རྣམས་ཀྱིས་བསྐོར་བའི་དབུས། །མི་ཡི་འདྲེན་པ་བཞུགས་པའི་དྲུང་དུ་སོང་། །དེ་ཡི་དུས་སུ་ཞི་བའི་དབང་ཕྱུག་གིས། །རང་གི་ལུས་ཀྱི་རིན་ཆེན་རྒྱན་རྣམས་ཀུན། །རབ་ཏུ་བཀྲོལ་ནས་སངས་རྒྱས་དེ་ལ་ཕུལ། །དེ་ཚེ་འཇམ་དཔལ་སྙིང་པོ་དེ་ཉིད་དང་། །ལྷ་ཡི་བུ་ནི་ཞི་བའི་དབང་ཕྱུག་གཉིས། །བླ་མ་བྱང་ཆུབ་མཆོག་ཏུ་སེམས་ནི་བསྐྱེད། །ཅེས་གསུངས་པ་ལྟར་སྔོན་འདས་པའི་དུས་བསྐལ་པ་དཔག་ཏུ་མེད་པའི་སྔོན་རོལ་ན་སྟེང་གི་ཕྱོགས་སུ་འཇིག་རྟེན་གྱི་ཁམས་གྲངས་མེད་པ་འདས་པའི་ཞིང་ཁམས་སུ་དེ་བཞིན་གཤེགས་པ་དགྲ་བཅོམ་པ་ཡང་དག་པར་རྫོགས་པར་སངས་རྒྱས་རིག་པ་དང་ཞབས་སུ་ལྡན་པ། བདེ་བར་གཤེགས་པ། འཇིག་རྟེན་མཁྱེན་པ། སྐྱེས་བུ་འདུལ་བའི་ཁ་ལོ་བསྒྱུར་བ། བླ་ན་མེད་པ་ལྷ་དང་མི་རྣམས་ཀྱི་སྟོན་པ་སངས་རྒྱས་བཅོམ་ལྡན་འདས་སྒྲ་དབྱངས་རྒྱལ་པོ་

ཞེས་བྱ་བ་བྱོན་ནས་འཚོ་ཞིང་བཞེས་ལ་ཆོས་ཀྱང་བསྟན་པར་གྱུར་ཏེ། འགྲོ་བ་མང་པོ་ནི་སྨིན་པར་མཛད། འགྲོ་བ་མང་པོ་ནི་གྲོལ་བར་མཛད། འགྲོ་བ་མང་པོ་ནི་ཕན་པ་དང་བདེ་བའི་རོ་ལ་གཅིག་ཏུ་གཞོལ་བར་མཛད་ལ། དེའི་ཚེ་སངས་རྒྱས་བཅོམ་ལྡན་འདས་དེའི་དྲུང་དུ་སྐྱེས་བུ་ཀུན་གྱི་ནང་ནས་སྙིང་སྟོབས་ཆེས་ཕུལ་དུ་བྱུང་བ་བདག་ཉིད་ཆེན་པོ་འཛམ་དཔལ་སྙིང་པོ་དང་། ལྷའི་བུ་ནམ་དཔྱོད་ཀྱི་མཆོག་དང་ལྡན་པ་ཞི་བའི་དབང་ཕྱུག་ཅེས་བྱ་བ་གཉིས་ཡོད་པ་དེ་གཉིས་འདི་སྙམ་དུ་སེམས་པར་གྱུར་ཏེ། ཀྱེ་མའོ། །སངས་རྒྱས་འཇིག་རྟེན་དུ་བྱོན་པ་ནི་རྙེད་པར་དཀའ། དམ་པའི་ཆོས་ཉན་པའང་རྙེད་པར་དཀའ། རྟེན་ཕུན་སུམ་ཚོགས་པའང་རྙེད་པར་དཀའ། སྐྱེས་བུ་དམ་པ་དང་ཕྲད་པའང་རྙེད་པར་དཀའ་བ་སྟེ། དེ་བས་ན་རྙེད་པར་དཀའ་བ་མཐའ་དག་རྙེད་པའི་དུས་འདིར་ཅི་བདེར་བཏང་སྙོམས་སུ་གནས་པ་ནི་ཤིན་ཏུ་ཐ་ཚད་ཅིང་རིགས་པ་མ་ཡིན་པས། དེ་ཕྱིར་ཅི་ནས་ཀྱང་རྙེད་པར་དཀའ་བ་རྙེད་པ་འདི་ཉིད་དོན་ལྡན་དུ་བྱེད་དགོས་པར་རྗེ་ཐོགས་ལ། དེ་ཡང་སེམས་ཅན་ཐམས་ཅད་བློས་བཏང་སྟེ་རང་ཉིད་གཅིག་པུ་ཞི་བདེའི་དོན་དུ་གཉེར་བ་ནི་འགྲོ་བ་རྣམས་ལ་ངོ་ཚ་དང་། ཁྲེལ་པོར་བར་འགྱུར་བས་ན་སྐྱེས་བུ་དམ་པའི་ཚོགས་ཀྱིས་ཀྱང་བཞུང་པའི་གནས་ཡིན་པས་དེ་ལྟ་བུའི་བསམ་པ་རྒྱུད་རིང་དུ་བཏང་ནས་སེམས་ཅན་འདི་དག་ཐམས་ཅད་འཁོར་བའི་རྒྱ་མཚོ་ཆེན་པོ་སྡུག་བསྔལ་གསུམ་གྱི་ཆུ་སྲིན་མ་ཀ་ར་འཇིགས་སུ་རུང་བས་རྟག་པར་རྒྱུན་དུ་གཙེས་པའི་གནས་འདི་ལས་མྱུར་དུ་སྒྲོལ་ཏེ། ཐར་པ་བླ་ན་མེད་པའི་སྐྱམ་སར་ཕྱིན་པ་ཞིག་བདག་ཉིད་ཁོ་ནས་བྱེད་དགོས་པར་སྣང་བས་དེའི་སླད་དུ་བྱང་ཆུབ་མཆོག་ཏུ་སེམས་བསྐྱེད་པར་བགྱིའོ་སྙམ་དུ་སེམས་ཅན་གྱི་ཁམས་ལ་སྙིང་རྗེ་ཆེན་པོ་ཤས་མི་བཟོད་པས་ཀུན་ནས་བསླངས་ཏེ། སྲིད་པའི་ཕུན་ཚོགས་དུག་སྦྲུལ་གྱི་ཚང་ལྟར་དོར་ནས་རིངས་པ་རིངས་པར་དེ་བཞིན་གཤེགས་པ་སྒྲ་དབྱངས་རྒྱལ་པོ་ལྷ་དང་མིའི་སྟོན་པ་དེ་ཉིད་ཇི་ལྟར་རྒྱུ་སྐར་གྱི་དབུས་ན་བཅོ་ལྔའི་ཟླ་བ་ཉ་བ་ཀུན་ཏུ་གསལ་བ་ལྟར། ས་ལ་གནས་པའི་བྱང་ཆུབ་

སེམས་དཔའ་དང་། ཉན་ཐོས་དགྲ་བཅོམ་པ་ལ་སོགས་པ་འཁོར་ཚོགས་དཔག་ཏུ་མེད་པའི་དབུས་ན་ལྷམ་མེ་ལྷང་ངེ་ལྷུན་ནེ་ར་བཞུགས་པ་ལ་ཞི་བའི་དབང་ཕྱུག་གིས་རང་གི་ལུས་ཀྱི་རིན་པོ་ཆེ་ཕྲེང་བ་རིན་ཐང་གཞལ་དུ་མེད་པ་དང་རྒྱན་དག་བཀྲོལ་ནས་དབང་མེད་དུ་ཕུལ་ཏེ། བདག་ཉིད་ཆེན་པོ་འཇམ་དཔལ་སྙིང་པོ་དང་ཐབས་གཅིག་པར་དེ་བཞིན་གཤེགས་པ་སྒྲ་དབྱངས་ཀྱི་རྒྱལ་པོ་ལ་སོགས་པའི་ཕྱོགས་བཅུའི་སངས་རྒྱས་དང་བྱང་ཆུབ་སེམས་དཔའ་མཐའ་དག་དཔང་དུ་བཞག་ནས་བྱང་ཆུབ་མཆོག་ཏུ་ཐུགས་བསྐྱེད་པས་རྒྱལ་བ་ཐམས་ཅད་ཀྱི་སྲས་ཀྱི་ཐུ་བོར་གྱུར་ཅིང་། དེའི་དུས་སུ་ཞི་བའི་དབང་ཕྱུག་གིས་སེམས་དཔའ་ཆེན་པོ་ཀུན་གྱི་མཛད་པའི་ཁུར་གཅིག་ཏུ་འཁྱེར་བའི་སྨོན་ལམ་སྨྲེ་དང་། དེའི་ནང་ནས་ཀྱང་མ་འོངས་པའི་དུས་སུ་བསྐལ་བ་བཟང་པོ་ཞེས་གྲགས་པའི་མི་མཇེད་འཇིག་རྟེན་གྱི་ཁམས་འདིར་མཉམ་མེད་ཤཱཀྱའི་རྒྱལ་པོ་དང་། བྲམས་པ་མགོན་པོ་ལ་སོགས་པ་སྟོན་ཏེ་ཐེག་པ་གསུམ་གྱི་སྒྲོན་མེ་གསལ་བར་མཛད་པའི་ཚེ་རྒྱལ་སྲས་ཀྱི་ཚུལ་བཟུང་ནས་བྱང་ཆུབ་ཀྱི་སྤྱོད་པ་སྤྱོད་པ་དང་། ལྷག་པར་དུ་ཡང་བྱང་ཆུབ་སེམས་དཔའ་འཇམ་དཔལ་སྙིང་པོས་སྟོན་རྒྱལ་བ་དབང་པོའི་ཏོག་གི་སྤྱན་སྔར་སྙིང་སྟོབས་དཔག་ཏུ་མེད་པས་རླབས་ཆེན་གྱི་སྨོན་ལམ་བཏབ་པའི་ཚེ། དེ་བཞིན་གཤེགས་པ་དབང་པོའི་ཏོག་གིས་ཇི་ལྟར་ལུང་བསྟན་པ་བཞིན་མ་འོངས་པ་ན་མངོན་དུ་གྱུར་པ་དེའི་ཚེ་རང་ཉིད་གསུང་གི་བདུད་རྩི་དང་པོར་སྤྱོང་བའི་འཁོར་གྱི་ཐོག་མར་སྐྱེ་བ་དང་། དེ་ནས་ཀྱང་བྱང་ཆུབ་སེམས་དཔའི་སྤྱོད་པ་རླབས་པོ་ཆེ་ཡོངས་སུ་རྫོགས་པར་བྱས་ནས་སེམས་ཅན་ཐམས་ཅད་ཀྱི་དོན་དུ་བླ་ན་མེད་པའི་བྱང་ཆུབ་ཏུ་འཚང་རྒྱ་བར་སྨོན་ལམ་བཏབ་པའི་ཚེ། དེ་བཞིན་གཤེགས་པ་སྒྲ་དབྱངས་ཀྱི་རྒྱལ་པོས་ཀྱང་རིགས་ཀྱི་བུ་ཁྱོད་ཀྱིས་ཇི་ལྟར་སྨོན་ལམ་བཏབ་པ་བཞིན་དུ་བྱང་ཆུབ་མཆོག་གི་སྤྱོད་པ་ལ་རབ་ཏུ་གོམས་པར་གྱིས་ཤིག་དང་། མ་འོངས་པ་ན་བསྐལ་པ་སྐར་མ་ལྟ་བུ་ལ་བབ་པའི་ཚེ། དེ་བཞིན་གཤེགས་པ་དགྲ་བཅོམ་པ་ཡང་དག་པར་རྫོགས་པའི་སངས་རྒྱས་ཞི་བའི་དབྱངས་ཡོན་ཏན་

བཀོད་པའི་རྒྱལ་པོ་ཞེས་བྱ་བར་མངོན་པར་རྫོགས་པར་འཚང་རྒྱ་བར་འགྱུར་རོ། །ཞེས་རིགས་རུས་ཡབ་ཡུམ་འདུས་པའི་གྲངས་དང་སྐུ་ཚེའི་ཚད་དང་། དམ་པའི་ཆོས་ཀྱི་ལོ་གྲངས་སོགས་ཀྱང་གསལ་བར་ལུང་བསྟན་པར་མཛད་པ་ཡིན་ཏེ། དེ་ལྟར་ཡིན་པ་ཡང་གོང་དུ་དྲངས་པའི་ཞི་བའི་བློ་གྲོས་ཀྱི་རྣམ་ཐར་གྱི་འཕྲོ་ལས། འདི་སྐད་དུ་ནི་མཁྱེན་གཅིག་སྨོན་ལམ་བཏབ། །མ་འོངས་དུས་སུ་མི་བརྗེད་ཞིང་ཁམས་དེར། །ལྷ་མའི་(མིའི)སྟོན་པ་ཤཱཀྱ་ཐུབ་པ་དང་། །དེ་བཞིན་གཤེགས་པ་བྱམས་པ་ལ་སོགས་པའི། །བསྐལ་བཟང་སངས་རྒྱས་རྣམས་ནི་བྱོན་པའི་ཚེ། །བྱང་ཆུབ་མཆོག་གི་སྤྱོད་པ་སྤྱོད་པ་དང་། །བྱང་ཆུབ་སེམས་དཔའ་འཇམ་དཔལ་སྙིང་པོ་ནི། །སྔོན་ཚེ་དབང་པོའི་ཏོག་གི་སྤྲུལ་སྐུ་རུ། །བྱང་ཆུབ་སེམས་དཔའི་སྤྱོད་པ་སྤྱོད་པའི་ཚེ། །རྒྱལ་བ་དབང་པོས་ཇི་སྐད་ལུང་བསྟན་བཞིན། །མ་འོངས་པ་ན་མངོན་དུ་འགྱུར་བའི་ཚེ། །ཞི་བའི་དབང་ཕྱུག་འཁོར་དུ་འགྱུར་བ་དང་། །གསུང་གི་བདུད་རྩི་ཐོག་མར་ཐོབ་ནས་ཀྱང་། །མ་འོངས་དུས་ན་མངོན་པར་སངས་རྒྱས་ཏེ། །དེ་བཞིན་གཤེགས་པར་འགྱུར་བར་སྨོན་ལམ་བཏབ། །དེ་ཚེ་སངས་རྒྱས་སྒྲ་དབྱངས་རྒྱལ་པོ་དེས། །ཡན་ལག་དྲུག་ཅུར་ལྡན་པའི་གསུང་ཕྱུང་ནས། །ཚངས་པའི་དབྱངས་ཀྱི་འདི་ལྟར་ལུང་བསྟན་མཛད། །ཁྱོད་ཀྱིས་སྨོན་ལམ་ཇི་ལྟར་བཏབ་པ་བཞིན། །བྱང་ཆུབ་མཆོག་གི་སྤྱོད་པ་སྤྱོད་ཤིག(ཅིག)དང་། །བསྐལ་བ་བཟང་པོ་ཞེས་བྱ་འདས་པའི་འོག །བསྐལ་བ་སྐར་མ་ལྟ་བུ་བྱུང་བའི་ཚེ། །དེ་བཞིན་གཤེགས་པ་བདུན་པར་འགྱུར་བ་ཡིན། །མཚན་ནི་དེ་བཞིན་གཤེགས་པ་ཞི་བའི་དབྱངས། །ཡོན་ཏན་བཀོད་པའི་རྒྱལ་པོ་ཞེས་ཀྱང་བྱ། །རིགས་ནི་རྒྱལ་རིགས་འོད་ནི་དཔག་ཚད་གཅིག །ཡབ་ནི་ཞི་བ་ཡུམ་ནི་བློ་གྲོས་ཏེ། །འཁོར་ནི་འདུས་པ་དང་པོ་སྟོང་ཕྲག་གཅིག །དེ་འོག་འདུས་པར་བྱེ་བ་དུང་ཕྱུར་འགྱུར། །མཁས་པའི་མཆོག་ནི་བློ་གྲོས་རབ་གསལ་ཏེ། །རྫུ་འཕྲུལ་ཅན་གྱི་མཆོག་ནི་འཇིགས་མེད་པ། །རིམ་གྲོ་པ་ནི་བློ་གྲོས་དཔལ་ལ་སོགས། །སྐུ་ཚེ་ཚད་ནི་ལོ་གྲངས་སྟོང་ཕྲག་གཅིག །དམ་པའི་ཆོས་ནི་ལོ་གྲངས་དུང་

ཕྱུར་གནས། །རྒྱལ་པོ་དེ་ཡི་སྐུ་གདུང་གཅིག་ཡིན་ཏེ། །དེ་ནི་མཐོང་ཐོས་དྲན་རེག་ཐམས་
ཅད་ཀྱང་། །བྱང་ཆུབ་དམ་པ་མཆོག་ནི་ཐོབ་པར་འགྱུར། །དེ་སྐད་དུ་ནི་ལུང་བསྟན་མཛད་
པའི་ཚེ། །བྱང་ཆུབ་སེམས་དཔའ་གཞན་ཡང་མང་པོ་དང་། །འཁོར་གྱི་འདུས་པ་རྒྱ་མཚོ་ལྟ་
བུ་དེར། །སར་གནས་བྱང་ཆུབ་སེམས་དཔའ་རྣམས་ཀྱིས་ཀྱང་། །རྒྱལ་བའི་དབང་པོ་དེ་
དང་མགྲིན་གཅིག་ཏུ། །བྱང་ཆུབ་མཆོག་ཏུ་ལུང་བསྟན་མཛད་པར་གྱུར། །དེ་ནས་བསྐལ་པ་
ཆེན་པོ་དུ་མ་རུ། །བྱང་ཆུབ་མཆོག་གི་སྤྱོད་པ་སྤྱོད་པར་གྱུར། །ཞེས་གསུངས་པའི་ཕྱིར་རོ། །

དེའི་དུས་ཀྱི་བྱང་ཆུབ་སེམས་དཔའ་ཞི་བའི་དབང་ཕྱུག་ཅེས་པ་དེ་ནི་ཇོ་བཙུན་བླ་མ་དམ་པ་འདི་ཉིད་ཀྱི་སྐྱེ་བའི་སྐུ་འཕྲུལ་ཡིན་ལ། དེ་ལྟར་སྐྱེས་བུ་ཆེན་པོ་དེས་ཚུལ་དེ་ལྟ་བུའི་སྒོ་ནས་བྱང་ཆུབ་ཏུ་ཐུགས་བསྐྱེད་ཅིང་། དེ་ནས་བཟུང་སྟེ་རྣམ་པ་ཐམས་ཅད་དུ་སྐད་ཅིག་ཀྱང་གཡེལ་བ་མེད་པར་རྒྱལ་སྲས་ཀྱི་སྤྱོད་པ་མཐའ་དག་ལ་ཞུམ་པ་མེད་པའི་སྙིང་སྟོབས་ཀྱིས་ཡོངས་སུ་བསླབ་པར་མཛད་ནས་ཉི་མ་རེ་རེ་དང་། ཐུན་ཚོད་རེ་རེ་དང་། སྐད་ཅིག་རེ་རེ་ལའང་སྲོག་ཆགས་བྱེ་བ་བརྒྱ་ཕྲག་སྟོང་དུ་མ་ཁ་ཅིག་ནི་ཉན་ཐོས་ཀྱི་ལམ་དང་། ཁ་ཅིག་ནི་རང་རྒྱལ་གྱི་ལམ་དང་། ཕལ་ཆེ་བ་ནི་བླ་ན་མེད་པའི་བྱང་ཆུབ་ཀྱི་ལམ་ལ་འགོད་པར་མཛད་པར་མཛད་པའི་སྒོ་ནས་སྐད་ཅིག་ཐད་ཅིག་ཡུད་ཙམ་ལ་ཡང་བྱང་ཆུབ་སེམས་དཔའི་སྤྱོད་པ་རླབས་ཆེན་རྨད་དུ་བྱུང་བ་ཡོངས་སུ་རྫོགས་པར་མཛད་པ་སྟེ། ཚུལ་དེ་དག་ནི་སྐྱེས་བུ་ཆེན་པོ་འདི་ཉིད་རྟེན་གང་ལ། ཡུལ་གང་གི་དྲུང་དུ། ཚུལ་ཇི་ལྟ་བུའི་སྒོ་ནས་བྱང་ཆུབ་ཏུ་ཐུགས་བསྐྱེད་པའི་ངོ་མཚར་བའི་གཏམ་གྱི་རིམ་པས་ས་བོན་ཙམ་དུ་བཀོད་པ་ཡིན་ནོ། །སྨྲས་པ།

ཨེ་མ་འདྲེན་པ་རྣམས་ནི་རང་གི་དོན། །རྩྭ་ལྟར་དོར་ནས་གཞན་གྱི་དོན་འབའ་ཞིག །ཁུར་
དུ་འཁྱེར་བའི་སྙིང་སྟོབས་རྒྱ་ཆེར་ལྡན། །ཀུན་གསལ་ཕ་མཐའ་ཡིས་ཀྱང་གཞལ་བར་
དཀའ། །རྒྱ་མཚོའི་དུས་རླབས་ཡོལ་བ་མི་མངའ་བའི། །ངང་ཚུལ་ཇི་བཞིན་བདག་ཉིད་ཆེ་
རྣམས་ཀྱང་། །ཇི་ལྟར་དམ་བཅའ་མཛད་པའི་སྤྱོད་ཚུལ་ལས། །ནམ་ཡང་འགོངས་པའི་གོ་

སྐབས་ག་ལ་སྲིད། །སྙིང་སྟོབས་རྒྱ་མཚོའི་ཀླུང་ལས་རབ་འཕགས་པའི། །སྨོན་ལམ་རྒྱ་མཚོའི་མེ་ཏོག་རྒོད་པའི་ཚེ། །སངས་རྒྱས་རྒྱ་མཚོའི་ཚོགས་ཀྱིས་མཁྱེན་གཅིག་དུ། །ལུང་བསྟན་རྒྱ་མཚོས་དབུགས་དབྱུང་གཟེངས་སུ་བསྟོད། །རྒྱལ་བའི་ཚོགས་ཀྱིས་བར་མེད་བསྔགས་མཛད་ཅིང་། །རྒྱལ་ཀུན་བགྲོད་པ་གཅིག་པའི་ལམ་གྱི་མཆོག །རྒྱལ་སྲས་སྤྱོད་པའི་ཁུར་ཆེན་མ་ལུས་པ། །དུས་གཅིག་ཐྲག་པར་ལེན་འདི་ཨེ་མ་ཧོ། །གང་གི་ངོ་མཚར་ལྟ་ཧྲིག་དགོད་པའི་ཕྲེང་། །གདུལ་བྱའི་སྙིང་གི་ཟེ་འབྲུར་འཕྲོས་པའི་མོད། །རིང་ནས་འདྲིས་པའི་གཅེས་འཛིན་སྟུག་པོའི་མུན། །མཐའ་དག་རིངས་པའི་ཚུལ་གྱིས་ཧྲུལ་པོར་བྱས། །ཞེས་པ་ནི་བར་སྐབས་ཀྱི་ཚིགས་སུ་བཅད་པའི་ཕྲེང་བའོ། །

༈ སྐྱེས་པའི་རབས་ཀྱི་ཕྲེང་བ་གཉིས་པ་ནི། ཉི་མའི་གཉེན་གྱི་མདུན་སར་ཟབ་མོའི་གཏམ། །སྒྲོགས་མཛད་ཞི་བའི་སྒྲ་དབྱངས་ཞབས་ལ་འདུད། །ཅེས་གསུངས་ཏེ། འདིས་ཤུགས་ལ་གནས་བརྟན་ཆེན་པོ་ཡན་ལག་འབྱུང་བྱ་བ་རྗེ་བླ་མ་འདིའི་འཁྲུངས་རབས་ཀྱི་ཕྲེང་བའི་གྲངས་སུ་བསྟན་པ་ཡིན་ཏེ། རྒྱུ་མཚན་གང་གི་ཞེ་ན། འཁྲུངས་རབས་གསོལ་འདེབས་འདི་ཉིད་ཀྱི་འོག་ནས། བཀའ་གདམས་གཞུང་བཤད་འཛིན་ཕྱིར་ཡན་ལག་འབྱུང་། །ངུར་སྨྲིག་གར་རོལ་རིན་ཆེན་གསལ་བ་དང་། །ཞེས་མཉམ་མེད་པོ་ཏོ་བ་ཆེན་པོ་རྗེ་འདིའི་འཁྲུངས་རབས་སུ་བསྟན་པའི་ཞར་ལ། དེ་ཉིད་གནས་བརྟན་ཡན་ལག་འབྱུང་གི་རྣམ་རོལ་དུ་གསུངས་པ་དང་། དེར་མ་ཟད་སྟོང་འཁོར་གོང་མ་རྗེ་ཡོན་ཏན་རྒྱ་མཚོའི་རྣམ་ཐར་ལས། བདག་ཅག་གི་སྟོན་པ་ཟས་གཙང་གི་སྲས་པོ་ཉིད་ཞིང་འདིར་སངས་རྒྱས་པའི་ཚུལ་བསྟན་པའི་ཚེ་ཐེག་དམན་གྱི་ལུགས་ལྟར་ན་འཁོར་གྱི་གཙོ་བོ་དང་། མདོ་ཕྱོགས་ཀྱི་བསྟན་པ་གཏད་ས་འཕགས་པ་གནས་བརྟན་བཅུ་དྲུག་ཡིན་ལ། དེའི་ནང་ཚན་གནས་བརྟན་ཡན་ལག་འབྱུང་གི་འཁོར་དགྲ་བཅོམ་པ་སྟོང་དང་སུམ་བརྒྱ་ཡོད་པའི་ནང་ནས། ཉིད་ཀྱི་ཐུགས་སྤྲུལ་ཞི་བའི་སྒྲ་དབྱངས་ཞེས་བྱ་བར་གྱུར་ནས་སྟོན་པའི་གསུང་གི་བདུད་རྩིས

ཚོམས་པར་བྱས་ཞེས་ཞི་བའི་སྒྲ་དབྱངས་འཁྲུངས་རབས་སུ་བསྟན་པའི་ཞར་ལ་དེ་ཉིད་གནས་བརྟན་ཡན་ལག་འབྱུང་གི་ཐུགས་སྨྲུལ་དུ་གསུངས་པ་སོགས་ཤེས་བྱེད་ཤིན་ཏུ་མང་བས། དེས་ན་འདིར་དངོས་བསྟན་གྱི་དྲངས་སུ་འདྲེན་པར་མ་མཛད་ནའང་། དོན་གྱིས་ཇོ་བླ་མ་ཉིད་ཀྱི་རྣམ་རོལ་ཡིན་པར་བསྙོན་དུ་མེད་པས་ན་གནས་བརྟན་ཆེན་པོ་དེའི་རྣམ་ཐར་ཅུང་ཟད་བརྗོད་ན། དེ་ལ་སྤྱིར་གོང་དུ་བརྗོད་མ་ཐག་པ་ལྟར་བྱང་ཆུབ་མཆོག་ཏུ་ཐུགས་བསྐྱེད་པ་ནས་རབ་འབྱམས་རྒྱ་མཚོའི་ཞིང་ཁམས་མུ་མཐའ་ཡངས་མེད་པ་རྣམས་སུ་སྤྲུལ་པ་རྒྱུན་མི་ཆད་པའི་སྒོ་ནས་འགྲོ་བའི་དོན་མཛད་པར་མ་ཟད། བསྐལ་བཟང་འདིའི་རྣམ་འདྲེན་སྟོང་གི་དང་པོ་སངས་རྒྱས་འཁོར་བ་འཇིག་སོགས་ཀྱི་དུས་སུའང་བྱང་ཆུབ་སེམས་དཔའ་དང་། ཉན་ཐོས་དང་། རང་སངས་རྒྱས་ལ་སོགས་པའི་རྣམ་པར་སྤྲུལ་པ་མཐའ་ཡས་པ་དང་། ལྷག་པར་རྣམ་འདྲེན་བཞི་པ་པད་དཀར་ལྟར་བསྔགས་པའི་འདྲེན་པ་ཉི་མའི་གཉེན་གྱུར་མཉམ་མེད་ཤཱཀྱའི་རྒྱལ་པོ་མི་མཛེད་ཀྱི་ཞིང་འདིར་བྱོན་པ་དེའི་ཚེ། ཡུལ་རྒྱལ་བའི་ཁབ་ཏུ་རིགས་ཁྱིམ་བདག་ཤིན་ཏུ་བཟང་ངམ། རབ་བཟང་ཞེས་མུ་སྟེགས་གཅེར་བུ་པ་ལ་དད་པ་ཞིག་ཡོད་པ་བུ་མེད་པར་སྡུག་བསྔལ་གྱིས་གདུང་པའི་ཚེ། དགེ་སློང་ཞིག་གིས་སངས་རྒྱས་ལ་བསྙེན་བཀུར་ན་བུ་འབྱུང་ངོ་ཞེས་སྨྲས་པ་ལྟར་བྱས་པས་ཆུང་མ་བདེ་ལྡན་མ་མང་ལ་དང་ལྡན་པར་གྱུར་པའི་ཚེ། ཕྱུགས་དེར་བཅོམ་ལྡན་འདས་གཤེགས་པ་མཐོང་ནས་བཅོམ་ལྡན་འདས་ལ། བདག་གི་མཆིས་འབྲང་འདི་ལ་བུ་བཙའ་བར་འགྱུར་རམ། བཀའ་སྩལ་པ། བུ་བཙའ་བར་འགྱུར་ཞིང་རིག་གསལ་བར་བྱེད་པ་ལྷ་མིའི་དཔལ་འབྱོར་སྤྱོད་ནས་དགྲ་བཅོམ་པར་འགྱུར་རོ་ཞེས་ལུང་བསྟན་ནོ། །དེ་ལྟར་ལུང་བསྟན་པ་གཅེར་བུ་བས་ཐོས་ནས་ཕྲག་དོག་སྐྱེས་ཏེ། ཁྱིམ་བདག་ལ་གོའུ་ཏ་མས་ཇི་ལྟར་ལུང་བསྟན། དེས་འདི་དང་འདིའོ་ཞེས་སྨྲས་པ་དང་གཅེར་བུ་པ་དེ་རྩིས་ལ་མཁས་པས་དེས་བརྩིས་པ་ན་དེ་བཞིན་དུ་འགྱུར་བར་མཐོང་ནས་ཁྱིམ་བདག་ལ། གོའུ་ཏ་མས་ལོག་པར་བསྟན་པ་སྟེ། དེས་དམན་

པའི་རིགས་གསལ་བ་ནི་མེའི་མིང་ཡིན་པས་འདི་བཙས་པ་ན་ཁྱིམ་ཚིག་བར་འགྱུར་རོ། །ཞེས་སྨྲས་པ་དང་ཁྱིམ་བདག་ཤིན་ཏུ་བཟང་པོ་མི་དགའ་ནས་རང་གི་ཆུང་མའི་དགུ་མཉེད་པར་བརྩམས་ཏེ། མཐར་གྱིས་དགོན་པར་ཁྲིད་དེ་དགུ་མཉེས་སོ། །དེའི་ཆུང་མ་དེ་ཤི་ནས་རོ་བསིལ་བའི་ཚལ་གྱི་དུར་ཁྲོད་དུ་ཁྱེར་རོ། །དེ་གཅེར་བུ་པ་རྣམས་ཀྱིས་མཐོང་ནས། གོའུ་ཏ་མས་ལུང་བསྟན་པ་དེ་ཐོག་ཏུ་མ་བབ་སྟེ། དེའི་མ་ཤི་བར་གྱུར་ཏོ་ཞེས་དྲིལ་བསྒྲགས་སོ། །དེའི་ཚེ་བཅོམ་ལྡན་འདས་དགེ་སློང་གི་ཚོགས་ཀྱིས་བསྐོར་ནས་བསིལ་བའི་ཚལ་གྱི་དུར་ཁྲོད་དུ་གཤེགས་པས་རྒྱལ་པོ་གཟུགས་ཅན་སྙིང་པོ་ལ་སོགས་པ་སྐྱེ་བོའི་ཚོགས་ཐམས་ཅད་འདུས་པར་བཅོམ་ལྡན་འདས་འཛུམ་པ་མཛད་པ་ན། གཅེར་བུ་པ་དེས་བསྐུལ་ནས་ཤིན་ཏུ་བཟང་པོའི་ཆུང་མའི་རོ་ལ་ཤིང་བཙེར་ཏེ་བསྲེགས་སོ། །དེའི་ལུས་ཐམས་ཅད་ཚིག་ཀྱང་ལྟོ་བའི་ཉེ་འཁོར་མ་ཚིག་པར་གྱུར་པ་ལས་དེ་བརྟོལ་བས་པདྨ་ཞིག་བྱུང་སྟེ། པདྨ་དེའི་སྙིང་པོ་ལ་ཁྱེའུ་མཛེས་པ་ཞིག་འདུག་པ་དེ་སྐྱེ་བོའི་ཚོགས་རྣམས་ཀྱིས་མཐོང་ནས་ངོ་མཚར་དུ་གྱུར། བཅོམ་ལྡན་འདས་ཀྱིས་ཁྱིམ་བདག་ལ་ལོང་ཞིག་གསུངས་ཁྱད་དེ་གཅེར་བུ་བས་བསྒོ་བས་ལེན་པར་མ་ནུས་པའི་ཚེ། སྟོན་པའི་བཀའ་བཞིན་འཚོ་བྱེད་གཞོན་ནུ་གསོས་ཀྱིས་བླངས་པས་མེའི་ནང་དུ་པདྨའི་མཚོ་བཞིན་བསིལ་བར་གྱུར་ཏོ། །དེ་ནས་བཅོམ་ལྡན་འདས་ཀྱིས་ཁྱེའུ་དེ་ལ་མིང་མེ་སྐྱེས་སུ་བཏགས་ནས་རྒྱལ་པོ་གཟུགས་ཅན་སྙིང་པོ་ལ་གཏད་དེ་གསོས་པས་སྐྱེད་ཆེ་བར་གྱུར་ཅིང་། དེ་མའི་ལུས་ཀྱི་ཆ་ཤས་ལས་བྱུང་བས་ཡན་ལག་འབྱུང་ཞེས་ཀྱང་གྲགས་ལ། དབང་པོ་རྣོ་ཞིང་ཤེས་རབ་གསལ་བས་ཟུར་གྱིས་ཤེས་ཞེས་ཀྱང་གྲགས་སོ། །དེའི་ཚེ་མེ་སྐྱེས་ཀྱི་ཞང་པོ་ཞིག་ཕྱོགས་གཞན་དུ་ཕྱིན་པ་སླར་རྒྱལ་པོའི་ཁབ་ཏུ་ཐོག་པ་ན་མེ་སྐྱེས་རྒྱལ་པོས་གསོས་པ་མཐོང་ནས་ཤིན་ཏུ་བཟང་པོ་ལ་ཁྲོས་ཏེ་བུ་ལེན་པར་བསྐུལ་བས། དེས་རྒྱལ་པོ་དང་བཅོམ་ལྡན་འདས་ལ་ཞུས་པས་གནང་ཞིང་། ཕྱིས་ཕ་ཤི་བའི་ཚེ་མེ་སྐྱེས་ཁྱིམ་བདག་ཏུ་གྱུར་ཏེ་ལྷའི་ལོངས་སྤྱོད་དང་ལྡན་པར་གྱུར་པ་ན། ཙནྡན་ས་མཆོག་གི་སྣོད་རིན་པོ་ཆེས་བཀང་བ

ཤིང་རིན་པོ་ཆེའི་རྩེ་ལ་བཏགས་ཏེ་སྨུས་རྫུ་འཕྲུལ་གྱིས་ལེན་པ་དེ་ལ་བྱིན་ནོ་ཞེས་དྲིལ་བསྒྲགས་པ་དང་འོད་སྲུངས་སྟོབས་བཙུ་པས་བླངས་སོ། །མི་སྐྱེས་ཀྱི་ཁྲུས་རས་སྐེམས་པ་རླུང་གིས་འཕྱིར་བ་རྒྱལ་པོ་གཟུགས་ཅན་སྙིང་པོའི་ཁང་ཐོག་ཏུ་བབས་པ་ན། ལྷས་ལྷ་རྫས་ཀྱི་གོས་ཀྱི་ཆར་ཕབ་པར་གྲགས་ཤིང་། རྒྱལ་པོའང་ཁྱིམ་དུ་པོས་ནས་ལྷའི་འཁོར་བས་ཞག་བདུན་དུ་བཀུར་བསྟི་བྱས་སོ། །སྟོན་རང་ཉིད་ཀྱི་མ་བསད་པའི་ས་ཕྱོགས་སུ་གཙུག་ལག་ཁང་བརྩིགས་ནས་ལོ་བྱད་སྦྱར་ཏེ་བཅོམ་ལྡན་འདས་ལ་ཕུལ་བས་དཀྱུ་མཉེད་པའི་ཚལ་དུ་གྲགས་སོ། །དེ་ནས་ཕྱི་ཞིག་ན་གཟུགས་ཅན་སྙིང་པོ་འདས་ཏེ་མ་སྐྱེས་དགྲས་རྒྱལ་པོ་བྱས་པའི་ཚེ། རྒྱལ་པོས་ཁྱིམ་བདག་མི་སྐྱེས་པོས་ཏེ་ཁྱིམ་བདག་ཁྱོད་དང་ང་སྤུན་ཡིན་པས་ཁྱིམ་བགོའོ་ཟེར་བས་ལྷ་བགོ་ཅི་འཚལ། ཁྱོད་ཀྱི་ཁབ་ཏུ་བདག་མཆིས་པ། བདག་གི་ལུམ་རར་གཤེགས་ཤིག མ་སྐྱེས་དགྲས་ཁྱིམ་བརྗེས་པས་ལྷའི་ལོངས་སྤྱོད་དེ་མི་སྐྱེས་གང་གནས་སུ་འཁྲིས་ཏེ་ལན་བདུན་གྱི་བར་བརྗེས་ཀྱང་དེ་ལྟར་གྱུར་པས་རྒྱལ་པོས་ཆོམ་རྐུན་པ་དག་བསྐོས་ཏེ་མི་སྐྱེས་ཀྱི་ནོར་བྲུ་བརྐུ་བར་བཏང་བས་དེ་དག་གིས་ཁང་ཐོག་ཏུ་འཛེགས་པ་དང་མི་སྐྱེས་ཀྱི་བདེན་པས་དེ་དག་འགྲོ་མ་ནུས་པར་དེ་ཉིད་ན་འཁོད་དོ། །རྒྱལ་པོས་དེ་དག་ཐོང་ཞིག་(ཐོངས་ཤིག) ཅེས་སྨྲས་པས་མི་སྐྱེས་ཀྱིས་བཏང་ཤིང་། ཚུལ་དེས་ཡིད་འབྱུང་སྐྱེད་ནས་ཇི་ཞིག་ན་རྒྱལ་པོས་གསོད་པར་གོར་མ་ཆག་སྐམ་ནས་བཏོག་པ་ཐམས་ཅད་སྦྱིན་པར་བཏང་སྟེ་སྟོན་པའི་དྲུང་དུ་རབ་ཏུ་བྱུང་བས་དགྲ་བཅོམ་པའི་འབྲས་བུ་ཐོབ་ཅིང་། སངས་རྒྱས་ཀྱིས་ལས་ཀྱི་རྒྱུ་བ་ཡང་བཀའ་སྩལ་ཏོ། །གནས་བརྟན་འདིས་རི་བོ་སྤོས་དང་ལྡན་ལ་མཉམ་པར་འཇོག་ཏུ་བྱོན་པའི་ཚེ། ལྷ་དང་ལྷ་མ་ཡིན་དང་གནོད་སྦྱིན་ཆེན་པོ་དཔག་ཏུ་མེད་པ་ཐར་པ་ལ་བཀོད་པས། ལྷ་རྣམས་ཀྱིས་བསིལ་ཡབ་ཀྱི་ཧ་ཡབ་ཕུལ། ལྷ་མ་ཡིན་དང་གནོད་སྦྱིན་གྱིས་སྤོས་དྲི་ཞིམ་པོ་སྤོས་ཕོར་དང་བཅས་པ་ཕུལ་ཞིང་། དེའི་སྤོས་ཕོར་དེ་གང་གིས་མཐོང་བ་དང་རེག་པ་དང་དྲི་ཚོར་བ་ཐམས་ཅད་ལ་ཚུལ་ཁྲིམས་ཀྱི་དྲི་བསུང་གིས་ཕྱོགས་བཅུར་ཁྱབ་པ་འབྱུང་བ་དང་།

ཀུན་གྱི་ཡིད་དུ་འོང་བ་དང་། ནད་དང་སྡུག་བསྔལ་ཞི་བར་འགྱུར་ལ། ཇ་ཡབ་ལས་མཆོད་པའི་སྤྲིན་སྣ་ཚོགས་པ་ཐོན་ནས་སངས་རྒྱས་བྱང་སེམས་ཐམས་ཅད་ལ་མཆོད་པར་འགྱུར་བ་དང་། སེམས་ཅན་གང་ལ་གཡབ་པ་དེའི་ཉོན་མོངས་པ་ས་བོན་དང་བཅས་པ་ཞི་བ་དང་། ནད་དང་སྡུག་བསྔལ་ཐམས་ཅད་ལས་ཐར་བར་འགྱུར་པ་ལ་སོགས་པའི་ཡོན་ཏན་གྱི་ཁྱད་པར་བསམ་གྱིས་མི་ཁྱབ་པ་དང་ལྡན་པ་ཞིག་ཡིན་ཏེ། འདིར་མཚོན་པ་ཙམ་མོ། །སྨྲས་པ། རྣམ་པར་འདྲེན་པ་རྒྱ་སྐར་སྟོང་གི་དབུས། །བཅུ་དྲུག་བདག་པོའི་དཀྱིལ་འཁོར་ཇི་བཞིན་དུ། །ངོ་མཚར་ཀུན་ལས་ལྷག་པའི་དཔལ་ཡོན་ཅན། །ཤཱཀྱ་སེང་གེར་གྲགས་པའི་མེ་ཏོག་འབར། །གང་གི་བསྟན་པ་རིན་ཆེན་ནུ་ཞུ་ཏ། །ཕྱག་ཏུ་བཞག་ནས་འཛིན་ཅིང་སྤེལ་བའི་ཕྱིར། །གཉེར་དུ་གཏད་པར་མཛད་པའི་དགྲ་བཅོམ་ཆེ། །འཕགས་པའི་གནས་བརྟན་ཆེན་པོ་རྣམས་ལ་བསྟོད་པར་བྱའོ། །ཁྱད་པར་མི་ཟད་སྟོན་ཕུང་པོའི་མཛོད། །ཡན་ལག་འབྱུང་ཞེས་ཉན་ཐོས་ཀུན་གྱི་མཆོག སྲིད་པར་འཁྲུམས་པའི་འགྲོ་ཚོགས་ངལ་གསོའི་གནས། །ཁྱོད་ལ་གུས་པར་མི་བྱེད་སྐྱེ་བོ་སུ། །མཐོང་ཐོས་དྲན་དང་རེག་པ་ལ་སོགས་པ། །ཉིད་ལ་འབྲེལ་བ་མཆིས་པའི་ལུས་ཅན་རྣམས། །འཁོར་བ་མཐའ་ཅན་ཉིད་དུ་མཛད་གྱུར་ན། །འགྲོ་བའི་རྩ་ལག་དམ་པ་ཅིས་མ་ཡིན། །ད་དུང་སྲིད་མཐའི་བར་དུ་གདུལ་བྱའི་ཚོགས། །ཐུགས་རྗེའི་ལྕགས་ཀྱུས་ནམ་ཡང་མི་བསྐྱུད་པའི། །རང་རྟགས་ཀུན་ལ་མངོན་སུམ་ངོམས་སླད་དུ། །ཡང་ཡང་སྲིད་ཚུལ་རོལ་མོ་སྟོན་ལ་ལྟོས། །ཞེས་བྱ་བ་ནི་བར་སྐབས་ཀྱི་ཚིགས་སུ་བཅད་པའི་རིམ་པའོ། །ད་ནི་སླར་ཡང་གསོལ་འདེབས་ཀྱི་གོ་རིམ་དང་མཐུན་པའི་དངོས་བསྟན་སྐྱེས་རབས་ཀྱི་ཕྲེང་བ་གཉིས་པའི་རྟོགས་པ་བརྗོད་པ་ནི། དེ་ལྟར་མགོན་པོ་འདི་ཉིད་སྟོན་པ་ཐུ་རམ་ཤིང་པའི་དུས་སུ་གནས་བརྟན་ཆེན་པོ་དེའི་རྣམ་པར་བསྟན་པར་མ་ཟད། དེ་དང་དུས་མཚུངས་སུ་རང་ཉིད་ཀྱི་འཁོར་གྱི་ཚུལ་འཛིན་པའི་སེམས་དཔའ་ཆེན་པོ་ཞི་བའི་སྒྲ་དབྱངས་ཞེས་པ་ཞིག་ཀྱང་གང་གི་ཐུགས་རྗེའི་རྫུ་འཕྲུལ་གྱིས་སྤྲུལ་ནས་ཟབ་པ་དང་རྒྱ་ཆེ་བའི་ཐེག་པ་

ཆེན་པོའི་ཆོས་ཚུལ་སྤྱི་དང་། ཁྱད་པར་ཤེས་རབ་ཀྱི་ཕ་རོལ་ཏུ་ཕྱིན་པ་ཟབ་མོ་སྟོང་པ་ཉིད་ཀྱི་མདོ་སྡེ་མ་ལུས་པ་ཉན་པ་དང་། འཛིན་པ་དང་། གཞན་ལ་སྟོན་པ་སོགས་ལ་སྦྱིབས་པ་ཐོགས་པ་མེད་པའི་མཆོག་ཏུ་གྱུར་ཅིང་། དེའི་ཚེ་རང་གི་འཁོར་དུ་ལྷགས་པའི་བྱང་ཆུབ་སེམས་དཔའ་སྐལ་བ་མཆོག་གི་རིགས་ཅན་གང་གཱའི་ཀླུང་གི་བྱེ་མ་སྙེད་ཀྱི་ཞིང་གི་རྡུལ་གྱི་གྲངས་དང་མཉམ་པ་རྣམས་ལ་སྟོང་པ་ཉིད་དང་། མཚན་མ་མེད་པ་དང་། སྨོན་པ་མེད་པ་དང་། མ་སྐྱེས་པ་དང་། མ་འགགས་པ་དང་། མི་གནས་པ་དང་། རང་བཞིན་གྱིས་ཡོངས་སུ་མྱ་ངན་ལས་འདའ་བ་སོགས་ལས་བརྩམས་པའི་ཟབ་མོ་སྟོང་པ་ཉིད་ཀྱི་གཏམ་གྱི་སྒྲ་དབྱངས་རྒྱུན་མི་ཆད་དུ་སྒྲོག་པས། དེ་དག་གི་རྒྱུད་ཀྱི་བདག་གཉིས་སུ་མཚན་མར་འཛིན་པ་དང་། རྟག་ཆད་དུ་ལྟ་བ་ལ་སོགས་པའི་སྒྲིབ་པ་དྲུང་ནས་ཕྱུང་སྟེ། ཆོས་རྣམས་ཀྱི་རང་བཞིན་སྟོང་པ་ཉིད་ཤེས་རབ་ཀྱི་ཕ་རོལ་ཏུ་ཕྱིན་པའི་དོན་ཡང་དག་པ་ཇི་ལྟ་བ་བཞིན་དུ་རྟོགས་པར་མཛད། ཡོང་དུ་ཚུད་པར་མཛད། མངོན་དུ་གྱུར་པར་མཛད་ཅིང་། དེ་བཞིན་དུ་བྱང་ཆུབ་སེམས་དཔའ་དབང་པོ་རྣོལ་པོའི་རིགས་ཅན་ངེས་དོན་གྱི་མདོ་སྡེ་ཟབ་མོ་ཐོས་ན་སྐྲག་པར་འགྱུར་བ་དག་ལ་ཡང་ཐབས་ལ་མཁས་པའི་སྒོ་ནས་འདི་སྐད་དུ། རིགས་ཀྱི་བུ་བྱང་ཆུབ་སེམས་དཔའ་སེམས་དཔའ་ཆེན་པོ་ཐམས་ཅད་མཁྱེན་པའི་ཡེ་ཤེས་ཐོབ་པར་འདོད་པ་དག་གིས་ཤེས་རབ་ཀྱི་ཕ་རོལ་ཏུ་ཕྱིན་པ་སྤྱད་པར་བྱའོ། །ཤེས་རབ་ཀྱི་ཕ་རོལ་ཏུ་ཕྱིན་པ་འདི་མཉན་པར་བྱའོ། །བཟུང་བར་བྱ། ཀུན་ཆུབ་པར་བྱ། རབ་ཏུ་གདོན་(འདོན)པར་བྱ། བསྟན་པར་བྱ། ཉེ་བར་བསྟན་པར་བྱ། ལུང་འབོགས་པར་བྱ། ཁ་ཏོན་དུ་བྱ། འབྲི་བར་བྱ། དེ་བཞིན་གཤེགས་པས་བྱིན་གྱིས་རླབས་ཀྱི་གླེགས་བམ་ཆེན་པོ་ལ་ཡི་གེ་གསལ་ཞིང་རབ་ཏུ་གསལ་བ་ལེགས་པར་བྲིས་ཏེ། མེ་ཏོག་དང་། བདུག་པ་དང་། དྲི་དང་། ཕྲེང་བ་དང་། བྱུག་པ་དང་། ཕྱེ་མ་དང་། རོལ་མོ་དང་། ན་བཟའ་དང་། གདུགས་དང་རྒྱལ་མཚན་དང་། དྲིལ་བུ་དང་། བ་དན་དང་། འཁོར་ཡུག་ཏུ་མར་མེའི་ཕྲེང་བ་དང་། མཆོད་པ་

རྣམ་པ་མང་པོ་དག་གིས་བཀུར་བསྟིར་བྱ། མཆོད་པར་བྱ། རི་མོར་བྱ། བསྙེན་བཀུར་བྱ་སྟེ། དེ་ཅིའི་ཕྱིར་ཞེ་ན། ཤེས་རབ་ཀྱི་ཕ་རོལ་ཏུ་ཕྱིན་པ་འདི་ལས་ཐམས་ཅད་ཡེ་ཤེས་ཡོངས་སུ་རྫོགས་པར་འགྱུར་རོ། །གང་ལ་ལ་ཞིག་ཆོས་ཀྱི་རྣམ་གྲངས་དེ་ལྟ་བུ་ལས་ཐ་ན་ཚིགས་སུ་བཅད་པ་གཅིག་ཙམ་ཡང་འཛིན་ཏམ། ཀློག་གམ། བཏོན་ཏམ། ཡང་དག་པར་བཛོད་དམ། ཡི་གེར་འབྲིའམ། བྲིས་ནས་མཐྲིན་པའི། རྗེས་སུ་དྲན་པར་བྱེད་དམ། དུས་དུས་སུ་གླེགས་བམ་ལ་དེ་བཞིན་གཤེགས་པ་ལ་བྱ་བ་བཞིན་དུ་གུས་པ་བསྐྱེད་དམ། སྟོན་པ་ལ་བྱ་བ་བཞིན་དུ་གུས་པར་བཀུར་བསྟི་བྱེད་དམ། རིམ་འགྲོར་བྱེད་དམ། མཆོད་པར་བྱེད་དམ། ཕྱག་འཚལ་བར་བྱེད་དམ། ཐལ་མོ་སྦྱོར་བར་བྱེད་དམ། རྗེས་སུ་ཡི་རང་བར་བྱེད་པ་དེ་དག་ཐམས་ཅད་སངས་རྒྱས་བཅོམ་ལྡན་འདས་རྣམས་ཀྱིས་བླ་ན་མེད་པ་ཡང་དག་པར་རྫོགས་པའི་བྱང་ཆུབ་ཏུ་ལུང་བསྟན་པར་འགྱུར་རོ། །རིགས་ཀྱི་བུའམ། རིགས་ཀྱི་བུ་མོ་གང་ལ་ལ་བསོད་ནམས་དོན་དུ་གཉེར་བ་བསོད་ནམས་འཚོལ་བ་གང་གིས་སངས་རྒྱས་ཀྱི་ཞིང་བརྗོད་དུ་མེད་པ་རྟུལ་ཕྲ་མོའི་རྟུལ་སྙེད་ཀྱི་འཇིག་རྟེན་གྱི་ཁམས་རིན་པོ་ཆེས་ཡོངས་སུ་བཀང་སྟེ། སངས་རྒྱས་ཀྱི་ཞིང་བརྗོད་དུ་མེད་པ་རྟུལ་ཕྲ་མོའི་རྟུལ་སྙེད་ཀྱི་བསྐལ་པར་སངས་རྒྱས་བཅོམ་ལྡན་འདས་རྣམས་ལ་དབུལ་བ་བས། གང་གིས་ཤེས་རབ་ཀྱི་ཕ་རོལ་དུ་ཕྱིན་པ་ཟབ་མོ་སྟོང་པ་ཉིད་ཡོངས་སུ་སྟོན་པའི་ཆོས་ཀྱི་རྣམ་གྲངས་འདི་འཛིན་ཅིང་ཀུན་ཆུབ་པར་བགྱིད་ལ་གཞན་དག་ལའང་ཡང་དག་པར་སྟོན་ཏམ། ཐ་ན་གླེགས་བམ་ལ་བྲིས་ཏེ་འཆད་པ་དེ་ནི་དེ་བས་བསོད་ནམས་ཆེས་མང་དུ་བསོག་པར་འགྱུར་རོ་ཞེས་བྱ་བ་ལ་སོགས་པ་ཟབ་མོའི་ཆོས་ལ་ཉན་སེམས་བསྒོམ་གསུམ་བྱས་པའི་ཕན་ཡོན་གྱི་ཁྱད་པར་མཐའ་ཀླས་པ་འདོམས་པ་སོགས་བྱང་སེམས་ཀྱི་སྤྱོད་ཚུལ་མཐའ་དག་ལ་མཁས་པའི་སྒོ་ནས་བྱང་ཆུབ་ཀྱི་སེམས་དང་སྟོང་པ་ཉིད་རྟོགས་པའི་ཤེས་རབ་ཟུང་དུ་འཇུག་པའི་ཡང་དག་པའི་ལམ་ལ་འགོད་པར་མཛད་ལ། དེའི་ཕྱིར་མཚན་ཡང་ཞི་བའི་སྨྲ་དབྱངས་ཞེས་སུ་གྲགས་པ་སྟེ། ཞི་བ་ནི་སྤྲོས་པ་མཐའ་དག

ཉེ་བར་ཞི་བའི་གནས་ལུགས་སྟོང་པ་ཉིད་ཀྱི་དོན་དང་། དེ་སྟོན་པའི་ངེས་དོན་ཟབ་མོའི་ཆོས་ཀྱི་སྒྲ་དབྱངས་རྒྱུན་མི་ཆད་དུ་སྒྲོག་པར་མཛད་པས་ན་དེ་ལྟར་དུ་གྲགས་སོ། །དེ་ཕྱིར་པཎ་ཆེན་ཐམས་ཅད་མཁྱེན་པ་བློ་བཟང་དཔལ་ལྡན་ཡེ་ཤེས་དཔལ་བཟང་པོའི་གསུང་ལས། ལྷ་ཡི་ལྷ་མཆོག་ཟབ་གཙང་སྲས་ཀྱི་དབུང་། །ཚུལ་ཁྲིམས་ལམ་དང་མདོ་སྡེ་ཟབ་མོའི་གཏམ། །ཁོངས་ནས་འབྱེད་པ་བློ་གྲོས་མཆོག་གི་དཔལ། །འབྱེད་མཁས་ཞི་བའི་སྒྲ་དབྱངས་མཆོག་ལ་འདུད། །ཅེས་གསུངས་སོ། །སྨྲས་པ། ཞི་བ་བླ་ན་མེད་པའི་ཆོས་ཀྱི་སྐྱུ། །ཆད་མེད་དབྱངས་སུ་སྒྲོག་པས་ཐར་འདོད་རྣམས། །མ་རིག་གཉིད་ལས་སད་པར་བྱས་ནས་ཀྱང་། །སྣང་བ་མཆོག་གི་དགའ་སྟོན་ལག་རྗེར་སྦྱིན། །རང་བཞིན་མེད་དང་མ་སྐྱེས་མི་འགག་སོགས། །སྟོང་ཉིད་ཟབ་མོའི་ང་རོ་འཁོར་ཡུག་ཏུ། །བསྒྲགས་པས་མཐར་འཛིན་རི་དྭགས་གདུག་པའི་ཚོགས། །སྐྲག་སྐྱེ་མིང་གི་ལྷག་མ་ཙམ་དུ་བས། །སྲིད་དང་ཞི་བའི་མཐའ་ལ་མི་གནས་ཤིང་། །རྟག་ཆད་ལྟ་བའི་རི་བོ་རྒྱང་དུ་བསྲིངས། །མཐར་གཉིས་མི་གནས་དབུ་མའི་ལམ་བཟང་དེ། །རྣམ་པ་དུ་མས་འདོམས་པ་འདི་རྨད་བྱུང་། །དུས་གསུམ་འདྲེན་པ་ཀུན་གྱིས་ལན་མང་དུ། །བསྟེན་གོམས་མཛད་ཅིང་བསྔགས་པའི་ཡུལ་གྱུར་པ། །ཤེས་རབ་ཕ་རོལ་ཕྱིན་ཞེས་གྲགས་པ་ཡི། །གཏམ་དེས་རྣ་བར་བདུད་རྩིའི་དགའ་སྟོན་བསྐྱེད། །རབ་ཏུ་དཀོན་པའི་ཆོས་ཀྱི་ཟེགས་མ་དེས། །རབ་མང་གདུལ་བྱའི་སེམས་རྒྱུད་བརླན་བྱས་མཐར། །རབ་ཏུ་ཞི་བའི་གོ་འཕང་འགོད་པ་ཁྱོད། །རབ་འབྱམས་རྒྱལ་བའི་སྨྲ་གྲུ་ཉིད་དུ་ངེས། །ཞེས་པ་ནི་དང་སྐབས་ཀྱི་ངལ་བསོའི་ཚིགས་བཅད་དོ། །

༑ སྐྱེས་པའི་རབས་ཀྱི་ཕྲེང་བ་གསུམ་པ་ནི། མཁྱེན་བརྩེའི་སྤྲིན་གྱི་ཕྲེང་བ་རབ་དཀྲིགས་ནས། །ཡན་ལག་བརྒྱད་ལྡན་ཆོས་ཆར་འབེབས་མཛད་པ། །ཞེས་དང་། སྟོང་འཁོར་ཡོན་ཏན་རྒྱ་མཚོའི་རྣམ་ཐར་ལས། དེ་ནས་རི་རབ་ཀྱི་རྩེ་སུམ་ཅུ་རྩ་གསུམ་གྱི་གནས་སུ་ལྷའི་བུ་སྤྲིན་གྱི་ཕྲེང་བ་ཞེས་བྱ་བར་གྱུར་ནས་ལྷ་རྣམས་བག་མེད་འདོད་ཡོན་ལྷུ་ལ་བག་མེད་

དུ་སྤྱུད་པའི་དབང་གིས་ངན་སོང་དུ་སྐྱེས་ནས་ཤིན་ཏུ་སྡུག་བསྔལ་བར་འགྱུར་བ་ལ་བརྩེ་བས་ཀུན་ནས་བསླངས་ཏེ། སྲིད་པའི་བདེ་ལ་ཆགས་པར་མ་བྱེད་ཅིག རྒྱལ་བས་གསུངས་པའི་དམ་ཆོས་ཉམས་སུ་ལོང་ཞིག་ཅེས་དྲན་ངོན་སྟོན་པའི་མདོ་རྣམས་གསུངས་ཤིང་། དཔག་ཏུ་མེད་པ་སྨིན་གྲོལ་གྱི་ལམ་ལ་བཀོད་ཅེས་གསུངས་པ་ལྟར། དེ་ནས་ཀྱང་རྣམ་པ་ཀུན་ཏུ་གདུལ་བྱའི་ཁམས་སྤྱི་དང་ཁྱད་པར་དུ་ཡང་མི་མཇེད་འཇིག་རྟེན་གྱི་ཁམས་ཀྱི་འགྲོ་བ་རྣམས་ལ་གཟིགས་པ་ན། དེ་དག་ཕལ་ཆེ་བ་སྡུག་བསྔལ་གསུམ་པོ་ཅི་རིགས་པས་མཚམས་མེད་པར་མནར་བས་ཉམས་ཐག་ཅིང་། དེའི་ནང་ནས་ཀྱང་སུམ་ཅུ་རྩ་གསུམ་པའི་ལྷ་རྣམས་ལོངས་སྤྱོད་ཀྱི་སྒྲིབ་པ་ཤས་ཆེ་བས་བག་མེད་པ་འབའ་ཞིག་གི་གཞན་དབང་དུ་སོང་བས་ཆོས་སྒྲུབ་པ་ལ་རབ་ཏུ་གཡེལ་བ་ཤ་སྟག་ཏུ་གྱུར། དེའི་དབང་གིས་འཆི་བའི་འོག་ཏུ་དགེ་བའི་ལས་ཀྱི་འཕེན་པ་ཟད་ཅིང་སྔོན་བསགས་མི་དགེ་བའི་ལས་ཀྱི་རྒྱུས་ངན་སོང་ངན་འགྲོ་མི་བཟད་པའི་གཡང་ས་ཆེན་པོ་ཉམ་ང་བ་དག་ཏུ་ལྟུང་ནས་ལུས་དང་སེམས་ཀྱི་སྡུག་བསྔལ་དོས་དྲག་ལ་ཡུན་རིང་བས་མནར་བར་འགྱུར་བར་གཟིགས་ཤིང་མཁྱེན་པས་བརྩེ་བ་ཆེན་པོ་ཤས་མི་བཟོད་པ་འཁྲུངས་ཏེ། དེ་རྣམས་བག་མེད་པའི་གཉིད་ལས་བསླང་ནས་ཆོས་ཀྱི་བདུད་རྩི་ལ་ལོངས་སྤྱོད་དུ་འཇུག་པའི་ཕྱིར་མགོན་པོ་ཉིད་བསམ་བཞིན་དུ་ལྷའི་བུ་སྤྲིན་གྱི་ཕྲེང་བ་ཞེས་བྱ་བའི་རྣམ་པར་བསྟན་ནས་ལྷ་རྣམས་ལ་འདི་སྐད་དུ། གྲོགས་པོ་དག་སྲིད་པ་གསུམ་གྱི་གནས་འདི་ནི་མེ་འབར་བའི་ཁྲུང་ན་གནས་པ་དང་མཚུངས་ཏེ་ཤིན་ཏུ་སྡུག་བསྔལ་ལོ། །ལོངས་སྤྱོད་ནི་སྟོན་ཀའི་སྤྲིན་དང་འདྲ་སྟེ་ཤིན་ཏུ་གཡོའོ། །འགྲོ་བའི་སྐྱེ་འཆི་ནི་གར་མཁན་གྱི་ལག་པ་དང་མཚུངས་ཏེ་སྐད་ཅིག་ཀྱང་མི་བརྟན་པའོ། །ཚེ་སྲོག་ནི་རི་གཟར་གྱི་འབབ་ཆུ་བཞིན་དུ་ཡུད་ཙམ་ཡང་མི་གནས་པར་འཆི་བའི་རྒྱ་མཚོར་འཇུག་པའོ། །མཛའ་གྲོགས་ནི་ཚོང་འདུས་ཀྱི་སྐྱེ་བོ་དང་འདྲ་སྟེ། མྱུར་དུ་འབྲལ་བའི་རང་བཞིན་ཅན་ནོ། །དགེ་བའི་ལས་ལ་འཇུག་པ་ནི་ཆེས་ཤིན་ཏུ་དཀོན་ནོ། །མི་དགེ་བའི་ལས་ལ་འཇུག་པ་ནི་ཆེས་མང་ངོ་། །བདེ་འགྲོ་མཐོ་རིས་

ཀྱི་འཇིག་རྟེན་དུ་སྐྱེ་བ་ནི་ཨུ་དུམ་ཝ་རའི་མེ་ཏོག་དང་མཚུངས་ཏེ་རབ་ཏུ་དཀོན་ནོ། །ངན་འགྲོ་མི་བཟད་པའི་གནས་སུ་ལྷུང་བ་ནི་ས་ཆེན་པོའི་རྡུལ་གྱི་གྲངས་དང་མཚུངས་ཏེ་རབ་ཏུ་མང་ངོ་། །དམ་པའི་ཆོས་ཀྱི་སྒྲ་ཙ་ལམ་དུ་སོན་པ་ནི་བརྒྱ་ལམ་ན་རེས་འགའ་ཙམ་ལས་ཆེས་ཉེད་པར་དཀའོ། །དེ་བས་ཀྱང་ཐེག་པ་ཆེན་པོའི་ཆོས་ཀྱི་རོ་མྱོང་བ་ནི་ཡིད་བཞིན་གྱི་ནོར་བུ་དང་འདྲ་སྟེ་ཤིན་ཏུ་ཉེད་པར་དཀའོ། །དེ་བས་ན་གྲོགས་པོ་དག་བག་མེད་པའི་སྤྱོད་པ་རྒྱང་རིང་དུ་བཏང་ནས། འདི་ལྟར་འདུས་བྱས་ཐམས་ཅད་ནི་མི་རྟག་པ་སྐད་ཅིག་དང་སྐད་ཅིག་ལ་ཡང་འཇིག་པའི་ཆོས་ཅན་ནོ། །དེ་ཡོང་དུ་ཆུད་པར་བྱས་ནས་སྐྱོ་བའི་འདུ་ཤེས་བསྐྱེད་པར་བྱའོ། །ཟག་བཅས་ཐམས་ཅད་ནི་སྡུག་བསྔལ་བའི་རང་བཞིན་ཅན་དུ་ཡོང་དུ་ཆུད་པར་བྱས་ནས་ཆགས་པའི་འདུ་ཤེས་སྤང་བར་བྱའོ། །ཆོས་ཐམས་ཅད་ནི་སྟོང་པ་དང་བདག་མེད་པའི་རང་བཞིན་ཅན་དུ་ཡོངདུ་ཆུད་པར་བྱས་ནས་རྟག་པར་འཛིན་པ་སོགས་ཀྱི་འདུ་ཤེས་སྤོད་པར་བྱའོ། །མྱ་ངན་ལས་འདས་པ་ནི་ཟུག་རྔུ་ཐམས་ཅད་ཞི་བའི་རང་བཞིན་ཅན་དུ་ཡོང་དུ་ཆུད་པར་བྱས་ནས་སྨོན་པའི་འདུ་ཤེས་བསྐྱེད་པར་བྱའོ། །ཞེས་བྱ་བ་ལ་སོགས་པ་ལྟ་བ་བཀའ་བཏགས་ཀྱི་ཕྱག་རྒྱ་བཞི་དང་། འཕགས་པའི་བདེན་པ་བཞི་སོགས་ལས་བརྩམས་ཏེ་དམ་པའི་ཆོས་ཀྱི་བདུད་རྩིའི་རྒྱུན་ཆད་པ་མེད་པར་ཕབ་པས་ལྷ་རྣམས་མ་རིག་པའི་གཉིད་ལས་བསླངས་ཤིང་། རྒྱུད་ཡོངས་སུ་ཧྨན་པའི་སྒོ་ནས་ཐར་པ་དང་ཐམས་ཅད་མཁྱེན་པའི་ལམ་ལ་བཀོད་དེ་འཇིགས་རུང་འཁོར་བའི་གཡང་ས་ཆེན་པོ་ལས་སྐྱབ་པར་མཛད་ཅིང་། དེ་ལྟ་བུའི་དམ་པའི་ཆོས་ཀྱི་བདུད་རྩི་དེ་ནི་ཉོན་མོངས་པའི་གདུང་བ་སེལ་བར་བྱེད་པས་བསིལ་བ་དང་བདེ་བ་ཕུན་སུམ་ཚོགས་པའི་རོ་མྱོང་བར་བྱེད་པས་ཞིམ་པ་སོགས་མདོར་ན་ཇི་སྐད་དུ། བསིལ་དང་ཞིམ་དང་ཡང་བ་དང་། །གཙང་དང་འཇམ་དང་ཡིད་དུ་འོང་། །འཐུང་ན་ལྟོ་བར་མི་གནོད་དང་། །མགྲིན་པ་ལ་ཡང་མི་གནོད་པའོ། །ཞེས་འབྱུང་བ་ལྟར་གྱི་ཡན་ལག་བརྒྱད་དང་ལྡན་པའི་ཆར་གྱི་རྒྱུན་དང་ཆོས་མཚུངས་ཤིང་། དེ་ཡང་གང་ལས་འོང་ན་བདག་

ཉིད་ཆེན་པོ་དེའི་ཐུགས་མཁྱེན་པ་དང་བརྩེ་བའི་སྤྲིན་ཕུང་ཆེས་ཆེར་འཁྲིགས་པ་ལས་འོང་ཞིང་། དེའི་ཕྱིར་མཚན་ཡང་སྤྲིན་གྱི་ཕྲེང་བ་ཞེས་སུ་གྲགས་པའོ། །དེ་ཉིད་རྗེ་བླ་མ་འདིའི་སྐུའི་ཕྲེང་བ་ཡིན་པར་དུས་གསུམ་སྒྲིབ་བྲལ་དུ་གཟིགས་པ་གྲུབ་པའི་དབང་ཕྱུག་ཆེན་པོ་རོང་པོ་སྐལ་ལྡན་རྒྱ་མཚོའི་གསུང་ལས་ཀྱང་། གནས་སུམ་ཙུ་རྩ་གསུམ་ལྷ་ཡུལ་དུ། །འཁོར་ལྷ་ཚོགས་ཆོས་ལ་འཁྲིད་པའི་ཕྱིར། །མཚན་སྤྲིན་གྱི་ཕྲེང་བ་ཞི་བའི་ཏོག །དུས་ད་ལྟ་སྟོང་འཁོར་སྤྲུལ་པའི་སྐུ། །རྗེ་སྐྱབས་མཆོག་བླ་མ། ཞེས་གསལ་བར་ལུང་བསྟན་ཅིང་། འཇམ་དཔལ་དབྱངས་མི་རྗེ་སངས་རྒྱས་རྒྱ་མཚོའི་དགེ་ལྡན་ཆོས་འབྱུང་དུ་ལྷའི་བུ་ཞི་བའི་ཏོག་ཅེས་བྱ་བར་གྱུར་ཚུལ་གསུངས་པ་ནི་སྤྲིན་གྱི་ཕྲེང་བའི་མཚན་གྱི་རྣམ་གྲངས་ཡིན་པར་གྲུབ་དབང་སྐལ་ལྡན་རྒྱ་མཚོའི་གསུང་དྲངས་མ་ཐག་པ་དེ་ཉིད་ཀྱིས་ཤེས་པར་ནུས་པས་སྐུ་ཕྲེང་ལོགས་ཤིག་ཏུ་མི་འདྲེན་ནོ། །སློས་པ། འདོད་པའི་གཡེངས་ཤིང་བག་མེད་དབང་གྱུར་པའི། །སྐབས་གསུམ་པ་རྣམས་ཐུགས་རྗེའི་ཆུ་འཛིན་ལས། །དམ་ཆོས་བརྒྱུད་ལྡན་ཆར་གྱིས་བསིལ་མཛད་པའི། །སེམས་དཔའ་སྤྲིན་གྱི་ཕྲེང་བ་སྲིད་པའི་མིག །ཁྱོད་ནི་གདུང་བ་སེལ་བའི་བདུད་རྩི་སྟེ། །དམ་ཆོས་འོ་མ་ལྷུད་པའི་མ་མ་ཡིན། །དུག་ལྔའི་ནད་རབ་སེལ་བའི་སྨན་པ་དང་། །ཕན་བདེའི་གྲིབ་བསིལ་སྐྱེར་བའི་ལྗོན་པའང་ཡིན། །མ་རིག་མུན་པ་སེལ་བའི་ཧྲ་ལྡང་ཅན། །ཡོན་ཏན་ཆ་ཤས་རྫོགས་པའི་རི་བོང་འཛིན། །ཡིད་ལ་འདོད་པ་སྐྱེར་བའི་ནོར་བུ་དང་། །བུམ་པ་བཟང་པོའི་རྗེས་སུའང་ཕང་བ་འཛོག །རིང་ནས་འདོད་ལ་འདུན་པའི་གཞན་དབང་གིས། །རྣམ་དག་ཆོས་ཀྱི་བློ་མིག་ལྡོངས་གྱུར་ཅིང་། །ངན་འགྲོའི་གཡང་སར་གོམས་འགྲོས་འཁྱོར་རྣམས་ལ། །ཁྱོད་ནི་མིག་བུ་ཡོངས་ཀྱི་མཆོག་ཏུ་གྱུར། །བདག་ཏུ་འཛིན་པའི་གཅོང་ནད་དམ་པོས་མནར། །སྡུག་བསྔལ་གསུམ་གྱི་ཟུག་རྔུས་རྒྱུན་དུ་གཙེས། །ཐར་པའི་སྲོག་རྩ་ཆད་དུ་ཉེ་རྣམས་ལ། །ཁྱོད་ནི་དབུགས་འབྱིན་སྨན་པ་ཆེན་པོར་གྲགས། །ཞེས་པ་ནི་བར་སྐབས་ཀྱི་ཚིགས་སུ་བཅད་པའོ། །

སྐྱེ་བའི་རབས་ཀྱི་ཕྲེང་བ་བཞི་པ་ནི། འབྲུངས་རབས་གསོལ་འདེབས་ལས། །ཡོན་ཏན་ཀུན་གྱི་ཕྱི་མོ་ཨ་ཀླུ་ར། །སྤྲུལ་མཛད་ཐོན་མི་སམ་བྷོ་ཊ་ལ་འདུད། །ཅེས་གསུངས་ཏེ། དེ་ཡང་སྔོན་བོད་ཡུལ་གངས་རིའི་ལྗོངས་འདིར་འཕགས་མཆོག་འཇིག་རྟེན་དབང་ཕྱུག་སྤྱན་རས་གཟིགས་དབང་མིའི་རྗེ་བོའི་རྣམ་པར་བསྟན་པ་ཆོས་ཀྱི་རྒྱལ་པོ་སྲོང་བཙན་སྒམ་པོས་བོད་དཀར་པོ་ཆོས་ལ་བསྒྱུར་བར་མཛད་པའི་དུས་སུ་མགོན་པོ་འདི་ཉིད་ཆོས་ཀྱི་རྒྱལ་པོའི་འཕྲིན་ལས་སྤྲུལ་བའི་བློན་པོ་མཆོག་ཏུ་གྱུར་པ། བོད་ཁ་བ་ཅན་པ་རྣམས་ལ་དམ་པའི་ཆོས་ཀྱི་བཀའ་དྲིན་སྤྱི་དང་། ཁྱད་པར་དུའང་ཕྱི་ནང་གི་ཡོན་ཏན་ཀུན་གྱི་ཕྱི་མོའམ། གཞི་རྟེན་དུ་གྱུར་པ་ཨ་ཀླུ་ར་སྟེ་ཡི་གེའི་དངོས་པོ། ཐོག་མར་སྤྲུལ་བའི་ཐུགས་རྗེ་ཅན་ཆོས་བློན་ཆེན་པོ་ཐོན་མི་སམ་བྷོ་ཊ་ཞེས་བྱ་བར་གྱུར་ཅིང་། འདིའི་འབྲུངས་ཡུལ་དང་། མཚན་གྱི་འབོད་ཚུལ་སོགས་ལ་སྔོན་གྱི་མཁས་པ་རྣམས་བཞེད་སྲོལ་མི་འདྲ་བ་དུ་མ་མཆིས་ཏེ། འགའ་ཞིག་ཐོན་ལུག་ར་ཁ་པར་འདོད་པ་དང་། འགའ་ཞིག་ཐུ་མི་སམྦྷོ་ཊ་ཞེས་པ་ལྷོ་གཉལ་པ་སྣང་གྲགས་ཀྱི་བུ་ཨ་ནུ་སྟེ། སམ་བྷོ་ཊ་དང་། སཾ་བྷ་ཊ་སོགས་རྒྱ་གར་སྐད་དུ་འདོད་པ་བྱུང་བ་དང་། འགའ་ཞིག་གིས་འདི་གཉལ་ན་ཡོད་པའི་ས་འབུར་པོ་ཞིག་འདུག་པས་ས་འབོར་ཡིན་པ་འདྲ་ཞེས་གསུངས་པ་སོགས་མང་དུ་མཆིས་ནའང་། གྲགས་ཆེ་བའི་དབང་དུ་བྱས་ན་འབྲུངས་པའི་ཡུལ་ནི་བོད་ཡུལ་གཡོར་པོ་ཡུལ་དགུའི་ནང་ཚན་ཐུ་ཞེས་པའི་རིགས་སུ་སྐུ་འབྲུངས་ཤིང་། གཞོན་ནུ་ཉིད་ནས་ངེས་པ་དང་། ངང་ཚུལ་བཟང་བ། བློ་གྲོས་དང་ཤེས་རབ་རྒྱས་པ། གཏོང་ཕོད་དང་སྙིང་རྗེར་ལྡན་པ། དཀའ་བ་དང་དུ་ལེན་པའི་སྙིང་སྟོབས་ཐལ་དུ་ཕྱིན་པ་སོགས་དམ་པའི་ཡོན་ཏན་དུ་མ་རང་ཆས་སུ་གྲུབ་པ་ཞིག་སྟེ། དགུང་ལོ་ནར་སོན་ནས་རྒྱལ་པོའི་འཕྲིན་ལས་ཀྱི་ཁ་ལོ་པ་མཛད་ཅིང་། དེའི་ཚེ་རྒྱལ་པོས་བོད་ཡུལ་འདིར་དམ་པའི་ཆོས་དར་བ་འབའ་ཞིག་ཐུགས་ལ་བཅག་པས། དེའི་སླད་དུ་ཐོག་མར་ཡི་གེའི་དངོས་པོ་དར་བ་ཞིག་དགོས་པར་དགོངས་ནས། བློན་པོ་དབང་པོ་རྣོ་བ་བདུན་རྒྱ་གར་དུ་ཡི་

གེ་སློབ་ཏུ་བཏང་བར་ལམ་གྱི་འཇིགས་པས་མ་བགྲོད་པར་ཕྱིར་ལོག་པར་གྱུར་པའི་ཚེ། སྣར་ཐུ་མི་སཾ་བྷོ་ཊ་ལ་གསེར་མང་པོའི་སྐྱེས་དང་བཅས་ནས་འགྲོ་དགོས་ཀྱི་བཀའ་སྩལ་པར། སྐྱེས་བུ་ཆེན་པོ་དེས་ཀྱང་རྒྱལ་པོའི་བཀའ་ཅོད་པཎ་དུ་བཅིངས་ནས་འཁོར་བཅུ་དྲུག་དང་བཅས་ཏེ་ཚ་གྲང་ངལ་དུལ་(དུབ) སོགས་གཞན་ལ་(གཞལ) དཀའ་བ་ཁྱད་དུ་བསད་ནས་རྒྱ་གར་ལྷོ་ཕྱོགས་སུ་ཕྱིན་ནོ། །རྒྱལ་པོའི་བཀའ་ནི་སྤྱི་བོའི་རྒྱན་མཆོག་དང་། །ཚ་གྲང་དཀའ་བ་སྒྱུ་མར་གཟིགས་པ་ཁྱོད། །འཕགས་ཡུལ་བགྲོད་ལ་དགའ་བས་བཞིན་རྒྱས་པ། །རི་བོང་འཛིན་པའི་དཀྱིལ་འཁོར་གང་བ་བཞིན། །དེར་ཕྱིན་ནས་ཡི་གེའི་སྒྲ་ལ་སུ་མཁས་དྲིས་པར་བྲམ་ཟེ་ལི་བྱིན་ཞེས་བྱ་བ་མཁས་པར་གསན་པས་བྲམ་ཟེ་ག་ལ་བ་དེའི་དྲུང་དུ་ཕྱིན་ཏེ། གུས་པས་ཕྱག་འཚལ་ཞིང་། རིན་པོ་ཆེ་དང་པོའི་ཕྱག་རྟེན་དང་བཅས་ཕུལ་ནས། འདི་སྐད་དུ། ཐུགས་རྗེ་རབ་རྒྱས་རྣམ་སྤྲུལ་ལྷ་ཡི་རིགས། །ཡོན་ཏན་ལྡན་པའི་བྲམ་ཟེའི་རིགས་སུ་འཁྲུངས། །ཚེ་སྔོན་ཡོན་ཏན་སྦྱངས་པ་སོང་བའི་མཐུས། །ལུང་རིགས་ཡི་གེའི་སྒྲ་ལ་ཕུལ་ཏུ་ཕྱིན། །མཁས་གྲུབ་རིག་འཛིན་བྲམ་ཟེ་ཆེན་པོ་ཁྱེད། །ཅུང་ཟད་བདག་ལ་དགོངས་ཤིང་གསན་དུ་གསོལ། །བདག་ནི་མཐའ་འཁོབ་བོད་ཀྱི་བློན་པོ་ཡིན། །བདག་གི་རྒྱལ་པོ་ཐུགས་རྗེ་ཆེན་པོ་དེ། །བཅུ་གསུམ་ལོན་ནས་རྒྱལ་ས་རབ་བཟུང་སྟེ། །རིན་ཆེན་ཁྲི་ཡི་སྟེང་དུ་བཞུགས་པའི་དུས། །འཁོར་འབངས་རྣམས་ལ་ཆོས་ཀྱིས་ཚིམ་པ་དང་། །དགེ་བ་བཅུ་ཡི་རྒྱལ་ཁྲིམས་འཆའ་བ་ལ། །བདག་གི་ཡུལ་ན་ཡི་གེའི་སྲོལ་མེད་པས། །བདག་ལ་ཕྱག་རྟེན་རྒྱགས་ཕྱེ་བསྐུར་ནས་ནི། །ཁྱེད་ཀྱི་ཡུལ་དུ་ཡི་གེ་སློབ་ཏུ་བཏང་། །མཁས་པ་ཁྱེད་ཀྱིས་སྒྲ་ཚད་ཡི་གེའི་ཚིགས། །མ་ལུས་བདག་ལ་གནང་བར་མཛད་དུ་གསོལ། །ཞེས་ཞུས་པས། བྲམ་ཟེ་ཆེན་པོ་དེས། གསེར་ཕྱག་ཏུ་བཞེས་ནས་ལན་མཛད་པ། །ལེགས་པར་ཉོན་ཅིག་སྐལ་ལྡན་རིགས་ཀྱི་བུ། །ཐོན་མི་ཟེར་བའི་བློན་པོ་རིག་པ་ཅན། །བདེན་གཉིས་དོན་རྟོགས་བློན་ཆེན་ཁྱེད་ལ་ནི། །ཡི་གེ་སྒྲ་དང་སྙན་ངགས་ལ་སོགས་དང་། །གཞན་ཡང་ངོ་མཚར་ཡོན་ཏན་

རྣམས་ཀུན་ནི། །སློབ་ཆེན་ཁྱེད་ལ་བདག་གིས་བསླབ་པར་བགྱི། །ཁྱོད་ཀྱི་མཐའ་འཁོབ་བོད་ཀྱི་རྒྱལ་ཁམས་སུ། །འགྲོ་བ་རྣམས་ལ་སྒྲ་ཚད་ཡི་གེ་དང་། །ལུང་རིགས་མན་ངག་རྣམས་ཀྱིས་ཚིམ་པར་མཛོད། །ཅེས་སྨྲས་ཏེ་རིན་པོ་ཆེའི་གཞལ་ཡས་ཁང་དུ་ཁྲིད་ནས་ཡིག་རིས་ཀྱི་རྣམ་པ་མི་འདྲ་བ་དུ་མ་ཞིག་མིག་གི་ལམ་དུ་བསྟན་པར་སློབ་པོ་ཆེན་པོ་ཐུ་མི་པ་རིག་པའི་རྩལ་གྱིས། ཤེས་རབ་ཀྱི་སྒྲོན་མེ་སྤེགས་ནས་ལཉྫ་ན་ལྷའི་ཡི་གེ་ལ་སོགས་པ་ཡིག་རིས་མཐའ་དག་བསླབ་པས་ཚེགས་མེད་དུ་མཁྱེན་ཅིང་ཐུགས་སུ་ཆུད་པའི་མཐར་རྒྱ་ཡིག་རྣམས་ལས་བོད་དུ་མི་མཁོ་བ་རྣམས་དབྱི་བ་དང་། མེད་ཐབས་མེད་པ་རྣམས་བསྣན་པའི་སྒོ་ནས་བོད་ཡིག་སུམ་ཅུར་གཏན་ལ་ཕབ། གཞན་ཡང་པཎྜི་ཏ་ལྷ་རིག་པའི་སེང་གེ་སོགས་ལས་སྒྲའི་བསྟན་བཅོས་སོགས་རིག་པའི་གནས་གཞན་དག་ལ་ཡང་མཁས་པར་བསླབ། དམ་པའི་ཆོས་ཀྱང་འདུས་པ་རིན་པོ་ཆེ་ཏོག མདོ་སྡེ་ཟ་མ་ཏོག་སྤྱན་རས་གཟིགས་ཀྱི་མདོ་རྒྱུད་ཉི་ཤུ་རྩ་གཅིག་སོགས་བོད་སྐད་དུ་བསྒྱུར་བར་མཛད་ནས་སླར་བོད་དུ་འབྱོན་པར་ཉེ་བའི་ཚེ་བྲམ་ཟེ་ལི་བྱིན་ལ་ཕྱག་དང་བཅས་ཏེ། ཐུགས་ལ་བཏགས་སོ་རྒྱལ་བའི་སྲས། །བཀའ་དྲིན་ཆེའོ་ངོ་མཚར་ཆེ། །བྱིན་གྱིས་རློབས་ཤིག་ཐུགས་རྗེ་ཅན། །ཞེས་པ་ནས། རྒྱལ་པོས་དབུ་མཛད་བློན་འབངས་ལ། །སྒྲ་ཚད་ཡི་གེ་སྤེལ་བ་ཡིན། །ཀུན་ལ་རྒྱས་པར་བྱེད་པ་ཡིན། །ཐུགས་ལ་བཏགས་སོ་རྒྱལ་བའི་སྲས། །ཞེས་པའི་བར་ཞུས་ཏེ་ཞབས་སྤྱི་བོར་བླངས་སྨོན་ལམ་མང་དུ་མཛད་ནས་འཁོར་རྣམས་དང་འགྲོགས་ཤིང་། ཐེག་པ་ཆེན་པོའི་ཆོས་ཀྱི་སྐྱེས་དང་བཅས་ཏེ་བོད་དུ་བྱོན་པ་ན་རྒྱལ་བློན་ཀུན་གྱིས་བསུ་བ་དང་། དགའ་སྟོན་གྱི་རིམ་པ་སོགས་བསམ་ལས་འདས་པ་མཛད་པ། དེའི་ཚེ་དགའ་སྟོན་གྱི་དུས་སུ་རྒྱལ་པོར་ཡི་གེའི་ཕུད་དུ་གི་གུ། ན་རོ་ཞབས་ཀྱུ་སོགས་སྟེ་ཚན་དུ་བྱས་ནི། ཞལ་རས་རྒྱས་པ་རང་མདངས་གངས་ལས་བཟང་། །གདམས་ངག་ཟབ་ལམ་མ་ཆད་ཐ་དད་རང་། །ཞེས་སོགས་ཕུལ་བས་རྒྱལ་པོ་ཤིན་ཏུ་དགྱེས་ཤིང་སངས་རྒྱས་ཀྱི་བསྟན་པ་རིན་པོ་ཆེ་ལ་དགོངས་ནས་བློན་པོར་བཀུར་བསྟི་དང་ཕུད་དུད་བླ་ན་

མེད་པར་མཛད་པའི་ཚེ། སློན་པོ་གཞན་དག་གིས་ཕྲག་དོག་གིས་ཀུན་ནས་བསླངས་ཏེ། རྗེ་ཡིས་འབངས་ལ་འདི་ལྷ་བུའི་བཀུར་བསྟི་མི་འོས་སོ་ཞེས་དྲིལ་བསྒྲགས་ལ། སློན་པོ་ཆེན་པོ་ཐུ་མིས་དེ་དག་གི་འགྲན་སེམས་བཅོམ་པའི་ཕྱིར་དུ། དྲིན་ཅན་གྱི་སློན་པོ་ཐུ་མི་ངས། །ལམ་བགྲོད་པར་དཀའ་བའི་རྒྱ་གར་ཕྱིན། །ལུས་ཚ་གྲང་ཆེ་ཡང་དཀའ་བ་སྤྱད། །ཅེས་ཆོས་ཕྱིར་དཀའ་བ་སྤྱད་ཚུལ། ཕོང་མཁས་པ་བྲམ་ཟེ་ལི་བྱིན་ལ། །ཡིད་གུས་པའི་ཚུལ་གྱིས་མོས་གུས་བྱས། །ནོར་རིན་ཆེན་གསེར་གྱི་ཕྱག་རྟེན་ཕུལ། །ཅེས་བཤེས་གཉེན་མཁས་པ་བསམ་སྦྱོར་གཉིས་ཀྱིས་བསྟེན་ཚུལ། དོན་རྟོགས་པར་དཀའ་བའི་ཡིག་འབྲུ་བསྟན། །བློ་ཐེ་ཚོམ་སེལ་བའི་མཛུབ་ཁྲིད་བྱས། །ཚིག་དབྱངས་གསལ་རྣམས་ལ་མཁས་པར་སྦྱངས། །ཞེས་ཚིག་དོན་ལ་སྦྱངས་ཚུལ། རང་མཁས་པའི་ངེས་ཤེས་བློ་ལ་ཤར། །འཕྲུལ་ཡོན་ཏན་ཐམས་ཅད་ཁུང་དུ་ཆུད། །མཁས་པའི་གོ་འཕང་ཐོབ་པའི་ངེས་པ་འདྲོངས་ཚུལ། རྒྱ་ཡིག་ལྔ་བརྒྱ་ཐམ་པ་དེ། །བོད་ཡིག་སུམ་ཅུར་གཏན་ལ་ཕབ། །དུས་ད་ལྟ་དགའ་ལ་ཕྱི་མ་སྐྱིད། །ཅེས་བོད་ཡིག་སྤྲོལ་བཏོད་པ་དང་། དེས་འཕྲུལ་ཡུན་གྱི་བདེ་ལེགས་འབྱུང་ཚུལ། །ཡུལ་མཐའ་འཁོབ་བོད་ཀྱི་རྒྱལ་ཁམས་འདིར། །མི་མཁས་པ་སློབ་པའི་སྟོན་མ་ཡིན། །ང་མུན་པ་སེལ་བའི་སྒྲོན་མེ་ཡིན། །དམ་པའི་ཆོས་ཀྱི་སྣང་གསལ་གྱིས་དཀར་ལས་བསྟན་ཚུལ། རྗེ་རྒྱལ་པོ་ཉི་ཟླའི་ཚུལ་དུ་བཞུགས། །གྲོགས་སློན་པོའི་ཁྲིད་ན་ང་ཙམ་མེད། །བོད་ཁ་བ་ཅན་གྱི་མི་རྣམས་ལ། །ང་ཐུ་མི་བཀའ་དྲིན་མི་ཆེའམ། །ཞེས་སོགས་རང་གི་སྐུ་གསུང་ཐུགས་ཀྱི་མཛད་པ་ཕུལ་དུ་ཕྱིན་པ་གཞན་གྱིས་བསྒྲུན་པར་མི་ནུས་པའི་ཚུལ་རྣམས་འཇིགས་པ་མེད་པའི་སེང་གེའི་སྒྲ་དབྱངས་ཀྱི་སྒོ་ནས། གསལ་པོར་སྒྲོགས་པ་ཕྲག་དོག་ཅན་དག་གི་སྤོབས་པ་ཐུང་དུར་མཛད་ཅིང་། འགྲེལ་ཆེན་དྲི་མེད་འོད་ལས། བོད་ཀྱི་ཡུལ་དུ་ཐེག་པ་གསུམ་བོད་ཀྱི་སྐད་ཀྱིས་བྲིས་ཏེ། ཞེས་ལུང་བསྟན་པ་བཞིན། སློབ་དཔོན་འདི་ཉིད་ཀྱིས། བོད་ཀྱི་མིའི་རྩ་དང་ཐིག་ལེའི་ཁམས་ཀྱི་གནས་ཚུལ་ཇི་བཞིན་གཟིགས་ནས་བོད་དུ་ཡི་གེའི་ཕྱི་མོ་སྤེལ་བ་དང་། རྒྱལ་པོའི་

དགོངས་བཞེད་དང་མཐུན་པར་སྟོན་མེད་ཀྱི་དམ་པའི་ཆོས་གསར་དུ་བསྒྱུར་བ་དང་། ལས་དགེ་བ་བཅུའི་སྲོལ་བཏོད་དར་རྒྱས་སུ་མཛད་པ་དང་། བརྡའ་(བརྡ) སྤྲོད་ལ་འགོ་(མགོ) བའི་བསྟན་བཅོས་ཆེན་པོ་དུ་མ་མཛད་པ་སོགས་མདོར་ན་བོད་ཡུལ་མུན་པའི་གླིང་དང་མཚུངས་པ་འདི་ཉིད་ཐུགས་རྗེ་དང་བཀའ་དྲིན་གྱི་འོད་སྣང་འབྱམས་སུ་ཀླུས་པས་ཡོངས་སུ་ཁྱབ་པར་མཛད་པས་ན། སྐྱེ་འགྲོ་སྤྱི་དང་བྱེ་བྲག་རང་ཅག་བོད་ཁ་བ་རི་པ་རྣམས་ལ་བཀའ་དྲིན་མཚུངས་ཟླ་མ་མཆིས་པ་ཡིན་ཏེ། རྒྱས་པ་ནི་གཞན་དུ་ཤེས་པར་བྱའོ། །སྨྲས་པ། འཁོར་ཡུག་གངས་ཀྱི་ར་(ར) བས་འཁྱུད་པའི་གཞིར། །ཡོན་ཏན་ཀུན་གྱི་ཕྱི་མོའི་སྲོལ་བཟང་པོ། །བཏོད་ལ་གཞན་དྲིང་མི་འཇོག་བཀའ་དྲིན་ཅན། །གང་དེར་བསམ་གྱིན་གུས་པའི་མེ་ཏོག་འཇུམ། །རྒྱལ་བ་གཞན་གྱིས་བཏང་སྙོམས་མཛད་པ་ཡི། །རྫོ་ཏའི་ཞིང་འདི་ཕྱག་ན་པད་དཀར་གྱིས། །བདག་གིར་མཛད་ཚེ་འཕྲིན་ལས་གདུགས་དཀར་པོ། །གྱིན་དུ་འདེགས་པའི་བྱེད་པོ་ཀུན་གྱི་མཆོག །སྟོན་ཚད་གངས་རིའི་ཁྲོད་འདི་ཆོས་ལྡན་གྱི། །སྣང་བས་འཛོངས་ཤིང་མི་ཤེས་སྨག་རུམ་དུ། །འཇོམས་པར་གྱུར་རྣམས་ཐུགས་རྗེའི་ཉིན་བྱེད་ཀྱིས། །གསལ་བར་མཛད་པའི་སྙན་གྲགས་བླ་ན་འབར། །ཨེ་མ་ཁྱོད་ཀྱི་ངོ་མཚར་ཕུང་པོའི་ཁྱོན། །བསྐལ་པ་བྱེ་བར་ལྟེ་སྟོང་བསྒྲོད་བྱས་ཏེ། །ངལ་བརྒྱས་གླེང་ཀྱང་ཆ་ཤས་ཕྲ་མོ་ཙམ། །འཇོད་པའི་གོ་སྐབས་ནམ་ཡང་ག་ལ་ཞིག །དེ་ལྟ་ནའང་སྨྲ་རྩེ་བྱེ་བའི་ཚས། །ཆུ་གཏེར་ཆེན་པོའི་ཐིག་(ཐིགས) པ་འཇལ་བ་བཞིན། །ཉུང་ཟད་སྤེལ་བར་བྱས་འདིའང་ཕྱི་རབས་ལ། །བཀའ་དྲིན་རྗེས་དྲན་སེམས་གུས་བསྐྱེད་ཕྱིར་ཡིན། །ཞེས་པ་ནི་བར་སྐབས་ཀྱི་ཚིགས་སུ་བཅད་པའི་རིམ་པའོ། །

༈ སྐྱེས་པའི་རབས་ཀྱི་ཕྲེང་བ་ལྟ་བ་ནི། འབྱུངས་རབས་ལས། ཏིང་འཛིན་ཟབ་མོའི་ཡེ་ཤེས་མེ་ནང་དུ། །ནག་ཕྱོགས་བུད་ཤིང་བསྲེགས་མཛད་སྐྱེང་པོའི་མཚན། །ཞེས་གསུངས་པ་དང་། གཞན་ཡང་དཀོན་མཆོག་འབངས་ཀྱི་སྐྱེས་རབས་ལས། བླ་མ་དྲི་མ་མེད་པས།

དུས་མ་འོངས་ང་ཡི་སྤྲུལ་པ་ཞིག །གནས་དེ་རུ་ལྷ་འདྲེ་འདུལ་བའི་ཕྱིར། །ལས་སྟོབས་ལྡན་འདྲེགས་པའི་གཟུགས་ཀྱིས་གཏོར། །གནས་དེ་རིང་སྤྲིན་བསྒྲིགས་རེ་རེ(བཀའ་གདམས་གླེགས་བམ་རིན་པོ་ཆེའི་)ཡིས། །རྒྱུད་གདུག་རྩུབ་ལྷ་འདྲེའི་ཞེ་སྡང་རྣམས། །དུས་དེ་དག་ཉིད་ལ་ཞི་བར་བྱེད། །ཅེས་དང་། ཀློ་གྲོས་འཕེལ་གྱི་སྐྱེས་རབས་ལས། །ང་ཡི་ཞིང་ཁམས་ཁ་བ་ཅན་གྱི་ལྗོངས། །བྱམས་པས་འདུལ་བྱེད་ཞིང་ཁམས་རྩུབ་པོ་དེར། །དཔའ་བོ་ཁྱོད་བྱོན་ས་བདག་ཀླུ་གཉན་དང་། །བདུད་དང་ལྷ་སྲིན་མ་ལུས་འདུལ་ཞིང་སྐྱོངས། །ཞེས་སོགས་དུ་མ་ནས་ལུང་བསྟན་པ་ལྟར་བསྟན་པ་སྤྱི་དང་ཁྱད་པར་གྱི་དུས་སུ་འཇམ་དབྱངས་མིའི་རྗེ་བོའི་ཚུལ་འཛིན་པ་ཆོས་ཀྱི་རྒྱལ་པོ་མངའ་བདག་ཁྲི་སྲོང་ལྡེ་བཙན་གྱི་བླའི་མཆོད་གནས་སློབ་དཔོན་ཆེན་པོ་མཚོ་སྐྱེས་རྡོ་རྗེའི་ཞལ་སློབ་རྗེ་འབངས་ཉེར་ལྔའི་ནང་ཚན་སློབ་དཔོན་ཆེན་པོ་གཡུ་སྒྲ་སྙིང་པོ་ཞེས་བྱ་བ་དེ་ཉིད་ཡིན་ལ། དེ་ཡང་སྐུ་འཁྲུངས་པའི་ཡུལ་ནི་ཤར་རྒྱལ་མོ་ཚ་བའི་རོང་སྟེ། དེ་ཡང་ལོ་རྒྱུས་ཅུང་ཟད་གསལ་བར་བརྗོད་ན། ད་ལྟའི་འཁྲུངས་རབས་ཡོངས་གྲགས་སོགས་ལ་གསལ་ཁ་མ་གནང་ཙང་། པདྨ་བཀའ་ཐང་སོགས་ལས་འབྱུང་བ་ལྟར་ན། འདིའི་སྐུ་སྔ་མ་གཙང་བན་ལེགས་གྲུབ་ཅེས་བྱ་བར་སྐྱེ་བ་བཞེས་ཏེ། དེ་དང་མཁས་པ་ཆེན་པོ་བཻ་རོ་ཙ་ན་གཉིས་མངའ་བདག་ཁྲི་སྲོང་ལྡེའུ་བཙན་གྱིས་རྒྱ་གར་དུ་ཆོས་ལེན་དུ་བཏང་བ་བཞིན་དཀའ་བ་དང་དུ་བླངས་ནས་བྱོན་ཏེ། པཎ་གྲུབ་རྣམས་ལས་ཐེག་པ་ཆེན་པོའི་ཆོས་མང་དུ་གསན་ཅིང་། དེ་ནས་ཀྱང་བཻ་རོ་ཙ་ནས་ད་དུང་བཞུགས་ཤིང་། རྩང་(གཙང་)ལེགས་གྲུབ་ཀྱིས་སྔོན་ལ་བྱོན་པར་ལམ་བར་དུ་གཅན་འཕྲད་དམ་པོས་སྐུ་ཚེའི་བར་ཆད་དུ་གྱུར་པ་དེའི་ཕྱི་མ་རྒྱལ་མོ་ཚ་བའི་རོང་དུ་སྐྱེ་བ་བཞེས་ཤིང་། དགུང་ལོ་བཅུ་དྲུག་པའི་ཚེ་སྐབས་ཡང་བཻ་རོ་ཙ་ན་དང་མཇལ་སྟེ། དེའི་ཚུལ་ཡང་མཁས་པ་ཆེན་པོ་བཻ་རོ་ཙ་ན་དེ་ཉིད་ཀྱིས་རྒྱ་གར་པཎ་གྲུབ་མང་པོ་ལས་མདོ་སྔགས་ཀྱི་ཆོས་མཐའ་ཀླས་པ་གསན་ཅིང་ཐུགས་སུ་ཆུད་པར་བྱས། གླེགས་བམ་སོགས་ལ་ཡང་འགོད་པར་མཛད་ནས། ཀང་མགྱོགས་སྒྲུབ་ཏེ་བོད་དུ་ཕེབས་ནས་རྒྱལ་པོ་བློན་

འབངས་དང་བཅས་པ་ལ་དམ་པའི་ཆོས་ཀྱི་འཁོར་ལོ་རྒྱུན་མི་ཆད་དུ་བསྐོར་བས། བོད་ཁམས་དཀར་པོའི་དཔལ་ལ་འགོད་པའི་ཚེ། དེ་ལྷ་བུའི་སྐྱན་པ་ཕྱོགས་དང་ཕྱོགས་མཚམས་སུ་ཁྱབ་སྟེ། རིམ་གྱིས་རྒྱ་གར་དུ་སོན་པར་རྒྱ་གར་བ་རྣམས་ཀྱིས་ཐུག་དོག་བྱས་ཏེ་བོད་ཀྱི་བན་རྗེས་དམ་པའི་ཆོས་མཉེད་པར་ངན་སྔགས་མང་དུ་བསླབ་ནས་སོང་ཞེས་པའི་ཡི་གེ་བོད་དུ་བསྐུར་བས་རྐྱེན་བྱས། བདུད་བློན་ཆོས་ལ་བརྣག་པ་རྣམས་དབང་བཙན་པས་རྒྱལ་པོས་ཐབས་དུ་མའི་སྒོ་ནས་འགོག་པར་མཛད་ཀྱང་མ་ནུས་པར་རེ་ཞིག་དབང་མེད་དུ་རྒྱལ་མོ་ཚ་བའི་རོང་དུ་སྤྱུགས་དགོས་པར་བྱུང་ཞིང་། དེར་ཕྱིན་ནས་ཀྱང་ཡུལ་དེའི་མི་རྣམས་ཀྱིས་བརྟག་དཔྱད་བྱ་ཕྱིར། སྤྲུལ་དོང་དང་། ཤིག་དོང་སོགས་སུ་བསྐྱུར་ཀྱང་། གནོད་པ་རྡུལ་ཙམ་ཡང་མ་བྱུང་བས་སྣང་དད་པར་གྱུར་ནས་ཡུལ་དེའི་རྒྱལ་བློན་འབངས་དང་བཅས་པ་ཐམས་ཅད་ཀྱིས་མཆོད་གནས་སུ་བཀུར་རོ། །དེ་ཡང་བཀའ་ཐང་ལས། བཻ་རོ་ཙ་ན་འདྲ་བའི་ལོ་ཙྪ་བ། །སྔར་ཡང་མ་བྱུང་ཕྱི་ཡང་འབྱུང་རེ་སྐན། །ཅེས་གསུངས་པའི་སྐྱེས་མཆོག་དེས་དམ་པའི་ཆོས་ཀྱི་ཉི་མས་མཐའ་འཁོབ་མུན་པའི་གླིང་དེ་སང་པར་མཛད་ཅིང་བཞུགས་པ་ལས། རེ་ཞིག་ན་སངས་རྒྱས་ལས་ཀྱང་དཀོན་པའི་གསང་ཆེན་རྡོ་རྗེ་ཐེག་པའི་སྣོད་དུ་རུང་བའི་སྤྲང་ཕྲུག་ཞིག གྲུང་དུ་བྱུང་བ་ལ་ལོ་ཆེན་བཻ་རོས། རྡོ་རྗེ་སེམས་དཔའ་སེམས་དཔའ་ཆེ། །གྱིས་དང་གསུངས་པར་ཇི་བཞིན་གླུག་པ་དང་། །ཆོས་འགའ་ཞིག་བསླབ་པ་ཚོགས་མེད་དུ་མཁྱེན་པས་བག་ཆགས་བཟང་བར་གཟིགས་ཏེ་རྗེས་སུ་བཟུང་། ནུབ་ཀྱི་ཚེ་སློབ་དཔོན་ཁང་པའི་སྟེང་ཐོག་ཏུ་བཞུགས་ཤིང་། བྱིས་པ་དེ་ཤོད་དུ་བཞག་པའི་རེ་ཞིག་ན་བྱིས་པ་དེས་ཆོས་མང་པོ་ཞིག་ཆིག་ལབ་ཀྱི་ཚུལ་གྱིས་སྨྲ་བ་བཻ་རོས་གསན་པས། དེ་ལ་སློབ་དཔོན་གྱིས་བརྟགས་པས་གཙང་བན་ལེགས་གྲུབ་ཀྱི་སྐྱེ་བ་ཡིན་པར་དགོངས་ནས་གཙང་བན་ལེགས་གྲུབ་ཅེས་འབོད་པར་མཛད་པས་དེས་ཀྱང་ཨཱ་ཞེས་ལན་བཏབ་པས་ཐུགས་ཡིད་ཆེས་པར་གྱུར་ནས་སྲས་ཀྱི་ཐུ་བོར་རྗེས་སུ་བཟུང་མཚན་གཡུ་སྒྲ་སྙིང་པོ་ཞེས་བྱ་བར་གསོལ་ཏོ། །བོད་

ཡུལ་བསིལ་ལྡན་སྣ་ལའི་སྨན་ལྗོངས་སུ། །ཐུགས་རྗེའི་འཇུག་པ་རིང་ནས་རབ་སྨྲིམས་པ། །པི་རོའི་ཞབས་ལས་གཉིས་སུ་གྲོལ་པའི་གར། །བསྒྱུར་བ་ཁྱོད་ཀྱི་ངོ་མཚར་འདི་རྨད་དོ། །དེ་ནས་ཐེག་པ་ཆེ་ཆུང་གི་དམ་པའི་ཆོས་སྤྱི་དང་ཁྱད་པར་དུ་ཡང་ཟབ་འགྱུར་རྡོ་རྗེ་ཐེག་པའི་རིམ་གཉིས་ཟབ་མོའི་གདམས་པ་བུམ་པ་གང་བྱོའི་ཚུལ་དུ་སྩལ་བས་ཚིག་དོན་མཐའ་དག་དཀའ་བ་མེད་པར་ཐུགས་སུ་ཆུད་ཅིང༌། བསྐྱེད་རྫོགས་ཀྱི་ཉམས་རྟོགས་མཐའ་དག་ཀྱང་ཐུགས་རྒྱུད་ལ་འཁྲུངས་པས་པི་རོ་ཉིད་དང་རྣམ་དབྱེར་མ་མཆིས་པའི་རིག་འཛིན་ཀུན་གྱི་ཁྱུ་མཆོག་ཏུ་གྱུར། དེ་ནས་རེ་ཞིག་ན་བོད་དུ་རྒྱ་གར་གྱི་པཎྜི་ཏ་བི་མ་ལ་མི་ཏྲ་ཕེབས་ཤིང་ཆོས་གསུངས་པར་ཡོད་པ་པི་རོ་ཙ་ནས་གསན་པས་ཐུགས་ཀྱི་རྨུགས་པ་དངས་(དྭངས)ནས་སྤྲོ་བའི་སྐྱིད་ཚལ་དུ་ངོ་མཚར་བརྒྱ་བའི་གླུ་གར་མཛད་ཅིང་བཞུགས། གཡུ་སྒྲ་སྙིང་པོས་སྔ་ཧོ་བའི་ཆ་བྱད་དུ་བྱས་ནས་བོད་དུ་བྱོན་པར་བོད་ཀྱི་རྒྱལ་བློན་འབངས་དང་བཅས་པ་རྣམས་རྒྱ་གར་གྱི་པཎ་ཆེན་པི་(བི)མ་ལ་མི་ཏྲས་ཆོས་གསུངས་ཤིང་འདུག་པའི་ཆོས་གྲལ་དུ་ཚམ་ཚོམ་མེད་པར་བྱོན་ནས་སྒྲ་མཁར་ཨོཾ་ཚུགས་སུ་མཛད་ནས། ཀ་ཀ་པ་རི་ཀ་ཀ་པ་རི་ཞེས་པ་ལན་ཁ་ཡང་དུ་གསུངས་པར་བི་མ་ལས་དབུ་འཕངས་ཙུང་ཟད་དམད་དེ་བཛྲ་ཐེམ་བཛྲ་ཐེམ་ཞེས་གསུངས་པར་བརྡཻ་(བརྡེ)དེ་སྐད་ལོག་པར་གྱུར་ཅིང༌། དེ་རྗེས་ཆོས་གྲལ་གྲོལ་ནས་རྒྱལ་པོས་བྱུང་མ་ཐག་པ་དེ་དག་གི་རྒྱུ་མཚན་ཞུས་པས། བི་མ་ལ་མི་ཏྲས་བརྡ་བཀྲོལ་བར། ཕ་དང་སྤྲེའུ་ཧེ་ལྷར་གྲ་བཟང་ཡང༌། །རི་དྭགས་རྒྱལ་པོ་སེངྒེའི་གྲ་མི་དོ། །ཞེས་སོགས་དང༌། མཁས་ལྡུན་བྱེ་བྲག་མི་ཕྱེད་བློན་འབངས་སྐྱོན་ཅན་ཚོ། །ཞེས་པ་ནས། ཐམས་ཅད་མཁྱེན་པ་ཚ་བའི་རོང་དུ་སྤྱུགས། །ཞེས་སོགས་བརྡའ་(བརྡ)ཆོས་རྣམས་གསལ་བར་བཀའ་སྩལ་བས་རྒྱལ་པོས་ཀ་བ་དཔལ་བརྩེགས། ཛྷ་རིན་ཆེན་མཆོག གཉགས་ཀུ་མཱ་ར་གསུམ་གཡུ་སྒྲ་སྙིང་པོ་ཚོལ་དུ་བཏང་བས། གཡུ་སྒྲ་སྙིང་བར་ཞིག་ནི་རེ་རྐོད། རེ་དབྱངས་འཐེན། རེ་གླུ་ལེན། རེ་བྲོ་བརྡུང༌། རེ་གསོལ་བ་འདེབས་པ་སོགས་མཛད་ཅིང་ཡོད་པའི་སར་བྱོན་ཏེ། ལོ་ཆེན་གསུམ་

གྱིས་གང་ནས་བྱོན་ཅེས་དྲིས་པར་གཡུ་སྒྲས་ཚ་བའི་རོང་ནས་འོང་བ་ཡིན་གསུངས། པེ་རོ་ཙ་ན་ཤེས་སམ། ཞེས་པར། ཤེས་ཏེ་ཕོ་བའི་བླ་མ་ཡིན། །ཉིད་ཀྱིས་ཅི་ཤེས་དྲིས་པར། པེ་རོས་གང་མཁྱེན་ང་ཡིས་ཤེས། །གསུངས་པས་ཀུ་མཱ་རས་དེ་ལྟ་ན་ཆོས་ཅིག་གསུངས་པར་ཞུས་པས། གཡུ་སྒྲ་སྙིང་པོས་ཡང་ན་རིག་པ་རིག་པ་བརྗེ་བར་བྱ། ཡང་ན་རིག་པ་མི་འཛོང་གསེར་གྱིས་བསླུ། །ཞེས་སོགས་གསུངས་ཤིང་ལོ་ཆེན་གསུམ་གྱིས་དེ་བཞིན་བྱེད་པར་ཁས་བླངས་ནས་རྒྱལ་པོའི་དྲུང་དུ་འཁྲིད་ཅིང་རྒྱལ་པོར་རྒྱུ་མཚན་ཞིབ་པར་གསུས་ (ཞུས་) པས་རྒྱལ་བློན་འབངས་དང་བཅས་པས་བི་མ་ལ་དང་ཁྱད་མེད་དུ་བཀུར་སྟི་དམ་ཆོས་རྫོགས་པ་ཆེན་པོ་ཞུས་པས་རྗེ་འབངས་ཐམས་ཅད་ཀྱིས་གདོད་པེ་རོ་ཙ་ནའི་སྐུ་དྲིན་དྲན་ནས་རྒྱལ་མོ་ཚ་བའི་རོང་དུ་སྤྱུགས་པ་ལ་འགྱོད་པ་ཆེན་པོ་དང་། དེར་མ་ཟད་དམ་པའི་ཆོས་བསྒྱུར་བ་སོགས་གང་ལའང་མེད་མི་ཉུང་དུ་མཐོང་བས་སྐུ་གསུང་ཐུགས་ཀྱི་ཡོན་ཏན་རྣམ་པ་ཀུན་ཏུ་འཕོར་ཡུག་ཏུ་སྒྲོག་པར་གྱུར་ཅིང་། དེ་ནས་གཡུ་སྒྲ་སྙིང་པོས་སླར་རྒྱལ་མོ་ཚ་བའི་རོང་དུ་བྱོན་ནས་སློབ་དཔོན་ལ་བོད་ཀྱི་རྗེ་འབངས་རྣམས་དད་ཅིང་འདུན་པའི་རྒྱུ་མཚན་ཞུས་པར་བོད་དུ་འབྱོན་པའི་དུས་ལ་བབ་པར་མཁྱེན་ནས་བླ་སློབ་གཉིས་ཆར་ལྷན་ཅིག་ཏུ་བྱོན་ཏེ་ལམ་བར་དུ་རྒས་པོ་ཅིག་གིས་ཁྱེད་དཔོན་སློབ་གང་ནས་བྱོན། དགར་འབྱོན་དྲིས་པར་གཡུ་སྒྲས་ཚ་བ་རོང་ནས་ཡིན། ང་བོད་དུ་འགྲོ་གསུངས་པས། རྒས་པོ་སྨུག་ཏ་ལས་ཏེ་ཁྱེད་གཉིས་རེ་འབྲུལ་ཚ་བའི་རོང་ན་བཻ་རོ་ཆོས་ཀྱི་ཉི་མ་ཤར་བ་དེར་མི་སྡོད་པར་ཕ་ཕ་ཟེར། པེ་རོ་ཙ་ན་ཡིན་གསུངས་པས། རྒས་པོ་མི་ཕམ་མགོན་པོའི་མིག་ལ་མཁར་བ་བཙུག་ནས་བལྟས་པས་ཡིན་པར་ཤེས་པས་འཁྲུད་དེ་ཡུན་རིང་དུས་དེ་ནས་སློབ་དཔོན་གྱིས་ཆོས་གནང་སྒོམ་བཏབ་པས་རྒས་པོ་ལུས་རྟེན་དེ་ལ་གྲོལ་བ་སོགས་གདུལ་བྱ་མང་པོའི་དོན་མཛད་བཞིན་པར་བསམ་ཡས་སུ་བྱོན་ནས་མཁན་སློབ་ཆོས་གསུམ་དང་མཇལ་ཕྲད་མཛད་ཅིང་། བི་མ་ལ་མི་ཏྲ་ལ། རྩོངས་པ་འདུས་ཤིང་བློ་བསྒྱུར་བ་ཉིད་སྤྱུགས། །རྒྱ་གར་པཎ་ཆེན་བོད་དུ་བྱོན་ལ་དགའ། །

ཟང་ཟིང་ཅང་མེད་ཚ་རོང་ཆོས་ལ་བསྒྱུར། །དེ་ཉིད་བསྒྲུབ་པའི་མཇལ་ཕྱག་ཏུ་འབུལ། །
ཞེས་ཕྱག་བཅས་ཕུལ། དེ་ནས་དམ་པའི་ཆོས་བསྒྱུར་བ་དང་། ཉན་པ་དང་། འཆད་པ་
སོགས་ཀྱི་སྒོ་ནས་བསྟན་པ་འབྱམས་ཀླས་སུ་མཛད། སློབ་དཔོན་གཡུ་སྒྲ་སྙིང་པོས་ཀྱང་།
བདག་ཉིད་ཆེན་པོ་པདྨ་སམྦྷ་ཐ་སོགས་སངས་རྒྱས་དངོས་ཀྱི་རིག་འཛིན་དུ་མའི་ཞབས་རྟུལ་
སྤྱི་བོས་ནོད་ཅིང་། ཆོས་རྒྱལ་ཆེན་པོའི་དགོངས་བཞེད་དང་མཐུན་པར་སྔ་འགྱུར་རྡོ་རྗེ་ཐེག་
པའི་བསྟན་པ་འཛིན་ཅིང་སྐྱོང་བ་དང་སྤེལ་བར་མཛད་པ་དང་། ཁྱད་པར་དུ་ཡང་ནང་དུ་
བསྐྱེད་རྫོགས་ཟབ་མོའི་ཏིང་ངེ་འཛིན་གྱི་ཡེ་ཤེས་ཀྱི་མེས་སྒྲིབ་གཉིས་ཀྱི་བུད་ཤིང་ལྷག་མེད་དུ་
བསྲེག་པར་མཛད་པའི་མཐུ་ལས་ཕྱི་རོལ་གྱི་གདོན་བགེགས་ལོག་པར་འདྲེན་པ་ལ་སོགས་
པའི་ནག་ཕྱོགས་ཀྱི་འཚེ་བ་མཐའ་དག་མིང་ཙམ་གྱི་ལྷག་མར་མཛད་པ་སོགས་ཀྱི་སྒོ་ནས་བོད་
ལྗོངས་ཀྱི་ཕན་བདེ་གོང་ནས་གོང་དུ་སྤེལ་བར་མཛད་པ་སྟེ། དེ་ལྟ་བས་ན་ཚུལ་དེ་ལྟ་བུའི་
གནས་ལ་བསམས་ནས་རྗེ་བླ་མ་འདི་ཉིད་ལ་སྔར་ཡང་བཀའ་དྲིན་དྲན་པའི་མོས་གུས་ཀྱིས་
གསོལ་བ་འདེབས་པ་ལ་རྣམ་པ་ཀུན་ཏུ་བརྩོན་པ་ལྷུར་ལེན་པར་རིགས་སོ། །སྨྲས་པ། སྔ་
འགྱུར་ཐེག་པ་ཡིད་བཞིན་པདྨོའི་རྫིང་། །འཕྲིན་ལས་ཧ་ལྷང་ཅན་གྱི་ཟེར་ནོན་པོས། །རྒྱས་
པར་མཛད་པའི་དྲི་བསུང་ཕྱོགས་ཀྱི་ཁྱོན། །འགེངས་པའི་ངོ་མཚར་སྲིད་པ་གསུམ་གྱི་
དཔལ། །མཐུ་སྟོབས་རྡོ་རྗེའི་མེ་ཆར་དྲག་པོ་ཡིས། །ལོག་པར་འདྲེན་པའི་བྲག་རི་མཐོན་
པོའི་སྒོ། །བསྲེལ་བར་མཛད་དང་ལྷན་ཅིག་དགེ་ལེགས་ཀྱི། །གྲུ་ཆར་ཟིམ་པོས་ཛམྦུའི་ལྗོངས་
འདི་བརླན། །རྒྱལ་དབང་པདྨའི་ཐུགས་བཅུད་སེན་རྡུའི་ཀླུང་། །གང་ཐུགས་རྒྱ་མཚོར་སིམ་
ཚེ་གྲུབ་གཉིས་ཀྱི། །ཐ་རླབས་མཁའ་ལ་འཕྱོ་བས་མ་ཆོམ་པར། །འཕྲིན་ལས་འབུམ་གྱི་
ཟེགས་མ་ཕྱོགས་བཅུར་འཐོར། །སྣང་དང་རྟོགས་པའི་ལུས་སྟོབས་ཡོངས་རྫོགས་ཤིང་། །
རྣམ་བཞིའི་མཛད་འཕྲིན་རལ་པའི་ཁུར་གྱིས་བཏེགས། །མི་མཐུན་གཉིས་འཐུང་ཀླད་པ་
འགེམས་མཛད་པའི། །གདོང་ལྔ་པ་ཁྱོད་ཐུབ་བསྟན་གངས་རིའི་རྒྱན། །པུར་རྒྱལ་བོད་རྗེ་ཁྲི་

སྲོང་ལྡེ་བཙན་གྱི། །གཙུག་གི་རྒྱན་གྱུར་གཡུ་སྒྲ་སྙིང་པོ་ཞེས། །གྲུབ་དབང་མཆོག་དེར་ཀུན་ནས་བསམ་བཞིན་དུ། །གུས་པའི་ལག་པད་ཡང་ཡང་སྙིང་ཁར་བྲུམ། །ཞེས་པ་ནི་བར་སྐབས་ཀྱི་ཚིགས་སུ་བཅད་པའོ། །

༈ སྐྱེས་པའི་རབས་ཀྱི་ཕྲེང་བ་དྲུག་པ་ནི། གསང་ཆེན་དཀྱིལ་འཁོར་རྒྱ་མཚོར་སྐལ་ལྡན་འགྲོ། །སྨིན་མཛད་མི་ཏྲ་ཛྙ(ཛོ)ཀིར་གསོལ་བ་འདེབས། །ཞེས་གསུངས་པ་ལྟར་གསང་ཆེན་རྡོ་རྗེ་ཐེག་པའི་དཀྱིལ་འཁོར་རྒྱ་མཚོ་ལྟ་བུ་གྲངས་མེད་མཐའ་ཡས་པའི་སྒོར། ཞེས་སྨོན་གྱི་གདུལ་(མི་གསལ)བྱ་རྣམས་འཇུག་ཅིང་། སྨིན་པ་དང་གྲོལ་བ་མཆོག་གི་དངོས་གྲུབ་སྩོལ་བར་མཛད་པའི་གྲུབ་པའི་བདག་ཉིད་ཆེན་པོ་མི་ཏྲ་ཛོ་ཀི་ཞེས་བྱ་བ་དེ་ཉིད་ཡིན་ལ། དེ་ནི་རྒྱ་གར་གྱི་ཤར་ཕྱོགས་ར་ཌྷའི་ཡུལ་གྱི་གྲོང་ཁྱེར་ཆེན་པོར་འཁྲུངས། ཏི་ལླི་པའི་དངོས་སློབ་རོལ་པའི་རྡོ་རྗེས་རྗེས་སུ་བཟུང་ནས་ཁ་སར་པཱ་ཎི་ལོ་བཅུ་གཉིས་སུ་སྒོམ་པས་སྤྱན་རས་གཟིགས་འཁོར་བཅས་མངོན་སུམ་དུ་བྱོན་ནས་ཆོས་བསྟན་པས་གྲུབ་ཤིང་མཚན་ཡང་ཨ་ཛི་ཏ་མི་ཏྲ་གུཔྟ་ཞེས་བྱ་བར་གྲགས་པ་དང་། གཞན་ཡང་གསང་བ་རྨད་དུ་བྱུང་བའི་ཡོན་ཏན་བསམ་གྱིས་མི་ཁྱབ་པ་མངའ་བ་ཡིན་ཏེ། རལ་གཅིག་མས་ཐབས་ལམ་བསྟན་པས་གང་འདོད་ཐམས་ཅད་རབ་བསྐྱེས་ཤིང་སྟན་མདུན་དུ་བྱས་ནས་གསོལ་བ་བཏབ་པས་འབྱུང་བ་དང་། ཨོ་ཏནྟ་པུ་རི་ན་དགེ་འདུན་སྟོང་ཕྲག་བཅུ་གཉིས་གནས་པ་ནང་མ་མཐུན་པ་ལས་གཅིག་གི་ཕྱོགས་རྒྱལ་པོས་བྱས་ཏེ་དམག་དྲངས་པ་ན་འཁོར་ལོ་འཕངས་པས་དམག་ཐམས་ཅད་བྲོས་ཏེ་དགེ་འདུན་དང་། གཙུག་ལག་ཁང་ལ་གནོད་པ་མེད་པར་མཛད་པ་དང་། རྒྱལ་པོ་ཤིང་ལྟར་མཁན་གྱི་རིང་ལ་ཕ་ར་ཁ་སིའི་དཔུང་ཚོགས་མང་པོས་མ་ག་དྷའི་སངས་རྒྱས་ཀྱི་བསྟན་པ་གཞོམ་པར་མཛད་པའི་ཚེ། སྐུ་གཅེར་བུར་བྱས་ནས་གད་རྒྱང་བསྒྲགས་པས་ས་གཡོས་ཤིང་མི་ཕྱུག་ཐམས་ཅད་རེངས་པར་མཛད་པར། རྒྱལ་པོས་བཟོད་པ་ཕུལ་བས་རེངས་པ་སླར་བཟློག་པར་མཛད་པ་དང་། རྒྱལ་པོ་གྲགས་པ་སྡེ་བཞི་དཔང་དུ་བཙུགས་ནས

ཤིང་སྟོན་བསྐུལ་ནུས་ན་སངས་རྒྱས་པ་མུ་སྟེགས་པ་ལ་འཇུག མ་ནུས་ན་མུ་སྟེགས་པ་སངས་རྒྱས་པ་ལ་འཇུག་པའི་ཆད་པ་བྱས་ནས་ཐང་ཡངས་པོར་ཤིང་སྟོན་པོར་བས་ཅུང་ཟད་ཀྱང་བསྐུལ་མ་ནུས་ནས་མུ་སྟེགས་པ་རྣམས་ནང་པའི་བསྟན་པ་ལ་བཙུད་པ་དང༌། རྒྱལ་པོ་ཨུ་པ་ཏ་ཞེས་བྱ་བས་མི་གཙང་བའི་དོང་གི་ཁ་གོས་ཀྱིས་གཡོགས་ནས་དེར་བླ་མ་བཞུགས་སུ་བཅུག་པས་དོང་དུ་ལྷུང་བར་ཁ་ཤིང་དང་རྫ་བ་མང་པོས་བཅད་པ་ལ་བླ་མ་ཚོང་འདུས་སུ་བྱོན་ཏེ་ང་འདི་ནས་རྒྱལ་པོའི་ཕོ་བྲང་དུ་གདན་དྲོངས་ཤིག་གསུངས་པས་རྒྱལ་པོས་གདན་དྲངས། སླར་ཡང་རྒྱལ་པོ་དེས་ཤིང་བསོག་ཏུ་བཅུག་ནས་དེའི་སྟེང་དུ་བླ་མ་བཞག་སྟེ་ཞག་གསུམ་དུ་མེ་སྦར་ཀྱང་མ་ཚིག་པ་དང་རྒྱལ་པོ་འཁྱོད་ནས་ཞབས་སྤྱི་བོར་བླངས། ཕ་ར་ཊ་སིའི་རྒྱལ་པོ་ལ་ཟབ་མོའི་ཚིགས་སུ་བཅད་པ་ལྔ་བཀའ་སྩལ་པས་ནམ་མཁའ་ནས་ལྷས་མེ་ཏོག་གི་ཆར་འབེབས་ཤིང༌། ལྔའི་བུས་བདུད་རྩིའི་བུམ་པ་འདྲེན་པའི་སྣང་བ་བསྟན་པ་དང༌། རྒྱལ་པོས་དབང་ཞུས་པས་རྟུལ་ཚོན་ཐམས་ཅད་རིན་པོ་ཆེ་ལས་བྱེད་དགོས་པར་བཀའ་སྩལ་པས་རྒྱལ་པོ་སྐྱུ་མས་བསླུས་ཀྱི་དོགས་ནས་འཁྱོད་པ་སྐྱེས་པར་ནམ་མཁའ་ལ་འཕགས་ཏེ་སྤྲིན་དབུས་སུ་བཞུགས་པར་བསྟན་པ་དང༌། སླར་འཁྱོད་པ་དྲག་པོས་ཞག་བདུན་གསོལ་བ་བཏབ་པས་རྫིང་བུའི་དབུས་སུ་བཞུགས་པ་དང༌། དེ་ནས་རྒྱལ་པོས་གྲོང་ཁྱེར་འབུམ་ཕྲག་བཅུ་དྲུག་ཕུལ་བས་སྦྱིན་གཏོང་གི་ཁང་པ་བརྩིགས་ནས་ལོ་གསུམ་དུ་སྦྱིན་གཏོང་མཛད་པ་དང༌། ལྷོ་ཕྱོགས་ཀུ་རུ་པི་ཏ་དང་ཉེ་བར་གནོད་སྦྱིན་གཉིས་ཀྱིས་ཉིན་རེ་བཞིན་མི་ཆན་གཉེན་གཉིས་རེ་ཟ་བ་ཡོད་པ་བཏུལ་ནས་ལྷ་ཁང་ཀྱང་བཞེངས་པར་མཛད་པ་དང༌། དགེ་འདུན་རྣམས་དད་པ་འཕེལ་ཕྱིར་ནམ་མཁར་བལྟ་སྟངས་མཛད་པས་བྱ་ཐམས་ཅད་ཕྱག་ཏུ་འབེབས་ཤིང་བཀའ་བསྒོ་བ་ཉན་པ་དང༌། ཕ་ར་ཊ་སིའི་གཙོ་བོ་བརྒྱད་ཅུ་རྩ་བཞི་ལ་གསུང་མ་གནང་ཡང་ཐུགས་གཏད་པ་ཙམ་གྱིས་ཀེང་རུས་སོགས་ཀྱི་འདུ་ཤེས་སྐྱེས་ཏེ་ནགས་སུ་ཕྱིན་ནས་འཇིག་རྟེན་པའི་འདུ་ཤེས་ལས་སེམས་རྣམ་པར་གྲོལ་བར་མཛད་པ་དང༌། རྒྱལ་པོ་ཛ་ཡ་སེ་ན་དང༌། པཎྜི་ཏ

ཨཱརྻ་གཉིས་མ་དང་ཅིང་སྐུལ་ལ་བརྡོ་བ་ལ་མཉམ་བཞག་གི་ཕྱག་རྒྱ་འཆའ་རུ་བཅུག ཆོག་བཅད་གཅིག་གི་དོན་ལ་ཐུགས་གཏད་པས་སྐན་དེ་ལས་མ་ལངས་པར་གྲོལ་བ་དང་། ཕ་ར་ཊ་སིའི་རྒྱལ་པོས་ཁྱོད་ང་ལ་ཐེ་ཚོམ་ཟོས་པས་ཚེ་འདིར་མཆོག་མི་ཐོབ་ཀྱང་བར་དོར་དངོས་གྲུབ་ཐོབ་ཅེས་ལུང་བསྟན་པ་དང་། རྒྱལ་པོ་དེས་བླ་མ་གཞན་དུ་མི་གཏོང་སྙམ་ནས་གཙུག་ལག་ཁང་དུ་བཞུགས་སུ་བཅུག་སྟེ་སྒོ་རྒྱས་བསྡམས་པར་ཕྱི་རོལ་དུ་ཕ་བོང་གི་སྟེང་དུའང་རྩེད་མོ་མཛད། ནང་དུ་ཡང་བཞུགས་པར་མཐོང་བ་དང་ཏ་པ་སིའི་བྲང་ཁང་དུ་བཞུགས་པ་ན་དགེ་སློང་གཉིས་ཀྱིས་ཕྱིར་བྱུང་བ་དང་། ནང་དུ་བཞུགས་པ་གཉིས་ངེས་པར་བྱུང་བས་བུ་ག་ཞིག་ནས་བལྟས་པས་སྡེ་བརྒྱད་ལ་ཆོས་བསྟན་པར་མཐོང་བ་སྟེ། དེ་དག་ལ་ངོ་མཚར་བའི་གཏམ་བཅོ་བརྒྱད་ཅེས་སུ་ཡང་གྲགས་ཤིང་། འདི་ལ་མི་འདྲ་བ་འགའ་སྣང་སྟེ་འཁྲུངས་ཡུལ་རྡོ་རྗེ་གདན་གྱི་ལྷོ་ཕྱོགས་སུ་དང་། ཡབ་ཡུམ་དེ་ལ་དབང་བསྒྱུར་བའི་བྲམ་ཟེ་དགེ་བའི་སྙིང་པོ་དང་ཡུམ་ལྷ་ལྷམ་འོད་ཟེར་ཞེས་བྱ་བ་གཉིས་ཀྱི་སྲས་སུ་འཁྲུངས་པ་དང་། ངོ་མཚར་བའི་གཏམ་གྱི་ཚུལ་བཤད་པ་མི་འདྲ་བ་སྣ་ཚོགས་སྣང་ཡང་རྒྱས་པར་མ་སྤྲོས་སོ། །དེ་ལྟ་བུའི་གྲུབ་ཐོབ་ཆེན་པོ་དེ་ཉིད་འཕགས་པ་ཤིང་ཀུན་ཏུ་བྱོན་པར་ལོ་ཙཱ་བ་བྱམས་པའི་དཔལ་གྱིས་གསན་ནས་མཇལ་བར་བྱོན་ཏེ་བསྟུན་འདྲི་སོགས་མཛད་པས་ལན་ལེགས་པར་གནང་ཞིང་། ཞལ་བོད་ཕྱོགས་སུ་བསྟན་ནས་བཞུགས་འདུག་པས་བོད་དུ་གདན་དྲངས་ན་བྱོན་ནམ་སྙམ་ནས་གསོལ་བ་བཏབ་པས་ཞལ་གྱིས་མ་བཞེས། དེར་ལོ་ཙཱ་བ་ཚད་ནད་ཀྱིས་སྣུང་ཞིང་། གྲུབ་ཐོབ་ཆེན་པོས་རྒྱ་གར་ལ་དལ་གྱིས་བྱོན། བསྟུན་དྭངས་འཕྲུལ་ལོ་ཙཱ་བ་ཕྱི་སླེགས་ཏེ་བྱིན་པས་གྲུབ་ཐོབ་ཆེན་པོ་ས་མཐའི་མཁར་ཞིག་ན་བཞུགས་པར་ཨ་ཙ་ར་ངོ་ཤེས་ཞིག་གིས་ཁྲིད་ནས་ནང་དུ་བྱོན་པས་མཁར་དེའི་ཐོག་ན་བཞུགས་པ་དང་མཇལ། དེར་ཡང་བོད་དུ་འབྱོན་པར་གསོལ་བཏབ་པས་ཞལ་གྱིས་མ་བཞེས་པས་ལོ་ཙཱ་བའི་བསམ་པ་ལ་འདི་ལྟ་བུའི་གྲུབ་ཐོབ་དང་མཇལ་ནས་སྤྱན་མ་འདྲོངས་པར་བོད་དུ་ལོག་པ་བས་ཤི་བ་དྲུང་སྙམ་ནས་ཐེ་ཚོམ་མེད་པར་

མཁར་གྱི་རྩེ་ནས་མཆོངས་པས་གྲུབ་ཐོབ་ཆེན་པོས་ཕྱག་གིས་བཟུང་ནས། ཏ་ཏ་དེ་འདྲ་མ་བྱེད་གསུངས་ཏེ་སྐུ་དྲུང་དུ་བཞག་ནས་ང་བོད་དུ་འགྲོ་བ་ལ་ཁྱོད་ཀྱི་སྒྲིབ་པ་དག་དགོས་པས་སྔར་ཚད་ནད་ཀྱིས་སྒྲིབ་པ་མང་པོ་དག ད་ལན་ངའི་ཆེད་དུ་སྲོག་བཏང་བས་སྒྲིབ་པ་མ་ལུས་པ་དག་པས་ད་ནི་བོད་དུ་འགྲོ་ཞེས་ཞལ་གྱིས་བཞེས་ནས་བོད་དུ་ཕྱིན་ཏེ་གཙང་སྟོད་དུ་ཟླ་བ་བཅོ་བརྒྱད་བཞུགས་ནས་མཁས་བཙུན་མང་པོར་ཆོས་གསུངས། ཁྲི་ཐུའི་གཙུག་ལག་ཁང་དང་ལྷ་ཆེན་བཞེངས་པའི་ས་ཡང་བྱིན་གྱིས་རླབས། དེར་བཞུགས་དུས་ལྷ་ས་ནས་བླ་མ་ཞིག་པོ་བདུད་རྩི་ཞེས་བྱ་བས་ཁྲི་ཐུར་བླ་མ་གྲུབ་ཐོབ་ཆེན་པོ་དབུས་སུ་སྤྱན་འདྲེན་པར་རྣལ་འབྱོར་བ་འགའ་བཏང་བས། བླ་མ་དགྱེས་ནས་འབྱོན་པར་ཞལ་གྱིས་བཞེས། ཁྱེད་རྣམས་ཀྱི་ཁྲོད་ན་ལྷ་སའི་རྒྱུས་ཡོད་པ་ཡོད་དམ་གསུངས་པས་ཡོད་ཞུས་པར་འོ་ན་འཕྲུལ་སྣང་གི་རྟེན་དང་བརྟེན་པ་འདི་ལ་འདི་འདྲ་ཡོད་པ་དེ་ཚོའི་རྒྱུ་མཚན་རྟོགས་སམ་གསུངས་པར་མ་ཤེས་ལགས་ཞེས་ཞུས་པས། ལྷ་སའི་རྒྱུས་ང་ཚེ། ང་སྔོན་གྱི་བོན་མི་སརྐྵི་ཏ་ཨར་མི་ཐུང་བྱ་བ་དེ་ཡིན་ཞེས་གསུངས། དེ་ནས་སྐབས་དེར་རྒྱ་གར་ནས་ཨ་ཙ་ར་བདུན་བྱ་མ་ཏྲར་མངགས་པ་འབྱོར་པས་བླ་མ་རྒྱ་གར་ལ་མགྱོགས་པར་ཕེབས་དགོས་པ་ཤར། དེ་ནུབ་ལོ་ཙྪ་བས་ཚོགས་ཀྱི་མཆོད་པ་རྒྱ་ཆེན་པོ་བཤམས། དབང་ལུང་མན་ངག་ཁྱད་པར་འཕགས་པ་རྫོགས་པར་ཞུ་གནང་མཛད་ཅིང་། ལོ་ཙྪ་བ་ཆེན་པོས་བླ་མ་ལ། རིགས་བཙུན་མཁས་པའི་སྤྱན་སྔར་བློ་སྦྱངས་ནས། །ཐོས་བསམ་སྒོམ་པས་རང་རྒྱུད་སྨིན་མཛད་པ། །རྒྱ་བོད་གཉིས་ལ་གྲགས་པའི་པཎྜི་ཏ། །འཆི་མེད་རྣལ་འབྱོར་བླ་ཕྱག་འཚལ་བསྟོད། །ཅེས་བསྟོད། དེ་ནས་གྲུབ་ཐོབ་ཆེན་པོ་རྒྱ་གར་དུ་ཕེབས་པར་ལོ་ཙྪ་བས་མང་ཡུལ་གྱི་ལ་ཐོག་བར་ཕྱག་ཕྱི་བྱས་ཏེ་ཕེབས་སྐྱེལ་མཛད། གྲུབ་ཐོབ་ཆེན་པོ་རྒྱ་གར་དུ་ཕྱིན་ནས་འགྲོ་བ་མང་པོའི་དོན་མཛད་ཅིང་སྐུད་དུབ་བཞུགས་པ་དང་། བོད་དུའང་ཡང་ཡང་ཕྱིན་པར་གྲགས། ལོ་ཙྪ་བ་སླར་ཕྱིན་ནས་ཁྲི་ཐུའི་ལྷ་ཆེན་ལེགས་པར་བཞེངས་པར་མཛད་དོ། །དེ་ལྟ་བུའི་གྲུབ་ཐོབ་ཆེན་པོ་དེ་ཉིད་ལ་སློབ་མ་སྐར་

ཚོགས་ལྷ་བུ་ལས་ཐུགས་སྲས་དམ་པ་རྒྱ་གར་བ་ཨ་མོ་གྷ་བཛྲ་དང་། བོད་པ་བྲོ་ཕུ་བ་ལོ་ཆེན་བྱམས་པ་དཔལ། གསུངས་པའི་ཆོས་ཀྱི་རྣམ་པར་ཕྱེ་བ་ཡང་ཤེས་བྱ་ཡན་ལག་ཏུ་བསྟན་པ་ཐུན་མོང་གི་སྐོར་དང་། ནང་སྒྲུབ་ཐབས་སུ་བསྟན་པ་ཉམས་ལེན་བྱེ་བྲག་གི་སྐོར། གསང་བ་བྱིན་རླབས་ཀྱི་འཇུག་པ་སྟོན་པ་ཁྱད་པར་གྱི་སྐོར་དང་བཅས་པ་གསུམ་དང་། དེ་དག་རེ་རེ་ལ་ཡང་ནང་གསེས་དབྱེ་བ་མཐའ་ཡས་པ་དང་བཅས་པ་མཆིས་པ་རྣམས་ཀྱི་ཚུལ་ཞིབ་པ་ནི་གཞན་དུ་ཤེས་པར་བྱ་སྟེ། འདིར་ནི་མཚོན་པ་ཙམ་མོ། །སྨྲས་པ། འཕགས་ཡུལ་གྲུབ་བརྙེས་གསེར་རིའི་ཕྲེང་བའི་དབུས། །ཕྱངས་རྟོགས་མངོན་པར་མཐོ་བའི་བང་རིམ་ཅན། །གདུལ་བྱ་རྒྱ་མཚོའི་དབུས་ན་ཆེར་འགྲེངས་པ། །གྲུབ་པའི་དབང་ཕྱུག་མི་ཏྲ་ཛོ་ཀི་ཉིད། །ཁྱོད་ནི་ངེས་པའི་དོན་དུ་རྒྱལ་ཀུན་གྱི། །དཀྱིལ་འཁོར་རྒྱ་མཚོའི་བྱེད་པོར་གྲུབ་ཟིན་ཀྱང་། །དྲང་དོན་སྣང་ངོར་གྲུབ་བརྙེས་རྒྱལ་སྲས་ཀྱི། །ངང་ཚུལ་བཟུང་སྟེ་འགྲོ་བའི་དོན་ཆེན་སྐྱོངས། །སྐད་ཅིག་རེར་ཡང་ཚད་མེད་གདུལ་བྱའི་ཚོགས། །གསང་ཆེན་ཐེག་པའི་ལམ་དུ་སྨིན་མཛད་ན། །རིང་མིན་སྲིད་པ་ཕྲུལ་པོར་བྱེད་འགྱུར་ཞེས། །ཡིད་སྲུབ་སྙིང་ལ་ཟུག་རྔུའི་རེག་པ་འབྱིན། །སྐལ་ལྡན་ཚེ་གཅིག་རྡོ་རྗེའི་སར་སྦྱོར་བའི། །སྐལ་བ་མཆོག་གི་གོ་སྐབས་འབྱེད་པའི་ཚེ། །སྲིད་པའི་གནས་འདིའི་ལུས་ཅན་ཕལ་མོ་ཆེར། །བླ་ན་མེད་པའི་བདུད་རྩིའི་དགའ་སྟོན་འགྱེད། །ཁྱོད་སྐུ་དྲན་དང་ཁྱོད་མཚན་ཐོས་ཙམ་གྱིས། །བདུད་བཞིའི་དཔུང་ཚོགས་ཕྱི་མར་མཛད་དོ་ཞེས། །གྲགས་སྙན་སྒྲ་འཛིན་བུ་གར་སོན་པ་ན། །དབང་མེད་ཡིད་ཀྱི་བུང་བ་ཀུན་ཏུ་གཡོ། །ཞེས་པ་ནི་བར་སྐབས་ཀྱི་ཚིགས་སུ་བཅད་པའི་ཕྲེང་བའོ། །

༈ སྐྱེས་པའི་རབས་ཀྱི་ཕྲེང་བ་བདུན་པ་ནི། འབྱུང་རབས་ལས། བཀའ་གདམས་གཞུང་བཤད་འཛིན་ཕྱིར་ཡན་ལག་འབྱུང་། །ངུར་སྨིག(སྨྲིག) གར་རོལ་རིན་ཆེན་གསལ་བ་དང་། །ཞེས་གསུངས་ཏེ། གོང་དུ་བརྗོད་ཟིན་པ་ལྟར་གནས་བརྟན་ཡན་ལག་འབྱུང་ལ་

སོགས་པའི་རོལ་གར་རེམ་པར་འཛིན་པའི་བདག་ཉིད་ཆེན་པོ་དེ་ཉིད་སྣར་ཡང་བསམ་བཞིན་དུ་བོད་ཡུལ་གངས་རིས་བསྐོར་བའི་ཡུལ་ལྗོངས་འདིར་བཀའ་གདམས་གཞུང་བཤད་ཀྱི་བསྟན་པའི་སྲོལ་འབྱེད་པའི་སྣད་དུ་གསུམ་ལྡན་ངུར་སྨྲིག་འཛིན་པའི་གར་གྱི་རྣམ་པར་སྤྲུན་པའི་བཤེས་གཉེན་ཆེན་པོ་པོ་ཏོ་བ་ནི་ཕན་ཡུལ་ཐྲས་ཀྱི་བྲ་འོ་ཐང་དུ་ཡབ་ཡུམ་རིགས་རུས་ཕུན་སུམ་ཚོགས་པའི་ཐྲས་སུ་མེ་མོ་ཡོས་ལ་སྐུ་འཁྲུངས། ཐང་ཡིག་ལས་གཡུ་སྒྲའི་སྐུ་རྗེས་མ་ལུང་བསྟན་པ་ལ། མཁས་པ་གཡུ་སྒྲ་སྙིང་པོ་ཁྱོད། །ཅེས་པ་ནས། བུ་ཏོ་བ་ཞེས་བྱ་བ་འབྱུང་། །ཞེས་གསུངས་པ་འདི་ཉིད་ཡིན་ནམ་སྙམ་མོ། །འཁྲུངས་ནས་སྐུ་བྱིས་པའི་དུས་ཉིད་ནས་བྱམས་སྙིང་རྗེ་བྱང་ཆུབ་ཀྱི་སེམས་སྟོབས་ཆེན་པོ་རང་འཁྲུངས་སུ་བྱུང་སྟེ། འགྲོ་བ་གཞན་དག་སྡུག་བསྔལ་གྱིས་མནར་བ་མཐོང་བ་ན་གཏིང་ནས་མི་དགའ་ཞིང་འདིའི་སྡུག་བསྔལ་འདི་ཐབས་གང་གིས་སེལ་བར་ནུས་སྙམ་པ་དང་། གཞན་བདེ་བ་གཟིགས་ན་ཐུགས་དགའ་ཞིང་འདིའི་བདེ་བ་འདི་ནམ་ཡང་མི་མཉམ་པར་གོང་འཕེལ་དུ་སོང་ན་སྙམ་པ་འབྱུང་བ་སོགས་རྒྱལ་སྲས་བདག་ཉིད་ཆེན་པོའི་ཡོན་ཏན་མཐའ་དག་རང་ཆས་སུ་མངའ་བ་ཞིག་ཡིན་ལ། རིང་པོར་མ་ལོན་པར་སྔོན་གྱི་བག་ཆགས་སད་པས་ཁྱིམ་གྱི་གནས་ནི་ཉོན་མོངས་དང་ཉེས་པར་སྤྱོད་པའི་འབྱུང་གནས་སྡུག་བསྔལ་གྱི་རྩ་བ་བཙོན་ར་ལྟ་བུར་གཟིགས་ནས་རབ་ཏུ་བྱུང་བར་འདོད་པའི་འདུན་པ་དྲག་པོས་བསྐུལ་ཞིང་། ཡབ་ཡུམ་གྱིས་ཀྱང་གནང་སྟེ་ཡེར་པ་རྫོག་བྱང་ཆུབ་འབྱུང་གནས་ཀྱི་དྲུང་དུ་རབ་ཏུ་བྱུང་ནས་མཚན་རིན་ཆེན་གསལ་བ་ཞེས་བྱ་བར་གསོལ་ཞིང་། དེ་ནས་བཟུང་སྟེ་ཐོག་མར་བཀའ་གདམས་ཀྱི་ཆོས་སྤྱོད་རྣམས་བསླབ་པར་མཛད། ཁས་བླངས་པའི་འདུལ་ཁྲིམས་རྣམ་པར་དག་པར་བསྲུང་བ་གཞིར་མཛད་པའི་སྟེང་ནས་ཁུ་སྟོན་ལ་སོགས་པ་མཁས་པ་མང་པོ་བསྟེན་ཏེ། སྡེ་སྣོད་གསུམ་ལ་སྦྱངས་པ་མཛད་པས་མཁས་པའི་ཕུལ་དུ་ཕྱིན་པར་གྱུར། དེ་ནས་དབེན་པའི་གནས་སུ་རྩེ་གཅིག་ཏུ་སྒྲུབ་པ་སྙིང་པོར་མཛད་པར་དགོངས་པ་ན་སྔོན་གྱི་ཐུགས་བསྐྱེད་དང་སྨོན་ལམ་གྱི་

འབྲེལ་བ་རྨད་དུ་བྱུང་བས་ཉེ་བར་བསྐུལ་སྟེ། བྱང་རྭ་བསྒྲེང་(སྒྲེང)ན་ཇོ་བོ་རྗེ་དཔལ་ལྡན་ཨ་ཏི་ཤའི་མན་ངག་ཡོངས་སུ་རྫོགས་པར་མངའ་བའི་འབྲོམ་སྟོན་པ་ཞེས་བྱ་བ་བཞུགས་སོ་ཞེས་པའི་སྙན་པ་གསན་པས། དེའི་དྲུང་དུ་ཕྱིན་ནས་གདམས་ངག་ཞུས་ཏེ་མིང་རུས་ཚུན་ཆད་སྤྱོས་ལ་སྙོམ་ཞིག་བྱའོ་སྙམ་ནས་རྭ་བསྒྲེང(སྒྲེང)དུ་བྱོན། འབྲོམ་རིན་པོ་ཆེ་མཇལ་ཞིང་བསམ་སྦྱོར་གཉིས་ཀྱི་སྒོ་ནས་ཚུལ་བཞིན་དུ་བསྟེན་པར་མཛད་པས་འབྲོམ་ཆོས་ཀྱི་རྒྱལ་པོས་ཀྱང་རང་གི་སྲས་ཀྱི་ཐུ་བོ་བསྟན་པའི་བདག་པོར་འགྱུར་བར་གཟིགས་ནས་སྤྱན་གྱི་འབྲས་བུ་ལྟར་བསྐྱངས་ཤིང་། ལམ་གྱི་རིམ་པའི་དབུ་བཤེས་གཉེན་བསྟེན་ཚུལ་ནས་ཐར་ཆགས་སུ་གདམས་ཤིང་། དམིགས་སྐོར་རེ་རེ་ནས་བཤད་ཆོས་ཙམ་དུ་མ་ལུས་པར་རྒྱུད་ལ་བསྐོར་ཏེ་མྱོང་བ་ཐོན་ངེས་སུ་ཁྲིད་པར་མཛད་པས་དགེ་བའི་བཤེས་གཉེན་སྟོན་པ་རིན་པོ་ཆེའི་ཡོན་ཏན་དང་ཇི་ལྟར་གསུངས་པའི་གནད་རྣམས་ལ་ཡིད་ཆེས་ཀྱི་དད་པ་བརྟན་པོ་སྐྱེས་ཤིང་། ཁྱད་པར་དུ་སྤྱོད་འཇུག་ལས། བདག་ནི་གྲོལ་བ་དོན་གཉེར་ལ། །རྙེད་དང་བཀུར་བསྟིས་འཆིང་མི་དགོས། །ཞེས་པ་ལ་བརྟེན་པའི་མན་ངག་གསུངས་པའི་ཐད་ཀར་ཐུགས་སྣང་འགྱུར་ཏེ་ཚེ་འདིའི་རྩོགས་པ་བསྒྱུར་ནས་འབྲོམ་རིན་པོ་ཆེ་དང་སྐད་ཅིག་ཀྱང་འབྲལ་བ་མེད་པར་རྒྱུན་ཆགས་སུ་བསྟེན་པར་མཛད་པས་ཐུགས་ཡིད་གཅིག་ཏུ་འདྲེས་པར་གྱུར། མདོ་སྔགས་ཀྱི་གདམས་པ་མཐའ་དག་བུམ་པ་གང་བྱོའི་ཚུལ་དུ་གསན་ཅིང་། ཉམས་སུ་བཞེས་པས་བསྟན་འཛིན་ཀུན་གྱི་ནང་ནས་ཆེས་མཆོག་ཏུ་གྱུར་པའི་སྲས་ཀྱི་ཐུ་བོ་ཟླ་མེད་པར་གྱུར་ལ། རྗེས་སོར་འབྲོམ་རིན་པོ་ཆེ་སྐུ་སྙུན་པའི་སྐབས་པོ་ཏོ་བའི་པང་དུ་དབུ་བཞག་ནས་ཡོད་པའི་ཚེ། པོ་ཏོ་བའི་ཐུགས་དགོངས་ལ་འཛིགས་སར་སྐྱོལ་མས་པོར་བ་འདྲ་བ་ཞིག་ཡོང་བར་འདུག་པས་ད་སུ་ལ་བརྟེན་སྙམ་པ་དང་། སྤྱན་ཆབ་གོང་པའི་རྩ་ན་མར་ཉིལ་གྱིས་བྱུང་བ་དགེ་བཤེས་སྟོན་པ་རིན་པོ་ཆེས་མཁྱེན་ནས། ངས་ཁྱོད་ཀྱི་བརྟེན་ས་སུ་ཡང་མ་མཐོང་བས་ད་ཕྱིན་ཆད་དགེ་བའི་བཤེས་གཉེན་མདོ་སྡེ་ལ་གྱིས། བྱང་ཆུབ་ཀྱི་སེམས་བཟང་པོ་ཉམས་

ལེན་གྱི་མཐིལ་དུ་གྱིས་དང་། ཁྱད་པར་ཅན་དང་འཕྲད་དེ་འོང་ཞེས་སོགས་གནས་སྐབས་དང་མཐར་ཐུག་གི་བསླབ་བྱ་བསམ་གྱིས་མི་ཆོད་པ་སྩལ་བ་རྣམས་ཐུགས་ཡུལ་དུ་བཅིངས་ཏེ་འབྲོམ་རིན་པོ་ཆེ་མྱ་ངན་ལས་འདས་ནས་ཀྱང་སྐྱེས་བུ་ཆུང་འབྲིང་དང་ཐུན་མོང་བའི་ལམ་དང་། ཁྱད་པར་དུ་སྐྱེས་བུ་ཆེན་པོའི་ལམ་གྱི་གཞུང་ཤིང་བྱང་ཆུབ་ཀྱི་སེམས་རིན་པོ་ཆེ་ལ་སྦྱོང་བ་ཐོན་ངེས་པ་ཉམས་ལེན་གྱི་སྙིང་པོར་མཛད་པའི་སྒོ་ནས་ཚེ་འདིའི་ལུས་ལོངས་སྤྱོད་རྙེད་བཀུར་སྙན་གྲགས་སོགས་གང་ལའང་ཆགས་པ་སྤྲ་མོ་ཙམ་ཡང་མེད་པར་རི་དྭགས་རྨས་མ་བཞིན་དུ་དབེན་པ་ནས་དབེན་པར་འཕོ་བར་མཛད་པ་དང་། ཁྱད་པར་དུ་འང་གསང་སྔགས་རྡོ་རྗེ་ཐེག་པའི་ལམ་རིམ་པ་གཉིས་ཀྱི་གནད་རྣམས་ལ་ཉམས་བཞེས་མཐར་ཕྱིན་པར་མཛད་པས་བསྐྱེད་རྫོགས་ཀྱི་ཡོན་ཏན་མ་ལུས་པ་ཐུགས་རྒྱུད་ལ་འཁྲུངས་ཤིང་། ཡིད་(ཡི)དམ་དུ་མའི་ཞལ་གཟིགས། ཆོས་སྐྱོང་རྣམས་ཀྱང་བྲན་དུ་འཁོར་བ། མངོན་པར་ཤེས་པ་རྒྱ་ཆེན་པོ་དང་ལྡན་པ་ཞིག་ཡིན་ཀྱང་རྒྱུན་དུ་གསང་སྔགས་ཤིན་ཏུ་གསང་བར་མཛད་པའི་དམ་ཚིག་གི་རྡོར་དྲིལ་སོགས་ཉེ་གནས་ཀྱིས་ཀྱང་མྱ་ངན་ལས་མ་འདས་པར་དུ་མ་མཐོང་བ་དང་། འདི་ནི་དམ་པའི་རྣམ་ཐར་རྨད་དུ་བྱུང་བར་སེམས་ཏེ་དེང་སང་དཀྱིལ་འཁོར་ཆེན་པོར་ཞུགས་ནས་གཞན་ལྷ་ཅི་སྨོས། རྡོ་རྗེ་སློབ་དཔོན་ལ་སྨོད་པ་དང་། རྡོར་དྲིལ་སོགས་ལ་འགོམ་པ་ལ་ཅི་དང་མི་སླམ་པའི་གསང་སྔགས་པ་དག་ལ་སྟོང་། ཕྱོགས་བཅུའི་སངས་རྒྱས་ལ་ངན་སེམས་ཀྱིས་སྒྲོག་འདྲེན་པ་མིན་ནམ། འཕྲིན་ལས་ནམ་མཁའ་དང་མཉམ་ཞིང་སྟོད་ལྡན་གྱི་སློབ་མ་འབའ་གྲངས་མེད་པ་འདུས་པ་རྣམས་ལ་དམ་པའི་ཆོས་འཆད་པ་སོགས་ལ་ངལ་བ་སྐད་ཅིག་ཀྱང་མི་མངའ་བའི་ཁར་ཐུགས་རབ་ཤིན་ཏུ་ཆེ་བས་ཚིག་བཞི་པ་དེ་ལ་ཡང་འདིའི་ཆ་ནས་འདི་ལྟར་འགྲོ། འདི་ཆ་ནས་འདི་ལྟར་འགྲོ་ཞེས་དོན་མི་འདྲ་བ་བཅུ་བཅུ་ཙམ་འཆད་པར་མཛད་པ་དང་། བྱང་ཆུབ་ལམ་གྱི་རིམ་པ་འཆད་པའི་ཚེ་ན་ལམ་སྒྲོན་རྩ་བར་བཟུང་བར་མཛད་ནས། བཀའ་གདམས་གཞུང་དྲུག་དང་། རིན་ཆེན་སྤེང་བ། སློབ་སྦྱིངས།

བཤེས་སྤྲིངས། ཀ་མ་ལ་ཤཱི་ལའི་སྒོམ་རིམ་རྣམས་དང་སྦྱར་ཏེ་མཐའ་ཆོད་པར་མཛད་ཅིང་། གཞན་ཡང་ཇོ་བོའི་བདེན་གཉིས་ལ་སོགས་པ་ཇོ་བོ་བཀའ་གདམས་པའི་ཕ་ཆོས་ཐུན་མོང་མ་ཡིན་པ་ཐམས་ཅད་རྩལ་དུ་བཏོན་ནས་འཆད་པས་བཀའ་གདམས་ཞེས་པའི་སྒྲ་བོ་ཆེ་ཡང་དེ་དུས་བྱུང་ཞིང་། རྣམ་ཐར་གཙང་བ་དང་། ཁྱབ་བརྡལ་ཆེ་བ་ཡང་དེ་དུས་ནས་བྱུང་བར་སྣང་ལ། སློབ་མའང་ཆེ་བློས་བཏང་གིས་རྣམ་གྲོལ་སྒྲུབ་པ་ཤ་སྟག་སྟོང་ཚམ་རེ་འཁོར་དུ་འདུས་པ་དེ་ཐམས་ཅད་ཀྱང་སྡོམ་གསུམ་གྱི་བཅས་མཚམས་དག་པ། བསྟན་པ་ཡོངས་རྫོགས་ཀྱི་ཉམས་ལེན་ལ་གཅིག་ཏུ་གཞོལ་བ། སྒོ་གསུམ་གྱི་སྤྱོད་པ་ཐམས་ཅད་དགེ་བའི་བཤེས་གཉེན་པོ་ཏོ་བ་ཉིད་ཀྱི་རྗེས་སུ་སློབ་པ་ཤ་སྟག་བྱུང་བ། དཔེར་ན་གངས་རི་ཆེན་པོ་ཏེ་སེ་ནས་གནས་བརྟན་ཆེན་པོ་ཡན་ལག་འབྱུང་འཁོར་དང་བཅས་པ་རྣ་སྤྲིངས། (སྤྲིང) ཤུག་པའི་གསེབ་ཏུ་འཛོམས་པ་ལྟ་བུ་བྱུང་བས་འཛམ་བུའི་གླིང་གི་སའི་ཆ་ཐམས་ཅད་དུ་སྙན་པའི་གྲགས་པས་ཁྱབ་སྟེ། རྒྱ་གར་འཕགས་པའི་ཡུལ་དུའང་བོད་ན་རབ་ཏུ་བྱུང་བ་སྟོང་ཚམ་རྣམ་ཐར་གཅིག་ལ་འགོད་ནུས་པའི་སེམས་དཔའ་ཆེན་པོ་ཞིག་བཞུགས་ཡོང་འདུག་ཅེས་གྲགས་པ་བྱུང་བ་སོགས་མཁས་བཙུན་བཟང་གསུམ་གྱི་རྣམ་པར་ཐར་བ་ངོ་མཚར་རྨད་དུ་བྱུང་བ་བསམ་གྱིས་མི་ཁྱབ་པ་ཞིག་མཆིས་མོད་ཀྱང་མཐའ་དག་འགོད་པར་མ་ལང་ངོ་། །འདི་སྐད་དུ། རིང་མོ་ཉིད་ནས་རྒྱལ་བ་སྲས་བཅས་ཀྱིས། །རྒྱལ་བའི་གདུང་འཚོབ་རིན་ཆེན་གསལ་བ་ཞེས། །ཀུན་ཏུ་བསྒྲགས་པ་གངས་རིའི་ལྗོངས་ཞིག་ན། །མི་ཡི་གར་མཛད་རྣམ་ཐར་གཙང་མའི་བཤེས། །ཞེས་པ་ལ་སོགས་དང་། མདོར་བསྡུས་ན་དགེ་བཤེས་པོ་ཏོ་བའི་རྣམ་ཐར་མཛེས་པའི་པདྨོ་རྩ་འགྲེལ་ལས། སྤང་བྱའི་གནས་ཀྱི་དབང་དུ་བྱས་ནས། །རང་ཡུལ་གནས་གཞི་དག་དང་གཞི་དགོན་དང་། །གྲོང་དང་འདུ་འཛི་སྤྱོད་ཡུལ་མ་མིན་ལྟ། །མི་གཙང་འཆལ་པ་དམ་ཚིག་ཉམས་པའི་གནས། །མི་དང་མི་མིན་བར་ཆད་གནས་ཀུན་སྤངས། །ཞེས་སོགས་སྤང་བར་བྱ་བ་རྣམ་པ་དྲུག་དང་། བླ་མ་བསྟེན་ཚུལ་གྱི་དབང་དུ་བྱས་ནས། བླ་མ་ཐ་

དད་སྣ་ཚོགས་མི་འཚོལ་ཞིང་། །མཚན་ཉིད་ལྡན་པ་གཅིག་ལ་ལེགས་བརྟེན་ནས། །དེ་ཡི་དམ་ཚིག་སྲོག་ལས་གཅེས་པར་བྱེད། །རྣམ་ཐར་ཐམས་ཅད་དེ་ཡི་རྗེས་སུ་སློབ། །ཅེས་དང་། སྔོམ་ཁྲིམས་ཀྱི་ཁྱད་པར་ནི། རྒྱུད་དང་འཚམས་པའི་སྔོམ་ཁྲིམས་ལེགས་པར་བླངས། །དེ་ཡི་བསླབ་བྱ་དེ་ཉིད་གཞུང་བཞིན་སློབ། །ཅེས་དང་། མཁས་པའི་ཁྱད་པ་ནི། རྣམ་དག་སྡེ་སྣོད་གསལ་བའི་མེ་ལོང་ལ། །ཆོས་དང་ཆོས་མིན་གནས་ལུགས་ལེགས་མཐོང་བས། །འཇིག་རྟེན་ལེགས་པའི་ལམ་ལ་མི་བརྗེན་(བརྟེན)པར། །(མཁས)མཁས་རྣམས་ཞུགས་པའི་ལམ་ལ་རྗེས་སུ་འཇུག །ཅེས་དང་། ཐུགས་རྗེའི་ཁྱད་པར་ནི། མར་གྱུར་འགྲོ་བའི་སྡུག་བསྔལ་མ་བཟོད་པས། །གཞན་དོན་མིན་པ་ཡིད་ལ་མི་དྲན་ཡང་། །ཐུགས་རྗེ་ཅན་དུ་མངོན་མངོན་མི་མཛད་ཅིང་། །ཅི་བྱེད་ཐམས་ཅད་གཞན་དོན་ཉིད་དུ་མཛད། །ཅེས་སོགས་གསུངས་ཏེ་རྒྱས་པ་ནི་དེ་ཉིད་དུ་བལྟའོ། །དེ་ལྟ་བུའི་སྒོ་ནས་བསྟན་པ་དང་འགྲོ་བའི་དོན་རྒྱ་ཆེན་པོ་མཛད་ཟིན་ནས་རེ་ཞིག་ཞིང་གཞན་དུ་ཕྱོན་པའི་དུས་ལ་བབ་པ་ན་དགུང་ལོ་བདུན་ཅུ་དོན་དགུ་པ་ཤིང་མོ་བྱ་ལོའི་དབྱར་ཟླ་འབྲིང་(འབྲིང)པོའི་གནམ་སྟོང་གི་སྔ་དྲོ་པོ་ཏོ་དགོན་པར་གཟུགས་སྐུའི་བཀོད་པ་བསྡུས་ཏེ་དགའ་ལྡན་ཆོས་ཀྱི་ཕོ་བྲང་དུ་ཐེབས་ཤིང་། རྗེས་འཇུག་སློབ་མ་རྣམས་ནས་གདུང་མཆོད་ཀྱི་རིམ་པ་སོགས་ཀྱང་བསམ་ལས་འདས་པ་མཛད་པ་སྟེ། དེ་དག་གི་ཚུལ་ཞིབ་པ་ནི་ཡོངས་འཛིན་ཆོས་ཀྱི་རྒྱལ་པོས་མཛད་པའི་ལམ་རིམ་རྣམ་ཐར་སོགས་ལས་ཤེས་པར་བྱའོ། །སྨྲས་པ། རྒྱལ་བའི་བསྟན་པའི་སྙིང་པོ་ཀུན་གྱི་མཆོག །ལྔ་ཚོས་བདུན་ལྡན་རྣམ་ཐར་གཙང་མའི་སྲོལ། །སྤེལ་བར་མཛད་ཕྱིར་གསུམ་ལྡན་ངུར་སྨྲིག་གི །རྒྱལ་མཚན་ས་གསུམ་འགྲོ་བའི་གཙུག་ན་སྒྲེངས། །མཁས་བཙུན་བཟང་གསུམ་འགལ་མེད་གྲོགས་ཉིད་དུ། །འཕྲུར་ཤེས་བསྟན་པའི་ཉིང་ཁུ་གངས་རིའི་ཁྲོད། །ཡོངས་སུ་འགེངས་པའི་ངོ་མཚར་བཀའ་དྲིན་ཐུལ། །གཞལ་བར་ནུས་པའི་ཡིད་ཅན་ག་ལ་ཞིག །མདོ་སྔགས་ཚ་གྲང་ལྟ་བུའི་འགལ་འདུ་རྣ། །འཛིན་པའི་ལོག་རྟོག་མུན་པའི་སྨག་རུམ་ཀུན། །འཇིག་རྟེན་

གསུམ་གྱི་སྒྲོན་མེ་ཁྱོད་འདྲ་བས། །དུས་གཅིག་སེལ་བར་མཛད་འདི་ཆེས་ངོ་མཚར། །རྣམ་མང་ཆོས་ཚུལ་སྟོང་གི་འགྲོ་བློའི་དྲི། །རྣམ་དག་ཉིད་དུ་མཛད་དེ་ས་ལམ་གྱི། །རྣམ་པ་དུ་མ་རྒྱུད་ལ་བསྐྱེད་མཛད་མཐར། །རྣམ་པ་ཐམས་ཅད་མཁྱེན་པའི་དགའ་སྟོན་འགྱེད། །མི་འོབ་ལྷ་བུའི་སྲིད་པའི་གྲོང་ཁྱེར་དང་། །བསམ་བཞིན་གསུམ་ལྡན་རྡོ་རྗེ་འཛིན་པའི་སྐུར། །སྟོན་མཛད་ཁྱོད་ཀྱི་རྣམ་པར་ཐར་པ་ལ། །བདག་ཅག་རྣམས་ཀྱང་སློབ་པར་གྱུར་ཅིག་གུ །ཞེས་པ་ནི་བར་སྐབས་ཀྱི་ཚིགས་སུ་བཅད་པའི་ཕྲེང་བའོ། །

༈ སྐྱེས་རབས་ཀྱི་ཕྲེང་བ་བརྒྱད་པ་ནི། བརྟན་མཁས་ཡོན་ཏན་གཉིས་ལྡན་འདུལ་བ་འཛིན། །གྲགས་པ་རྒྱལ་མཚན་ཞབས་ལ་གསོལ་བ་འདེབས། །ཞེས་གསུངས་པ་ལྟར་བརྟན་མཁས་ཀྱི་ཡོན་ཏན་གཉིས་དང་ལྡན་པའི་འདུལ་བ་འཛིན་པ་ཆེན་པོ་གྲགས་པ་རྒྱལ་མཚན་ཞེས་བྱ་བ་དེ་ཉིད་ཡིན་ལ། དེ་ནི་གོང་དུ་བརྗོད་མ་ཐག་པའི་པོ་ཏོ་བ་ཆེན་པོ་གང་ཉིད་གཟུགས་སྐུ་རགས་པའི་ཟ་མ་ཏོག་བསྡུ་ཚུལ་བསྟན་པའི་རྗེས་སུ་དགའ་ལྡན་དུ། རྗེ་བཙུན་བྱམས་པ་མགོན་པོ་དང་རྒྱལ་སྲས་ནམ་མཁའ་དྲི་མེད་པ་བཞུགས་པའི་ཞབས་དྲུང་དུ་བྱོན་ཞིང་། དེའི་ཚེ་རྗེ་བཙུན་བྱམས་མགོན་གྱིས་ཆིབས་པ་གསེར་ཉ་ཞིག་གནང་བ་ལ་རང་ཉིད་ཆིབས་ཅིང་། འཁོར་པཎྜི་ཏའི་ཆ་བྱད་ཅན་རྟ་ལ་ཆིབས་པ་བདུན་གྱིས་བསྐོར་ནས་དག་པའི་ཞིང་དུ་མ་དང་། རྒྱ་གར་གྱི་གནས་ཆེན་ཐམས་ཅད་མཇལ་བར་མཛད་ནས་སླར་ཡང་དགའ་ལྡན་དུ་བྱོན་པ་ན་རྒྱལ་སྲས་ནམ་མཁའ་དྲི་མེད་ཀྱིས་ཇི་ལྟར་ལུང་བསྟན་མཛད་པ་བཞིན་དུ། ཕྱུར་རྒྱལ་གངས་རིའི་ལྗོངས་འདིའི་ནང་ཚན་དབུས་སྟོད་དུ་གྲགས་པའི་སའི་ཆ་སྣྲམ་ཞེས་བྱ་བའི་ཡུལ་དུ་རིགས་རུས་ཆེ་འབྲང་ཕུན་སུམ་ཚོགས་པའི་ཡབ་ཡུམ་གྱི་སྲས་སུ་སྟོད་འགྲེལ་བོད་ཡུལ་གྱི་སྐད་དུ་ཀུན་དགའ་ཞེས་སུ་འབོད་པ། དབང་ཐང་དང་མཐུན་པའི་མིང་ཤིང་ཕོ་སྟག་ཏུ་འབོད་པའི་ལོ་ལ་གཟའ་སྐར་སོགས་ཕུན་སུམ་ཚོགས་པའི་ཉིན་མཆོག་ཏུ་དགེ་ཞིང་ངོ་མཚར་བའི་ལྟས་དུ་མ་དང་བཅས་ཏེ་སྐུ་བལྟམས་ཤིང་། གཞོན་ནུའི་དུས་ཉིད་ནས་བྱིས་པ་ཐ་

མལ་བའི་ངང་ཚུལ་ལྟར་བག་མེད་པའི་རྩེད་མོ་དང་། ཐོ་ཅོ་རྩེང་སྤྱོད་སོགས་གཏན་ནས་མི་མཛད་པར་ཐུགས་རྒྱུད་ཡོངས་སུ་དུལ་ཞིང་། ངང་རྒྱུད་བཟང་བ། ཆོས་ལ་དད་ཅིང་། ཕ་མ་ལ་གུས་པ། དབུལ་འཕོངས་ལ་བྱམས་པ། གཏོང་ཕོད་དང་སྙིང་རྗེ་ཆེ་བ། ཤེས་རབ་གསལ་ཞིང་བརྩོན་འགྲུས་དང་ལྡན་པ། རྟག་ཏུ་དགེ་བའི་ལས་འབའ་ཞིག་ལ་གཅིག་ཏུ་གཞོལ་བ། སྐབས་འགར་རྩེད་མོའི་རྣམ་པ་མཛད་པ་ན་ཡང་། ཆོས་འཆད་པ་དང་། དབང་བསྐུར་བ་དང་། ཏིང་ངེ་འཛིན་སྒོམ་པ་སོགས་ཀྱི་ཚུལ་མཛད་པ་དང་། གསུང་ཚངས་དབྱངས་ལྟར་ཤིན་ཏུ་སྙན་པ། འགྲོ་བ་གང་གི་རྣ་ལམ་དུ་སོན་ཀྱང་དབང་མེད་དུ་ཡིད་བསྒྱུར་བར་ནུས་པ་སོགས་དམ་པའི་སྐྱེས་བུར་གཞན་གྱིས་འབད་ནས་སྒྲུབ་མི་དགོས་པར་བརྟགས་འོས་ཀྱི་ཡོན་ཏན་མཐའ་དག་རང་ཆས་སུ་མངའ་ཞིང་། བརྟམས(བལྟམས) ནས་རིང་པོར་མ་ལོན་པར་ཡོན་ཏན་གྱི་ཕྱི་མོ་ཡི་གེ་འབྲི་ཀློག་གི་མཚོན་པའི་བསླབ་བྱའི་གནས་ཕལ་ཆེ་བ་བརྡ་སྟོན་པ་ཙམ་གྱིས་ཐུགས་སུ་ཆུད་པར་གྱུར་ལ། དེ་ནས་ཁྱིམ་གྱི་གནས་ནི་འདི་ལྟར་སྡུག་བསྔལ་དང་ཉེས་པ་མ་ལུས་པའི་འབྱུང་གནས། བཙོན་ར་དང་། དུག་སྦྲུལ་གྱི་ཚང་ལྟར་འཇིགས་ཤིང་སྐྱོ་གཡའ་བའི་གནས་སུ་གཟིགས་ཤིང་། སྲིད་པའི་ཕུན་ཚོགས་ཀྱང་ཇི་སྐད་དུ་རྗེ་བླ་མའི་གསུང་ལས། འཚོ་བའི་སྲོག་ནི་སྤྲིན་ལྟར་མི་གཡོ་ཞིང་། །འབྱོར་ཚོགས་རྒྱུད་པའི་ཉེས་པས་མི་བརྗེ་ལ། །དབང་ཕྱུག་མཁའ་བཞིན་རྟག་ཏུ་མི་འགྱུར་ན། །འདོད་པ་སྤྱོད་ལ་དགའ་བར་སུ་མི་འགྱུར། །དེ་ལྟ་ནའང་སྲིད་པའི་དཔལ། །གློག་ཕྲེང་གཞོན་ནུའི་བྲོ་གར་བཞིན། །གཡོ་བར་མཐོང་ནས་དེ་ཡི་ཡིད། །འདོད་ལ་ཆགས་དང་བྲལ་བར་གྱུར། །ཞེས་གསུངས་པ་ལྟར་ཆུ་ཤིང་བཞིན་དུ་སྙིང་པོས་སྟོང་པར་གཟིགས་ནས་རང་གཞན་ཀུན་ལ་གནས་སྐབས་དང་མཐར་ཐུག་ཏུ་ཕན་ངེས་པ་ནི་དམ་པའི་ཆོས་ཁོ་ན་ཡིན་པར་དགོངས་ནས་ངེས་འབྱུང་ཤུགས་དྲག་པོས་ཐུགས་རྒྱུད་ལྷག་པར་བསྐུལ་བས་བསྟན་པ་རིན་པོ་ཆེའི་སྒོར་རབ་ཏུ་བྱུང་སྟེ། བསྟན་པའི་རྩ་བ་སོ་སོར་ཐར་པའི་སྡོམ་པ་ཚོག་སྡེ་ཕྱི་མཐའ་དག་ལེགས་

པར་ནོད་པས་ཐུགས་རྒྱུད་ཡོངས་སུ་གཏམས་ཤིང་། སྤྱན་སྔ་ཆོས་ཀྱི་རྒྱལ་པོ་སོགས་སྐྱེས་ཆེན་དུ་མའི་ཞབས་སེན་ཟུར་ཕུད་ཀྱི་རྒྱན་དུ་བསྟེན་ཏེ། ཆོས་ཀྱི་བདུད་རྩི་བགོ་སྐལ་དུ་བཞེས་ཤིང་། མཉེས་པ་གསུམ་གྱིས་མཉེས་པ་ཤ་སྟག་སྒྲུབ་པར་མཛད་ལ། ཁྱད་པར་དུ་ཡང་མཁས་གྲུབ་ཐམས་ཅད་མཁྱེན་པའི་གསུང་ལས། ཐུབ་བསྟན་པད་མོའི་ཚལ་ལ་འཛིག་རྟེན་འདིར། །ཁྱོད་ནི་རྒྱལ་བའི་ཉི་མ་ཇི་བཞིན་ཞེས། །མི་ཕམ་མགོན་པོས་ཁྱོད་ལ་མངོན་སུམ་དུ། །དབུགས་དབྱུང་མཆོག་ཏུ་བསྔགས། །ཞེས་གསུངས་པ་ལྟར། རྒྱལ་བའི་དམ་ཆོས་འཛིན་ཅིང་སྤེལ་བར་རྒྱལ་བ་རང་ཉིད་སླར་ཡང་བྱོན་པ་དང་སྙོ་ཀུན་ནས་མཚུངས་པའི་ཁམས་གསུམ་ཆོས་ཀྱི་རྒྱལ་པོ་ཤར་ཙོང་ཁ་པ་བློ་བཟང་གྲགས་པ་ཞེས་སྙན་གྲགས་དབྱར་གྱི་རྔ་གསང་ས་(གསེང) མཐོན་པོའི་འཁོར་ཡུག་ར་བའི་ཁྱོན་ཀུན་རྣམ་པར་འགེངས་པར་མཛད་པའི་བདག་ཉིད་ཆེན་པོ་དེའི་མཁས་བཙུན་བཟང་གསུམ་གྱི་རྣམ་ཐར་སྒྲ་འཛིན་གྱི་ཡུལ་དུ་སོན་པ་ན། ཚེ་རབས་དུ་མར་དགེ་བའི་བཤེས་གཉེན་མཛད་དེ་རྗེས་སུ་བཟུང་བའི་བག་ཆགས་ཀྱི་མཐུ་བརྟས་པས་བཙོས་མ་མ་ཡིན་པའི་དད་པ་བརྟན་པོ་ཐུགས་རྒྱུད་ལ་འཁྲུངས་ཤིང་། ཚུལ་དེས་ལྷག་པར་དུ་བསྐུལ་བའི་བུང་བ་པདྨོའི་ཚལ་དུ་སྙེགས་པ་བཞིན་རིངས་པ་རིངས་པར་ཞབས་དྲུང་དུ་བྱོན་ནས་བཀའ་བཞིན་སྒྲུབ་པས་མཉེས་པར་མཛད་པས། ཀ རྗེ་ཙོང་ཁ་པ་ཆེན་པོར་སློབ་མ་བསྟན་འཛིན་གྱི་སྐྱེས་ཆེན་ས་ཆེན་གང་བ་བྱུང་བ་ལས་སྲས་ཀྱི་ཐུ་བ་(བོ) རྒྱལ་ཚབ་འདུལ་འཛིན་གཉིས་དང་། ནང་ཐུགས་ཀྱི་སྲས་གཅིག་མཁས་གྲུབ་ཆོས་རྗེ་དང་གསུམ་ཞེས་སྟོན་གྱི་ཆོས་འབྱུང་མཁན་པོ་རྣམས་གསུངས། ཁ རྗེ་ཐམས་ཅད་མཁྱེན་པས་སྲས་ཀྱི་ཐུ་བོར་རྗེས་སུ་བཟུང་སྟེ་དབང་ལུང་མན་ངག་སོགས་གདམས་པ་མ་ལུས་པ་འཕང་མེད་དུ་ཚུལ་དུ་སྩལ་ཞིང་། རྗེ་ཐམས་ཅད་མཁྱེན་པ་ཉིད་ལ་བརྟེན་ནས་རང་གཞན་གྱི་གྲུབ་མཐའ་སྤྱི་དང་ཁྱད་པར་དུ་སྡེ་སྣོད་གསུམ་དང་རྒྱུད་སྡེ་བཞི་ལ་སོགས་པ་རྣམས་ལ་ཐོས་བསམ་སྒོམ་གསུམ་སྟབས་གཅིག་ཏུ་མཛད་པས་མཁས་པ་དང་གྲུབ་པ་ཀུན་གྱི་རྩེ་མོར་རབ་

དང་ཐུལ་ཏུ་སོན་པར་གྱུར་ལ། དེ་ནང་ནས་ཀྱང་བསྟན་པའི་ནང་མཛོད་འདུལ་བའི་སྡེ་སྣོད་ཀྱི་གནས་ལ་ཐམས་ཅད་མཁྱེན་པ་སངས་རྒྱས་བཅོམ་ལྡན་འདས་ཉིད་དངོས་སུ་ཕྱིན་པ་དང་མཚུངས་པར་འགྲན་ཟླས་དབེན་པའི་མཁས་པ་ཆེན་པོར་གྱུར་ཏེ། འདུལ་ཊཱིཀ ཐླིང་འབུམ། བསླབ་བྱ། གཞི་གསུམ་ཆོ་ག་སོགས་འདུལ་བའི་བསྟན་བཅོས་ཀྱི་རིམ་པ་ཡང་མཛད་པ་ཡང་མཐའ་ཀླས་པ་དང་། དེ་ཐམས་ཅད་ཀྱང་ཐོས་པ་ཙམ་དུ་མ་ལུས་པར་ཕྱག་ལེན་དུ་ཐེབ་པར་མཛད་དེ་བཅས་མཚམས་ཕྲ་ཞིང་ཕྲ་བ་མཐའ་དག་ཀྱང་མིག་གི་འབྲས་བུ་བཞིན་དུ་གཅེས་པར་བསྲུངས་པས་མདོར་ན་སྡོམ་གསུམ་གྱི་ཉེས་ལྟུང་གི་ཆ་ཕྲ་མོ་ཙམ་གྱིས་ཀྱང་ཐུགས་རྒྱུད་ལ་མ་གོས་པར་མཛད་ཅིང་། ཇི་སྐད་དུ་དེ་ཉིད་ཀྱི་གསོལ་འདེབས་ལས། ཀུན་ལ་བྱ་དང་བྱ་མིན་རྣམ་དཔྱད་ནས། །འཇུག་དང་ལྡོག་པའི་བླང་དོར་མཐའ་དག་ལ། །སྐུ་གསུང་ཐུགས་ཀྱི་གཉེར་བ་གཏན་སྤངས་པ། །བརྟུལ་ཞུགས་གྲུབ་པའི་མཆོག་ལ་(གསོལ་བ་འདེབས)། །ཐུབ་པའི་སྤྱོད་ཚུལ་རྫོགས་པའི་དྲང་སྲོང་ཆེ། །མཐོ་རིས་མགོན་པོ་ཀུན་གྱི་མཆོད་བྱ་བ། །རྒྱལ་བ་མཐའ་དག་དགྱེས་པ་བསྐྱེད་པའི་སྲས། །མ་ལུས་འགྲོ་བའི་གཉེན་ལ་གསོལ་བ་འདེབས། །ཞེས་དང་། འདོད་པའི་དབང་གྱུར་བག་མེད་རང་དགར་སྤྱོད། །སྣང་ཆེན་སྨྱོས་ལྟར་མ་བསྡམས་གདུལ་དཀའ་བ། །དེ་དག་སྤྱོད་གསུང་ལྕགས་ཀྱུས་བཟུང་ཙམ་གྱིས། །རྒྱགས་བྲལ་རྣལ་དུ་འགོད་པར་(གསོལ་བ་འདེབས)། །ཅེས་གསུངས་པ་ལྟར། སྐལ་ལྡན་གྱི་འདུལ་བྱ་གཞན་དག་ཀྱང་ཚུལ་ཁྲིམས་རྣམ་པར་དག་པའི་གནས་ལ་དངོས་བརྒྱུད་ཅི་རིགས་པའི་སྒོ་ནས་སྦྱོར་བ་དང་། དེ་བཞིན་དུ་སྣོད་ལྡན་གྱི་གདུལ་བྱ་རྣམས་ལ་རྒྱུད་སྡེ་བཞིའི་དཀའ་བའི་གནད་རྣམས་ཀྱང་མ་སྲས་གསལ་པོར་སྟོན་ཅིང་དབང་ལུང་མན་ངག་སོགས་ཀྱིས་རྒྱུད་ཡོངས་སུ་སྨིན་པ་དང་གྲོལ་བར་མཛད་དེ་གངས་རིའི་ཁྲོད་འདིར་འཇམ་མགོན་ཆོས་ཀྱི་རྒྱལ་པོའི་མདོ་སྔགས་ཀྱི་བསྟན་པ་སྤྱི་དང་། བྱེ་བྲག་ཏུ་འདུལ་བསྟན་རིན་པོ་ཆེ་འཛིན་སྐྱོང་སྤེལ་བ་ལ་གཞན་དག་གིས་ཆ་ཙམ་ཡང་བསྙུན་པར་མི་ནུས་པས་ན་ད་ལྟའི་བར་

དུའང་འདུལ་འཛིན་ཆེན་པོ་ཞེས་གྲགས་པའི་གདུགས་དཀར་པོ་སྲིད་རྩེའི་ཁྱོན་ལས་བརྒལ་བ་འདི་ཉིད་བྱུང་བར་སྣང་ཞིང་། སྔོན་འཕགས་ཡུལ་དུ་འདུལ་བའི་མངའ་བདག་ཡོན་ཏན་འོད་དུ་སྐུའི་སྐྱེ་བ་བཞེས་པའི་མངོན་རྟགས་གསལ་བར་སྟོན་པར་མཛད་དོ། །སེམས་དཔའ་ཆེན་པོ་ལ་སོགས་པ་གསུང་སྐྱེས་སློབ་མའི་ཚོགས་ཀྱང་ནམ་མཁའི་སྐར་ཚོགས་སམ། སའི་རྡུལ་གྲངས་དང་མཉམ་པ་དཔག་ཏུ་མེད་པ་བྱུང་བ་དང་། གཞན་ཡང་སྔོན་ཆོས་ཀྱི་རྒྱལ་པོ་སྲོང་བཙན་སྒམ་པོ་རྒྱ་མ་མདར་ཕོ་བྲང་བྱམས་པ་གླིང་དུ་འཁྲུངས་པ་དང་། ཐེག་ཆེན་མདར་ཐུ་མི་སམ་བྷོ་ཊས་ཡི་གེའི་ཕུད་ཕྱུལ་བས་འཁོར་སྣང་ལྷ་ཁང་དུ་གྲགས་པ་སོགས་རྒྱལ་པོ་ཡབ་ཡུམ་གྱི་སྐྱིད་མོའི་ཚལ་མང་དུ་ཡོད་པའི་ནང་ནས་བཙུན་མོ་རྣམས་རྒྱུན་དུ་བཞུགས་པས་བཙུན་མོའི་ཚལ་དུ་གྲགས་པའི་སའི་ཆར་ཆོས་སྡེ་ཆེན་པོ་གསར་དུ་ཕྱག་འདེབས་པར་མཛད་ནས་དགེ་འདུན་འདུས་པའི་སྡེ་ལ་གཞི་གསུམ་གྱི་ཕྱག་ལེན་རྣམ་པར་དག་པ། སྡོམ་གསུམ་གྱི་བསླབ་བྱ་རྣམ་པར་དག་པ། རྒྱུད་སྡེ་བཞིའི་ཉམས་ལེན་རྣམ་པར་དག་པའི་རིམ་པ་སོགས་རྗེ་བཙུན་ཐམས་ཅད་མཁྱེན་པ་བློ་བཟང་གྲགས་པའི་དཔལ་གྱི་བཞེད་སྲོལ་དྲི་མ་མེད་པའི་མདོ་སྔགས་ཀྱི་ཕྱག་ལེན་མཐའ་ཀླས་པ་གསར་དུ་འཛུགས་པར་མཛད་དེ་རྒྱུན་བཟང་པོ་མ་ཉམས་གོང་འཕེལ་དུ་གངས་ལྗོངས་བསྟན་འགྲོའི་བདེ་སྐྱིད་ཀྱི་པདྨོ་སླར་ཡང་བཞད་པ་སོགས་མདོར་ན་བསྟན་འགྲོར་སྨན་པའི་གསང་བ་གསུམ་གྱི་མཛད་འཕྲིན་བརྗོད་པའི་ཡུལ་ལས་འདས་པ་དེ་དང་དེ་དག་བསྟན་ཟིན་ནས་རྟག་འཛིན་ཅན་རྣམས་ཆོས་ལ་བསྐུལ་ཕྱིར་དགུང་ལོ་དྲུག་ཅུ་རེ་གཅིག་པ་ཤིང་ཕོ་སྟག་གི་ལོ་ལ་གཟུགས་སྐུ་རགས་པའི་ཟླ་མ་ཧོག་ཆོས་དབྱིངས་བདེ་བ་ཆེན་པོའི་ཀློང་དུ་མནལ་ཚུལ་བསྟན་པའི་དུས་གཉིས་པར་དགའ་ལྡན་ཆོས་ཀྱི་ཕོ་བྲང་མཐོན་པོར་རྒྱལ་སྲས་འཇམ་དཔལ་སྙིང་པོའི་སྤྱན་སྔར་ལྷའི་བུ་ཞི་བའི་སྙིང་པོ་ཞེས་བྱ་བར་གྱུར་ཅིང་། སྐུ་གདུང་ནི་མ་ཉམས་པར་ཚུལ་ཁྲིམས་ཀྱི་དྲི་བསུང་འཕྲོ་བཞིན་ཆོས་སྡེ་བཙུན་མོའི་ཚལ་གྱི་འདུ་ཁང་ཕྱོགས་སུ་བཞུགས། དེ་དག་ནི་རྗེ་འདུལ་འཛིན་ཆེན་པོའི་སྐུ་ཆེ་བའི་ཡོན་ཏན་གྱི་

རྟོགས་པ་མདོ་ཙམ་བརྗོད་པའོ། །སྐབས་པ། སྙིགས་དུས་ཚ་བའི་རེག་བྱ་ཆེས་བདོ་བས། །ཐུབ་བསྟན་པདྨོའི་སྙིང་(སྙིང)ལ་ཕྱོགས་པའི་ཚེ། །མཁྱེན་རབ་བདུད་རྩིའི་ཆར་གྱིས་བརླན་མཁས་པ། །བློ་བཟང་གྲགས་པའི་དཔལ་ལས་གཞན་ན་གང་། །དེ་ཡི་གསུང་ལས་སྐྱེས་པའི་བསྟན་འཛིན་ཚོགས། །གྲངས་མེད་དཔུས་ན་སྣང་བྱེད་བདག་པོ་ལྟར། །མདོ་སྔགས་བསྟན་པ་འཛིན་པའི་འོད་སྟོང་ཅན། །གྲགས་པ་རྒྱལ་མཚན་ཁམས་གསུམ་བླ་ན་མཛེས། །ཁྱོད་ནི་སོ་སོར་ཐར་བའི་ནོར་འཛིན་གཞིར། །བྱང་ཆུབ་སེམས་ཀྱི་དཔག་བསམ་དབང་པོས་འཕྱུད། །རིག་འཛིན་སྔགས་ཀྱི་འབྲས་བུས་ཡོངས་དུད་པས། །ལུས་ཅན་ཡོངས་ལ་འདོད་རྒྱུ་ཆར་དུ་བསྙིལ། །རྣམ་དག་ཚུལ་ཁྲིམས་གངས་རིའི་སྤྱོར་གནས་ཤིང་། །མི་གཡོའི་ཏིང་འཛིན་རལ་པའི་ཁྱུར་གྱིས་བརྫིད། །ཤེས་རབ་སྟེར་ཕྲེང་གཡོ་བའི་གདོང་ལྔ་པ། །ཐུབ་བསྟན་ས་འཛིན་ངོགས་སུ་མངོན་པར་ཚ། །སྡེ་སྣོད་གསུམ་དང་རྒྱུད་སྡེ་རྣམ་བཞི་སོགས། །གདམས་པར་འཁྱེར་ལ་རང་གཞན་ཀུན་སྤྱོར་བའི། །འདྲེན་པ་ཁྱོད་ནི་རྒྱལ་བ་སྲས་བཅས་ཀྱི། །འཕྲིན་ལས་གཅིག་ཏུ་བསྡུས་པ་ཅིས་མ་ཡིན། །ཞེས་པ་ནི་བར་སྐབས་ཀྱི་ཚིགས་སུ་བཅད་པའོ། །

༈ སྐྱེས་པའི་རབས་ཀྱི་ཕྲེང་བ་དགུ་པ་ནི། །འབྱུངས་རབས་ལས། གནས་ལྔ་རིག་ཅིང་འཆད་རྩོད་རྩོམ་གསུམ་གྱིས། །རྒྱལ་བསྟན་འཛིན་མཛད་གྲགས་པ་འཇིགས་མེད་དང་། །ཞེས་གསུངས་པ་ལྟར་འཕགས་ཡུལ་མཁས་གྲུབ་རྣམས་ཀྱི་གཙུག་རྒྱན་གཙོན་ནུ་གྲགས་པ་འཇིགས་མེད་ཅེས་བྱ་བ་དེ་ཉིད་ནི། རྒྱ་གར་འཕགས་པའི་ཡུལ་གྱི་ནང་ཚན་མ་ག་དྷ་ཞེས་གྲགས་པ་དགེ་བཅུ་ཚག་བའི་ཡུལ་གྲུ་ཆེན་པོར་རིགས་ཏུས་ཆོས་(ཆོ)འབྲང་ཕུན་སུམ་ཚོགས་ཤིང་སྤྱོད་ལམ་དང་ངང་ཚུལ་བཟང་བའི་ཡབ་ཁྲིམ་བདག་དཔལ་སྦས་ཞེས་བྱ་བ་དང་། ཡུམ་ཆུང་མ་དཔལ་མོ་གཉིས་ཀྱི་སྲས་སུ་སྐུ་བལྟམས་ཤིང་། བལྟམས་མ་ཐག་ནས་ཡུལ་ཁམས་དེ་དང་དེ་དག་ཏུ་གང་གི་འཕྲིན་ལས་རྣམ་བཞིའི་འོད་ཀྱིས་རྒྱལ་བསྟན་གྱི་འདབ་བརྒྱ་རྒོད་པར་

འགྱུར་བ་དང་། གྲོལ་ངན་མུན་པའི་ཚོགས་རྣམས་ཕ་མཐར་བསྐྲོད་པར་འགྱུར་རོ་ཞེས་ཀུན་ལ་མཚོན་པར་བྱ་བའི་དགེ་མཚན་གྱི་སྣང་བ་བར་མེད་དུ་འཆར་བ་དང་། ཡབ་ཡུམ་རྣམས་ལ་ཡང་སྔར་ལྟུམས་སུ་ཞུགས་པའི་དུས་དང་། སྐུ་བལྟམས་པ་ལ་ཉེ་བ་དང་། བལྟམས་མ་ཐག་པ་སོགས་ཀྱི་དུས་དང་གནས་སྐབས་ཀུན་ཏུ་དངོས་ཉམས་རྨི་ལམ་ཅི་རིགས་པར་དམ་པའི་སྐྱེས་བུ་འཁྲུངས་པའི་ངོ་མཚར་བའི་རྟགས་མཚན་ཁྱད་པར་ཅན་རྒྱུད་མར་བྱུང་ཞིང་། གཞོན་ནུ་ཉིད་ནས་འབད་རྩོལ་དང་ཆེད་གཉེར་སོགས་ལ་མ་ལྟོས་པར། སྒྲ་དང་ཚད་མ་སོགས་རིག་པའི་གནས་ཀུན་ལ་མཁས་པའི་ཕུལ་དུ་གྱུར་ཅིང་། ལྷག་པར་དུ་ཡང་ཤཱཀྱ་སེང་གེའི་མདོ་སྔགས་གསུང་རབ་ཀྱི་དགོངས་དོན་རྣམས་དྲི་མ་མེད་པའི་ཤེས་རབ་ཀྱིས་ཐོལ་བྱུང་གི་ཚུལ་དུ་རྟོགས་ཤིང་མཁྱེན་པར་གྱུར་ལ། དེའི་དབང་གིས་མཁས་པའི་གྲགས་པ་ཆེན་པོས་འཕགས་པའི་ཡུལ་གྱི་ཕྱོགས་དང་ཕྱོགས་མཚམས་ཀུན་ཁྱབ་པས་ས་ཆེན་པོ་འདི་ཡང་འདར་བ་སྐམ་བྱེད་ཅིང་། བསྟན་ལ་ལོག་པར་འཁྲུ་བའི་གྲོལ་ངན་ཕ་སྐྱེས་ཀྱི་ཚོགས་རྣམས་ཀྱི་སྙིང་ལ་ཞུམ་པ་དང་འཇིགས་པ་དང་། ཡང་བ་སྟེར་བར་བྱེད་པ་དང་། འཆད་པ་དང་རྩོད་པ་དང་རྩོམ་པ་སོགས་མཁས་པ་བྱ་བའི་གནས་གང་ལ་ཡང་འཇིགས་པ་དང་བག་ཚ་བ་སོགས་ཙུང་ཟད་ཀྱང་མི་མངའ་ཞིང་། རང་ཉིད་ཀྱིས་ཇི་ལྟར་དམ་བཅས་པ་རྣམས་ལ་རྒོལ་བ་གཞན་གྱིས་ཆོས་དང་མཐུན་པར་ཙུང་ཟད་ཀྱང་རྒོལ་མི་ནུས་པ་སོགས་འཛམ་གླིང་རྒྱན་དྲུག་མཆོག་གཉིས་རྣམས་དང་དབྱེ་བ་མ་མཆིས་པར་གྱུར་བས་མཚན་ཡང་གྲགས་པ་འཇིགས་མེད་ཅེས་སུ་གྲགས་ལ་འཕགས་ཡུལ་གྱི་མཁས་གྲུབ་རྣམས་ཀྱིས་བཞེད་གཞུང་སྤྱི་དང་བྱེ་བྲག་མདོ་སྔགས་ཟབ་མོའི་གདམས་པ་མ་ལུས་པའི་དགོངས་དོན་ཇི་བཞིན་མཁྱེན་པ་དང་། ལྷག་པར་དུ་སྐལ་ལྡན་ཚེ་གཅིག་ཉིད་ལ་ཟུང་འཇུག་གི་སར་བགྲོད་པར་བྱེད་པའི་ཐབས་མཆོག་ཏུ་གྱུར་བ་ཟབ་གསང་བླ་ན་མེད་པའི་ཡང་སྙིང་ཁྱབ་བདག་འཇམ་པའི་རྡོ་རྗེའི་རིམ་པ་གཉིས་ཀྱི་རྣལ་འབྱོར་ལ་མངའ་བརྙེས་པས་ངེས་པའི་དོན་དུ་འཇམ་དཔལ་དབྱངས་དང་ངོ་བོ་རྣམ་དབྱེར་

མ་མཆིས་པར་མ་ཟད་ཐུན་མོང་འདུལ་བྱའི་སྣང་ངོར་ཡང་སྤྱངས་རྟོགས་ཀྱི་ཡོན་ཏན་དང་ནུས་པའི་ཁྱད་པར་མཐའ་དག་འཇམ་དཔལ་གཤིན་རྗེ་གཤེད་དང་གཉིས་སུ་མེད་པར་གྱུར་པ་སྟེ། དེ་ཕྱིར་སྟོང་འཁོར་གོང་མ་ཐམས་ཅད་མཁྱེན་པ་བསོད་ནམས་རྒྱ་མཚོའི་གསུངས་ལས། སྔར་ཡང་རྒྱ་གར་ཡུལ་དབུས་མ་ཧཱ་རྟར། །མུ་སྟེགས་རྩོལ་ངན་འཇམ་དཔལ་བསྐྱེད་རིམ་གྱིས། །ཐལ་གྱིས་མནན་ཅིང་ནང་པའི་ཆོས་སྐོར་བཙུགས། །གྲགས་པ་འཛིགས་མེད་ཞབས་ལ་གསོལ་བ་འདེབས། །ཞེས་དང་། པཎ་ཆེན་ཐམས་ཅད་མཁྱེན་གཟིགས་ཆེན་པོ་བློ་བཟང་དཔལ་ལྡན་ཡེ་ཤེས་དཔལ་བཟང་པོའི་གསུང་ལས། ཕོག་སྨྲ་ཀུན་འཇོམས་གསང་སྔགས་ཟབ་མོའི་མཐུས། །བསྟན་ལ་གནོད་བྱེད་དག་དང་ནད་རྣམས་འཇོམས། །འཆད་རྩོད་རྩོམ་དང་དགག་སྒྲུབ་བློ་གྲོས་རྒྱ། །འབྱེད་མཁས་གྲགས་པ་འཛིགས་མེད་ཞབས་ལ་འདུད། །ཅེས་གསུངས་པ་ལྟར། དགོང་ལོ་བརྒྱད་ཀྱི་དུས་སུ་མ་ཧཱ་རྟར་ཕྱི་རོལ་པའི་སྟོན་པ་སྒྲ་ཚད་ལ་ཤིན་ཏུ་མཁས་པ་ཕུར་བུའི་སྙེམ་པ་འཕྲོག་པར་ནུས་པ་བཅུ་གསུམ་འོངས་ནས་ཡུལ་གྱི་རྒྱལ་པོ་ལ་འདི་སྐད་ཅེས། བདག་ཅག་ནི་ཕྱི་རོལ་བའི་བསྟན་པ་འཛིན་པ་པོ་ཡིན་ལ། ཁྱེད་རྣམས་ནང་པའི་བསྟན་པ་འཛིན་པ་པོ་ཡིན་པར་འདུག་པས་ཁྱེད་ཀྱི་མཆོད་གནས་མཁས་པ་ཆེན་པོ་དང་། ངེད་ཅག་རྣམས་བསྟན་པ་རྒྱལ་དུ་བཙུགས་ནས་རིག་གནས་རྩལ་དང་རྫུ་འཕྲུལ་སོགས་འགྲན་དགོས་ཟེར་རོ། །དེའི་ཚེ་ཡུལ་དེའི་རྒྱལ་པོའི་ཐུགས་དགོངས་ལ། འདི་དག་ནི་མུ་སྟེགས་པ་རྫུ་འཕྲུལ་དང་ལྡན་པ་ཡིན་པས་ན་གྲུབ་པ་ཐོབ་པའམ། སྤྲུལ་པའི་གང་ཟག་ཞིག་མ་གཏོགས་གཞན་གྱིས་འདུལ་བར་མི་ནུས་པས་དེ་ལྟ་བུ་ཞིག་བཙལ་དགོས་སྙམ་ནས། གྲོང་ཁྱེར་ཐམས་ཅད་ལ་འདི་ལྟ་བུའི་མུ་སྟེགས་ཅན་འདུལ་བར་ནུས་པ་དག་ཡོད་དམ་ཞེས་དྲིལ་བསྒྲགས་པའི་ཚེ། གཞོན་ནུ་གྲགས་པ་འཛིགས་མེད་ཀྱིས་ང་ཡིས་འདུལ་བར་ནུས་ཟེར་པ་རྒྱལ་པོས་གསན་ནས། གཞོན་ནུ་བཀུག་སྟེ། ཁྱོད་ཀྱིས་མུ་སྟེགས་ཅན་འདུལ་བར་ནུས་ན་ཁྱོད་སྤྲུལ་པའི་གང་ཟག་ཞིག་ཡིན་ནམ་ཅི་ཞེས་དྲིས་པས། གཞོན་ནུས་ན་རེ།

རྒྱུ་དང་མི་རྒྱུའི་འཇིག་རྟེན་ནི། །སྤྲུལ་པ་ཞེས་ནི་སངས་རྒྱས་གསུངས། །དེས་ན་བདག་ཀྱང་སྤྲུལ་པ་སྟེ། །རྒྱལ་པོ་ཆེན་པོ་འདི་ཅི་འཚལ། །རྒྱལ་པོས་སྨྲས་པ་དེ་ལྟ་ལགས་པ་ལས་སུ་ཞིག་གི་སྤྲུལ་པ་ཡིན་ཞེས་འདྲིའོ། །གཞོན་ནུ་ན་རེ། ང་ནི་འཇམ་དཔལ་རྡོ་རྗེ་ཡིས། །བྱིན་གྱིས་རླབས་པའི་སྤྲུལ་པ་སྟེ། །མུ་སྟེགས་འདུལ་བའི་གཉེན་པོ་ཡིན། །ཐུབ་བསྟན་འཛིན་པའི་དཔའ་བོ་ཡིན། །ཅེས་པས། དེ་ནས་རྒྱལ་པོས་ཀྱང་སྤྲུལ་པ་ཡིན་པར་ཤེས་ནས་མུ་སྟེགས་ཅན་རྣམས་ལ་གཞོན་ནུ་ལོ་བརྒྱད་པ་ཞིག་དང་རྩོད་དགོས་གསུངས་པས། དེ་རྣམས་ན་རེ། བདག་ཅག་ནི་པཎྜི་ཏ་མཁས་པ་དག་ལ་རྩོད་པར་འོངས་ཀྱིས། བྱིས་པ་ལ་མ་ཡིན་ནོ། །རྒྱལ་པོས་དེང་(ངེད)རྣམས་དམའ་དབབ་པར་སྣང་ངོ་ཟེར་བས། རྒྱལ་པོའི་ཞལ་ནས། དེ་ལྟ་མོད་ཀྱིས་རྒྱལ་པོས་སྨྲ་བ་ལན་ཅིག་ཡིན་པས་སྔོན་ལ་གཞོན་ནུ་དེ་དང་རྩོད་ཅིག་ཕྱི་ནས་པཎྜི་ཏ་རྣམས་དང་ཡང་རྩོད་ཅེས་གསུངས་པ་བཞིན་རྩོད་པའི་དུས་བཏབ་སྟེ། སྐབས་སུ་བབ་པ་ན་གཞོན་ནུ་དེ་རིན་པོ་ཆེས་སྤྲས་པས་ཤིང་རྟའི་སྟེང་ནས་གདན་དྲངས་ཏེ། རྒྱལ་པོ་གོང་དུ་བཞུགས་པ། གཡས་སུ་གྲགས་པ་འཇིགས་མེད་སོགས་ནང་པ་དང་། གཡོན་དུ་མུ་སྟེགས་པ་རྣམས་གྲལ་ལ་འཁོད། སློན་པོ་སོགས་སྐྱེ་བོ་གྲངས་མེད་པ་འདུས་པའི་དབུས་སུ་རྩོད་པ་བྱེད་པའི་ཚེ། གྲགས་པ་འཇིགས་མེད་ཀྱིས་འཇམ་དཔལ་གྱི་བསྐྱེད་རིམ་བསྒོམས་ནས་ལུས་ལས་འོད་ཟེར་སྤྲོས་པས་མུ་སྟེགས་པ་རྣམས་ཟིལ་གྱིས་མནན་བས་ཚིག་གཅིག་ཀྱང་སྨྲ་བར་མ་ནུས་པར་གྱུར་ནས་ཤིན་ཏུ་སྐྲོངས་པའི་ཚེ། གྲགས་པ་འཇིགས་མེད་ཀྱིས་འདི་སྐད་ཅེས། ང་ཡི་སྐྱབས་གནས་དཀོན་མཆོག་རིན་པོ་ཆེ་རྣམ་པ་གསུམ་ཡིན་པས། དཀོན་མཆོག་གསུམ་ལ་སྐྱབས་སུ་སོང་ཕྱིན་ཆད་མུ་སྟེགས་པ་ཁྱེད་ཅག་གིས་རྒོལ་པར་ནུས་པ་ལྟ་ཞོག ཁྱེད་ཅག་གི་སྐྱབས་གནས་ལྷ་ཆེན་པོ་རྣམས་ཀྱང་། ང་ཡི་ཡི་དམ་འཇམ་དཔལ་ཁྲོས་པའི་ཞབས་འོག་ཏུ་མནན་ནས་ཡོད་པ་ཡིན་པས། ཁྱེད་ཅག་རྣམས་ཀྱང་ནང་པའི་བསྟན་པ་ལ་ཞུགས་ན་ལེགས། གལ་ཏེ་མ་ཞུགས་ན་ཕྱག་ན་རྡོ་རྗེ་ཁྲོས་ནས་ཁྱེད་རྣམས་ཀྱི་མགོ་བོ་ཚལ་བར་འགེམས་པར་

འགྱུར་རོ་ཞེས་གསུངས་པས་མུ་སྟེགས་པ་བཅུ་གསུམ་པོ་དེ་འཇིགས་ཤིང་སྐྲག་ནས་ནང་པའི་བསྟན་པ་ལ་རང་དབང་མེད་པར་ཞུགས་ཤིང༌། ཞར་བྱུང་མུ་སྟེགས་བརྒྱ་ཕྲག་བརྒྱལ་བ་ཡང་ལོག་པའི་ལམ་ལ་རྒྱབ་ཀྱིས་ཕྱོགས་ནས་ཡང་དག་པའི་ལམ་དུ་ཞུགས་ལ། དེ་ནས་པཎྜི་ཏ་དང་རྒྱལ་པོ་འཁོར་བཅས་ཀྱིས་ཀྱང་གཞོན་ནུའི་ཞབས་མཐིལ་ཟུར་ཕུད་ཀྱི་རྒྱན་དུ་བཀོད་དེ། བཀུར་བསྟི་ཆེན་པོ་སྒྲུབ་པ་སོགས་མཁྱེན་བརྩེ་ནུས་གསུམ་རྨད་དུ་བྱུང་བས་རྒྱལ་བསྟན་ཡོངས་སུ་འཛིན་པར་མཛད་པ་དང༌། གཞན་ཡང་འགྲོ་བ་ཡོངས་ལ་གཅིག་ཏུ་སྨན་པའི་ཐུགས་རྗེ་ཚད་མེད་པའི་དབང་གིས་མཐོང་ཐོས་དྲན་རེག་གི་གདུལ་བྱ་མཐའ་དག་གི་ལུས་སེམས་ཀྱི་ནད་དང་ཟུག་རྔུ་མ་ལུས་པ་སེལ་ཞིང་སིམ་པའི་བདེ་བ་རྨད་པོ་ཆེ་སྟེར་བར་མཛད་པ་སོགས་བསམ་གྱིས་མི་ཁྱབ་ཅིང་བརྗོད་པས་མི་མཛད་(འཛད)པའི་ཡོན་ཏན་དང་ལྡན་པ་ཞིག་ཡིན་ལ། དེ་ལྟ་ནའང་སྐུ་ཚེ་དེ་ལ་འཕགས་པའི་ཡུལ་དུ་ཧ་ཅང་རྒྱུན་རིང་བར་བཞུགས་རུང་དེ་ཙམ་གྱིས་གདུལ་བྱའི་དོན་དུ་མི་འགྱུར་བར་དགོངས་ནས་དགུང་ལོ་བཅུའི་དུས་སུ་ཡབ་ཡུམ་སོགས་ལ་ཁོ་བོའི་ཚེ་འདིའི་གདུལ་བྱ་རྫོགས་པ་ཡིན་པས་མྱ་ངན་དང་སེམས་ལས་སོགས་མ་བྱེད་ཅིག་ཅེས་གསུངས་ནས་གཟུགས་སྐྱུར་བསྡུས་ཏེ་བྱང་ཕྱོགས་ཤམྦྷ་ལར་གཤེགས་པར་གྲགས་སོ། །སྐུ་ཕྲེང་འདི་དག་གི་ཐོ་ཕྱི་རྣམས་སུ་འགའ་ཞིག་གིས་དོགས་པར་དགའ་ལྡན་ཆོས་འབྱུང་བེ་སེར་དུ་ཆོས་རྗེ་འདུལ་འཛིན་གྲགས་པ་རྒྱལ་མཚན་གྱི་སྐྱེ་བ་ལྔའི་ཕུ་ཞི་བའི་སྙིང་པོ། དེའི་སྐྱེ་བ་སྟོང་འཁོར་ཆོས་རྗེ་ཟླ་བ་རྒྱལ་མཚན་ཞེས་གསུངས་ལ། གསོལ་འདེབས་འདི་དག་ཏུ་འདུལ་འཛིན་རིན་པོ་ཆེ་འཕགས་ཡུལ་དུ་གཞོན་ནུ་གྲགས་པ་འཇིགས་མེད་དུ་སྐུའི་སྐྱེ་བ་བཞེས་པར་གསུངས་ན་དེ་གཉིས་གང་རུང་ཞིག་རྗེ་བླ་མ་འདིའི་སྐུ་ཕྲེང་མ་ཡིན་པར་མི་འགྱུར་རམ་སྙམ་པའི་ལོག་རྟོག་སྐྱེ་བ་སྲིད་ན། དེ་ལྟ་བུའི་གུ་དོག་མི་དགོས་ཏེ། གསོལ་འདེབས་འདི་དག་ཏུ་གསུངས་པ་ནི་ཕལ་ཆེར་འཛམ་གླིང་འདིར་སྐྱེ་བ་བཞེས་ཚུལ་དང༌། དེའི་ནང་ནས་ཀྱང་གྲགས་ཆེ་རགས་རིམ་གྱི་དབང་དུ་མཛད་པ་མ་གཏོགས་འདི་ལས་གཞན་

པའི་སྐྱེས་རབས་ཀྱི་ཕྲེང་བ་ཡོད་པ་འགོག་པ་མ་ཡིན་ཏེ། སྟོན་བསྐལ་པ་དཔག་ཏུ་མེད་པ་ནས་ཇི་སྲིད་འཁོར་བ་མ་སྟོང་གི་བར་དུ་སྤྲུལ་པའི་རོལ་གར་རྒྱུན་མི་འཆད་དུ་སྟོན་པར་འགྱུར་ན་དེ་མཐའ་དག་སུ་ཞིག་གིས་འགོག་པར་ནུས་ཤིང་། གཞན་ཡང་རང་ལ་མི་སྣང་བ་རྒྱུ་མཚན་དུ་བྱས་ནས་དམ་པའི་སྐྱེ་ཕྲེང་འགོག་པ་དག་ཀྱང་སྣང་ངོ་། །འོ་ན་དེ་གཉིས་ཆར་རྗེ་བླ་མ་འདིའི་སྐུ་ཕྲེང་ཡིན་ན་དུས་མཉམ་མམ་རིམ་ཅན་ཇི་ལྟར་ཞེ་ན། དེའི་ལོ་རྒྱུས་ཏ་ཅང་གསལ་བ་ཞིག་མ་མཐོང་ཀྱང་རྗེས་དཔག་གི་རིག་པས་དཔགས་ན་འདུལ་འཛིན་ཆེན་པོ་མྱ་ངན་ལས་འདས་ནས་ལྷའི་བུ་ཞི་བའི་སྙིང་པོར་སྐྱེ་བ་བཞེས་ཏེ། དེའི་རྗེས་སུ་རྒྱ་གར་དུ་གྲགས་པ་འཇིགས་མེད་དུ་སྐྱེ་བ་བཞེས་པའམ། ཡང་ན་ལྷན་ཅིག་དགའ་ལྡན་དུ་ལྷ་རྣམས་ཀྱི་ངོ་བོར་ལྷའི་བུ་ཞི་བའི་སྙིང་པོའི་སྐུ་བཀོད་པ་མ་བསྡུས་བཞིན་དུ་གཞོན་ནུ་གྲགས་པ་འཇིགས་མེད་དུ་སྤྲུལ་པ་བསྟན་པར་བྱས་ཀྱང་འགལ་བ་ག་ལ་མཆིས་ཏེ། བདག་ཉིད་ཆེན་པོ་རྣམས་ནི་སྐད་ཅིག་དང་སྐད་ཅིག་ལ་ཡང་སྤྲུལ་པ་གྲངས་མེད་སྟོན་པར་ནུས་པ་ཡིན་གྱི། སོ་སྐྱེ་ཐ་མལ་པ་བཞིན་དུ་གཅིག་ནས་གཅིག་ཁོ་ནར་ལུ་གུ་རྒྱུད་དུ་སྐྱེ་བ་ལེན་དགོས་པ་མ་ཡིན་པས། དེས་ན་འདུལ་འཛིན་ཆེན་པོ་འདི་པའང་བདག་ཉིད་ཆེན་པོར་འཇམ་དབྱངས་དང་གསང་བདག་སོགས་ཀྱིས་ལུང་དུ་ཡང་གསུངས་པས་དེའི་སྐུ་གསུང་ཐུགས་ཀྱི་གསང་བ་བསམ་གྱིས་མི་ཁྱབ་པའི་ཚུལ་ལ་ངེས་པ་རྙེད་པར་བྱའོ། །སྨྲས་པ། རང་གཞན་གྲུབ་མཐའི་ཆུ་ཀླུང་འབུམ་ཕྲག་ཀུན། །གང་ཐུགས་རྒྱ་མཚོར་འདུག་པའི་གྲགས་པའི་སྒྲ། །འཇིགས་མེད་འཁོར་ཡུག་རི་བོའི་ཁྱོན་ཀུན་ཏུ། །སྒྲོག་པའི་ང་རོས་ས་གསུམ་འདར་སྐམ་བྱེད། །ལང་ཚོའི་ལྷུག་ཕྲན་གཞོན་ནུར་གྱུར་ནའང་། །ཟབ་གསང་མཁྱེན་བརྩེའི་འདབ་སྟོང་ཆེར་གཡོ་ཞིང་། །མཁས་མང་བུང་བའི་ཡིད་དབང་འགུགས་བྱེད་པའི། །ལེགས་བཤད་སྦྲང་རྩི་འབྱིན་ལ་ཐོགས་མི་མངའ། །ཁྱོད་གསུང་སྣང་བྱེད་འོད་ཟེར་རེ་རེ་ཀྱང་། །ལོག་སྨྲའི་སྐད་ངན་སྒྲོག་པའི་འབྱུང་པོའི་བྱ། །བརྒྱ་ཕྲག་མུན་པའི་ཁུང་བུར་མནལ་བ་དང་། །ལྷན་ཅིག་རྒྱལ་བསྟན་དཀར་བའི་དཔལ་ལ་

སྨྲོར། །རྒྱལ་ཀུན་ཡབ་གཅིག་འཇམ་དཔལ་རྡོ་རྗེ་དང་། །གསང་གསུམ་ཡོན་ཏན་རྣམ་དབྱེར་བྱར་མེད་ཀྱང་། །གཞན་ངོར་སྣང་ཚུལ་ཙམ་དུ་མི་ཡི་གར། །སྟོན་འདི་མ་དག་གདུལ་བྱ་འདུལ་བའི་ཐབས། །རྣམ་མང་རྒྱལ་བའི་ངོ་མཚར་མ་ལུས་པ། །རྣམ་འདྲེན་ཁྱོད་ཉིད་ཁོ་ནར་འདུས་སོ་ཞེས། །རྣམ་དག་རིགས་པས་དྲངས་པའི་བསྟོད་བསྔགས་ཕྲེང་། །རྣམ་པ་ཀུན་ཏུ་སྤེལ་ལ་ལྷག་པར་སྨྲོ། །ཞེས་པ་ནི་བར་སྐབས་ཀྱི་ཚིགས་སུ་བཅད་པའི་ཕྲེང་བའོ། །

༈ སྐྱེས་པའི་རབས་ཀྱི་ཕྲེང་བ་བཅུ་པ་ནི། འབྲུངས་རབས་གསོལ་འདེབས་ལས། བློ་བཟང་གྲགས་བསྟན་ཕྱོགས་བཅུར་སྤེལ་མཛད་པའི། །ཟླ་བ་རྒྱལ་མཚན་ཞབས་ལ་གསོལ་བ་འདེབས། །ཞེས་གསུངས་པ་ལྟར། འཇམ་མགོན་ཆོས་ཀྱི་རྒྱལ་པོ་ཤར་ཙོང་ཁ་པ་བློ་བཟང་གྲགས་པའི་ལུང་རྟོགས་ཀྱི་བསྟན་པ་རིན་པོ་ཆེ་ཕྱོགས་བཅུར་སྤེལ་ལ་འགྲན་ཟླ་དང་བྲལ་བ་སྐོང་འཁོར་ཆོས་རྗེ་ཟླ་བ་རྒྱལ་མཚན་ཞེས་བྱ་བ་དེ་ཉིད་ཡིན་ལ། འདི་ནི་སྔར་གོང་དུ་བརྗོད་མ་ཐག་པ་ལྟར་གཞོན་ནུ་གྲགས་པ་འཛིགས་མེད་དེ་ཉིད་སྐུའི་བཀོད་པ་བསྡུས་ནས་ཤམ་བྷ་ལར་ཕྱིན་ཏེ་རིགས་ལྡན་ཆེན་པོ་དང་མཇལ་བའི་ཚེ། རིགས་ལྡན་གྱིས་དུས་ཀྱི་འཁོར་ལོའི་དབང་སོགས་སྩལ་ནས་སླར་ཡང་འགྲོ་དོན་སྐྱོང་ཡུལ་ཁམས་ཕྱོགས་སུ་ཆེ་བར་ལུང་བསྟན་པ་བཞིན་བོད་ཆེན་པོའི་སའི་ཆ་བར་ཁམས་སྐོང་འཁོར་ཞེས་པའི་ཡུལ་དུ་ཙར་ངོས་ཞེས་པའི་སར་དགོས་པ་ཁྱད་པར་ཅན་དུ་མ་ཞིག་གཟིགས་ཏེ། རོང་བུ་ལོང་བ་ཞེས་པའི་ཡབ་ཡུམ་དབུལ་པོའི་རྣམ་པ་ཅན་གཉིས་ཀྱི་སྲས་སུ་ཕྱིན་པར་དགོངས་ནས། དྲན་བཞིན་ཤེས་བཞིན་དུ་ཡུམ་གྱི་ལྷུམས་སུ་ཞུགས་པའི་ཚེ། ཡབ་ཡུམ་གཉིས་ཀྱི་མནལ་ལམ་དུ་དམ་པའི་སྐྱེས་བུ་ལྷུམས་སུ་ཞུགས་པའི་དགེ་མཚན་གྱི་ལྟས་དུ་མ་བྱུང་ཞིང་། དེ་ནས་ཟླ་བ་ང་ཡོངས་སུ་རྫོགས་ཏེ་བཙའ་བའི་དུས་ལ་ཉེ་བར་བབ་པ་ནི། འདི་སྐད་དུ། བདག་ནི་དཀར་པོའི་ཆོས་ཀྱི་ཡོན་ཏན་ཐམས་ཅད་ཡོངས་སུ་རྫོགས་པའོ། །བདག་གིས་འཇིག་རྟེན་འདི་ཐམས་ཅད་ཀྱི་མ་རིག་པའི་མུན་པ་ཐུགས་རྗེའི་འོད་སྣང་གིས་སེལ་བར་བྱའོ། །བདག་གིས་འགྲོ་བ་ཡོངས་ཀྱི་ཉོན་

སོངས་པའི་ཚ་གདུང་ཀྱང་གཞིལ་བར་བྱའོ། །ཞེས་ཀུན་ལ་གསལ་བར་འདོམས་ཕྱིར་ཡར་ངོའི་ཆོས་བཅོ་ལྔ་ལ་ཟླ་བ་ཉ་ཡོངས་སུ་གང་བ་ཤར་རིའི་ཕྲག་པ་ནས་གསར་དུ་ཐོན་ཏེ་རང་འོད་ཀྱིས་འཛིག་རྟེན་ཡོངས་སུ་སྣང་བར་བྱེད་པ་དང་དུས་མཉམ་དུ་ཡུལ་ལ་ཟུག་རྔུའི་རིག་པ་སོགས་ཀྱི་གནོད་པའི་ཆ་ཕྲ་མོ་ཙམ་ཡང་མེད་པར་བདེ་བར་སྐྱུ་བསྔམས་ཤིང་། དེའི་ཕྱི་ཉིན་ཡབ་ཀྱིས་རང་གི་བླ་མ་བོན་གྱི་རིང་ལུགས་འཛིན་པ་མངོན་ཤེས་ཅན་ཞིག་ཡོད་པའི་དྲུང་དུ་སོང་ནས་རྒྱུ་མཚན་ཞུས་པར། ཁྱོད་ཀྱི་བུའི་བསྟན་པ་ནི་བཅོ་ལྔའི་ཟླ་བ་ཉ་བའི་འོད་བཞིན་དུ་འཛམ་གླིང་ཐམས་ཅད་དུ་ཁྱབ་ཅིང་བརྡལ་བར་འགྱུར་བ་དང་། ངེད་ཅག་བོན་གྱི་བསྟན་པ་ནི་མུན་པ་ག་ཤེད་དུ་སྲོས་པ་བཞིན་དུ་བག་པ་ཞ་ཞིང་ནུབ་པར་འགྱུར་བའི་སྔ་ལྟས་ཏེ། ཁོ་བོའི་རྨི་ལམ་དང་ཁྱོད་ཀྱི་གཏམ་གཉིས་མཚུངས་སོ་ཞེས་གསུངས་པའི་གཏམ་ཡབ་ཀྱི་རྣ་ལམ་དུ་སོན་པ་ན་མདོངས་མཐར་ཅན་གྱི་སྒྲ་འཛིན་དུ་དབྱར་རྔ་ཐོས་པ་ལྟར་དགའ་མགུ་ཡིད་རངས་པར་གྱུར་ཏེ་རང་གི་ཁྱིམ་དུ་ལོག་ནས་ཡུམ་སོགས་ལའང་རྒྱུ་མཚན་ཞིབ་ཏུ་སྨྲས་པས་ཡབ་ཡུམ་གཉིས་ཆར་གྱིས་སྐྱེས་བུ་དམ་པ་ཞིག་ཡིན་པར་ཡིད་ཆེས་ནས་གཙང་སྦྲ་དང་བཀུར་བསྟི་སོགས་གང་ཆེ་དང་། བསྐྱེད་བསྲིང་བའི་ཚོ་ག་སོགས་ལ་བརྩོན་པར་བྱས་པས་རིང་པོར་མ་ལོན་པར་ལང་ཚོའི་པདྨོ་ཡོངས་སུ་བརྟས་པར་གྱུར་ཅིང་། གཞོན་ནུའི་དུས་ཉིད་ནས་ཡི་གེ་འབྲི་ཀློག་སོགས་རང་ཞུགས་ཀྱིས་མཁྱེན་པ་དང་། ཆོས་དང་མཐུན་པའི་རྩེད་མོའི་རྣམ་པ་འབའ་ཞིག་མཛད་པ་ལས་བག་མེད་པའི་ཀུན་སྤྱོད་ངན་པའི་རིགས་ཕྱུར་གཏན་ནས་མི་མཛད་པ་སོགས་བྱིས་པའི་རྒྱུད་པ་མཐའ་དག་རིང་དུ་དོར་བར་མཛད་ལ། གཞན་ཡང་གཞོན་ནུའི་དུས་སུ་ཆུ་འགྲམ་ཞིག་ཏུ་བྱིས་པ་མང་པོ་དང་ལྷན་ཅིག་སྐྱུ་རྩེད་མཛད་པར་ཆུ་སྒྲས་གཏམ་ཕར་ལབ་ཚུར་ལབ་མཛད་པ་མ་གསན་པའི་ཚེ། ཆུ་དེ་ལ་ཁྱོད་ཁ་རོག་སྡོད་དང་། ངེད་རྣམས་ཀྱི་སྐད་ཆ་ལབ་པ་མི་ཐོས་བར་དུ་འདུག་གསུངས་པས་དེ་མ་ཐག་ཆུ་སྒྲ་ཇེ་ཆུང་དུ་གྱུར་ཏེ། ད་ལྟ་ཡང་དེའི་ཐད་དུ་ཆུ་སྒྲ་མེད་པར་དལ་བུས་འགྲོ་བ་སོགས་འབྱུང་བ་ལ་དབང་

ཐོབ་པའི་ངོ་མཚར་བའི་མཛད་པ་སོགས་དུ་མ་དངོས་ཤུགས་ཅི་རིགས་པར་སྟོན་པར་ནུས་པ་ཞིག་ཡིན་ལ། དེའི་དབང་གིས་ལྷ་དང་བླ་མ་སོགས་ཀྱི་ལུང་བསྟན་དང་། རྣམ་དཔྱོད་ཅན་རྣམས་ཀྱིས་བརྟགས་དཔྱད་སོགས་ལ་བརྟེན་ནས་འདུལ་འཛིན་ཆེན་པོའི་སྐུའི་སྐྱེ་བ་ཡིན་པའི་གྲགས་པ་ཕྱོགས་དང་ཕྱོགས་མཚམས་ཀུན་ཏུ་ཁྱབ་པར་གྱུར་ཅིང་། དེ་ནས་འཁོར་བ་སྙིང་པོ་མེད་པའི་རང་མཚང་མངོན་སུམ་དུ་གཟིགས་པས་ཐུགས་ཡིད་འབྱུང་ཞིང་། ཐུབ་བསྟན་རིན་པོ་ཆེ་ལ་ཤེས་ནས་དད་པ་ཐོབ་པས་མྱུར་བ་མྱུར་བར་ཁྱིམ་ནས་ཁྱིམ་མེད་པར་རབ་ཏུ་བྱུང་སྟེ་མཚན་ཡང་སྔར་སྐུ་བལྟམས་དུས་ཀྱི་རྟགས་མཚན་དང་འབྲེལ་བར་ཟླ་བ་རྒྱལ་མཚན་ཞེས་སུ་གྲགས་ཤིང་། འགའ་ཞིག་གིས་འཁྲུངས་ཡུལ་སོགས་ལ་བརྟེན་ནས་སྟོང་འཁོར་དཔོན་པོ་ཞེས་སུའང་གྲགས་པར་གྱུར། དུས་དེ་ནས་བཟུང་སྟེ་ཁམས་སུ་བཞུགས་རིང་ལ་ཡང་མི་ཉག་རབ་སྒང་ཕྱོགས་སུ་ཐུགས་གཉེར་མཛད་པ་སོགས་རབ་ཏུ་བྱུང་བའི་བྱ་བ་ཀློག་པ་ཐོས་བསམ་དང་། སྦྱོང་པ་བསམ་གཏན་ལ་བརྩོན་པ་ཆེར་མཛད་པ་དང་། སེམས་དཔའ་ཆེན་པོ་བཀྲ་ཤིས་རྒྱལ་མཚན་སོགས་བཤེས་གཉེན་དུ་མ་ཡོངས་འཛིན་དུ་བསྟེན་ཅིང་། ཉམས་ལེན་གྱི་གཙོ་བོ་ཡང་། ནག་པོའི་སྐོར་གསུམ་དང་དམག་ཟོར་ལ་སོགས་ལ་མཛད་པར་སྣང་། དེ་ནས་རེ་ཞིག་ན་བོད་ཡུལ་དབུས་གཙང་ཆོས་ཀྱི་འབྱུང་གནས་སུ་གདན་ས་ཆེན་པོ་སེར་འབྲས་དགེ་གསུམ་གྱིས་མཚོན་པའི་རྗེ་བླ་མའི་བཤད་སྒྲུབ་ཀྱི་བསྟན་པ་ཉིན་མོ་ལྟར་གསལ་ཞིང་། སངས་རྒྱས་དངོས་དང་མཚུངས་པའི་བདག་ཉིད་ཆེན་པོ་དུ་མས་དམ་པའི་ཆོས་ཀྱི་བདུད་རྩི་ཐང་མར་བརྡལ་བའི་སྐལ་བཟང་གི་དགའ་སྟོན་ལ་ཅི་དགར་ལོངས་སྤྱོད་དུ་ཡོད་དོ་ཞེས་པའི་སྙན་པའི་རྒྱལ་རྔ་གསན་པས་ཐུགས་ལྷག་པར་དུ་འཕྲོག་སྟེ་ཅི་ནས་ཀྱང་དབུས་གཙང་གི་ལྗོངས་སུ་ཕྱིན་ནས་རྒྱལ་བ་གཉིས་པའི་བསྟན་པ་ལ་ཐོས་བསམ་སྒོམ་གསུམ་མཐར་ཕྱིན་པར་བྱས་ནས་ཕྱོགས་འདིར་བཤད་སྒྲུབ་གཉིས་ཀྱི་སྒོ་ནས་བསྟན་པ་སྤེལ་ཐུབ་པ་ཞིག་མཛད་དགོས་དགོངས་ཏེ། ཕ་མ་སོགས་ལ་ཡང་གནང་བ་ཞུས་ནས་བསམ་པ་གཞན་

གྱིས་བར་མ་ཆོད་པར་བསྟན་པ་དང་སེམས་ཅན་འབའ་ཞིག་ཐུགས་ལ་བཞག་ སྟེ་ལམ་བར་གྱི་ཚ་གྲང་ངལ་དུབ་མཐའ་དག་ཁྱད་དུ་བསད་ནས་རིངས་པ་རིངས་པར་གངས་ཅན་གྱི་ལྗོངས་སུ་ཕྱིན་ཏེ། ཐེག་ཆེན་བཤད་སྒྲུབ་མ་ལུས་པའི་འབྱུང་གནས་ཆོས་སྡེ་ཆེན་པོ་སེ་ར་ཐེག་ཆེན་གླིང་དུ་ཕྱུགས་ཕེབས་ཤིང་། དེ་ཡང་ཐོག་མར་བར་ཁམས་སྟོང་འཁོར་བའི་གྲྭ་རྒྱུན་ཀྱི་བོའི་ཐོབ་ཁུངས་སུ་སོང་གཤིས། ཁམས་ཚན་ཀྱི་བོར་ཞུགས་རྗེས་མཛད་ཅིང་། དབྱུག་ཐང་བར་གྲགས་པའི་ཆས་ཀྱིས་ཕེབས་པས་ཀྱི་བོའི་དགེ་རྒན་སོགས་ཀྱིས་ཁམས་ཚན་དུ་མ་བཙུག་པ་ལ། འོ་ན་ད་ཕྱིན་ཆད་ང་རང་ཁམས་ཚན་གྲྭ་ཚང་གང་དུ་སོང་ཀྱང་རྗོད་གླེང་མི་བྱེད་པའི་ལག་རྟགས་ཤིག་གནང་དགོས་ཞུས་པར་དེ་བས་ཀྱང་འདོད་པ་བཞིན་དུ་ལག་རྟགས་བྱིན་པར་དེ་འཕྲལ་སེར་སྨད་རོང་པོ་ཁམས་ཚན་དུ་རོང་པོ་གིཧྟེ་ཆོས་རྗེ་ཞེས་པའི་བདག་ཉིད་ཆེན་པོ་ཞིག་བཞུགས་པ་དེའི་དྲུང་དུ་ཕེབས་ནས་ཁམས་ཚན་གྲྭ་ཚང་སོགས་ལ་འཇུག་སྒོ་བྱེད་ཚོག་པ་ཞུས་པར་མཉེས་བཞིན་དུ་བཀའི་གནང་བ་སྩལ་པར་མཛད་ལ། དེས་ན་རྗེ་ཉིད་ཀྱི་ཕྱག་མཁར་ནས་གསེར་བཏོན་ཏེ་ཞུགས་སྒོ་རྒྱ་ཆེན་པོ་མཛད། དེ་ནས་བཟུང་སྟོང་འཁོར་བའི་སྐུ་ཕྲེང་རིམ་ཕྱིན་དང་གྲྭ་རྒྱུན་ཐམས་ཅད་རོང་པོ་ཁམས་ཚན་དུ་ཐོབ་པར་སྣང་ཞིང་། དེ་ལྟར་སེར་སྨད་ཐོས་བསམ་ནོར་བུའི་གླིང་གི་ཆོས་གྲྭ་ཆེན་པོར་ཕྱིན་ནས་རིག་པའི་སྒོ་འབྱེད་བསྡུས་གྲྭ་ནས་བཟུང་ཕར་ཕྱིན། དབུ་ཚད། འདུལ་མཛོད་སོགས་ལ་རོལ་སྤྱི་ཙམ་མ་ཡིན་པར་སྦྱངས་ལ་མཐར་སོན་གྱི་སྒོ་ནས་ཐོས་བསམ་གྱི་སྒྲོ་འདོགས་ལེགས་པར་བཅད་པས་མཁས་པའི་སྙན་གྲགས་ཕྱོགས་ཀུན་དུ་ཁྱབ་ཅིང་། ཐོས་དོན་རྣམས་ཀྱང་གོ་ཡུལ་དུ་མ་བཞག་པར་ཐུགས་རྒྱུད་ལ་སྦྱོར་གང་ཐུབ་ཀྱིས་ཐོས་སྒོམ་སྟབས་གཅིག་ཏུ་གྲུབ་པར་མཛད་པ་དང་། རྗོད་མེད་ཡོངས་གྲགས་ཀྱི་སྐྱེས་ཆེན་དུ་མའི་ཞབས་མཐིལ་སྤྱི་བོའི་རྒྱན་དུ་བཀོད་དེ་རི་བོ་དགེ་ལུགས་པའི་ཐུན་མོང་མ་ཡིན་པའི་ཕ་ཆོས། རྗེ་ཐམས་ཅད་མཁྱེན་པ་ཡབ་སྲས་ཀྱི་གསུང་གི་གསང་བ་ལས་འོངས་པ་རྣམས་ཀྱི་དབང་ལུང་མན་ངག་སོགས་ཀྱང་རྒྱ་ཆེ་བར་གསན་པས་ཐུགས་ཀྱི་བང་

མཛོད་གདམས་པའི་ནོར་གྱིས་ཡོངས་སུ་ཕྱུག་པར་གྱུར་ཏེ་རང་གཞན་གྱི་དོན་མཛད་པ་ལ་འཇིགས་པ་མེད་པའི་མཁས་གྲུབ་ཀྱི་གོ་འཕང་མཐོང་པོར་གཤེགས། འདི་སྐབས་ཐམས་ཅད་མཁྱེན་པ་དགེ་འདུན་རྒྱ་མཚོ། པཎ་ཆེན་བསོད་གྲགས། སེ་ར་རྗེ་བཙུན་པ་སོགས་ཀྱི་ཐུབ་བསྟན་སྤྱི་སྒེར་ལ་བྱ་བ་བྱེད་པའི་དུས་ཡིན་ནམ་སྙམ། དེ་ནས་སླར་ཡང་རང་ཡུལ་དུ་བྱོན་ཏེ། ཡུལ་ཁམས་དེ་དག་ཏུ་སྔོན་ཆད་འཇམ་མགོན་བླ་མའི་བསྟན་པའི་རིང་ལུགས་ཆེར་མ་དར་བར་བོན་གྱི་ལུགས་སོགས་འཕེལ་ནས་ཡོད་པ་ལ། གང་གི་ཐུགས་བསྐྱེད་དང་འཕྲིན་ལས་རྨད་དུ་བྱུང་བས་མུན་པའི་གླིང་དུ་སྒྲོན་མེ་བཏེག་པ་བཞིན་དུ་རྗེ་བླ་མའི་བཤད་སྒྲུབ་ཀྱི་བསྟན་པའི་ཉི་མ་ཕྱོགས་ཀུན་དུ་གསལ་བར་མཛད། ལྷག་པར་སྔོན་བོན་པོའི་དགོན་གནས་ཡོད་པའི་གནས་སུ་ཆོས་སྡེ་ཆེན་པོ་ཞིག་འདེབས་པར་དགོངས་ནས་དབོན་ཁང་སྣང་བ་ཞེས་པར་ས་གནས་སློད་པར་མཛད་པས། ད་ལྟའི་དགོན་གནས་ཡོད་པའི་ས་འདི་བཞིན་འབུལ་ལམ། ཞུས་པ་བཞིན་འཕྲལ་དུ་མཁར་ལས་སོགས་མཛད་པའི་ཚེ། བོན་ཁང་སྣང་གི་བླ་མའི་རྨི་ལམ་དུ་མཁར་ལས་མཛད་པའི་ཁང་པ་གསར་པ་དེའི་ནང་ནས་དུང་དཀར་ཞིག་བཏང་བའི་སྐད་རྒྱ་བོད་ཧོར་གསུམ་དུ་ཐོས་ཡོད་སྙམ་པ་ལྟ་བུ་ཞིག་བྱུང་འདུག་པ་ནི་གང་གི་སྙན་གྲགས་ཀྱི་གདུགས་དཀར་པོ་གཅིག་གིས་འཛམ་གླིང་ཡངས་པའི་ནོར་འཛིན་གྱི་ཁྱོན་ཀུན་ཡུག་གཅིག་ཏུ་ཁྱབ་པའི་སྔ་ལྟས་སུ་ངེས་ཤིང་། དེ་ནས་རིང་པོར་མ་ལོན་པར་གནས་གཞི་གཙུག་ལག་ཁང་ལེ་ལག་དང་བཅས་པ་དང་། བྱམས་མགོན་གྱི་སྐུ་ཐོག་ཚད་ལྔ་པ་སོགས་རྟེན་དང་བརྟེན་པར་བཅས་པ་ལེགས་པར་འགྲོངས་པས་མཚན་སྟོང་འཁོར་དགོན་གསང་ཆེན་རྡོ་རྗེའི་གླིང་ཞེས་པར་གསོལ་ཞིང་། དགེ་འདུན་གྱི་ཚོགས་པ་ཡང་མང་དུ་འདུས་པ་རྣམས་ལ་གཞི་གསུམ་གྱི་ཕྱག་ལེན་སོགས་རྗེ་ཐམས་ཅད་མཁྱེན་པའི་བཞེད་སྲོལ་ཐུན་མོང་མ་ཡིན་པའི་མདོ་སྔགས་ཀྱི་འཆད་ཉན་དང་ཉམས་ལེན་མཐའ་ཡས་པ་འཛུགས་པར་མཛད་ལ། དེ་མཚུངས་རྒྱལ་བའི་བཀའ་འགྱུར་རིན་པོ་ཆེ་གཞི་(ཞིག) ཀྱང་གསར་དུ་བཞེངས་རྒྱུའི་དགོངས་པ་གཏད་པ་ན་

མཐུན་རྐྱེན་ཅུང་ཟད་ཉག་ཕྲ་བར་གྱུར་པ་ལ། བཀའ་སྡོད་ཆོས་བསྲུང་རྣམས་ཀྱིས་འཕྲིན་ལས་སྒྲུབ་ཕྱིར་ཡོན་བདག་རྣམས་ལ་ཆོ་འཕྲུལ་འགའ་ཞིག་བཏང་པའི་རྐྱེན་གྱིས་བདག་ཉིད་ཆེན་པོ་འདི་ཉིད་གདན་དྲངས་ཏེ་ཟང་ཟིང་འཕང་མེད་དུ་ཕུལ་བས་མཐུན་རྐྱེན་འབད་མེད་དུ་གྱུར་པ་ན་ཐུགས་བསྐྱེད་རྒྱ་ཆེན་པོས་བཀའ་འགྱུར་གསར་བཞེངས་མཛད། དེ་ཚེ་ཕྱོགས་དེར་མ་དཔེ་ཧ་ཅང་དག་པ་ཞིག་མ་རྙེད་ཀྱང་ལེགས་པར་བཞེངས་ཟིན་ནས་མཁའ་འགྲོ་མ་རྣམས་ཀྱིས་ཞུ་དག་མཛད་པར་གྲགས། དེ་ལྟ་བུའི་དགོན་སྡེ་རྟེན་དང་བརྟེན་པར་བཅས་པ་ཇི་སྲིད་ཐུབ་བསྟན་གནས་ཀྱི་བར་དུ་བསྟན་བསྲུང་ཆེན་པོ་བག་རྩེ་ལྕམ་སྲིང་འཁོར་དང་བཅས་པ་ལ་གཏད་པར་མཛད་ལ། དེའི་ཚེ་རྫོང་དཔོན་དགའ་རབ་དབང་ཕྱུག་གི་མདའ་ལྷ་སྙིང་ལ་ཟུག་པ་ཞིག་ཡོད་པ་དེས། མགོན་པོ་འདིས་དགོན་སྡེ་གསར་དུ་འདེབས་པ་སོགས་ཞྭ་སེར་གྱི་བསྟན་པ་སྤེལ་བའི་མཚོན་མཛད་པ་རྣམས་ལ་ཡིད་མ་རངས་པར་གྱུར་ནས་དམག་གི་སྒྲིར་བ་བཤམས་ཏེ་སྟོང་འཁོར་དགོན་འཇོམས་པར་འོངས་པ་ན་ཆོས་སྐྱོང་བེག་རྩེ་པས་ཀུན་གྱིས་མངོན་སུམ་དུ་མཐོང་བར་དཔོན་དེའི་སློ་སྙིང་དམར་ཅན་གྱིས་བླངས་ཏེ་འདུ་ཁང་དུ་འཕངས་པས་དཔོན་དེ་མ་ཐག་ཚེ་འདས་བྱུས། དམག་མི་རྣམས་ནི་བྱ་རོག་གི་ཚོགས་ལ་རྡེ་འཕངས་པ་བཞིན་དུ་དངངས་སྐྲག་སྙིང་འགས་པ་ཙམ་དུ་གྱུར་ཏེ། ཕྱོགས་ཀུན་ཏུ་བྱེར་ཞིང་། བྲོས་ནས་གཙུག་ལག་ཁང་དགེ་འདུན་དང་བཅས་པ་ལ་གནོད་ཅུང་ཟད་ཀྱང་མ་བྱུང་ཞིང་། དཔོན་དེའི་སློ་སྙིང་རྣམས་ཆོས་སྐྱོང་དེའི་སྐུ་བརྟེན་གྱི་ཕྱག་ཏུ་ཕྱིང་བས་བསྟུམས་ནས་བཞག་པ་ད་ལྟའང་ཡོད་ཀྱང་ཆོས་སྐྱོང་དངོས་རྒྱུག་ཏུ་གྲགས་པ་དང་། ཡང་ཆོས་རྗེ་གཞོན་ནུ་ཟེར་བ་ཞིག་ཕྲག་དོག་གིས་ཀུན་ནས་བསླངས་ཏེ་གཟའ་སྒྲུབ་ནས་བཏང་བ་གཟིམས་ཁྲུང་གི་ཀ་གཞུ་སྟེང་དུ་བབ་པ་ལས་གནོད་པ་བྱེད་པ་ལྟ་ཞོག་གཞན་དུ་འགྲོ་མ་ནུས་པ་སྙིང་རྗེ་ཆེན་པོས་ཕྱིར་བཏང་ལ། སྐར་ཆོས་རྗེ་གཞོན་ནུ་རག་འཁྲོག་ཞེས་པའི་འཕྲང་ཞིག་ནས་ལྷུང་སྟེ་ཚེ་དུས་བྱས་པ་སྟོང་འཁོར་ཆོས་རྗེས་མཐུ་བཏང་བ་སོགས་མེད་ནའང་མཐུ་སྟོབས་ནུས་པའི་ཁྲིད་

པར་གྱིས་ཆོས་སྐྱོང་རྣམས་ཀྱང་དབང་མེད་དུ་ཐྲན་དུ་འཁོལ་ནུས་པ་ཞིག་ཡིན་པས། ཆོས་བསྲུང་རྣམས་ཀྱིས་ཚར་བཅད་ཅེས། ཀུན་གྱིས་རླུང་ལྟར་སྒྲོགས་ཤིང་། ཚུལ་དེ་དག་ལ་བརྟེན་ནས་ཕྱིར་བས་ཀྱང་མཚན་སྔན་གྲགས་ཕྱོགས་བཅུར་རྒྱས་པས་སྐྱེ་བོ་རྣམས་ཀྱང་དད་གུས་ཀྱི་འཕེལ་དུ་སོང་ཞིང་དེས་མཐུས་འཕྲིན་ལས་ཀྱང་ནམ་མཁའ་དང་མཉམ་པར་གྱུར་བ། སྟོད་ལྷན་གྱི་སློབ་མའི་ཚོགས་ཀྱང་དཔག་ཏུ་མེད་པ་ཕྱོགས་ཀུན་ནས་འདུས་པ་རྣམས་ལའང་རང་རང་གི་སྐལ་བ་དང་འཚམས་པའི་ཆོས་ཀྱི་འཁོར་ལོ་ཟབ་ཅིང་རྒྱ་ཆེ་བར་བསྐོར་ཏེ་སྨིན་གྲོལ་གྱི་ལམ་བཟང་པོར་དགྲི་བ་སོགས་སྐྱིགས་མའི་དུས་ཀྱི་བསྟན་པ་འགྲོ་བ་རྣམས་ལ་གཅིག་ཏུ་སྨན་པའི་གསང་བ་གསུམ་གྱི་མཛད་འཕྲིན་ཕལ་དང་ཕལ་གྱིས་བསྐྱུན་པར་མི་ནུས་པ་དེ་དང་དེ་དག་བསྟན་ཟིན་ནས་ཞིང་འདིའི་སྐུ་དངོས་ཀྱི་གདུལ་བར་བྱ་བ་རེ་ཞིག་རྫོགས་པ་ན་སླར་ཡང་སྐུའི་བཀོད་པ་བསྡུས་ཏེ་དགའ་ལྡན་ཆོས་ཀྱི་ཕོ་བྲང་མཐོན་པོར་གཤེགས་པར་གྱུར་ཏོ། །སྨྲས་པ། ཟག་མེད་ཡེ་ཤེས་ཆུ་གཏེར་ཡོངས་བཅིལ་བའི། །རྒྱལ་སྲས་ཟླ་བ་གཞོན་ནུའི་དཀྱིལ་འཁོར་ནི། །ལྷར་བཅས་སྐྱེས་རྒུ་(དགུ)ཡོངས་ཀྱི་གཙུག་རྒྱན་དུ། །རྒྱལ་མཚན་ཏོག་བཞིན་ཀུན་ཏུ་གསལ་བར་གྱུར། །མཁྱེན་རབ་འཇམ་དཔལ་གཞོན་ནུའི་རྗེས་འགྲོ་ཞིང་། །བརྩེ་ཆེན་སྙིང་རྗེའི་ལྷ་ཡི་འཕྲུལ་ཟླ་བྱེད། །ནུས་མཐུའི་ཁྱད་པར་གསང་བའི་བདག་པོ་དང་། །མཚུངས་ཕྱིར་ཁྱོད་ནི་རིགས་གསུམ་འདུས་ཞལ་ཉིད། །ལུས་ཅན་སྲིད་པས་སྒྲོལ་བའི་བླ་མ་སྟེ། །མཆོག་ཐུན་(མཐུན)དངོས་གྲུབ་སྟེར་བའི་ཡི་དམ་ལྷ། །བར་ཆད་ཀུན་ལས་བསྲུང་ཕྱིར་ཆོས་སྐྱོང་ཡང་། །ཁྱོད་ལས་གཞན་དུ་དོགས་པའི་གོ་སྐབས་མྲ། །མཐའ་འཁོབ་མུན་པའི་གླིང་དུ་གནས་པ་ཡི། །སྐྱེས་བུའི་ཚོགས་རྣམས་འཇམ་མགོན་ལུགས་བཟང་གི །སྣང་བ་དཀར་པོའི་དཔལ་ལ་སྤྱོར་བ་ཡི། །བཀའ་དྲིན་ཕ་མཐའ་སུ་ཡིས་དཔག་པར་ནུས། །འགྲོ་རྫོངས་དུག་ལྔའི་རེག་བྱ་ལྷག་པ་དང་། །བདོ་ཡང་སྙིང་རྗེའི་ངང་ཚུལ་ནམ་དུ་ཡང་། །གཏོང་མེད་འདི་ནི་སྲས་བཅས་རྒྱལ་རྣམས་ཀྱི། །ཐུན་མོང་མིན་པའི་ངང་ཚུལ་ཁོ་ནར་

བས། །ཞེས་བྱ་བ་ནི་བར་སྐབས་ཀྱི་ཚིགས་སུ་བཅད་པའི་ཕྲེང་བའོ། །

༈ སྐྱེས་པའི་རབས་ཀྱི་ཕྲེང་བ་བཅུ་གཅིག་པ་ནི། འབྱུང་རབས་ལས། ཕྱི་ནང་གཞན་གསུམ་དུས་ཀྱི་འཁོར་ལོ་ཡི། །མན་ངག་འཛིན་མཛད་ཡོན་ཏན་རྒྱ་མཚོ་དང་། །ཞེས་གསུངས་འདི་ལ་ཐུན་མོང་དང་། ཐུན་མོང་མ་ཡིན་པ་གཉིས་ལས་འདི་ནི་དང་པོའི་དབང་དུ་བྱས་ཏེ། དེ་ཡང་ཟས་གཙང་གི་སྲས་པོའི་མདོ་སྔགས་སྤྱི་དང་། ཁྱད་པར་དུ་ཡང་རྒྱུད་སྡེ་ཀུན་གྱི་མཆོག་ཏུ་གྱུར་པ་དང་པོའི་སངས་རྒྱས་དུས་ཀྱི་འཁོར་ལོའི་ཕྱི་ནང་གཞན་གསུམ་གྱི་མན་ངག་རྒྱ་མཚོ་ལྟ་བུ་རྣམས་འཛིན་ཅིང་སྤེལ་བ་ལ་གཞན་དྲིང་མི་འཇོག་པ་སྟོང་འཁོར་ཆོས་རྗེ་ཡོན་ཏན་རྒྱ་མཚོ་ཞེས་བྱ་བ་དེ་ཉིད་ཡིན་ལ། དེ་ཡང་འབྱུང་རབས་གསོལ་འདེབས་འདིར་བསྟན་པ་ནི། ཞིང་འདིར་ཐུན་མོང་བའི་སྣང་ཚུལ་དང་མཐུན་པར་ཙོན་པ་འབའ་ཞིག་གི་དབང་དུ་མཛད་པ་ཡིན་གྱི། ཐུན་མོང་མ་ཡིན་པའི་དབང་དུ་བྱས་ན། རྗེ་བླ་མ་བླ་བ་རྒྱལ་མཚན་དང་འདི་གཉིས་ཀྱི་བར་དུ་དགའ་ལྡན་དུ་སྐྱེ་བ་བཞེས་ནས་གསང་བ་བསམ་གྱིས་མི་ཁྱབ་པའི་མཛད་པ་དུ་མ་ཞིག་བསྟན་པ་སྣང་སྟེ། དེའི་ཚུལ་ཡང་རགས་བསྡུས་ཙམ་ཞིག་བརྗོད་ན། སྟོང་འཁོར་ཆོས་རྗེ་བླ་བ་རྒྱལ་མཚན་དེ་ཉིད་ཞིང་འདིའི་སྐུའི་བཀོད་པ་བསྡུས་ནས་དགའ་ལྡན་ཡིད་དགའ་ཆོས་འཛིན་དུ་པདྨའི་སྦུབས་སུ་རྫུས་ཏེ་སྐྱེ་བ་བཞེས་ཤིང་། དེའི་ཚེ་པདྨ་གཞན་རྣམས་ཁ་ཕྱེ་བ་ན་ཡང་། པདྨ་དེ་ནི་ཁ་མ་ཕྱེ་བར་ཟུམ་སྟེ་འདུག་པ་ལས། ནམ་ཞིག་ན་རྒྱལ་ཚབ་བྱམས་པ་མགོན་པོའི་ཐུགས་ཁ་ནས་འོད་ཟེར་ཞིག་སྤྲོས་ཏེ་མེ་ཏོག་དེ་ལ་ཕོག་པ་ན་ཁ་ཕྱེ་བར་གྱུར་ཏེ། དེའི་ནང་ནས་ལྷའི་བུ་ཤིན་ཏུ་མཛེས་པ་བལྟ་བས་ཚོག་མི་ཤེས་པ་ཞིག་བྱུང་བ་དེ་ལ་བྱམས་མགོན་གྱིས་གསུང་ཚངས་དབྱངས་ལྟ་བུས། འདི་སྐད་དུ་རིགས་ཀྱི་བུ་ཁྱོད་འོངས་པ་ལེགས་སོ། །ཁྱོད་ནི་ཞི་བའི་བློ་གྲོས་ཞེས་བྱ་བ་སྟེ། སངས་རྒྱས་ཀྱི་ཞིང་ཁམས་རྒྱ་མཚོ་ལྟ་བུ་རྣམས་སུ་གསང་བ་གསུམ་གྱི་རྣམ་པར་རོལ་པ་རྒྱ་ཆེར་བསྟན་དགོས་སོགས་བཀའ་སྩལ་ཞིང་། འདི་ལ་སྦྱོར་པ་ཀ་ཆེན་བློ་བཟང་དཔལ་ལྡན་ཡེ་ཤེས་ཀྱི་གསུང་ལས།

རྣམ་འདྲེན་ཐུགས་སྲས་ཞི་བའི་བློ་གྲོས་དང་། །ཞེས་སྐྱེས་རབས་ཀྱི་དང་པོར་གསུངས། གྲུབ་དབང་སྐལ་ལྡན་རྒྱ་མཚོའི་གསུང་ལས། སྙིང་དཀའ་ལྡན་ཆོས་ཀྱི་ཕོ་བྲང་དུ། །ལྷ་ཡི་མགོན་པོའི་སྤྱན་སྔ་རུ། །ཐུགས་བསྐྱེད་དུས་ཞི་བའི་བློ་གྲོས་དེ། །དུས་ད་ལྟ་སྟོང་འཁོར་སྤྲུལ་པའི་སྐུ། །ཞེས་ཉན་ཐོས་ཞི་བའི་སྒྲ་དབྱངས་དང་དུས་མཚུངས་ལྟ་བུ་དང་། བླ་མ་དམ་པ་ངག་དབང་བསྟན་འཛིན་འཕྲིན་ལས་རྣམ་རྒྱལ་གྱིས། ཁྱོད་སྔོན་བྱང་ཆུབ་རིན་ཆེན་འབྱུང་གནས་ལས། །ཞི་བའི་བློ་གྲོས་སྤྲུལ་པའི་བླ་སྣང་འབྲུངས། །འགྲོ་བློའི་དྭངས་མཚོར་ཁྲབ་པའི་བཀོད་པ་ཡིས། །ངོ་མཚར་སྐྱེས་རབས་སྤེལ་ལ་གསོལ་བ་འདེབས། །ཞེས་སྤྲུལ་གཞིའམ་སྐྱེས་རབས་ཀྱི་དང་པོ་ལྟ་བུར་གསུངས། འདིར་ཡང་ཁྱོད་ནི་ཞི་བའི་བློ་གྲོས་ཞེས་བྱ་བ་སྟེ། ཞེས་སྟོང་འཁོར་བླ་བ་རྒྱལ་མཚན་ནི་བློ་གྲོས་ཀྱི་སྤྲུལ་སྐུར་གསུངས་པ་དེས་ན་བླ་བ་རྒྱལ་མཚན་དཔལ་སྐུའི་བཀོད་པ་བསྡུས་ནས་ཞི་བའི་བློ་གྲོས་སྐུའི་སྐྱེ་བ་གསར་དུ་བཞེས་པ་ཡིན་ནམ་སྙམ་དེ་དཔྱད། བྱང་ཆུབ་སེམས་དཔའ་འཇམ་དཔལ་སྙིང་པོས་ཀྱང་། རིགས་ཀྱི་བུ་ཁྱོད་ཀྱིས་འཇིག་རྟེན་གྱི་ཁམས་སུ་སྤྲུལ་བ་གྲངས་མེད་པ་འགྱེད་དགོས་པས་ཏིང་ངེ་འཛིན་འདི་སྒོམས་ཤིག་གསུངས་ཏེ། གསང་བ་བསམ་གྱིས་མི་ཁྱབ་པའི་ཏིང་ངེ་འཛིན་བསྟན་པ་བཞིན་ཞི་བའི་བློ་གྲོས་ཀྱང་ཏིང་ངེ་འཛིན་དེ་ལ་མཉམ་པར་བཞག་པས་ལུས་སེམས་ཐམས་ཅད་རྟུལ་དང་བྲལ་བའ་དགའ་བ་དང་བདེ་བ་རྒྱད་པོ་ཆེས་ཁྱབ་ཅིང་། ལུས་དྲ་ལ་བདུན་སྲིད་ཙམ་དུ་ནམ་མཁའ་ལ་འཕགས་ནས་ཏིང་ངེ་འཛིན་གྱིས་ཀྱང་སྤྲུལ་པའི་མཆོད་པའི་སྤྲིན་ཚད་མེད་པས་བྱམས་མགོན་འཁོར་དང་བཅས་པ་མཉེས་པར་མཛད་ལ། དེའི་ཚེ་བྱམས་མགོན་གྱི་ཞལ་ནས། རིགས་ཀྱི་བུ་ཁྱོད་ཀྱིས་རྒྱལ་སྲས་ཀྱི་སྤྱོད་པ་རླབས་པོ་ཆེ་སྤྱད་པའི་སླད་དུ་སངས་རྒྱས་ཀྱི་ཞིང་དཔག་ཏུ་མེད་པར་སོང་ཏེ་བཅོམ་ལྡན་འདས་རྣམས་ལ་མཆོད་པ་དང་སྨོན་ལམ་རྒྱ་ཆེར་དགོས་པས་ཐོག་མར་བདེ་བ་ཅན་གྱི་ཞིང་ཁམས་དང་། དེ་ནས་རིམ་བཞིན་སངས་རྒྱས་ཀྱི་ཞིང་རྣམས་སུ་སོང་སྟེ། སླར་ཡང་འདིར་ཤོག་ཅིག ཅེས་གསུངས་པ་ལྟར་བདེ་བ་ཅན་དུ

ཕྱིན་ནས་སངས་རྒྱས་འོད་དཔག་མེད་ཀྱི་ཞལ་མཐོང་ཞིང་གསུང་གི་བདུད་རྩི་ལ་ལོངས་སྤྱོད་པ་དང་། མཆོད་པའི་སྤྲིན་དཔག་ཏུ་མེད་པས་མཆོད་ཅིང་། སྨོན་ལམ་རྒྱ་ཆེར་བཏབ། དེ་ནས་རིམ་པ་བཞིན་མངོན་དགའ་དང་། པདྨ་སྣང་གི་ཞིང་སོགས་ཞིང་ཁམས་གྲངས་མེད་པར་ཕྱིན་ཏེ་སངས་རྒྱས་རྣམས་ལ་མཆོད་ཅིང་སྨོན་ལམ་གསོལ་བ་དང་། དམ་པའི་ཆོས་ཀྱི་རོ་མྱང་བར་མཛད་ཟིན་ནས་སླར་ཡང་དགའ་ལྡན་དུ་ཕྱིན་ཏེ་རྗེ་བཙུན་བྱམས་པ་མགོན་པོའི་སྤྱན་ལམ་དུ་གོང་གི་རྒྱུ་མཚན་རྣམས་གསོལ་བ་ན་རྒྱལ་ཚབ་འཁོར་དང་བཅས་པས་ཐུགས་པ་རྒྱ་ཆེར་མཛད། དེ་ནས་ཡང་བྱམས་མགོན་གྱིས་འདི་སྐད་དུ། ཞི་བའི་བློ་གྲོས་ཁྱོད་ཀྱིས་སླར་ཡང་དག་པ་དང་མ་དག་པའི་ཞིང་རྣམས་སུ་བསྟན་པ་དང་འགྲོ་བའི་དོན་དུ་སྤྲུལ་པ་བརྒྱ་ཕྲག་གསུམ་དང་བཅུ་གསུམ་ལ་སོགས་པ་འགྱེད་པར་གྱིས་ཤིག བསྐལ་པ་བཟང་པོའི་རྣམ་འདྲེན་རེ་རེའི་མདུན་དུ་ཡང་ཁྱོད་ཀྱི་སྤྲུལ་པ་རེ་རེའི་སྒོ་ནས་འགྲོ་བའི་དོན་རྒྱ་ཆེན་པོར་གྱིས་ཤིག ཅེས་གསུངས་པ་ན་ཞི་བའི་བློ་གྲོས་ཀྱིས་ཀྱང་འདི་སྐད་དུ། བདག་གིས་དག་པ་དང་མ་དག་པའི་ཞིང་རྣམས་སུ་བསྟན་འགྲོའི་དོན་རླབས་པོ་ཆེས་འགྱེད་ཅིང་། རྒྱལ་བ་ཁྱོད་ཉིད་སངས་རྒྱས་པའི་ཚེ་ན་ཡང་འཁོར་གྱི་འདུས་པ་དང་པོད་གྱུར་ཅིག ཅེས་སྨོན་ལམ་བཏབ་པས་རྒྱལ་ཚབ་བྱམས་མགོན་དང་རྒྱལ་སྲས་ནམ་མཁའ་དྲི་མེད་དང་། བློ་བཟང་འཇམ་དཔལ་སྙིང་པོ་གསུམ་གྱིས་དགོངས་པ་གཅིག་དང་དབྱངས་གཅིག་གིས། མ་འོངས་པ་ན་བྱམས་མགོན་ཉིད་ཛམྦུའི་གླིང་དུ་མངོན་པར་རྫོགས་པར་སངས་རྒྱ་ཚུལ་བསྟན་པའི་ཚེ་འཁོར་གྱི་འདུས་པ་དང་པོར་དགྲ་བཅོམ་པ་མཛེས་ལྡན་ཅེས་བྱ་བར་གྱུར་ནས་གསུང་གི་བདུད་རྩི་ཐོག་མར་མྱོང་བར་འགྱུར་བའི་ལུང་བསྟན་མཛད་ནས། ང་ནི་སྤྲུལ་པ་རྒྱ་ཆེར་འགྱེད་པའི་དུས་ལ་བབ་པས། དཔེར་ན་ཟླ་བ་གཅིག་ལས་ཟླ་བརྙན་མང་འབྱུང་ལྟར། །ཁྱོད་ཉིད་བདག་གི་མདུན་སར་འདུག་བཞིན་དུ། །ཕྱོགས་དང་ཕྱོགས་མཚམས་ཀུན་ཏུའང་རྣམ་པར་སྤྲུལ། །སྣ་ཚོགས་རྒྱ་ཆེར་སྟོན་ཅིག་རིགས་ཀྱི་བུ། །ཞེས་བསྐུལ་བར་མཛད་པ་ལྟར། ཞི་བའི་བློ་གྲོས་ཀྱིས་སྤྲུལ་པ་

སུམ་བརྒྱ་དང་བཅུ་གསུམ་པར་འགྱེད་པར་མཛད་སྣང་སྟེ། དེ་ལྟ་བུའི་སྤྲུལ་པ་འགྱེད་པའི་ཚུལ་ཡང་རགས་རིམ་ཕྱོགས་མཐོང་ཙམ་ཞིག་བརྗོད་ན། སྟོང་འཁོར་ཡོན་ཏན་རྒྱ་མཚོ་དཔལ་བཟང་པོའི་རྣམ་ཐར་གྱི་ནང་ཚན་ཞི་བའི་བློ་གྲོས་ཀྱི་རྟོགས་པ་བརྗོད་པའི་སྐབས་ལས། སོགས་ལ། ཇི་སྐད་དུ། འོག་མིན་ལྷུན་པོ་བཀོད་པའི་གནས་མཆོག་ན། །བྱང་ཆུབ་སེམས་དཔའ་ཀུན་ཏུ་ཞི་བ་སྟེ། །ཐེག་ཆེན་གསང་སྔགས་ཆོས་ལ་ནན་ཏན་མཛད། །གཟུགས་ཁམས་ལྷ་རྣམས་ཀུན་ལ་དམ་ཆོས་སྟོན། །ཤར་ཕྱོགས་མངོན་པར་དགའ་བའི་འཇིག་རྟེན་ན། །གཞོན་ནུ་འཁྲུག་མེད་ཞི་བ་ཞེས་བྱ་བ། །སངས་རྒྱས་མི་འཁྲུགས་པ་ཡི་ཞབས་དྲུང་དུ། །ཚུལ་ཁྲིམས་བསླབ་པ་ཉིད་ལ་ནན་ཏན་མཛད། །ལྷོ་ཕྱོགས་རིན་ཆེན་འབྱུང་བའི་ཞིང་ཁམས་སུ། །སངས་རྒྱས་རིན་ཆེན་སྙིང་པོ་བྱ་བའི་མདུན། །བྱང་ཆུབ་སེམས་དཔའ་ཞི་བའི་རིན་ཆེན་གྱིས། །སྦྱིན་པའི་ཕ་རོལ་ཕྱིན་པ་རྫོགས་པར་མཛད། །ནུབ་ཕྱོགས་བདེ་བ་ཅན་གྱི་ཞིང་ཁམས་ན། །སངས་རྒྱས་འོད་དཔག་མེད་ཀྱི་ཞབས་དྲུང་དུ། །ལྷའི་བུ་ཞི་བའི་དབང་ཕྱུག་བྱ་བ་སྟེ། །ཏིང་འཛིན་བསླབ་པ་ཉིད་ལ་ནན་ཏན་མཛད། །བྱང་ཕྱོགས་ཛ་སྒྲ་ཅན་གྱི་ཞིང་ཁམས་སུ། །སངས་རྒྱས་ཛ་སྒྲའི་རྒྱལ་པོ་བྱ་བའི་དྲུང་། །གཞོན་ནུ་ཞི་བའི་ཛ་སྒྲ་ཞི་བྱ་བས། །འཕྲིན་ལས་རྣམ་བཞིས་འགྲོ་དོན་དཔག་མེད་མཛད། །ཤར་ལྷོ་འོད་ཟེར་ཅན་གྱི་ཞིང་ཁམས་སུ། །དེ་བཞིན་གཤེགས་པ་འོད་ཟེར་བརྒྱན་པའི་དྲུང་། །བྱང་ཆུབ་སེམས་དཔའ་ཞི་བའི་རྒྱལ་པོ་སྟེ། །དད་དང་ཏིང་འཛིན་བརྟན་པའི་བརྩོན་འགྲུས་ཐོབ། །ལྷོ་ནུབ་པདྨ་བརྩེགས་པའི་ཞིང་ཁམས་ན། །དེ་བཞིན་གཤེགས་པ་པདྨའི་དབང་པོའི་དྲུང་། །གཞོན་ནུ་ལེགས་པར་ཞི་བ་ཞེས་བྱ་བས། །ཤེས་རབ་བསླབ་པ་ཉིད་ལ་ནན་ཏན་མཛད། །ནུབ་བྱང་རྣམ་པར་གནོན་པའི་ཞིང་ཁམས་ན། །དེ་བཞིན་གཤེགས་པ་རྡོ་རྗེ་སྙིང་པོའི་དྲུང་། །གཞོན་ནུ་ཞི་བ་རྟུལ་མེད་ཞེས་བྱ་སྟེ། །རྡོ་རྗེ་ལྟ་བུའི་ཏིང་ངེ་འཛིན་ལ་གནས། །བྱང་ཤར་རྣམ་པར་རོལ་པའི་ཞིང་ཁམས་ན། །སངས་རྒྱས་རྣམ་རོལ་བཀོད་པའི་རྒྱལ་པོའི་དྲུང་། །གཞོན་ནུ་ཞི་བ་རྣམ་

རོལ་བྱ་བ་སྟེ། །སློབ་པ་མཆོག་ཏུ་གྱུར་པའི་ཏིང་འཛིན་ཐོབ། །སྟེང་ཕྱོགས་ཀུན་ཏུ་དག་པའི་ཞིང་ཁམས་ན། །བདེ་བར་གཤེགས་པ་ཀུན་ཏུ་གཟིགས་པའི་དྲུང་། །གཞོན་ནུ་ཞི་བའི་འོད་ཟེར་ཞེས་བྱ་བ། །བདེན་པ་གཉིས་ཀྱི་དོན་ལ་བསྟན་པར་མཁས། །འོག་ཕྱོགས་ཐལ་བས་ཁྱབ་པའི་ཞིང་ཁམས་ན། །འཇིག་རྟེན་རྣམ་འདྲེན་ཐལ་བའི་དབང་པོའི་དྲུང་། །གཞོན་ནུ་ཞི་བའི་སྒྲ་སྒྲོག་ཅེས་བྱ་བ། །བདེན་པ་རྣམ་བཞིའི་དོན་ལ་མཁས་པར་མཛད། །ཚངས་པ་མདུན་ན་འདོན་ཞེས་བྱ་བ་ན། །ལྷའི་བུ་རབ་ཏུ་ཞི་བ་ཞེས་བྱ་བ། །ཚངས་པའི་གནས་ཀྱི་ལྷ་རྣམས་ཐམས་ཅད་ལ། །བདུད་རྩི་ལྟ་བུའི་དམ་ཆོས་བསྟན་པར་གྱུར། །གཞན་འཕྲུལ་དབང་བྱེད་ལྷ་ཡི་ཕོ་བྲང་ན། །ལྷའི་བུ་ཞི་བ་མེ་ཏོག་ཅེས་བྱ་བ། །དམ་ཆོས་དྲང་བའི་དོན་གྱི་ཆོས་བསྟན་ནས། །འདོད་ལྷའི་གནས་ཀྱི་སེམས་ཅན་འགྲོ་དོན་མཛད། །དགའ་ལྡན་ལྷ་གནས་ཆོས་ཀྱི་ཕོ་བྲང་ན། །རྒྱལ་ཚབ་དམ་པ་བྱམས་པ་མགོན་པོའི་དྲུང་། །བྱང་ཆུབ་སེམས་དཔའ་ཞི་བའི་བློ་གྲོས་ཏེ། །ཆོས་རྣམས་ཀུན་གྱི་གནས་ལ་མཁས་པར་སྦྱངས། །སུམ་ཅུ་རྩ་གསུམ་ལྷ་ཡི་ཕོ་བྲང་ན། །ལྷའི་བུ་ཞི་བའི་ངང་ཚུལ་ཞེས་བྱ་བ། །སྡུག་བསྔལ་བདེན་པའི་དོན་རྣམས་རབ་བཤད་ནས། །ལྷ་རྣམས་ཐམས་ཅད་བག་དང་ལྡན་པར་མཛད། །བྱང་ཕྱོགས་ལྕང་ལོ་ཅན་གྱི་ཕོ་བྲང་ན། །གནོད་སྦྱིན་མེ་ཏོག་འཕྲེང་འཛིན་ཅན་གྱི་བུ། །སྙིང་པོ་ཞི་བའི་རྡོ་རྗེ་ཞེས་བྱ་བ། །གསང་བདག་དྲུང་དུ་གསང་སྔགས་དམ་ཆོས་ཉན། །ལྷ་མིན་གནས་ཀྱི་དང་པོ་སྒྲ་གཅན་ཡུལ། །དྲང་སྲོང་ཞི་བའི་རྒྱ་མཚོ་ཞེས་བྱ་བ། །བྱམས་དང་སྙིང་རྗེ་ཏིང་འཛིན་ལ་གནས་ཏེ། །ལྷ་མིན་གནས་སུ་སྤྲུལ་པས་འགྲོ་དོན་མཛད། །བྱང་ཆུབ་སེམས་དཔའ་དུད་འགྲོ་འདུལ་བའི་ཕྱིར། །པདྨའི་ནང་དུ་བདུད་རྩི་ཞི་བར་སྤྲུལ། །བྱིངས་ན་གནས་པའི་དུད་འགྲོ་དེ་རྣམས་ལ། །སངས་རྒྱས་དཔག་མེད་མཚན་ཡང་སྟོན་པར་མཛད། །བྱང་ཆུབ་སེམས་དཔའ་ཡི་དྭགས་འདུལ་བའི་ཕྱིར། །རྫུས་ཏེ་སྐྱེས་པ་ཞི་བའི་འབྱུང་གནས་ཏེ། །ཐུགས་རྗེ་ཆེན་པོའི་ཡིག་དྲུག་གསུངས་པའི་མཐུས། །ཡི་དྭགས་ཐར་བའི་གླིང་དུ་འདྲེན་པར་མཛད། །

དམྱལ་བ་ཚ་གྲང་ཅན་རྣམས་འདུལ་བའི་ཕྱིར། ། སྲིན་གྱི་གསེབ་ནས་ཞི་བའི་སྙིང་རྗེར་སྤྲུལ། །སྙིང་རྗེ་བསྒོམས་བཞིན་གཟུངས་སྔགས་ཟབ་མོ་བརྗོད། །ཚ་གྲང་དམྱལ་བའི་སྡུག་བསྔལ་ཞི་བར་མཛད། །ངན་སོང་གསུམ་པོ་དེ་རྣམས་འདུལ་བའི་ཕྱིར། །བྱང་ཆུབ་སེམས་དཔའི་སྤྲུལ་པ་དེ་གསུམ་གྱིས། །རེ་རེས་ཀྱང་ནི་རང་འདྲའི་སྤྲུལ་པ་བསྒྱུ། །འགྱེད་ཅིང་ཐམས་ཅད་བདེ་བའི་ལམ་དུ་འགོད། །ཤར་གླིང་ལུས་འཕགས་པོ་ཞེས་བྱ་བ་ན། །ཡབ་ནི་རྗེ་རིགས་ཡུམ་ནི་བྲམ་ཟེའི་རིགས། །དེའི་བུ་དྲང་སྲོང་ཞི་བའི་བླ་མ་སྟེ། །བདེན་བཞིའི་ཆོས་ཀྱིས་འགྲོ་བ་དེ་རྣམས་འདུལ། །ནུབ་གླིང་བ་གླང་སྤྱོད་ཅེས་བྱ་བ་ན། །རྒྱལ་པོ་དགེ་བ་ཅན་དང་གཟུགས་མཛེས་མའི། །བུར་སྤྲུལ་དགེ་སློང་ཞི་བ་དཔལ་ལྡན་ཏེ། །ཚུལ་ཁྲིམས་བསླབ་པས་འགྲོ་རྣམས་བདེ་ལ་འགོད། །བྱང་གླིང་སྒྲ་མི་སྙན་ཞེས་བྱ་ན། །པདྨ་དཀར་པོ་འདབ་སྟོང་ལྡན་པའི་དབུས། །དྲང་སྲོང་སྡུག་བསྔལ་ཞི་བྱེད་བྱ་བར་སྤྲུལ། །མཐོང་ཚམ་གྱིས་ཀྱང་ཐམས་ཅད་གྲོལ་བར་འགྱུར། །འཛམ་གླིང་རྡོ་རྗེ་གདན་ན་རྒྱལ་པོ་ནི། །རྒྱལ་རིགས་དཔལ་དབྱངས་བཙུན་མོ་དཔལ་ཕྲེང་མའི། །སྲས་གྱུར་རྒྱལ་པོ་ཞི་བའི་སྙིང་པོ་སྟེ། །མདོ་སྡེ་བཤད་པས་ཐམས་ཅད་ཆོས་ལ་བཀོད། །ཤར་ཕྱོགས་ཟ་ཧོར་ཡུལ་ན་རྒྱལ་པོ་ནི། །ལེགས་པའི་བློ་གྲོས་བཙུན་མོ་དཔལ་ཕྲེང་མའི། །སྲས་ནི་རྒྱལ་བུ་བློ་གྲོས་ཞི་བ་སྟེ། །དགེ་འདུན་སྡེ་ནི་རྒྱ་ཆེར་སྤེལ་བར་བྱེད། །ལྷོ་ཕྱོགས་བེ་ཏའི་ཡུལ་དུ་དམངས་རིགས་ནི། །དཔལ་སྦྱིན་པ་དང་དཔལ་འོད་མ་ཡི་བུ། །པཎྜི་ཏ་ནི་ཞི་བའི་འཇམ་དཔལ་སྟེ། །གནས་ལྔ་རིག་པའི་མུ་སྟེགས་རྒོལ་བ་འཛོམས། །ནུབ་ཕྱོགས་ཟངས་གླིང་རྒྱལ་པོ་འོད་ཟེར་ཅན། །བཙུན་མོ་ལེགས་པའི་པདྨོ་ཞེས་བྱ་བས། །བུ་ནི་རྒྱལ་པོ་ཞི་བའི་དཔལ་སྟེར་ཉིད། །ཡུལ་ཕྱོགས་དེ་ན་མདོན་པའི་སྡེ་སྣོད་སྤེལ། །བྱང་ཕྱོགས་ཤམྦྷ་ལ་ཞེས་བྱ་བ་ན། །རྒྱལ་པོ་གཟི་བརྗིད་ལྷ་དང་ལྷ་མོ་ནི། །ལྷ་མཚོའི་བུ་རུ་ཞི་བའི་གཟི་བརྗིད་ཉིད། །དུས་ཀྱི་འཁོར་ལོས་རྗེས་སུ་འཛིན་པར་བྱ། །ལྷོ་ཕྱོགས་པོ་ཏ་ལ་ཞེས་བྱ་བ་ན། །འཕགས་མཆོག་སྤྱན་རས་གཟིགས་དབང་ཞབས་དྲུང་དུ། །པདྨོ་ལས་སྐྱེས

ཞི་བ་ཀུན་ཏུ་དབྱངས། །སྙིང་རྗེ་ཆེན་པོའི་ཁྱད་པར་དམ་ཆོས་ཉན། །སྲིན་པོའི་ཡུལ་ནི་ཛ་ཡབ་བྱ་བ་ན། །སྲིན་པོ་རབ་གཏུམ་དང་ནི་གཏུམ་ལེགས་མའི། །བུ་རུ་ཞི་བ་འཇིགས་མེད་ཞེས་བྱར་སྤྲུལ། །སྲིན་པོ་རྣམས་ལ་དུས་བཟང་སྨོན་པ་འདོག །ཀླུ་ཡི་ཡུལ་དུ་རྒྱལ་པོ་གྲགས་འཛིན་དང་། །བཙུན་མོ་མེ་ཏོག་ཅན་གྱི་སྲས་གྱུར་པ། །ཞི་བའི་སྤྲིན་གྱིས་ལུ་རྣམས་ཐམས་ཅད་ལ། །སྤྲིན་ཆེན་ཞེས་བྱའི་མདོ་ནི་རབ་ཏུ་སྟོན། །དྲི་ཟའི་ཡུལ་ན་བྱང་ཆུབ་སེམས་དཔའ་ནི། །པདྨའི་ཚལ་དུ་བུང་བའི་ཚུལ་འཛིན་པ། །ཞི་བ་སྒྲ་དབྱངས་རྒྱལ་པོ་བྱ་བ་ཡིས། །སྒྲ་དབྱངས་ཚུལ་དུ་དམ་ཆོས་དཔག་མེད་སྟོན། །སྲིན་མོ་སེང་གླུ་ལ་ཡི་གླིང་ན་ནི། །བྱང་ཆུབ་སེམས་དཔའ་མཁའ་ལྡིང་གཟུགས་འཛིན་པ། །ཞི་བའི་དཔལ་གྱིས་སྲིན་མོ་དེ་དག་རྣམས། །འཕྲིན་ལས་རྣམ་བཞིའི་སྒོ་ནས་དགེ་ལ་འགོད། །གསེར་གླིང་ཡུལ་ན་རྒྱལ་པོ་གསེར་ལྡན་དང་། །མུ་སྟེགས་རིགས་གྱུར་བཙུན་མོ་དབང་ཕྱུག་ལྷའི། །བུར་གྱུར་ཞི་བའི་གཞོན་ནུ་ཞེས་བྱ་བས། །མུ་སྟེགས་ཚོགས་རྣམས་ཐམས་ཅད་ནང་པར་བཙུད། །རྒྱ་ནག་རི་བོ་རྩེ་ལྔ་བྱ་བ་ན། །རྒྱལ་སྲས་འཇམ་དཔལ་སྨྲ་བའི་སེང་གེའི་དྲུང་། །བྱང་ཆུབ་སེམས་དཔའ་ཞི་བ་སྨྲས་པ་སྟེ། །མི་མངོན་ཚུལ་དུ་སེམས་ཅན་འགྲོ་དོན་མཛད། །ལི་ཡི་ཡུལ་དུ་རྒྱལ་པོ་པད་མོའི་དཔལ། །བཙུན་མོ་ཡོན་ཏན་འབྱུང་གནས་གཉིས་ཀྱི་སྲས། །གཞོན་ནུ་ཞི་བའི་གོ་ཆ་ཞེས་བྱ་བས། །རྒྱལ་སྲས་དྲེགས་པ་ཅན་རྣམས་ཆོས་ལ་བཙུད། །ཅེས་གསུངས་པ་ལྟར་དང་། གཞན་ཡང་དེ་ལས། སྟོང་འཁོར་ཡུལ་དུ་ཞི་བ་རྒྱ་མཚོ་སྟེ། །ཡོན་ཏན་རྒྱ་མཚོ་རྒྱལ་བ་རྒྱ་མཚོ་ཉིད། །རྒྱུད་སྡེ་རྒྱ་མཚོས་(མདོ་རྒྱུད་རྒྱ་མཚོ་ལུང་བསྟན། འདི་དག་ནི་སྟོང་འཁོར་ཡོན་ཏན་རྒྱ་མཚོ་དགུང་ལོ་བཅུ་དགུའི་སྐབས་གསུངས་ཤིང་། ཚིགས་བཅད་རྗེས་མ་འདི་དག་ནི་སྤྲུལ་སྐུ་རྗེས་མ་ལུང་བསྟན་དགོས་ཞེས་པའི་དོན་དུ་གསུངས་པར་མངོན་ལ། གཞན་ཡང་རྣམ་ཐར་དེ་ལས་རྗེ་ཉིད་ཀྱི་སྐུ་ཕྲེང་གཞན་དག་ཀྱང་གསང་བའི་ཚིག་གིས་བསྟན་པ་ནི་མཁས་པ་དག་གི་མཁྱེན་པའི་ལུང་ཉིད་དུ་བས་སོ། །) བསྟན་པ་གསལ་བར་མཛད། །ཅེས་གསུངས། དེ་ལྟར་འདིར་དངོས་སུ་སྨོས་པ་རྣམས་ཀྱིས་མཚོན་

པའི་དག་མ་དག་གི་ཞིང་རབ་འབྱམས་རྒྱ་མཚོའི་རྡུལ་དང་མཉམ་པ་རྣམས་སུ་སྤྲུལ་པའི་རོལ་གར་བསམ་གྱིས་མི་ཁྱབ་པ་དུས་གཅིག་དང་སྔ་ཕྱི་རིམ་ཅན་ཅི་རིགས་པར་རྒྱུན་མི་ཆད་པ་འབྱམས་ཀླས་སུ་བསྟན་པའི་སྒོ་ནས་གདུལ་བྱ་བསམ་ལས་འདས་པའི་དོན་མཛད་པར་སྣང་ངོ་། །སླས་པ། རྣམ་འདྲེན་རྒྱལ་བའི་རྒྱལ་ཚབ་མ་ཕམ་མགོན། །རྣམ་མང་འཁོར་གྱི་དབུས་སུ་ཐེག་མཆོག་ཆོས། །རྣམ་ཀུན་སྟོན་པའི་བསྟི་གནས་ཁྱད་པར་ཅན། །རྣམ་དག་དགའ་ལྡན་ཆོས་ཀྱི་ཕོ་བྲང་སྟེ། །དེ་ཡི་ཞིང་དུ་འདབ་སྟོང་པདྨའི་སྦུབས། །བསམ་བཞིན་སྲིད་པ་བཟུང་བའི་ངོ་མཚར་ཅན། །རྒྱལ་ཀུན་མཉེས་པའི་མཆོད་སྤྲིན་རབ་བསྒྲེངས་པ། །ཞི་བའི་བློ་གྲོས་ལྷ་མིའི་སྐྱབས་ཀྱི་ཐུལ། །ཁྱོད་ནི་རྒྱལ་བ་ཀུན་གྱི་འཕྲིན་ལས་ཀྱི། །བྱེད་པོ་ཡིན་ཕྱིར་རབ་འབྱམས་ཞིང་ཁམས་སུ། །སྤྲུལ་པའི་རྣམ་རོལ་འབུམ་ཕྲག་འབུམ་གྱི་གར། །སྤྲོ་དང་བསྡུ་བའི་རོལ་མོ་ཅི་ཡང་བསྒྱུར། །ཇི་ལྟར་མཁའ་དབྱིངས་ཟླ་བའི་དཀྱིལ་འཁོར་ནི། །གཅིག་པས་ཆུ་ཟླ་གྲངས་མེད་འཆར་བ་ལྟར། །འབད་རྩོལ་དག་ལ་ལྟོས་པ་མེད་བཞིན་དུ། །གདུལ་བྱའི་ཁམས་དང་མཉམ་པའི་ཆོ་འཕྲུལ་སྟོན། །འདྲེན་པ་རྣམས་ཀྱི་གསང་བ་ཟབ་མོའི་ཚུལ། །འདི་འདྲ་མཐོང་ཐོས་ཡུལ་དུ་གྱུར་པ་ན། །ཐ་མལ་རང་གར་འཛིན་པའི་ཀུན་རྟོག་གི །ཆོམ་རྐུན་མཐའ་དག་སྟོང་པའི་ཀློང་དུ་གྲོས། །ཞེས་པ་ནི་བར་སྐབས་ཀྱི་རྒྱལ་པོའི་ཚིགས་བཅད་དོ། །

དེ་ནས་ཀྱང་ལྷག་པར་དུ་རང་ཅག་བོད་ལྗོངས་མུན་པའི་གླིང་འདིར་གནས་པའི་སྐྱེ་བོ་རྣམས་ལ་མདོ་སྔགས་བསྟན་པའི་སྒྲོན་མེ་འདེགས་པར་མཛད་པའི་སླད་དུ་སྟོང་འཁོར་ཆོས་རྗེ་ཡོན་ཏན་རྒྱ་མཚོར་བསམ་བཞིན་དུ་སྐྱེ་བ་བཞེས་ཕྱིར་སྤྲུལ་པ་བསྟན་ཏེ་ལྷུམས་སུ་ཞུགས་ཚུལ་ལ་སོགས་པ་ནི། དེ་ཡང་ཇི་སྐད་དུ། སྟོང་འཁོར་གོང་མ་བསོད་ནམས་རྒྱ་མཚོའི་གསུང་ལས། །བཅོམ་ལྡན་འཁོར་ལོ་སྡོམ་པ་ལ་སོགས་པའི། །ཡི་དམ་ལྷ་ཚོགས་དུ་མས་རྗེས་བཟུང་ཞིང་། །གསང་སྔགས་རྒྱུད་སྡེའི་དོན་ལ་མཁྱེན་པ་རྒྱས། །མི་བསྐྱོད་ཞི་བའི་རྗེ་རྗེར་གསོལ་བ་འདེབས། །ཞེས་གསུངས་པ་ལྟར། གོང་དུ་བཤད་པའི་ལྷའི་བུ་ཞི་བའི་བློ་གྲོས་དེ་ཉིད་ཀྱིས་

ནམ་ཞིག་ན་སྔར་ཡང་ཐུགས་ཀ་ནས་འོད་ཟེར་དཔག་ཏུ་མེད་པ་སྤྲོས་ནས་ཕྱོགས་ཀུན་སྣང་བར་མཛད་རྗེས་ཐུགས་ཀར་ཐིམ་པ་ལས། ཐུགས་ཀ་ནས་པདྨ་འདབ་བརྒྱད་ཀྱི་སྟེང་དུ་གང་གི་སྤྲུལ་པ་མི་བསྐྱོད་ཞི་བའི་རྡོ་རྗེ་ཞེས་བྱ་བ་བཻཌཱུརྱ་སྔོན་པོའི་ཁ་དོག་ལྟ་བུ་སྐུ་མདོག་སྔོ་སངས་ཅན། ཞལ་ནས་གསང་སྔགས་ཀྱི་དམ་ཆོས་སྒྲོགས་པ། ཕྱག་གཡས་ཁ་ཊྭཱ་ག་དང་། གཡོན་ཐོད་པ་འཛིན་པ། དབུ་སྐྲ་རལ་པའི་ཐོར་གཙུག་གི་རྩེ་མོར་རྡོ་རྗེ་རྩེ་ལྔ་བའི་བརྒྱན་པ། སྟག་གི་ལྤགས་པའི་གདན་ལ་གར་སྟབས་ཀྱིས་ཚུལ་དུ་བཞུགས་པ་ཞིག་སྤྲུལ་པར་མཛད་པ་ན། རྒྱལ་ཚབ་མ་ཕམ་མགོན་པོས་ཀྱང་མཁྱེན་བཞིན་དུ་ཞི་བའི་བློ་གྲོས་ལ། ཁྱོད་ཀྱིས་འདི་ལྟ་བུའི་སྤྲུལ་པ་འགྱེད་པའི་དོན་གང་ཞིག་ཡིན་ཅེས་འདྲི་ཞིང་རྨེད་（རྨད）པའི་ཚུལ་མཛད་པས། ལན་དུ་བདག་གིས་སྤྲུལ་པའི་རོལ་བ་མང་པོས་ཞིང་ཁམས་ཀུན་ཁྱབ་པར་བྱས་ཟིན་མོད། ང་ནི་ཁྱད་པར་དུ་བོད་ཁ་བ་ཅན་ཞེས་བྱ་བའི་ཡུལ་དུ་གསང་སྔགས་ཀྱི་བསྟན་པ་སྤེལ་ཕྱིར་སྤྲུལ་པ་འདི་ཉིད་གཏོང་བར་སྤྲོ་ན། དེའི་སྐད་དུ་འདི་ཉིད་ཐོག་མར་ཨུ་རྒྱན་མཁའ་སྤྱོད་ཀྱི་གནས་སུ་བཏང་ནས་དབང་བསྐུར་ནོད་པ་དང་། གསང་སྔགས་ཀྱི་བསྟན་པ་རྒྱ་ཆེར་སྤེལ་ནུས་སུ་བྱིན་གྱིས་རློབ་ཏུ་འཇུག་པར་འདོད་པ་ལགས་པས་དེ་ལྟར་དུ་འགྱུར་བར་ཐུགས་རྗེའི་དཔུང་ཚེས་ཆེར་བསྐྱེད་དུ་གསོལ། ཞེས་ཞུས་པ་ན། བྱམས་མགོན་འཁོར་བཅས་ཀྱང་ལྷག་པར་མཉེས་པའི་དགྱེས་འཛུམ་གསལ་པོར་བསྟན་ཏེ་ཐུགས་བསྐྱེད་དང་རྟེན་འབྲེལ་དཔག་ཏུ་མེད་པ་མཛད་ཅིང་། སྤྲུལ་པའི་སེནྡྷེ་ཞིག་ཀྱང་གནང་ནས་ཁྱོད་ཀྱི་སྤྲུལ་པ་དེ་འདི་ལ་བསྐྱོན་ཏེ་མཁའ་སྤྱོད་དུ་ཐོངས་ཤིག་གསུངས་པ་བཞིན་སེནྡྷེ་ལ་སྟག་ལྤགས་བཀབ་པའི་སྟེང་དུ་མི་བསྐྱོད་ཞི་བའི་རྡོ་རྗེ་ཆིབས་སུ་བཅུག་ནས་བཏང་ལ། ཡང་བར་ཆད་བསྲུང་ཕྱིར་གཡས་ཕྱོགས་སུ་དམ་ཅན་ཆོས་རྒྱལ་དང་། གཡོན་དུ་ཀླུ་ཏ་པྣ་ལ་གཉིས་རང་རང་གི་བཞོན་པར་ཆིབས་ནས་ཕྱིན་པས། མཁའ་སྤྱོད་ཀྱི་ཕྱི་རོལ་དུ་ཕེབས་པ་ན་དུར་ཁྲོད་ན་གནས་པའི་ཞིང་སྐྱོང་དང་། རོ་ལངས། སྲིན་པོ། གནོད་སྦྱིན་སོགས་ཀྱིས་འཇིགས་ཤིང་མི་སྡུག་པའི་

གཟུགས་དུ་མ་བསྟན་ཅིང་། གཞན་ཡང་རི་བསྐོལ་བ་དང་། མཚོ་འཁྲུག་པ་དང་། ཐོག་སེར་འབེབས་པ་དང་། ཧ་ཧ་དང་། ཧེ་ཧེའི་གད་མོ་དྲག་ཏུ་སྒྲོད་（སྒྲོད）པའི་ཁ་ཆླངས་སྤྲིན་ལྟར་གཡོ་བ་སོགས་ཆོ་འཕྲུལ་སྣ་ཚོགས་བསྟན་པ་རྣམས་བསྒྱུར་མ་གཉིས་ཀྱིས་སེལ་བར་མཛད་ཅིང་། དེ་ལ་ཉམས་ང་བ་ཙུང་ཟད་ཀྱང་མེད་པར་ཨོ་རྒྱན་རྡོ་རྗེ་ཅན་གྱི་ཕོ་བྲང་དུ་ཕྱིན་པ་དང་། ཁམས་གསུམ་ཆོས་ཀྱི་རྒྱལ་པོ་སྟོང་ཁ་བ་ཆེན་པོ་དྲུག་པ་རྡོ་རྗེ་འཆང་གི་རྣམ་པར་བཞུགས་པའི་ཞལ་མཇལ་ཞིང་། མངོན་པར་བསྟོད། གཞན་ཡང་གསང་འདུས། བདེ་མཆོག ཀྱཻ་རྡོར། འཇིགས་བྱེད། དུས་ཀྱི་འཁོར་ལོ། ཡུམ་ཆེན་རྡོ་རྗེ་ཕག་མོ། བདག་མེད་མ། མཁའ་སྤྱོད་མ་སོགས་ཡི་དམ་ལྷ་ཚོགས་དཔག་ཏུ་མེད་པ་དང་། ས་ར་ཧ་བ་ཀླུ་སྒྲུབ་རྡོ་རྗེ་ཅན། །ཤ་བ་རི་བ་ལཱུ་ཨི་པ་སོགས་དང་། །ཏི་ལོ་ན་རོ་ཏོམ་བྷི་ཧེ་རུ་ཀ །སླང་ཆེན་གོས་དང་རིན་ཆེན་རྡོ་རྗེ་སོགས། །གྲུབ་པའི་སར་གཤེགས་རྣལ་འབྱོར་པོ་མོའི་ཚོགས། །ཞིང་གི་རྟུལ་སྙིང་བཞུགས་པའི་ཚོགས་ཀྱང་མཇལ། །སྨྲ་བསམ་བརྗོད་དུ་མེད་པའི་ངོ་མཚར་མཐོང་། །བླ་ན་མེད་པའི་རྡོ་རྗེ་གླུ་ཡང་ཐོས། །ཞེས་སོགས་གསུངས་པ་ལྟར་གྲུབ་ཐོབ་པོ་མོ་བསམ་གྱིས་མི་ཁྱབ་པའང་མཇལ། དེ་ཚེ་མི་བསྐྱོད་ཞི་བའི་རྡོ་རྗེས་དེ་རྣམས་ཀྱི་དྲུང་དུ་རབ་ཏུ་དགའ་བའི་མདངས་དང་བཅས་ནས། བདག་གིས་མ་དག་པའི་གནས་རྣམས་སུ་གསང་ཆེན་རྡོ་རྗེ་ཐེག་པའི་ཚུལ་མ་ལུས་པ་རྒྱས་པར་བྱེད་པར་སྨོན། དེའི་སླད་དུ་བདག་ལ་རྡོ་རྗེ་ཕག་མོས་དབང་བཞི་ཡོངས་སུ་རྫོགས་པར་བསྐུར་དུ་གསོལ་ཞེས་གསོལ་བ་བཏབ་པར་མཛད་དེ་ཇི་སྐད་དུ། རྣམ་ཐར་ཚིགས་བཅད་མ་ལས། མ་ཕམ་ཡབ་སྲས་མངགས་པ་བདག །མ་དག་ཡུལ་གྱི་འགྲོ་རྣམས་ལ། །མ་ལུས་རྡོ་རྗེ་ཐེག་པ་ཡི། །མ་ནོར་ལམ་བཟང་བསྟན་ནས་ནི། །མ་རྣམས་མཁའ་སྤྱོད་གནས་འདི་རུ། །མ་ལུས་འདྲེན་པའི་ལྷག་བསམ་ཡོད། །མ་གཅིག་རྡོ་རྗེ་ཕག་མོ་ཡིས། །མ་ལུས་དབང་བཞི་བསྐུར་དུ་གསོལ། །ཞེས་གསོལ་བ་བཏབ་པར་གསུངས་པས་ཕྱིར། དེ་ལྟར་གསོལ་བ་བཏབ་པས། དེར་འདུས་པའི་རྒྱལ་བཞི་ཁྲིའི་

ཚོགས་ཀྱིས་ཀྱང་རྡོ་རྗེ་ཕག་མོ་ལ་བཀའ་བསྒོ་བར་མཛད་པ་བཞིན། དེས་ཀྱང་དེ་བཞིན་དུ་བགྱིའོ་ཞེས་གསུངས་ཏེ་དཀྱིལ་འཁོར་གྱི་བདག་པོར་སྐུར་བཞེངས་ནས་དབང་བཞི་ཡོངས་སུ་རྫོགས་པར་བསྐུར་ཞིང་གསང་བའི་དེ་ཉིད་རྒྱ་ཆེར་བསྟན་ཟིན་པའི་མཐར་ཉིད་ཀྱི་ཐུགས་ཀ་ནས་མཁའ་འགྲོ་མ་དམར་མོ་ཞིག་ཕྱུང་ནས། འདི་སྐད་དུ། འདི་ནས་བཟུང་སྟེ་དུས་ཀུན་ཏུ། །འདི་ནས་བསྟན་པའི་གསང་སྔགས་ཆོས། །འདི་ཉིད་རྒྱས་པར་བྱེད་སླད་དུ། །འདི་ཉིད་ནས་ནི་ཀུན་བཟུང་སྟེ། །བདེ་བ་མཆོག་ལ་ཡི་དམ་གྱིས། །བདེ་བའི་རང་བཞིན་ང་ཉིད་ལའང་། །བདེ་ལྡན་ཁྱོད་ཀྱིས་གསོལ་བ་ཐོབ། །བདེ་མཆོག་ལྷ་བུ་ཐོབ་པར་འགྱུར། །ཞེས་དེང་ནས་བཟུང་སྟེ་ཁྱོད་ཀྱིས་གསང་སྔགས་རྡོ་རྗེ་ཐེག་པའི་བསྟན་པ་རྒྱས་པར་བྱེད་དགོས་པས་དཔལ་འཁོར་ལོ་སྡོམ་པ་ལ་ཡི་དམ་གྱི་གཙོ་བོར་འཛིན་ཅིང་། ང་ལའང་གསོལ་བ་ཐོབ་ཅིག་དང་། བདེ་བ་ཆེན་པོའི་ཡེ་ཤེས་བདེ་མཆོག་ལྷ་བུ་ཐོབ་པར་འགྱུར་རོ་ཞེས་ལུང་བསྟན། གཞན་ཡང་དེ་ན་བཞུགས་པའི་དཔའ་བོ་དང་རྣལ་འབྱོར་མའི་ཚོགས་ཐམས་ཅད་ཀྱིས་བྱིན་གྱིས་བརླབས་ཤིང་། གསང་སྔགས་ཀྱི་ཆོས་ཟབ་ཅིང་རྒྱ་ཆེ་བ་ལྷག་པར་སྩལ། ཁྱད་པར་དུ་བཅོམ་ལྡན་འདས་འཁོར་ལོ་སྡོམ་པས་སྐྱེ་བ་ཀུན་ཏུ་འབྲལ་མེད་རྗེས་སུ་འཛིན་པའི་མཚན་མ་ཐོབ་པ་སོགས་བླ་ན་མེད་པའི་དགའ་བ་རྒྱ་ཆེན་པོ་ཉམས་སུ་མྱོང་བའི་མཐར་དཔའ་བོ་རྣམས་ཀྱིས་རུས་པའི་རྒྱན་དྲུག་ཕུལ་བ་དེ་གསོས་ནས་བསྲུང་མ་གཉིས་དང་། ལུང་བསྟན་མཛད་པའི་མཁའ་འགྲོ་མ་དམར་མོ་དག་བཅས་ཏེ་ལྕང་ལོ་ཅན་གྱི་ཕོ་བྲང་དུ་བྱོན། དེ་ནས་གསང་སྔགས་དང་རིགས་སྔགས་ཀྱི་བདག་པོ་དཔལ་ཕྱག་ན་རྡོ་རྗེ་གནོད་སྦྱིན་གྱི་ཚོགས་ལ་ཆོས་གསུངས་ཤིང་བཞུགས་པ་དང་མཇལ་བ་ལས་གསང་སྔགས་དང་རིགས་སྔགས་ཀྱི་ཚོགས་དཔག་ཏུ་མེད་པ་ཐོབ། གསང་བའི་བདག་པོས་མེ་ཏོག་གི་ཕྲེང་བ་ཞིག་གནང་ནས་གནོད་སྦྱིན་པད་མའི་གོས་ཅན་དང་བཅས་ཏེ་ཤམ་བྷ་ལ་རུ་སོང་ཤིག་གསུངས་པ་ལྟར་ཤམྦྷ་ལར་བྱོན་ནས་བཅོམ་ལྡན་དུས་ཀྱི་འཁོར་ལོ་རིགས་ལྡན་དང་བཅས་པ་མཇལ་ཞིང་། དེར་ཡང་དབང་

དག་གདམས་པ་མང་དུ་ཐོབ། དེ་ནས་བསྲུང་མ་གཉིས་དང་། མཁའ་འགྲོ་མ། གནོད་སྦྱིན་དང་བཅས་པས་གྲོགས་མཛད་བཞིན་པར་བོད་ཀྱི་ཕྱོགས་སུ་ཕྱིན་ཏེ་བར་ཁམས་སྟོང་འཁོར་གྱི་སའི་ཆ་དང་ཉེ་བར་ཕེབས་པའི་ཚེ་གྲོགས་བཞིས་འདི་སྐད་དུ། གསང་སྔགས་ཀྱི་བསྟན་པ་སྤེལ་བ་ལ་སྐྱེ་བའི་གནས་ཁྱད་པར་མེད་མོད། འོན་ཀྱང་བར་ཁམས་ཀྱིས་ཕྱོགས་འདིར་གསང་སྔགས་ཀྱི་བསྟན་པ་ཉག་ཕྲ་བར་འགྱུར་པ་འདི་ཉིད་སླར་གསོ་བ་དང་། མ་དད་པ་རྣམས་དད་པ་དང་། དད་པ་རྣམས་བརྟན་པར་བྱ་བའི་ཕྱིར་འདི་ཉིད་དུ་སྐྱེ་བ་ལོངས་ཤིག སྟན་སྤྱངས་□རྒྱན་མེ་ཏོག་ཕྲེང་། །ཆིབས་པ་སེནྡྷེ་རིན་ཆེན་རྒྱན། །འདི་རྣམས་ཐམས་ཅད་ལེགས་ཚོགས་ཀྱི། །རྟེན་འབྲེལ་ཐམས་ཅད་བསྒྲིགས་པ་ཡིན། །ཅེས་སོགས་གསུངས་ནས་ད་ནི་འདི་རྣམས་ངེད་རྣམས་ཀྱིས་ཕྱིར་ཁྱེར་བར་བགྱིའོ། །ཞེས་དེ་རྣམས་ཁྱེར་ནས་མི་སྣང་བ་གྱུར་མ་ཐག་མི་བསྐྱོད་ཞི་བའི་རྡོ་རྗེ་ཉིད་ཀྱང་འཁོར་རྣམས་བཞིས་རྗེས་སུ་བསྟན་པ་དང་མཐུན་པར་ཕ་ཏོ་རྫོས་ཞེས་བྱ་བས་ཆུ་སོགས་དགེ་མཚན་བཅུ་ཚང་བའི་ཡུལ་ལྗོངས་སུ་རིགས་རུས་ཆེ་འབྲིང་སོགས་ཉེས་པའི་དྲི་མ་དང་བྲལ་བའི་ཡབ་ཡུམ་ལ་གཟིགས་ནས་བསམ་བཞིན་དུ་ཡུམ་གྱི་ལྷུམས་སུ་ཞུགས་ཤིང་། དེ་ནས་ཡུམ་གྱི་ལུས་ཤིན་ཏུ་བདེ་བའི་ཁར་ཇི་ལྟར་ཚངས་པ་ཆེན་པོ་བསམ་གཏན་སྙོམས་འཇུག་གི་དགའ་བདེ་ལ་རོལ་བ་བཞིན་དུ་གྱ་ནོམ་པའི་དགའ་བདེ་ཁྱད་པར་ཅན་གྱི་སེམས་ཀྱང་ཡོངས་སུ་ཁྱབ་པར་གྱུར་ཅིང་། མངལ་གྱི་ནང་ནས་ཡིག་དྲུག་གི་སྒྲ་ལན་གསུམ་དུ་བསྒྲགས་པ་དང་། ཡུམ་ལ་གསུང་ལན་ཁ་ཡར་གནང་བར་ཡང་གྲགས། དམ་ཅན་ཆོས་ཀྱི་རྒྱལ་པོ་དང་། རྣམ་སྲས་སྟག་ཐུལ་གྱོན་པ་ཞིག་དང་བཅས་པས་ཉིན་མཚན་ཀུན་ཏུ་གཡེལ་མེད་དུ་བསྲུང་སྐྱོབ་མཛད་པ་ཡབ་ཡུམ་སོགས་ཀྱིས་ཀྱང་དངོས་སུ་མཐོང་བ་སོགས་ལྟས་ངོ་མཚར་ཅན་དུ་མ་འཁོར་ཡུག་ཏུ་བྱུང་ཞིང་། དེ་ནས་ཟླ་ངོ་ཡོངས་སུ་རྫོགས་ནས་བཙའ་བའི་དུས་ལ་བབས་པ་ན། འབྲུག་ལོ་ཧོར་ཟླ་གཉིས་པའི་ཡར་ངོའི་ཚེས་བཅོ་ལྔ་ལ་ངོ་མཚར་བའི་ལྟས་དུ་མ་དང་བཅས་ཏེ་ཡུམ་ལ་ཟུག་རྟུའི་རིལ་(རེག) བ་ཙུང་ཟད་

མེད་པས་ཟླ་བ་ཆུ་འཛིན་གྱི་གསེབ་ལས་གྲོལ་བ་བཞིན་དུ་མངལ་གྱི་དྲི་མས་མ་བསླད་པར་སྐུ་བལྟམས་ཤིང་། རབ་བྱུང་དགུ་པའི་མེ་ཕོ་འབྲུག་ལོ་སྟེ་རྒྱལ་དབང་གསུམ་པ་དགུང་ལོ་བཅུ་གཅིག་གམ། བལྟམས་མ་ཐག་ཏུ་ཚངས་པ་དང་བརྒྱ་བྱིན་གཉིས་ཀྱིས་ཁྲུས་གསོལ་ཕུལ་བའི་ཉམས་སྣང་གསལ་པོར་བྱུང་བ་དང་། དེ་ནས་བཟུང་སྟེ་ལོ་གསུམ་རང་དམ་ཅན་ཆོས་ཀྱི་རྒྱལ་པོ་དང་། གནོད་སྦྱིན་ཀླི་ཏ་ཧྲ་ལ་གཉིས་ཀྱིས་བར་ཆད་བསྲུང་ཞིང་། བཞུགས་པ་མངོན་སུམ་དུ་ལན་མང་གཟིགས། དགུང་ལོ་གསུམ་ནས་བཟུང་ཚེ་དཔག་མེད་དང་། ལྷོ་བྲག་གྲུབ་ཆེན་གཉིས་ཀྱི་ཞལ་ཡང་དུ་གཟིགས་པ་སོགས་དག་པའི་སྣང་བ་བསམ་གྱིས་མི་ཁྱབ་པ་མངའ་བ་དང་། མདོ་སྡེ་བསྐལ་བ་བཟང་པོ། ཏིང་ངེ་འཛིན་གྱི་རྒྱལ་པོའི་མདོ། ཟ་མ་ཏོག་བཀོད་པ། གཟུངས་གྲྭ་ལྔ་སོགས་གཟིགས་པ་ཙམ་གྱིས་ཐུགས་སུ་ཆུད་པར་གྱུར། དགུང་ལོ་ལྔ་ནས་བརྒྱད་ཡི་བར་དུ་དཔལ་གསང་བ་འདུས་པའི་ཚིག་དང་། མདོ་སྡུད་པ་གཉིས་ཆགས་མེད་དུ་ཐལ་འདོན་མཛད་པ་དང་། གཞན་ཡང་ཤེས་པར་བྱ་བའི་གནས་ཕལ་མོ་ཆེ་མཐའ་དག་རང་ཤུགས་ཀྱིས་མཁྱེན་པ་དང་། ཀློ་ལད་ཀྱི་རྩེད་མོ་དང་ཀུན་སྤྱོད་ངན་པ་སོགས་བྱིས་པ་ཐ་མལ་བའི་ངང་ཚུལ་མཐའ་དག་རྒྱང་རིང་དུ་བསྲིངས་ནས་རྣམ་པ་ཀུན་ཏུ་ཕྱག་དང་བསྐོར་བ་ཞལ་འདོན་དགེ་སྦྱོར་སོགས་ལ་བརྩོན་པ་ནམ་ཡང་མི་ལྷོད་པ་སོགས་དམ་པའི་ཡོན་ཏན་མཐའ་དག་རང་ཆས་སུ་མངའ་བ་ཞིག་ཡིན་པ། དེས་དབང་གིས་རྣམ་དཔྱོད་དང་ལྡན་པའི་སྐྱེ་བོ་མཐའ་དག་གིས་འདི་ནི་ངེས་པར་བསམ་བཞིན་དུ་སྲིད་པ་བཟུང་བའི་བདག་ཉིད་ཆེན་པོ་ཞིག་ཡིན་པར་གོར་མ་ཆག་གོ་ཞེས་ཡིད་ལ་བསམ་ཞིང་གཏམ་དུ་ཡང་རྒྱུན་ཆད་མེད་པར་གླེང་བ་ལས། ནམ་ཞིག་ན་གཟིམས་ཁང་དུ་བཞུགས་པའི་ཚེ་ནང་སོ་བསོད་ནམས་རྒྱལ་མཚན་ཟེར་བས། ཁྱོད་སུ་ཞིག་ཡིན་ཞེས་དྲིས་པ་ལ། ཁྱོད་ཀྱིས་ང་སུ་ཞིག་ཡིན་པར་བསམ་གསུངས། ནང་སོས་ངེད་ཀྱིས་ཁྱོད་སྟོང་འཁོར་ཆོས་རྗེ་ཟླ་བ་རྒྱལ་མཚན་ཡིན་པ་འདྲ་བསམ་ཟེར་བ་ལ། འོ་དེ་ཡིན་ཏེ། འདྲ་བ་གང་དེ་དངོས་མིན་ཞིང་། །མི་འདྲ་བ་ལ་དཔེ་མི་སྲིད། །

གསུངས་པར་ནང་སོ་ནེ་ཧ་ལས་ཏེ། གོང་མའི་ཐུགས་དམ་གྱི་རྟེན་སྐུ་འདྲ། ཕྱག་དཔེ་དུང་དཀར་སོགས་ཕུལ་ནས་ངོས་འཛིན་དགོས་ཞུས་པས། ཁྲིམས་པའི་ཚུལ་བཞིན་ཏེ་གཞན་གྱི་དངོས་པོ་ལ་ངས་ཧམ་པ་མི་བྱེད་གསུངས་ནས་བདག་གིར་མཛད་མ་ཉན། འོན་ཏེ་ཧ་ཀྲང་ཡ་མཚན་ཆེ་བ་སོགས་ལ་བརྟེན་བཀུར་མཐུན་པར་སྟོང་འཁོར་ཆོས་རྗེ་བླ་བ་རྒྱལ་མཚན་གྱི་སྤྲུལ་སྐུར་ཡིད་ཆེས་ཀྱི་ངེས་པ་རྙེད་པར་གྱུར་ཏོ། །ངོས་འཛིན་གྱི་སྐོར་འདི་དང་འདི་སྐབས་ཡབ་ཡུམ་སོགས་ལ་གསུང་གནང་བ་མང་པོ་ཞིག་ལྟུང་ལྟར་གྲགས་ཀྱང་མ་བྲིས་སོ། །དེ་ནས་གོང་མའི་ཁྲིད་མངའ་གསོལ་ཞིང་འདི་སྐབས་རྗེ་ཉིད་ཀྱི་མནལ་ལམ་དུ་སེངྒེ་ཞིག་བྱུང་ནས་རང་ཉིད་ལ་ཐིམ་པ་དང་། གཟིམས་ཁང་འོག་ཏུ་ཉི་མ་ཤར་བས་འཛིག་རྟེན་ཐམས་ཅད་གསལ་བར་གྱུར་བ་སོགས་བྱུང་བ་དང་། ལྷག་པར་དུ་ཡང་གསང་བདེ་འཛིགས་གསུམ། དུས་འཁོར་གྱི་རྗེར་སོགས་བླ་མེད་ཀྱི་རྒྱུད་སྡེའི་ལྷ་ཚོགས་དཔག་ཏུ་མེད་པ་དང་། དཔལ་མགོན་ཞལ་བྲམ་གཟུགས་དང་། ཚོགས་བདག་སོགས་དངོས་ཉམས་སྣེ་ལམ་ཅི་རིགས་པར་ཞལ་ཡང་ཡང་གཟིགས། དེ་ནས་དགུང་ལོ་བརྒྱད་དུ་སོན་པ་ན་ཕོ་བྲང་བསམ་འགྲུབ་རྩེར་མཁན་ཆེན་རིན་པོ་ཆེ་དཀོན་མཆོག་རྒྱལ་མཚན་གྱི་དྲུང་དུ་རབ་ཏུ་བྱུང་བའི་སྡོམ་པ་བཞེས་ཤིང་ཡོན་ཏན་རྒྱ་མཚོ་ཞེས་མཚན་གསོལ། རྗེ་དེ་ཉིད་ཀྱི་དྲུང་ནས་དབང་ལུང་རྗེས་གནང་སོགས་མང་དུ་གསན་པའི་ཚེ། བྱང་ཆུབ་སེམས་དཔའ་ནམ་མཁའི་སྙིང་པོ་དང་། ཀུན་ཏུ་བཟང་པོ། དཔལ་མགོན་ཕྱག་དྲུག་པ། དམ་ཅན་ཆོས་ཀྱི་རྒྱལ་པོ་རྣམས་དང་། ལྟུགས་མཁར་བཅུ་དྲུག་པའི་ནང་ན་ལས་གཤིན་ཡབ་ཡུམ་ཕོ་བརྒྱད་མོ་བརྒྱད་དང་བཅས་པ་བཞོན་པ་མེད་པར་གདན་ལ་བཞུགས་པའི་རྣམ་པ་དང་། གཏོར་སྒྲིན་བཞི་བ་སོགས་པའི་ཞལ་གཟིགས་པ་མང་དུ་བྱུང་། ཕྱོགས་དེར་རབ་ཏུ་བྱུང་བ་དང་། ཁྲིམ་པ་སོགས་མང་པོ་ལ་དམ་པའི་ཆོས་ཀྱི་བདུད་རྩིའང་རྒྱ་ཆེར་འགྲེད་པར་མཛད། དེ་ནས་ཁང་དམར་དགོན་ཞེས་པར་ཕེབས་པའི་ཚེ་མནལ་ལམ་དུ་ནག་ཕྱོགས་པ་མང་པོ་འདུས་ནས་བར་ཆད་རྩོམ་པར་འོངས་པ་ལ། རང་

ཉིད་དམ་ཅན་ཆོས་རྒྱལ་པེར་ཅན་ཞིག་ཏུ་གྱུར་ནས་དེ་རྣམས་བཏུལ་ཞིང་དམ་ལ་བཏགས་པ་དང་། ཀླུ་ཙ་པྲ་ལ་སོགས་གནོད་སྦྱིན་བཞི་འང་པེར་གྱི་ན་བཟའ་མནབ་ནས་ཕྱོགས་བཞིར་བཞུགས་ཤིང་བར་ཆད་བསྲུང་བར་མཛད་པ་སོགས་བྱུང་སྣང་ཞིང་། སླར་ཡང་བསམ་འགྲུབ་རྩེར་ཕེབས་ནས་ཆོས་རྗེ་དཀོན་མཆོག་རྒྱལ་མཚན་པ་ལ། གསང་འདུས་ཀུན་རིག ཚེ་དཔག(ལུ་དགྲུ་སོགས་ཀྱི་)དབང་ལུང་དང་། གཞན་ཡང་ཆོས་བཀའ་དུ་མ་གསན་པའི་ཚེ། བཅོམ་ལྡན་འདས་དང་དཔལ་རྡོ་རྗེ་འཇིགས་བྱེད་ཆེན་པོ་ཞལ་ཕྱག་ཡོངས་སུ་རྫོགས་པ་དང་། མགོན་དཀར་ཡིད་བཞིན་གྱི་ནོར་བུ་གཉིས་ཞལ་གཟིགས། དེ་སྐབས་འཇིགས་བྱེད་ཀྱི་ཞབས་འོག་གི་ཚོགས་བདག་ལ་ཐུགས་རྩུང་ཟད་འཇིགས་པའི་སྣང་བ་ལྟ་བུ་ཞིག་བྱུང་བར། བཅོམ་ལྡན་འདས་ཀྱི་ཞལ་ནས། ངའི་འོག་གི་ལོག་འདྲེན་ལ་སྐྲག་མི་དགོས་ཁྱོད་ཀྱི་ལྷག་པའི་ལྷ་ང་ཡིན་པས་ང་ལ་རྒྱུན་དུ་གསོལ་བ་ཐོབ་ཅིག བར་ཆད་ཐམས་ཅད་ང་ཡིས་བསྲུང་བར་བྱའོ། །ཞེས་གསུངས་ནས་མི་མངོན་པའི་དབྱིངས་སུ་ཐིམ་པར་གྱུར། དགུང་ལོ་བཅུ་པའི་དུས་བཀྲ་ཤིས་བསམ་འགྲུབ་གླིང་དུ་ཕེབས་པའི་ཚེ། གནས་དེའི་ཡུལ་གྲུ་གཞི་བདག་རྣམས་ཀྱིས་བསུ་བ་བྱེད་པ་དང་། སྒུར་མཛད་མགོན་པོ་ཕྱག་དྲུག་པ་དང་། ལས་གཤིན་གཉིས་ཨ་ཙ་ར་འི་ཆ་བྱད་ཀྱིས་བར་ཆད་སེལ་བར་མཛད་པ་སོགས་གཟིགས་ཤིང་། གཞན་ཡང་རིགས་གསུམ་མགོན་པོས་ཀྱང་ཞལ་གཟིགས་ཤིང་བྱིན་གྱིས་རླབས་པ་དང་། གདོན་བགེགས་འབྱུང་པོ་གང་ན་ཅི་ཡོད་པ་ཐམས་ཅད་ཀྱང་སྒྲིབ་མེད་དུ་གསལ་པོར་མཁྱེན་པ་བྱུང་། ཧོ་ཤོད་དུ་ཕེབས་སྐབས་ནུབ་གཅིག་མནལ་ལམ་དུ་ཕྱག་ན་པདྨོ་ཐམས་ཅད་མཁྱེན་གཟིགས་དགེ་འདུན་རྒྱ་མཚོ་ལ། དེ་ཉིད་ཀྱི་བཀའ་འབུམ་གྱི་ལུང་རྣམས་ཚང་མར་གསན་པ་རྨིས་པ་དང་། ཉིན་མོ་ཡང་འཇའ་གུར་གྱི་དབུས་ན་རྗེ་བཙུན་འཇམ་དཔལ་དབྱངས་ལ་བླ་མ་དབུ་མ་པ། འཇམ་མགོན་ཙོང་ཁ་པ་སོགས་བྱིན་རླབས་ཉེ་བརྒྱུད་ཀྱི་བླ་མ་རྣམས་ཀྱིས་བསྐོར་བ་དང་། པདྨ་ཞིག་གི་སྟེང་ན་ཆོས་རྒྱལ་སྲོང་བཙན་སྒམ་པོ། སློབ་དཔོན་ཆེན་པོ་པདྨ་འབྱུང་གནས། ཇོ་བོ་ཆེན་

པོ་ཨ་ཏི་ཤ་སོགས་བཞུགས་པའི་གཟིགས་སྣང་ཡང་ཡང་བྱུང་། ཡང་སྐབས་དེར་བཀའ་བསྟན་སོགས་ལ་གཟིགས་པའི་ཚེ། ཐུགས་དགོངས་ལ་བསྐལ་བཟང་སངས་རྒྱས་སྟོང་ལ་སོགས་པའི་རྒྱལ་བ་རྣམས་ལ། ནང་པན་ཚུན་དུ་སྐུ་ཚེ་རིང་ཐུང་དང་། དམ་ཆོས་གནས་ཡུན། འདུས་པ་མང་ཉུང་སོགས་ཁྱད་པར་ཆེ་བ་འདིའི་རྒྱུ་མཚན་ཇི་ལྟ་བུ་ཞིག་ཡིན་ནམ་སྙམ་དུ་དགོངས་པའི་ཚེ། ནུབ་གཅིག་མནལ་ལམ་དུ་གསེར་ཁྲི་རིང་པོ་ཞིག་གཅིག་གི་སྟེང་དུ་སངས་རྒྱས་རབས་བདུན་རྣམས་སྐུའི་ཚད་དང་། སྐུ་མདོག་སོགས་དབྱེ་བ་མེད་པར་བཞུགས་པ་རྣམས་ཀྱིས་མཁྱེན་གཅིག་ཏུ། རིགས་ཀྱི་བུ་བདེ་བར་གཤེགས་པ་རྣམས་ཀྱི་སྐུ་ཚེ་སོགས་མི་འདྲ་བར་སྟོན་པའི་རྒྱུ་མཚན་མ་དག་པའི་ཞིང་གི་འགྲོ་བ་རྣམས་འདུལ་བའི་སླད་དུ་བསྟན་པ་མ་གཏོགས། དོན་ལ་རྒྱལ་བ་རྣམས་ཀྱི་སྤངས་རྟོགས་ཀྱི་ཡོན་ཏན་དང་། སྐུ་ཚེ་མཛད་འཕྲིན་སོགས་ལ་ཁྱད་པར་ཉུང་ཟད་ཀྱང་མི་མངའ་བ་ཡིན་ནོ། །ཞེས་གསུངས་པའི་མོད་ལ་མནལ་སད་པས་སྔར་གྱི་ཐེ་ཚོམ་དང་དོགས་པ་གཞི་མེད་དུ་གྱུར། དེ་ནས་སླར་ཡང་བསམ་འགྲུབ་རྩེར་ཐེབས་ནས་བཞུགས་པ་ལས་ནུབ་གཅིག་ཐུགས་དགོངས་ལ། སྔོན་མི་བསྐྱོད་ཞི་བའི་རྡོ་རྗེར་གྱུར་པའི་ཚེ་མཁའ་སྤྱོད་དུ་དབང་བསྐུར་ཐོབ་པ་དེ་ལྟ་བུ་ཞིག་དེང་སང་ཐོབ་རྒྱུ་བྱུང་ན་ཅི་མ་རུང་སྙམ་པའི་ངང་ལ་གཟིམས་སོང་བའི་མནལ་ལམ་དུ། གྲུབ་ཆེན་ཛ་ཕ་རི་བ་པཧྲེ་ཏའི་ཆབ་དྲུད་དུ་བྱོན་ནས། དཔལ་འཁོར་ལོ་སྡོམ་པ་དང་། འཁོར་ཆེན་གཉིས་ཀྱི་དབང་བཞི་ཡོངས་རྫོགས་རྡུལ་ཚོན་གྱི་དཀྱིལ་འཁོར་ལ་བརྟེན་ནས་བསྐུར་བ་ཞིག་བྱུང་བ་དང་། ཡང་དབུར་གྱི་དུས་ཞིག་ས་གཞི་རྣམས་ནི་ནེ་ཙོའི་གཤོག་པ་ལྟ་བུ་གྱུར། སྔོན་ཤིང་གི་སྡོང་པོ་རྣམས་ནི་ལོ་མ་དང་འབྲས་བུས་བརྗིད། ཏྲ་ཀ་གོ་ལི་ཀ་དང་། བྱིའུ་ཙོ་ཀ་སོགས་ཀྱིས་སྐད་སྙན་སྒྲོག མེ་ཏོག་སྣ་ཚོགས་འཛུམ་ཚོན་ལྟར་བཀྲ། ཐྭ་མར་རྣམས་ནི་གླུ་དབྱངས་དང་དེར་ལེན་པའི་ཚེ། ཐུགས་དགོངས་ལ། ཀྱི་མ་དབྱར་དུས་ཀྱི་ཁྱད་པར་གྱི་ཆོས་འདི་ལྟ་བུ་རྣམས་ཀྱང་ཡུན་རིང་དུ་མི་གནས་པར་མྱུར་དུ་འཇིག་པར་འགྱུར་བ་བཞིན་དུ་སྐྱེ་འགྲོ་རྣམས

ཀྱི་གཟུགས་དང་། སྟོབས་དང་། མངའ་ཐང་སོགས་ཐམས་ཅད་མི་རྟག་ཆོས་ཅན་ཉིད་ལས་མ་འདས་ཤིང་། བདག་གིས་ཀྱང་ནམ་ཞིག་ན་སྒྱུ་མའི་ལུས་འདི་འདོར་བའི་ཚེ། སེམས་ནི་དག་པ་མཁའ་སྤྱོད་དུ་འཕོ་དགོས་པས་དེའི་ལམ་ལ་ད་ལྟ་ནས་སྦྱང་པར་བྱ་དགོས་སོ་དགོངས་པའི་ཐུགས་འདུན་འཁྲུངས་པའི་ཚེ། མནལ་ལམ་དུ་རང་གི་སྐུ་ལུས་འདི་བསྒྱུར་ནས་ལྷའི་བུ་ཤིན་ཏུ་མཛེས་པ་ཞིག་ཏུ་གྱུར་ཏེ། གཞན་འཕྲུལ་དབང་བྱེད་ཀྱི་གནས་ཡིད་སྐམ་པ་ཞིག་ཏུ་ཕེབས་པའི་ཚེ། ལྷའི་བུ་མོ་ཞིག་གིས་མེ་ཏོག་ཞིག་སྦྱིན་ནས། འདི་འཁྱེར་ནས་དགའ་ལྡན་དུ་སོང་ཞེས་ལམ་བསྟན་པ་བཞིན་ཕེབས་པས་དགའ་ལྡན་དུ་སླེབས། དེར་བྱམས་མགོན་གྱི་དྲུང་དུ་བྱང་ཆུབ་སེམས་དཔའ་ཟླ་བའི་དབང་ཕྱུག བཀྲ་ཤིས་རྒྱལ་མཚན། ཟླ་བ་རྒྱལ་མཚན། བྱང་ཆུབ་སྒྲོན་ལམ་རྣམས་ཀྱིས་གསེར་གྱི་མེ་ཏོག་རེ་བྱམས་མགོན་ལ་ཕུལ་བར་གཟིགས་པ་ན་ཉིད་ཀྱིས་ཀྱང་སྔར་གྱི་མེ་ཏོག་དེ་ཕུལ་ནས་བྱམས་པའི་སྨོན་ལམ་གྱི་ལུང་ཞིག་ཞུས་པ་ཚར་བ་དང་དུས་མཉམ་དུ་མནལ་སད་པ་བྱུང་། ཡང་ཆོས་ཀྱི་རྗེ་དཀའ་བཅུ་བསོད་ནམས་དོན་གྲུབ་ཞེས་པ་ལ་འཇིགས་བྱེད་བཅུ་གསུམ་མའི་དབང་དང་། རྟ་མགྲིན་སོགས་ཀྱི་རྗེས་གནང་གསན་པའི་ཚེ། རྗེ་བཙུན་འཇམ་དབྱངས་དང་། རྟ་མགྲིན། སྨེ་བརྩེགས་རྣམས་ཀྱི་ཞལ་གཟིགས་གསལ་པོར་བྱུང་བ་དང་། ཡང་ནུབ་གཅིག་རྗེ་བཙུན་འཇམ་དབྱངས་དགེ་སློང་གི་ཚུལ་དུ་བྱོན་ནས་བཀའ་ལས། ཁྱོད་ཀྱིས་མྱུར་དུ་རྟ་མགྲིན་དང་། སྨེ་བརྩེགས་སྐུ་བཞེངས། དེ་ནས་བཟུང་སྟེ་དཔལ་ལྡན་དམག་ཟོར་གྱི་རྒྱལ་མོ་ལ་མཆོད་གཏོར་ཕུལ་ཏེ་འཕྲིན་ལས་ཚོལ་ཤིག་དང་། ཁྱོད་ཀྱི་འཕྲིན་ལས་ཐམས་ཅད་དེས་སྒྲུབ་པར་འགྱུར་རོ་ཞེས་གསུངས་པའི་མོད་པ་གཟིམས་སད་པའི་ཚེ་དམག་ཟོར་མས་ཞལ་དངོས་སུ་བསྟན་ཅིང་འཕྲིན་ལས་སྒྲུབ་པར་ཞལ་གྱིས་བཞེས། ཡང་ལན་གཅིག་རང་ཉིད་ཡེ་ཤེས་ཀྱི་ཁྲུང་ཁྲ་བོ་ཞིག་ཏུ་གྱུར་ནས་གླིང་བཞི་ཐམས་ཅད་བསྐོར་ཞིང་། བོད་ཀྱི་ཡུལ་དུ་གླུ་བདུད་ཞིག་དམ་ལ་བཏགས་པ་རྨིས། ཡང་སྟོང་འཁོར་དགོན་སྡེ་བཀྲ་ཤིས་ལྷུན་པོའི་འདུ་ཁང་རབ་གནས་

མཛད་པའི་ནུབ་མཐའ་ལམ་དུ་རྗེ་ཉིད་ཀྱི་བཞུགས་ཁྲིའི་མདུན་དུ་ཁྲི་ཞིག་བརྩིགས་པའི་སྟེང་དུ་གནས་བདག་རྡོ་རྗེའི་དཔལ་བཙན་དེ་སྟག་ཐུལ་ཞིག་གྱོན་ནས་འདུག་སྟེ། གཙུག་ལག་ཁང་འདི་ཡི་བསྲུང་མ་བདག་གི་བྱའོ་ཞེས་དམ་བཅའ་ཕུལ་བ་དང་། ཡང་བསོ་ཧོག་གནས་ལ་བྱོན་སྐབས་□གཉེན་ཐག་དཀར། ཚུ་རྩེ་དགེ་བསྙེན། རྒྱལ་ཆེན་ས་རལ་གཡག་མགོ་ཞེས་པ་སོགས་གཞི་བདག་དཔག་ཏུ་མེད་པ་འདུས་ནས་ཕྱག་དང་བསྐོར་བ་བྱེད་ཅིང་། ཉིད་ནས་དེ་དག་ལ་སྐྱབས་འགྲོའི་སྡོམ་པ་དང་ཐུགས་རྗེ་ཆེན་པོའི་བཟླས་ལུང་འབེགས་(འབེབས) པ་སོགས་རྫིས་པ་བྱུང་ཞིང་། དེ་དག་གི་སྔ་ཕྱི་ཅི་རིགས་པ་རྣམས་སུ་འབྱུང་པོ་མ་རུངས་པ་སྲིན་པོའི་གཟུགས་ཅན་མཆེ་བ་འཛོམ་གང་ཙམ་ཡོད་པ། ལུས་ཐམས་ཅད་སྤུས་གང་ཞིང་དེ་དག་ལ་རང་གི་ལག་པས་ཉུག་པའི་ཚེ། མི་སྡུག་འཁྲོ་བ། ལུས་ཤིན་ཏུ་ཆེ་བ་ཞིག་གིས་བར་ཆད་མང་དུ་བརྩམས་ཏེ། རེ་འགའ་བན་རྒན་གྱི་གཟུགས་སུ་སྤྲུལ། རེས་འགའ་མཛེ་པོ་ལ་སོགས་པའི་མི་སྡུག་པ་དུ་མར་བསྟན། རེས་འགའ་ཞུར་སྤྲ་ཤིན་ཏུ་ཆེ་བའི་སྣ་སྐྲ་ལུས་ལ་ཐོག་པའི་ཚེ་འདར་ཞིང་སྐྱི་བུན་བྱེད་པ་སོགས་ཚོ་འཕྲུལ་མང་དུ་བྱུང་བ་རྣམས་ཡེ་ཤེས་ཀྱི་མཁའ་འགྲོ་མ་སེངྒེའི་གདོང་པ་ཅན་གྱིས་ཚར་བཅད་པར་མཛད་པས་བར་ཆད་ཀྱི་གཡུལ་ལས་རྒྱལ་བར་གྱུར། ཡང་སྐབས་ཤིག་མཐའ་ལམ་དུ་རྗེ་ཉིད་ཆུ་བོ་ཆེ་པོ་བཞི་ཡོད་པ་ཞིག་གི་འགྲམ་དུ་ཕེབས་འདུག་པར་བརྒལ་བར་བརྩམས་པའི་ཚེ་གྲུ་མ་རྙེད་ནས་ཐུགས་རྗེ་ཆེན་པོ་ལ་གསོལ་བ་བཏབ་པས་སྐད་ཅིག་དེ་ཉིད་ལ་གྲུ་བོ་ཆེ་བ་དན་དཀར་པོ་ཡིག་དྲུག་གིས་མཚན་པ་གཡོ་བ་ཞིག་བྱུང་བའི་མདོ་ལ། གྲུ་པ་ཡང་ལོ་བརྒྱ་ཙམ་ལོན་པ་ཞིག་འོངས་ནས། ང་པོ་ཏ་ལ་ནས་འོངས་པ་ཡིན། ཁྱོད་ཀྱང་དེར་འགྲོ་རྒྱུ་འདི་ལས་ངེས་སྒྲོལ་ཟེར་བར་དེ་དང་ལྷན་ཅིག་གྲུའི་ནག་དུ་ཞུགས་ནས་ཆུ་བོ་བཞི་པོ་རིམ་པ་བཞིན་བརྒལ་བའི་ཕ་རོལ་ཏུ་སླེབ་པ་ན། འོ་མ་རི་མཚོ་ཞིག་གི་ནང་ན་དུང་དཀར་ཆེ་བ་གཅིག་ལ་ཆུང་བ་བཅུ་གསུམ་གྱིས་བསྐོར་བ་ཞིག་འདུག་པ་དང་། མཚོ་དེའི་ཕ་རོལ་ཏུ་ཕེབས་པའི་ཚེ་རི་མཐོན་པོ་ཞིག་འདུག་པའི་རྩེར་སླེབ་པ་ན།

པདྨ་འདབ་མ་བྱེ་བ་དང་ལྡན་པའི་དབུས་ན་སྤྱན་རས་གཟིགས་ཕྱག་སྟོང་དང་ལྡན་པ་ཞིག་བཞུགས་འདུག་པའི་རྩ་བར་ཡི་དྭགས་མང་པོ་པདྨའི་བསིལ་གྲིབ་ལ་བརྟེན་ནས་འདུག་པ་དེ་དག་ལ་འཕགས་པས་ཆོས་བསྟན་པས་བདེན་པ་མཐོང་བ་དང་། གྲོལ་བར་འགྱུར་བར་གཟིགས་པས་ཐུགས་རྗེ་ཆེན་པོས་ཀྱང་དགྱེས་བཞིན་དུ་བསྔགས་པ་རྒྱ་ཆེར་མཛད་པ་དང་། དེ་ནས་མར་ལོག་པའི་ལམ་དུ་རིའི་རྩ་བར་གཡུ་ལོ་བཀོད་པའི་ཕོ་བྲང་ན་རྗེ་བཙུན་སྒྲོལ་མ་བཞུགས་འདུག་པའི་ཞལ་ནས། རྒྱུན་དུ་ལ་གསོལ་བ་ཐོབ་ཅིག འཇིགས་པ་བརྒྱད་ལས་ང་ཡིས་སྐྱོབ་པར་བྱའོ། །ཞེས་གསུངས་པའི་མོད་ལ་ལྷ་དང་ལྷ་མོའི་སྣང་བ་དེ་དག་འགག་ནས་ཡུལ་དེར་གླིང་ཆེན་པོ་རྩེ་ཤིང་དང་མེ་ཏོག་སྣ་ཚོགས་ཀྱིས་གང་བ་ཞིག་ཏུ་གྱུར་ནས། དེར་འགྲོ་བ་ཕོ་མོ་མང་དུ་འདུས་པ་ལ་མ་ཎི་བཀའ་འབུམ་གྱི་ལུང་གནང་བ་ཞིག་བྱུང་ཞིང་། དེ་ནས་མནལ་སད་པའི་ཚེ་གཟིམས་ཁང་དེ་ཡང་པོ་ཏ་ལ་ཡིན་སྙམ་པའི་སྣང་བ་སོགས་བྱུང་སྣང་སྟེ། དེ་དག་ནི་རང་ཉིད་སྐྱེ་ཀ་ན་འཆིའི་ཆུ་པོ་ཆེན་པོ་བཞི་ལས་གྲོལ་ནས་འཕགས་མཆོག་ཐུགས་རྗེ་ཆེན་པོ་དང་ངོ་བོ་དབྱེར་མ་མཆིས་པའི་གོ་འཕང་མངོན་པོར་གཤེགས་ཟིན་ནས། སླར་ཡང་བསམ་བཞིན་དུ་སྲིད་པ་བཟུང་སྟེ། འགྲོ་བ་མཐའ་དག་རང་ཉིད་ཀྱི་བརྙེས་པའི་གོ་འཕང་མཆོག་ལ་འགོད་ཕྱིར་དུ་དམ་ཆོས་བདུད་རྩིའི་ཆར་རྒྱུན་ཆད་མེད་དུ་འབེབས་པའི་རྟགས་ཡང་དག་པའོ། །སྨྲས་པ། གསང་ཆེན་དཀྱིལ་འཁོར་རྒྱ་མཚོའི་མངའ་བདག་ཁྱོད། །གསང་བ་བསམ་གྱིས་མི་ཁྱབ་ངང་ཉིད་ནས། །གསང་གསུམ་འཁོར་ལོའི་བཀོད་པ་སྟོན་མཛད་པའི། །ཚུལ་འདི་བསྔགས་འོས་ཀུན་གྱི་རབ་དང་ཕུལ། །རབ་འབྱམས་རྒྱལ་བའི་དབང་པོའི་ཚོགས་ཀྱིས་ཀྱང་། །མ་དག་ཞིང་གི་འགྲོ་རྣམས་འདུལ་ཕྱིར་དུ། །ཡང་ཡང་བསྐྱུལ་བའི་གཏམ་བཟང་བརྗོད་མེད་དུ། །དོན་ལྡན་མཛད་པའི་ངོ་མཚར་གཞལ་དུ་མེད། །གཞོན་ནུ་ཉིད་ནས་ཐ་མལ་སྣང་ཞེན་གྱི། །རྒྱུ་བའི་གོ་སྐབས་རབ་ཏུ་བཅོམ་བྱས་ཏེ། །དག་པ་རབ་འབྱམས་འབའ་ཞིག་གཟིགས་མོ་ལ། །འབད་མེད་རྟག་པར་རྒྱུན་དུ་ལོངས་སུ་སྤྱོད། །

སྐད་ཅིག་རེར་ཡང་མཐའ་ཀླས་གདུལ་བྱའི་ཚོགས། །འཇིགས་རུང་སྲིད་པའི་གནས་ལས་སྒྲོལ་བྱས་ཏེ། །ཞི་བ་བླ་ན་མེད་པའི་སར་འགོད་ན། །རྒྱལ་གཞན་འཕྲིན་ལས་འཇུག་པའི་སྐབས་ཀྱང་ཕྲ། །སྲིད་ཞིའི་ཡོན་ཏན་ཡོད་དོ་ཅོག་གི་ཐུལ། །མ་ལུས་མངའ་བ་གང་གི་ངོ་མཚར་ཁུར། །མཐའ་དག་འདེགས་པར་མ་བཟོད་འཛིན་མ་འདིའང་། །ངལ་བས་ཁུན་བུ་འབྱིན་ལ་ཉེ་བར་གྱུར། །ཞེས་པ་ནི་བར་སྐབས་ཀྱི་ཚིགས་སུ་བཅད་པའོ། །གཞན་ཡང་དངོས་ཉམས་མི་ལམ་ཅི་རིགས་པ་རྣམས་སུ་གྲུབ་བརྙེས་ཆེན་པོ་ས་ར་ཧ་དང་། ཀླུ་སྒྲུབ་ཡབ་སྲས་སོགས་ཕྱོན་ནས་དབང་དང་གདམས་པ་སོགས་སྩལ་བ་དང་། །བཅོམ་ལྡན་འདས་འཇིགས་མཛད་རྡོ་རྗེ་པདྨ་ནྟ་ཀའི་མདོག་ཅན་དང་། རྣམ་སྲས་གསེར་ཅན་དང་། མདུན་དམར་ཅན་དང་། མགོན་པོ་བེར་ནག་ཅན་རྣམས་ཀྱི་ཞལ་དངོས་སུ་བསྟན། ཐུ་མདའ་ཞེས་བྱ་བར་ཕེབས་པའི་ཚེ། སེང་གདོང་མའི་ཞལ་གཟིགས། ནུབ་གཅིག་མནལ་ལམ་དུ་ཕ་བོང་ཧ་སྨ་ཅན་ཞེས་བྱ་བའི་སྟེང་ན་དབང་ཕྱུག་མི་ལ་བཞད་པ་རྡོ་རྗེ་ལ། སྒམ་པོ་པ། རས་ཆུང་པ། ཞི་བ་འོད་རྣམས་ཀྱིས་བསྐོར་བའི་མདུན་དུ་རྗེ་ཉིད་ཀྱང་བཞུགས་ནས་དེ་དག་དང་ལྷན་ཅིག་ཏུ་མགུར་མ་མཛད་པའང་བྱུང་། དེ་ནས་གདན་ས་བཀྲ་ཤིས་ལྷུན་པོར་བཞུགས་པའི་ཚེ་བྱམས་པ་འཇམ་དབྱངས་གཉིས་དགེ་སློང་གི་རྣམ་པ་ཅན་ཕྱོན་ནས་དགོངས་པ་གཅིག་དང་དབྱངས་གཅིག་གིས། ཁྱོད་འདི་ནས་ཚེ་འཕོས་ནས་ལིའི་ཡུལ་དུ་རྒྱལ་པོའི་བུར་སྐྱེའོ། །ཞེས་གསུངས་པར་ལན་དུ་རྒྱལ་པོར་སྐྱེས་ན་ཚངས་སྤྱོད་ཀྱི་གེགས་སུ་འགྱུར་བས། མདོ་སྔགས་དམ་ཆོས་རྒྱས་པའི་ཕྱོགས་སུ་སྐྱེ་བར་འདོད་ཅེས་ཞུས་པས། སླར་ཡང་འདི་སྐད་དུ་གཞན་དོན་སྤྱོད་པའི་བྱང་ཆུབ་སེམས་དཔའ་ནི། །ཡུལ་རིགས་རིས་མེད་སྐྱེ་བ་སྣ་ཚོགས་ལེན། །སྤྲུལ་པ་ཕྱོགས་རིས་མ་བྱེད་རང་འདོད་ཀྱི། །འཁྲི་བ་ཆོད་ལ་གཙོ་ཆེར་གཞན་དོན་སེམས། །ཞེས་གསུངས་པའི་མོད་ལ་མཁའ་འགྲོ་མ་དམར་མོ་ཞིག་འོངས་ནས། ཁྱོད་ལིའི་ཡུལ་དུ་རྒྱལ་པོའི་ཚུལ་བཟུང་ནས་སངས་རྒྱས་ཀྱི་བསྟན་པ་རྒྱས་པར་བྱེད། །ཅེས་དང་། ཡང་སྔར་གྱི་

སྤྲུལ་པའི་དགེ་སློང་གཉིས་དང་གསུམ་ཀས་མགྲིན་གཅིག་ཏུ། རྗེ་བཙུན་བྱམས་པ་མགོན་པོའི་ཐུགས་ཀྱི་སྤྲུལ་པ་ཞི་བའི་བློ་གྲོས། དེའི་རྣམ་སྤྲུལ་མི་བསྐྱོད་ཞི་བའི་རྡོ་རྗེ་ངུར་སྨྲིག་གར་གྱི་རྣམ་པར་རོལ་བ་ཁྱོད་ཉིད་ཀྱིས་བར་ཁམས་ཀྱིས་ཕྱོགས་འདིར་བཀའ་གདམས་ཀྱི་བསྟན་པ་དང་། ཁྱད་པར་གསང་སྔགས་ཀྱི་བསྟན་པ་རྒྱ་ཆེར་སྤེལ། དགེ་འདུན་གྱི་སྡེ་ཚོགས་སྐྱེ་བོ་རྣམས་ཆོས་ལ་བཙུད། །མི་ལོ་དགུ་བཅུའི་བར་དུ་སྡོད་ཅིག་ཅེས་པའི་ལུང་བསྟན་མཛད་ནས་མི་མངོན་པའི་དབྱིངས་སུ་གཤེགས་པ་ཞིག་བྱུང་། དེ་ནས་རྗེ་ཉིད་ཀྱི་ཐུགས་ལ་བསྟན་འགྲོའི་དོན་དུ་དར་རྩེ་མདོ་དང་། འཇམ་གླིང་ཕྱོགས་གཉིས་གང་ལ་འགབ་བརྟགས་པ་མཛད་པར། འཛམ་གླིང་ཕྱོགས་ལེགས་པའི་མཚན་མ་ཤར་དོན་བཞིན་ཕྱག་བཏེག་ནས་རིམ་གྱིས་ཕྱིན་ཏེ་རོང་པོ་གེར་ཏི་(གེརྟི)དགོན་དང་། ང་ཚང་དགོན་རྣམས་སུ་ཕེབས། ནག་ཕྱོགས་ཀྱི་འབྱུང་པོ་འགའ་ཞིག་གིས་བར་ཆད་བཙམས་པ་རྣམས་བཏུལ། སྐྱེ་བོ་ཕོ་མོའི་ཚོགས་མང་པོ་སྨིན་གྲོལ་ལ་འགོད་པར་མཛད། དེ་ནས་དམུར་དགེ་དགོན་པ་དང་། ཟུང་རྩུའི་དགོན་གནས་རྣམས་སུའང་ཕེབས་ཏེ་ཆོས་སྦྱིན་རྒྱ་ཆེར་སྤེལ། མཛོ་དགེར་ཕེབས་པའི་ཚེ། སེམས་དཔའ་ཆེན་པོ་བཀྲ་ཤིས་རྒྱལ་མཚན་དང་མཇལ་ནས་དབང་རྗེས་གནང་ལུང་སོགས་གསན་པ་ཞིག་ཞུས། གནས་དེར་མཛོ་དགེ་སློབ་དཔོན་ངག་དབང་ཆོས་གྲགས་རྒྱ་མཚོ་ཞེས་པའི་བདག་ཉིད་ཆེན་པོ་ཞིག་བཞུགས་པའི་སྔན་པ་སྒྲ་འཛིན་དུ་སོན་པའི་ཁར། སློབ་དཔོན་དེས་མཛད་པའི་བདག་ཅག་གི་སྟོན་པ་དང་། རྗེ་ཙོང་ཁ་པ་ཆེན་པོ་གཉིས་ཀྱི་རྟོགས་བརྗོད་སྙན་ཚིག་གིས་བརྒྱན་པ་སྤྱན་ལམ་དུ་སོན་པས་ཐུགས་དང་ལྷག་པར་དུ་འབྲུངས་ཤིང་། དེ་ནུབ་མནལ་ལམ་དུ་བླ་བའི་དཀྱིལ་འཁོར་ཞིག་གི་དབུས་སུ་དབྱངས་ཅན་མ་བཞུགས་པའི་མདུན་དུ་དཔལ་ལྡན་ནཱ་རོ་པ། ནཱ་རོ་པ། མར་པ། བཀྲ་ཤིས་རྒྱལ་མཚན། བློ་བ་རྒྱལ་མཚན། ངག་དབང་ཆོས་གྲགས་རྣམས་བཞུགས་པའི་དྲུང་ན་རང་ཉིད་ཀྱང་འཁོར་འདུག་པའི་མོད་ལ། རྗེ་མར་ངོ་བློ་བ་རྒྱལ་མཚན་ལ་ཐིམ། དེ་རྗེ་ཉིད་ལ་ཐིམ་པའི་མཐར་རྗེ་ཉིད་མར་པའི་རྣམ་

པར་གྱུར། ནཱ་རོ་བ་བཀྲ་ཤིས་རྒྱལ་མཚན་ལ་ཐིམ། དེ་རྗེ་ངག་དབང་ཆོས་གྲགས་ལ་ཐིམ་པ་ན་དབྱངས་ཅན་མའི་ཞལ་ནས་ཆོས་རྗེ་ངག་དབང་ཆོས་གྲགས་འདིས་ང་ལ་ལྷག་པའི་ལྷར་བྱས་པས་ཤེས་རབ་ཆེ་ཞིང་བསྟན་བཅོས་རྩོམ་པ་ལ་ཐོགས་པ་མེད་པ་ཡིན། འོན་ཀྱང་བར་ཆད་ཅུང་ཟད་འདུག་པ་སེལ་ཕྱིར་དུ་ཡིད་དམ་(ཡི་དམ) ཁྲོ་བོ་ཞིག་གི་བསྙེན་པ་དང་། ཁྲོ་བོའི་ཡིག་ཆ་རེ་བཟུམ་ན་ལེགས་གསུངས་པ་ཞིག་རྙིས། ཡང་ནུབ་གཅིག་ནམ་མཁའི་དཀྱིལ་ན་འཇའ་འོད་འཁྲིགས་པའི་དབུས་སུ་ཁྲི་གསུམ་ཡོད་པའི་དབུས་མར་ཆོས་གྲགས་བཟང་པོ། གཡས་སུ་ངག་དབང་ཆོས་གྲགས། གཡོན་དུ་དཀོན་མཆོག་རྒྱལ་མཚན་རྣམས་བཞུགས་པའི་དྲུང་དུ་རང་ཉིད་ཀྱང་འདུག་པ་ལ་རྗེ་ངག་དབང་ཆོས་གྲགས་པས་གསང་སྔགས་ཀྱི་ལེགས་བཤད་མང་པོ་གསུངས་པ་ཞིག་བྱུང་། དེའི་ཚེ་སློབ་དཔོན་ངག་དབང་ཆོས་གྲགས་ཀྱི་མནལ་ལམ་དུའང་བུད་མེད་སྔོན་མོ་ལོ་བརྒྱད་ཙམ་ལོན་པ་ཞིག་གིས་ཁྱོད་ནི་རྗེ་བཙུན་འཇམ་དབྱངས་ཀྱིས་རྗེས་སུ་འཛིན་པར་འགྱུར་བས་ན་ཤེས་རབ་མཆོག་དང་ལྡན་པར་འགྱུར་རོ། །ཞེས་གསུངས་པ་ཞིག་བྱུང་འདུག་ཅིང་། དེ་ལྟ་བུའི་རྐྱེན་གྱིས་ཡང་ཡང་བསྐུལ་བ་ལ་བརྟེན་ནས་སྔོན་ནས་འདྲིས་པའི་ཐུགས་བསྐྱེད་ཀྱི་འབྲས་བུ་སྨིན་པས་རིང་པོ་མ་ལོན་པར་སློབ་དཔོན་རྣམ་གཉིས་ཡབ་ཚུན་དུ་མཇལ་ཕྲད་མཛད་སྐབས་ཐོག་མར་རྗེ་འདིས་སློབ་དཔོན་ངག་དབང་ཆོས་གྲགས་རྒྱ་མཚོ་དཀོན་མཆོག་གྲུབ་པའི་སྡེ་ལ་སྔོན་གྱི་མནལ་ལམ་གྱི་དོན་བཞིན་ཕྱག་རྫོར་འབྱུང་འདུལ། ཧ་མགྲིན། མགོན་པོ་ཕྱག་དྲུག་པ་སོགས་ཀྱི་རྗེས་གནང་སྩལ་བའི་བར་ཆད་ཀྱི་གཡུལ་ལས་རྒྱལ་བའི་མཚན་མ་ཤར། སློབ་དཔོན་དེ་རྗེ་ཉིད་ཀྱི་ཡོངས་འཛིན་དུ་བཞེས་ནས་གསང་བདག་གོས་སྔོན་ཅན་དང་། རྣམ་སྲས་སེར་ཆེན་གྱི་རྗེས་གནང་གསན་པ་ནས་བཟུང་རིམ་པ་བཞིན་དུ་ཞྭ་སེར་རིང་ལུགས་འཛིན་པ་རྣམས་ཀྱིས་ཟབ་ཆོས་སུ་བྱེད་པ་འཇམ་དབྱངས་ཆོས་སྐོར་དུ་གྲགས་པ་ཡོངས་རྫོགས་ལ་སོགས་པའི་དབང་ལུང་རྗེས་གནས་མཐའ་ཡས་པ་དང་། གཞན་ཡང་རྗེ་བླ་མའི་གསུང་རིན་པོ་ཆེ་རྣམ་པ་གསུམ་གྱི་གདམས་གཞིར་

བཟུང་སྟེ། རྟོགས་བརྗོད་མདུན་ལེགས་མ་ཉམས་མགུར་གྱིས་ཁ་བསྐང་ནས་ཟབ་འཁྲིད་རྒྱས་པར་སྤྲུལ་བས་རྗེ་ཙོང་ཁ་པ་མཁས་པའི་གཙུག་རྒྱན་དུ་ཡིད་ཆེས་སྙེད་དེ་མི་ཕྱེད་པའི་དད་པ་ཐོབ་ཅིང་། སློབ་དཔོན་དེ་ཉིད་རིགས་ཀྱི་ཅོད་པཎ་སྟོད་མེད་དུ་བཀུར་བར་མཛད། དེ་ནས་སློབ་དཔོན་དེ་ཉིད་དང་། མཛོ་དགེ་དཔོན་སོགས་དང་། རྗེ་ཉིད་ཀྱི་ཕྱག་མཛོད་བསོད་ནམས་ལྷུན་འགྲུབ་སོགས་ཀྱིས་མགྲིན་གཅིག་ཏུ་མཇལ་དང་བཅས་ནས་རྗེ་ཉིད་ཀྱི་རྣམ་ཐར་འཆད་པར་གསོལ་བ་བཏབ་པའི་ཚེ། བདག་ཉིད་ཆེན་པོ་པདྨ་སཾ་བྷ་བས་གསུང་གིས་སྣང་བ་སྤྲུལ་བ་བཞིན། དེ་ནས་བཟུང་སྟེ་རྣམ་ཐར་ཟབ་མོ་རྣམས་ལེགས་པར་གསུངས་ཤིང་། དེ་ལ་བར་ཆད་བྱེད་པ་པོ་རྣམས་དཔལ་ཆེན་འཇིགས་མཛད་རྡོ་རྗེས་ཚར་མཛད་ཅིང་། ཁྱད་པར་དུ་ཏ་མགྲིན་གྱི་རྣལ་འབྱོར་པ་ཆེན་པོ་ཤེས་རབ་སེངྒེ་ཞེས་པ་ཞིག་གིས་ཀྱང་བར་ཆད་རྩོམ་པའི་འབྱུང་པོ་དེ་དག་ཐམས་ཅད་ཚར་བཅད་ནས་རྣམ་ཐར་གེགས་མེད་དུ་སྤྲུལ་ཐུབ་པར་གྱུར། དེ་ཚེ་རྗེ་ངག་དབང་ཆོས་གྲགས་རྒྱ་མཚོས་སྟོང་འཁོར་ཡོན་ཏན་རྒྱ་མཚོ་ལ་འདི་སྐད་དུ། སྔོན་ནང་སོ་ལ་ཉིད་ཀྱི་དེང་ཆོས་རྗེ་བླ་བ་རྒྱལ་མཚན་མིན་གསུངས་ཤིང་། ངོས་འཛིན་ཡང་མ་གནང་བ་དེ་ཅི་ལ་དགོངས་ཞེས་ཞུས་པར། གསུང་ལས་ང་སྟོང་འཁོར་བླ་བ་རྒྱལ་མཚན་པར་སློབ་དཔོན་རིན་པོ་ཆེས་ཞལ་ལེན་གནང་ཨེ་ཐུབ། སློབ་དཔོན་པས་དེ་མི་ཐུབ་ཀྱང་རྗེ་དེའི་སྐྱེ་བར་ཁས་ལེན་ཐུབ་གསུངས་པར། དེའི་སྐྱེ་བ་ཡིན་པས་དེའི་རྒྱུ་ནོམ་པ་སོགས་ཨེ་དབང་བདག་གིར་བྱེད་ཐུབ་བམ་ཞུས་པས། སློབ་དཔོན་རིན་པོ་ཆེ་ནས་དེ་དཀའ་གསུངས་ཐུགས་དགྱེས་ཤིང་མགུ་ནས་བསྔགས་བརྗོད་མཛད། སྐབས་ཡང་སློབ་དཔོན་དེ་ཉིད་ཀྱི་དྲུང་ནས་བདེ་མཆོག་ལྷུ་དྲིལ་གཉིས་ཀྱི་དབང་གསན་པའི་ཚེ། སྟ་གོན་གྱི་ནུབ་མོ་མནལ་ལམ་དུ་གཞལ་ཡས་ཁང་གྲུ་བཞི་སྒོ་བཞི་པ་ཞིག་གི་སྒོ་འགྲམ་དུ་རང་ཉིད་སླེབས་འདུག་པ་ལ་བྲམ་ཟེ་ལྷ་བུ་ཤིན་ཏུ་རྒས་པ། སྐྲ་དང་སྨིན་མ་སྨར་ཨག་ཚོམ་རྣམས་བལ་ལྟར་དཀར་བ། གོས་སྔོན་པོ་བགོས་ཤིང་། ཐོར་ཅོག་བཅིངས་པ་ཞིག་གིས་དབང་པོའི་ཆས་ཚང་བ་ཞིག་གཏད་བྱུང་བའི་

མོད་ལ་བུད་མེད་ལོ་བཅུ་དྲུག་ཙམ་ལོན་པ་ཞིག་གིས་རྒྱན་གསར་པ་དེ་རྣམས་བཀོན་ནས་ཁ་ཏྟི་ག་ཞིག་གཏད་བྱུང་བ་ཕྱག་ཏུ་བཟུང་ནས་རང་ཉིད་བཞུགས་པའི་སྣར་དུ་ཕེབས་པ་དང་། བུད་མེད་ན་ཚོད་དར་ཡོལ་ཙམ་ཞིག་ལ་གཞོན་ནུ་མ་བཞིས་བསྐོར་བ་ཞིག་བྱུང་ནས་དུང་དཀར་ཞིག་ལན་གསུམ་བུས་པའི་མཐར་ཉིད་ཀྱི་ཕྱག་ཏུ་གཏད་བྱུང་བ་ན་འབུད་པར་མཛད་པའི་མོད་ལ་སྣར་ཡང་མེ་ཏོག་སྣ་ཚོགས་བཀྲ་བའི་སྤང་ལྗོངས་ཞིག་ཏུ་ཕེབས་འདུག་པ་ལ་བུད་མེད་གསུམ་འོངས་ནས་བདེ་མཆོག་གི་ཡིག་ཆའི་ལུང་གནང་ཞིང་། དཔེ་ཆ་དེའང་ཕྱག་ཏུ་ཕུལ་ནས་ཁྱོད་དབུས་སུ་སོང་ན་འགྲོ་དོན་ཆེར་འབྱུང་ཞིང་། འཇམ་མགོན་བསྟན་པའི་རྒྱལ་ཚབ་ཏུ་འགྱུར་ནའང་སྐུ་ཚེ་ལ་བར་ཆད་ཆེ་བ་དང་། ཁམས་ཕྱོགས་ལའང་ཕན་ཐོགས་མི་འབྱུང་བས་མདོ་ཁམས་ཀྱི་བརྒྱུད་འདིར་བཞུགས་ནས་བསྟན་འགྲོའི་དོན་མཛད་པ་ལེགས་ཞེས་གསུངས་པ་དང་ལྷན་དུ་མནལ་སད་པ་ཞིག་བྱུང་། དེ་ནས་བདེ་མཆོག་ལཱུ་དྲིལ་གཉིས་ཀྱི་དབང་ཡོངས་རྫོགས་དང་། མགོན་ཆེན་བཅུ་གསུམ་དང་། བཀའ་གདམས་ལྷ་བཞིའི་རྗེས་གནང་། ཐིག་ལེ་བཅུ་དྲུག་གི་དབང་སོགས་གསན། དེ་ནས་སློབ་དཔོན་ངག་དབང་ཆོས་གྲགས་ཀྱིས་བསྐུལ་མ་མཛད་པ་བཞིན། སྤར་སྤྲུལ་བའི་ཉིད་ཀྱི་རྣམ་ཐར་རྣམས་ཚོགས་བཅད་དུ་བསྒྲིགས་པར་མཛད་སྐབས་འབྱུང་པོ་མ་རུངས་པའི་ཚོ་འཕྲུལ་འགའ་ཞིག་བྱུང་བ་རྣམས་གསང་བ་གསུམ་གྱི་ནུས་མཐུས་ཟིལ་གྱིས་མནན་ཅིང་། དམག་ཟོར་མས་ཀྱང་འཕྲིན་ལས་ཐོགས་མེད་དུ་སྒྲུབ་པས་རྣམ་ཐར་ཚོགས་སུ་བཅད་པ་གེགས་མེད་དུ་འགྲུབ། དེ་ནུབ་གཡར་ལམ་དུ་བུ་མོ་ཤིན་ཏུ་སྡུག་པ་ཞིག་འོངས་ནས་ཁྱིམ་ཐབ་བྱའམ་ཟེར་བར། དཔལ་ལྡན་ལྷ་མོའི་རྣམ་སྤྲུལ་དུ་མཁྱེན་ནས་ཞལ་གྱིས་བཞེས་ཚུལ་གནང་བས། དེ་ན་རེ། ང་ནི་དབྱངས་ཅན་ལྷ་མོ་སྟེ། །རེས་ཞིག་ཁྱོད་ལ་ཉམས་སད་བྱས། །རིང་མོ་ཞིག་ནས་འཇམ་དབྱངས་དང་། །ཁྱིམ་ཐབ་དུས་གསུམ་སངས་རྒྱས་བསྐྱུན། །ཞེས་གསུངས་ནས་སྐུ་གསལ་བར་བསྟན། ཡང་ནུབ་གཅིག་འཇམ་དབྱངས་སྨྲ་སེང་གི་ཐུགས་ཀར་མི་གཡོ་བ་དཀར་པོ། དེའི་ཐུགས་

ཀར་འཛམ་དབྱངས་དཀར་པོ། དེའི་ཐུགས་ཀར་དབྱངས་ཅན་མ་བཞུགས་པ་རྣམས་གཅིག་ལ་གཅིག་ཐིམ་པའི་མཐར་སྒྲ་སེང་ཡང་རྗེ་ཉིད་ལ་ཐིམ་མ་ཐག རང་ཉིད་སྒྲ་སེང་གི་སྐུར་ལྷམ་གྱིས་གྱུར་བ་ཞིག་ཀྱང་བྱུང་། དེ་ནས་རྗེ་ངག་དབང་ཆོས་གྲགས་སོགས་ཀྱིས་རྣམ་ཐར་གྱི་ལུང་གནང་དགོས་པར་གསོལ་བ་བཏབ་པ་བཞིན་སྐུལ་བའི་ཚེ། ནམ་མཁའ་གཡའ་དག་པ་ལ་འཇའ་འོད་ཀྱི་གུར་ཕུབ་པ་དང་། རྒྱལ་ཆེན་བཞི་པོ་ཕྱོགས་བཞིར་གནས་ནས་བར་ཆད་བསྲུང་བར་གཟིགས། སླར་ཡང་སློབ་དཔོན་མཆོག་ནས་རྡོ་རྗེ་རྣམ་འཇོམས་ཀྱི་བསྙེན་སྒྲུབ་དང་དབང་མཆོག ཀྱི་རྫོར་དང་། འཇིགས་བྱེད་སྨོན་ལམ་གྱི་ཏེཀྲ་སོགས་རྩོམ་པར་བཀས་བསྐུལ་བ་བཞིན་ཏེཀྲ་གཉིས་དང་། རྣམ་ཐར་མི་རྟོག་གི་ཕྲེང་བ་ལ་སོགས་པ་རྣམས་ལེགས་པར་མཛད། དེ་ནས་མཛོ་དགེ་ནས་བྱང་ཤར་ཕྱོགས་ཀླུ་ཤོད་ཅེས་པར་ཕེབས་ནས་ཕྱོགས་དེའི་འདུས་སྡེ་སོགས་མང་པོ་ལ་དབང་ལུང་རྗེས་གནང་སོགས་ཆོས་ཀྱི་ཆར་རྒྱུན་འབེབ་བཞིན་པའི་ངང་ནས་ཙོ་ནེར་ཕེབས་སྐབས། ཆོས་རྗེ་དཔལ་ལྡན་བཟང་པོ་སོགས་དགེ་འདུན་གྱི་ཚོགས་དང་། ཙོ་ནེའི་དཔོན་ཁག་རྣམས་ཀྱིས་བསུ་བ་དང་། བསྙེན་བཀུར་སོགས་ཞབས་ཏོག་རྒྱ་ཆེར་སྒྲུབ་ཅིང་། ཐམས་ཅད་ཀྱིས་མགྲིན་གཅིག་ཏུ་ཡུན་རིང་ཙམ་བཞུགས་དགོས་པ་དང་། རྣམ་ཐར་གསུངས་པར་གསོལ་བ་བཏབ་པ་བཞིན་ཟླ་གཅིག་ཙམ་གྱི་བར་དུ་བཞུགས། རྣམ་ཐར་བཀའ་སྐུལ་པ་དེའི་ཚེ་ནའང་ནམ་མཁའ་གཡའ་དག་པ་དང་། འཇའ་འོད་ཀྱི་གུར་དང་། མེ་ཏོག་གི་ཆར་སོགས་ལྟས་ཡ་མཚན་པ་མང་དུ་བྱུང་། དེར་འདུས་ཀྱི་ཚོགས་པ་ཐམས་ཅད་དགའ་ལྡན་དུ་བྱམས་པའི་ཞབས་དྲུང་དུ་སྐྱེ་བའི་ཐུགས་སྨོན་རྒྱ་ཆེར་མཛད་པ་ན། མནལ་ལམ་དུ་རྗེ་ཉིད་དགའ་ལྡན་དུ་ཕེབས་འདུག་ཅིང་། དེ་མཚུངས་སྔར་རྣམ་ཐར་གསུངས་དུས་ཀྱི་ཆོས་གྲྭར་ཚོགས་པ་ཐམས་ཅད་ཡང་དེར་འདུག་པ་ལ། རྗེ་ཉིད་ཀྱིས་རྒྱལ་ཚབ་ཆེན་པོ་མི་ཕམ་མགོན་པོར་འདི་དག་ལ་ཆོས་ཞིག་གསུངས་པར་གསོལ་བ་བཏབ་པས་རྗེ་བཙུན་གྱིས་ཀྱང་དགྱེས་བཞིན་འདི་སྐད་དུ། ཤེས་ལྡན་དག་ཆོས་གཅིག་ལག་

ཏུ་མཆིས་ན་ཆོས་ཐམས་ཅད་ལག་ཏུ་མཆིའོ་ཞེས་བཅོམ་ལྡན་འདས་ཀྱིས་གསུངས་ཏེ། དེ་ཡང་གང་ཞེ་ན་ཆོས་ཐམས་ཅད་སྟོང་པ་ཉིད་དུ་ལྟ་བ་དང་། སེམས་ཅན་ཐམས་ཅད་མི་བཏང་བ་ཡིན་ཞེས་སོགས་གསུངས་པ་ཞིག་བྱུང་གསུངས་པ་དེར་འདུས་ཐམས་ཅད་ཀྱིས་ཐོས་པས་ལྷག་པར་དུ་ཡང་མི་ཕྱེད་པའི་དད་པ་ཆེས་ཆེར་ཐོབ། དེ་ནས་ཐའུ་ཧྲུའི་མི་དཔོན་ཚན་མྱུང་གིས་གདན་དྲངས་ནས་ཞག་འགའ་བཞུགས་པར་གསོལ་བ་བཞིན་ཞག་གསུམ་བཞུགས་ནས་དེའི་རིང་དུ་རྒྱ་བོད་ཀྱི་གདུལ་བྱ་ཐམས་ཅད་ཆོས་ཀྱི་བདུད་རྩིས་ཚིམ་པར་མཛད། དེ་ནས་རིབ་རྩེའི་ཕྱོགས་སུ་ཕེབས་པར་ཆས་པའི་ཚེ་ཙོ་ནེ་བ་ཐམས་ཅད་ཀྱིས་སླར་ཕེབས་དགོས་པར་གསོལ་བ་བཏབ་པ་བཞིན་བསླུ་མེད་རྡོ་རྗེའི་ཚིག་གིས་ཞལ་བཞེས་མཛད། རིབ་ཙེའི་ཡུལ་སྒོངས་སུ་ཕེབས་ནས་ཆོས་ཀྱི་ཚར་རྒྱ་ཆེར་ཕབ། དེའི་ཚེ་སློབ་དཔོན་ཆེན་པོ་པདྨ་འབྱུང་གནས་ཀྱི་ཞལ་གཟིགས། དེ་ནས་འབྲུག་མཚོར་ཕེབས་སྐབས་མཚོ་སྨན་གྱི་གཟུགས་བསྟན། དེ་སྐབས་ཀུན་གྱི་མཐོང་སྣང་དུ་མཚོའི་ནང་ཐམས་ཅད་པདྨ་དཀར་པོ་འབའ་ཞིག་གིས་ཁྱབ་འདུག་པ་དང་། མཚོའི་ནང་དུ་གོ་མཚོན་དང་། དྲིའུ། འབྲུག སྟག སྦྲུལ། གླང་གུར། མེ་རི་སོགས་ཀྱི་སྣང་བ་དཔག་མེད་བྱུང་ཞིང་། རྗེ་ཉིད་རང་ལ་ནི་མཚོའི་ནང་དུ་དམག་ཟོར་མའི་ཕོ་བྲང་ཤིན་ཏུ་གསལ་བར་གཟིགས་ཏེ། འདི་དམག་ཟོར་མའི་བླ་མཚོ་ལྷ་བུ་ཡིན་ནམ་ཞེས་བཀའ་སྩལ། དེ་ནས་བྱམས་པ་འབུམ་གླིང་མཇལ་བར་ཕེབས་པའི་ཚེ། ནུབ་གཅིག་མཁའ་འགྲོ་མ་གསང་བ་པདྨ་ཞེས་པས་འབུམ་གླིང་མྱུར་དུ་མཇལ་ནས་སླར་ལོག་ཤོག་གསུངས་པ་བཞིན་མཛད་པའི་དགོངས་པ་གཏད། དེ་ནས་ནང་སོ་ཧན་གྱི་ཡུལ་དུ་ཕེབས་པའི་ཚེ། ཡང་སྔར་གྱི་མཁའ་འགྲོ་མ་དེ་མནལ་ལམ་དུ་འོངས་ནས་ཁྱོད་ནི་མི་ལོ་དགུ་བཅུའི་བར་དུ་བསྡད་ནས་བསྟན་པ་དང་འགྲོ་བའི་དོན་རྒྱ་ཆེར་གྱིས་ཤིག་གསུངས་པའི་ལན་དུ་བདག་ནི་བསྟན་འགྲོའི་དོན་དུ་རང་སྲོག་གཏོང་དགོས་རུང་འཕང་པ་མེད་མོད་ཀྱང་། མཁས་རློམས་འགས་བརྙས་པ་ལ་ཅུང་ཟད་སྐྱོ་བ་སྐྱེས་ཞུས་པས། ལན་དུ་ཁྱོད་ལ་གྲུས་པ་དང་

མི་གྲུས་པ་བྱེད་མཁན་བདག་གིས་ཤེས་མོད་ཀྱི། དེ་ལ་སྐྱོ་བ་སྐྱེས་མི་དགོས་པོད་ཀྱི་མི་རྣམས་ཀྱི་དོན་དུ་ཞིང་འདིར་སྐྱེས་པ་ཡིན་པས་གང་ལ་གང་འདུལ་གྱིས་འགྲོ་དོན་གྱིས་ཤིག ད་སྟོན་ཞིང་འདིར་དུར་སྒྲིག་འཛིན་པའི་སྐྱེ་བ་ལན་གྲངས་མང་ཙམ་བླངས་པ་ཡིན། ད་ཁྱོད་ལི་ཡུལ་རྒྱལ་པོའི་སྲས་སུ་སྐྱེ། དེ་ནས་རིམ་པ་བཞིན་རྒྱལ་པོའི་སྐྱེ་བ་བདུན་བླངས་ཏེ་ཐུགས་ལམ་ལ་བརྟེན་ནས་མཁའ་སྤྱོད་དུ་སྐྱེ་བར་འགྱུར་རོ་གསུངས་པའི་མོད་ལ་མཁའ་འགྲོ་མ་དེ་དང་ལྷན་ཅིག་ཏུ་རྫུ་འཕྲུལ་གྱི་ཕྱིན་ནས་རྒྱལ་པོར་འཁྲུངས་པའི་གནས་བདུན་ཀའི་སྟོད་བཅུད་ཐམས་ཅད་གསལ་བར་གཟིགས། དེ་ལ་རྒྱལ་པོ་བདུན་ནི་ལི་ཡུལ། རྡོ་རྗེ་གདན། ཨོ་རྒྱན། ལྷང་ལོ་ཅན། བལ་ཡུལ། ཟ་ཧོར། རྒྱ་ནག་རྒྱལ་པོ་དང་བཅས་པ་རྣམས་ཡིན་པར་དགོངས་པ་ཞིག་བྱུང་། དེ་ནས་འབུམ་གླིང་གི་གནས་རྣམས་མཇལ་ནས། ཐའུ་ཧྲུའི་ཕྱོགས་སུ་ཕེབས་ཏེ། ཙྪ་རོར། ཁྲུ་ཤ ཁྲ་པོ་སོགས་ཀྱི་ཡུལ་གྲུ་རྣམས་སུ་གདུལ་བྱ་མང་པོའི་དོན་མཛད་ནས་སླར་ཙོ་ནེར་ཕེབས་ནས་རྒྱུད་སྡེ་བཞིའི་ལམ་གྱི་གནད་རྣམས་བསྡུས་པའི་ཐུགས་ཀྱི་བསྟན་བཅོས་མཛད་པའི་ཚེ། མནལ་ལམ་དུ་སློབ་དཔོན་སངས་རྒྱས་ཡེ་ཤེས་ཞབས་ཀྱིས་རྒྱུད་སྡེའི་དོན་གྱི་བཤད་པ་སྩལ་བ་དང་། རྒྱལ་བ་ཙོང་ཁ་པ་ཕྱིན་ནས་བསྟན་བཅོས་བརྩམས་པ་ཤིན་ཏུ་ལེགས་པའི་བསྔགས་བརྗོད་མཛད་པ་སོགས་བྱུང་། ཡང་ཞུབ་གཅིག་རང་ཉིད་ཨུ་རྒྱན་དུ་ཕེབས་འདུག་པ་ལ་མཁའ་འགྲོ་མ་རྣམས་ཀྱིས་མི་དགྱེས་པའི་རྣམ་འགྱུར་མཛད་དེ། ཁྱོད་ཀྱིས་ངེད་རྣམས་ལ་མ་དྲིས་པར་རྒྱུད་སྡེའི་དོན་སྙིང་ཕྱུང་བ་འཐད་པ་མིན་ཅེས་གསུངས་པའི་ཚེ། མཁའ་འགྲོ་མ་པི་ཕྱང་ཐོགས་པ་ཞིག་གིས། འདི་ལ་ཁོ་མོས་གནང་བ་སྦྱིན་པ་ཡིན་ཏེ། བདག་རི་རབ་ཀྱི་རྩེར་འགྲོ་དུས་སྐྱེས་བུ་ཞིག་ལ་གནང་བ་སྦྱིན་པ་ཡིན་ཟེར་བ་དེ་འདི་ཉིད་ཡིན་ཞེས་གསུངས་པས་མཁའ་འགྲོ་མ་ཐམས་ཅད་དགྱེས་ནས་བསྟན་བཅོས་དེའི་མིང་ལ་རིག་འཛིན་རོལ་པའི་དགའ་སྟོན་ཞེས་བྱ་བར་ཐོགས་ཤིག་གསུངས་པ་ཞིག་རྨིས། དེ་ནས་སླར་ཡང་ཀླུ་འབོད་སོགས་བརྒྱུད་ནས་མཛོ་དགེ་དགོན་དུ་ཕེབས་ཏེ། ཚུ་བཟང་རྗེ་རྒྱལ་ཞེས་པར་

བཞུགས་སྐར་གནང་སྐབས་རིག་འཛིན་ཆེན་པོ་པདྨ་འབྱུང་གནས་ཀྱི་ཞལ་གཟིགས་གསུང་གི་གནང་བ་ཐོབ་པ་ལྟར་ཡུལ་དེའི་ལྷ་སྲིན་གདུག་པ་ཅན་རྣམས་དམ་ལ་བཏགས། ཡུལ་ཁམས་དེ་དག་གི་ལྷ་འདྲེ་གདུག་པ་ཅན་རྣམས་བཏུལ་བའི་གྲགས་པའི་དབྱར་རྔ་ད་ལྟའི་བར་དུ་ཡང་གསལ། གཞན་ཡང་སྟོན་པདྨ་ཐོད་ཕྲེང་རྩལ་གྱིས་སྲིན་པོ་གདུག་པ་ཅན་རྣམས་བཏུལ་བའི་གནས་སུ་གྲགས་པ་སྟག་ཚང་ལྷ་མོ་ཞེས་པར་ཕེབས་ནས་ཞག་གཅིག་བཞུགས་ཤིང་གནས་སྒོ་ཡང་འབྱེད་པར་མཛད་ཅིང་། ཁྲུས་གསོལ་དང་མེ་ཏོག་འཐོར་བ་སོགས་ཀྱང་རྒྱ་ཆེར་བསྐྱངས། འབྲེང་རྒྱས་བསམ་འགྲུབ་རབ་བརྟན་ཞེས་པར་གདན་དྲངས་པ་ལྟར་ཕྱིན་ནས་སླར་ཡང་བཞུགས་སྐར་དུ་ཕེབས་ཏེ་ཆོས་ཀྱི་རྗེ་གྲགས་པའི་མཚན་ཅན་གྱི་དྲུང་དུ། དཔལ་གྱི་རྡོ་རྗེ་དང་། ཕྱག་རྡོར་འཁོར་ཆེན་སོགས་ཀྱི་དབང་། གསང་འདུས་བསྐྱེད་རྫོགས་ཀྱི་ལུང་སོགས་དང་། སྒྲོལ་མ་ཉེར་གཅིག་གི་རྗེས་གནང་སོགས་མང་དུ་གསན། དེ་ཚེ་མནལ་ལམ་དུ་རྗེ་བཙུན་ཙོང་ཁ་པ་ཆེན་པོ་ཕྱིན་ནས་བདེ་མཆོག་སྦྲས་དོན་ཀུན་གསལ་གྱི་ཕྱག་དཔེ་ཞིག་གནང་ནས་འདི་ཉིད་རྒྱས་པར་གྱིས་ཤིག་ཅེས་གསུངས་པ་དང་། མཁའ་འགྲོ་མ་སྨ་ར་ཅན་ཞིག་འོངས་ནས་དབྱངས་ཅན་མ་ནི་མཁའ་འགྲོ་མ་ཀུན་གྱི་གཙོ་མོ་ཡིན་ཞེས་གསུངས་ནས་མཁའ་འགྲོའི་ཚོགས་དཔོན་བྱེད་པ་སོགས་དག་པའི་སྣང་བ་བསམ་གྱིས་མི་ཁྱབ་པ་བྱུང་། སླར་མཛོ་དགེའི་ཡུལ་དུ་ཕྱིན་ནས་རྒྱལ་བའི་གསུང་རབ་ཀྱི་པུསྟ་ཀ་སོགས་ལ་རབ་གནས་ཀྱི་རིམ་པ་རྒྱས་པར་མཛད། སློབ་དཔོན་རིན་ཆེན་ངག་དབང་ཆོས་གྲགས་རྒྱ་མཚོས་གཙོ་མཛད་པའི་དེར་འདུས་རྣམས་ལ་རྡོ་རྗེ་རྣམ་པར་འཇོམས་པའི་དབང་སོགས་སྩལ་ནས་བསམ་འགྲུབ་རབ་བརྟན་དུ་ཕེབས། དེར་འདུས་པའི་གདུལ་བྱ་རྣམས་ལ་བྱང་ཆུབ་ལམ་རིམ་ཆེན་མོ་དང་། རིག་འཛིན་རོལ་པའི་དགའ་སྟོན། རྗེ་ཉིད་ཀྱི་རྣམ་ཐར་སོགས་སྩལ་བར་མཛད། དེ་ནས་རིམ་གྱིས་སྟོང་འཁོར་དུ་ཕེབས་པའི་ལམ་བར་རྣམས་སུ་གཞི་བདག་གིས་བསུ་བ་སོགས་ལན་མང་དུ་བྱུང་། དེ་སྐབས་ཇག་པ་འགའ་ཞིག་གིས་རྟ་དྲིལ་རྣམས་འཕྲོར་བར་

འདོད་ཁམས་དབང་མོའི་སྒོ་ནས་ལས་སྦྱོར་མཛད་པས་མ་འགྱངས་པར་དེ་དག་ཐམས་ཅད་རྡུལ་ཕྲན་བཞིན་དུ་གྱུར། ཡང་ལན་ཅིག་མེ་མཆོད་གནང་བའི་ཚེ། ཟླ་བའི་དཀྱིལ་འཁོར་གྱི་དབུས་སུ་གསང་འདུས་འཇམ་དཔལ་རྡོ་རྗེ། ཀྱཻ་རྡོར། རྣམ་འཇོམས་དཀར་པོ་བཞིའི་དཀྱིལ་འཁོར་ཡོངས་སུ་རྫོགས་པར་གཟིགས་ཤིང་། རྗེ་ཙོང་ཁ་པ་ཆེན་པོས་ཞལ་དངོས་སུ་བསྟན་ཞིང་བྱིན་གྱིས་རླབས་པའི་མཚན་མ་བྱུང་། དེ་ནས་རིམ་གྱིས་དགོན་པ་ཆོས་འཁོར་གླིང་། དགའ་ལྡན་བྱམས་པ་གླིང་། རྣམས་སུ་ཕེབས་ནས་གདུལ་བྱ་མང་པོ་སྨིན་གྲོལ་ལ་བཀོད་བཞིན་པའི་སྒོ་ནས་རང་ཉིད་གང་དུ་བསྐྱི་བའི་གནས་སུ་བདེ་བར་ཞབས་སེན་གྱི་འཁོར་ལོ་བཀོད་པར་གྱུར་ཏོ། །སྨྲས་པ། བསྐལ་མང་སྦྱོང་ནས་སྒྲིབ་གཉིས་འབྲུལ་བའི་དྲི། །དྲུང་ནས་ཕྱུང་ཟིན་ཉིད་ཡིན་དེ་ཡི་ཕྱིར། །མ་དག་ཞིང་དུ་སྲིད་པ་བཟུང་བ་ནའང་། །དག་སྣང་འོད་ཀྱི་པ་ཏ་འཁོར་ཡུག་ལྡིང་། །རང་དོན་ཡིད་བྱེད་ས་བོན་དང་བཅས་པ། །གཏན་ནས་སྤངས་པས་གསང་གསུམ་མཛད་འཕྲིན་གྱི། །ཆ་ཤས་ཚུན་ཀྱང་གཞན་དོན་ཕོ་ན་ལ། །འབད་མེད་ངང་གིས་འཇུག་པའི་ཚུལ་འདི་ལྟོས། །ཕྲ་རགས་བདུད་བཞིའི་གཡུལ་ངོ་མཐར་བྱེད་ཅིང་། །སྲིད་ཞིའི་ཕུན་ཚོགས་ཡོངས་ལ་དབང་དུ་བསྒྱུར། །སྐུ་གསུམ་གཞལ་མེད་ཁང་ན་མངོན་འགྱིངས་པ། །ཁྱོད་ནི་རིགས་དང་དཀྱིལ་འཁོར་ཡོངས་ཀྱི་སྤྱི། །ལྷ་དང་བླ་མ་ཌཱ་ཀི་ཞི་ཁྲོ་ཚོགས། །རྟག་པར་རྒྱུན་དུ་སྤྲིན་བཞིན་འདུས་གྱུར་ཏེ། །ལུང་བསྟན་དབུགས་འབྱུང་ཆོས་ཀྱི་འགྲོ་བ་སོགས། །ཟླ་ན་མེད་པའི་དགའ་སྟོན་ཁྱེད་ལ་སྩལ། །འཛམ་གླིང་སྤྱི་དང་ཁྱད་པར་བོད་ལྗོངས་འདིར། །གསང་ཆེན་རྡོ་རྗེ་ཐེག་པའི་པདྨོའི་ཚལ། །རྒྱས་པར་མཛད་པའི་ཉི་མ་ཁྱོད་ཡིན་ཞེས། །དུས་གསུམ་འདྲེན་པའི་ཚོགས་ཀུན་དབྱངས་སུ་ལེན། །ཞེས་པ་ནི་བར་སྐབས་ཀྱི་ཚིགས་སུ་བཅད་པའི་ཕྲེང་བའོ། །དེ་སྐབས་གངས་ཅན་བསྟན་འགྲོ་ཡོངས་ཀྱི་མགོན་སྐྱབས་གཅིག་པུར་གྱུར་པ། ཇི་སྐད་དུ། ཨལ་ཐན་ཆོས་ཀྱི་རྒྱལ་པོའི་ཏཻ་ཤྲི་རི། །བསོད་ནམས་མཚན་ལྡན་དྷ་ལེ་བླ་མ་གང་། །ཞེས་གསུངས་པ་ལྟར་རྒྱལ་ཀུན་སྙིང་རྗེའི་

རང་གཟུགས་འཕགས་མཆོག་ཕྱག་ན་པདྨོ་ཐམས་ཅད་མཁྱེན་པ་བསོད་ནམས་རྒྱ་མཚོ་དཔལ་བཟང་པོ་ཉིད། བྱང་ཕྱོགས་ཆེན་པོ་ཧོར་གྱི་ཡུལ་དུ་བསྟན་པའི་སྒྲོན་བདག་ཨལ་ཐན་ཆོས་ཀྱི་རྒྱལ་པོས་གདན་དྲངས་ནས་མཚོ་ཆེན་ཁྲི་ཤོར་རྒྱལ་མོའི་ཉེ་འགྲམ་དུ་མཆོད་ཡོན་ལྷན་རྒྱས་བཞུགས་ཚུལ་གསན་པའི་མོད་ལ་རིང་ནས་འདྲིས་པའི་བག་ཆགས་སད་པས་མོས་གུས་བསམ་གྱིས་མི་ཁྱབ་པ་འཁྲུངས་ཤིང་། ཞལ་མཇལ་བ་ལ་ཤིན་ཏུ་རིངས་པའི་རྣམ་འགྱུར་དང་བཅས་ཐྲལ་དུ་མཇལ་བར་ཕྱིན་པས། ཚབ་ཆ་ལྷ་ཁང་ཐེག་ཆེན་ཆོས་འཁོར་གླིང་དུ་བཞུགས་པ་དང་མཇལ། སངས་རྒྱས་དངོས་ཀྱི་མོས་གུས་བཅོས་མ་མ་ཡིན་པ་ཐུགས་རྒྱུད་ལ་སྐྱེས་ཤིང་། དངོས་བཤམས་ཀྱི་མཆོད་སྦྱིན་ཚད་མེད་པས་མཉེས་པར་མཛད། རྒྱལ་དབང་རིན་པོ་ཆེ་དེའི་ཞབས་དྲུང་ནས་བསྟན་པའི་ནང་མཛོད་སོ་ཐར་གྱི་སྡོམ་པའི་ཡང་རྩེ་ཚིགས་ཕྱི་མ་བསྙེན་རྫོགས་ཀྱི་བསླབ་གཞི་གསར་དུ་ནོད་དེ་ངུར་སྨྲིག་འཛིན་པ་ཀུན་གྱི་ཁྱུ་མཆོག་ཏུ་སོན་པར་མཛད། གཞན་ཡང་འཁོར་ལོ་བདེ་མཆོག་དང་། དཔལ་མགོན་ཞལ་བཞི་པའི་དབང་ལ་སོགས་པའི་ཆོས་བཀའ་ཇི་སྙེད་ཅིག་ཞུས་པ་ཐམས་ཅད་དགྱེས་བཞིན་དུ་སྩལ། ཨལ་ཐན་ཧན་དང་ཡང་མཇལ་ཕྲད་མཛད། དེ་ནས་ཐམས་ཅད་མཁྱེན་གཟིགས་ཆེན་པོར་ཨལ་ཐན་ཧན་གྱིས་ཆ་ཧར་དུ་ཕེབས་དགོས་ཚུལ་ཞུས་པར། རྒྱལ་བ་རིན་པོ་ཆེ་ནས་རེ་ཞིག་ངེད་ལི་ཐང་དུ་དགེ་འདུན་གྱི་སྡེ་གསར་དུ་འཛུགས་དགོས་པ་ཡོད་པས། དེའི་རིང་དུ་སྟོང་འཁོར་ཆོས་རྗེ་འདི་པ་ཚབ་ཏུ་གཏོང་རྒྱུ་ཡིན་ཞེས་བཀའ་སྩལ། རྗེ་འདི་ཉིད་ལའང་སོག་ཡུལ་དུ་ཅི་ནས་ཕེབས་དགོས་དང་། བསྟན་འགྲོའི་དོན་རྒྱ་ཆེན་པོར་འགྱུར་ཚུལ་སོགས་འགྱུར་མེད་བཀའ་ལུང་གསེར་གྱི་རྡོ་རྗེའི་ཕྱག་རྒྱ་སྤྱི་བོར་བཀོད་པ་བཞིན་དང་དུ་བཞེས་ནས་སོག་ཡུལ་དུ་ཕྱིན་པའི་ལམ་བར་དུ་ཤིང་སྡོང་ཞིག་གི་རྩེར་དཔལ་མགོན་ཞལ་བྲམ་གཟུགས་ཕྱག་གཡས་རལ་གྲི་དང་། གཡོན་ནོར་བུ་རང་ཉིད་ཀྱི་སྤྱི་བོར་བཟུང་བ་ལ། ཀླུ་ཆེན་བརྒྱད་ཀྱིས་བསྐོར་བ་ཞིག་ཞལ་གཟིགས། དེ་ནས་རིམ་གྱིས་རྒྱལ་པོའི་སའི་ཆར་ཕེབས་པའི་ཚེ། རྒྱལ་པོ་རྒྱལ་

ཕྲན་ཡུལ་མི་དང་བཅས་པ་ཀུན་གྱིས་སྤྱི་ཞུ་བཀུར་སྟི་ཚད་མེད་པ་ཞུས་ཤིང་། གདུལ་བྱ་རྣམས་ལ་སྐྱབས་འགྲོ་དང་། བསྙེན་གནས་ཀྱི་སྡོམ་པ། ཡིག་དྲུག་གི་བཟླས་ལུང་སོགས་ཆོས་ཀྱི་ཆར་ཆད་མེད་དུ་ཕབ། ཚེ་འཕྲུལ་ཟླ་བའི་ནང་དུ་སྨོན་ལམ་ཀྱང་བཙུགས་པ་སོགས་རྣམ་དཀར་གྱི་མཛད་བཟང་ཁྱབ་གདལ་དུ་སྤྲོ་བར་གྱུར་ལ། དེ་ལ་བརྟེན་ནས་སོག་ཡུལ་གྱི་ཡུལ་ལྷ་གཞི་བདག་འབྱུང་པོ་ནག་ཕྱོགས་པ་རྣམས་ཡིད་མ་རངས་པར་གྱུར་ཏེ། འབྲུག་པས་ཡུལ་དུ་ནད་ཡམས། སད་སེར། ཕྱུགས་གོད་སོགས་གཏོང་བ་དང་། དུས་མིན་གྱི་རླུང་ཚུབ་ཆེན་པོ་ལྡིང་བ་དང་། ཁྲིན་རྣམས་གཏོར་བས་ཐན་པ་ཆེ་བར་བྱུང་བ་དང་། རྒྱལ་པོ་ཡང་སྙུང་གཞི་དྲག་པོས་བཏབ་པ་སོགས་བྱུང་བ་ན་ཕྱོགས་དེའི་སྐྱེ་བོ་བཙོལ་(ཙོལ)ཆུང་སྡིག་ཏོ་ཅན་སྙིང་ལ་ཞུགས་པ་དག་གིས་འདི་ལྟར་བྱུང་བ་འདི་ནི་བླ་མ་འདི་པས་སོག་པོའི་ལུགས་སྲོལ་དོར་ནས། བོད་ཀྱི་ཆོས་ལུགས་ལ་བསྒྱུར་བས་ལན་པར་སྣང་བས་འདི་དག་མེད་པར་བྱེད་དགོས་ཟེར་བ་བྱུང་། འདི་ལ་འདི་སྐད་དུ་རྗེ་བླ་མའི་གསུང་ལས། གང་ཞིག་ཁྱོད་དང་ཞེ་འགྲེས་པ། །དེ་ཡིས་རང་བཞིན་མེད་པའི་སྒྲ། །མི་བཟོད་གྱུར་ལ་མཚར་ཅི་ཡོད། །ཁྱོད་ཀྱི་གསུང་གི་གཅེས་པའི་མཛོད། །རྟེན་ནས་འབྱུང་བར་ཁས་བླངས་ནས། །སྟོང་ཉིད་ང་རོ་མི་བཟོད་པ། །འདི་ལ་ཧོ་ཐོ་ངོ་མཚར་གྱུར། །ཞེས་གསུངས་པ་དང་ཆ་མཐུན་པར་སྔོན་བོད་དུ་མཁན་ཆེན་པོ་ཞི་ཤ་ཏྭ་ཐོག་མར་ཕེབས་པའི་ཚེ་བོད་རྣམས་སྐྱུར་ཞུས་བྱེད་པ་དང་། འདི་སྐབས་སྔོན་འཁོར་ཆོས་རྗེ་ལ་སོག་པོས་སྐྱུར་ཞུས་བྱེད་པ་ཁྲིལ་རྒྱུ་ཅི་ཡོད་དེ། སྔོན་མེད་པའི་ལུགས་སྲོལ་བཏོད་པའི་ཕྱིར། དེང་ལྷ་དང་བླ་མའི་རྗེས་སུ་ཞུགས་བཞིན་སྐྱུར་ཞུས་གང་ཐེབས་བྱེད་པ་འདི་ནི་ངོ་མཚར་རོ། །དཀྲུས་ནི་ཞབས་གྲས་ལ་སོགས་པ་རྣམས་འཇིགས་ཤིང་སྐྲག་པར་གྱུར་པའི་ཚེ། རྗེ་འདི་པའི་ཐུགས་དགོངས་ལ་དཀོན་མཆོག་གསུམ་ནི་ནམ་ཡང་བསླུ་བ་མེད་པའི་ཐུགས་རྗེ་ཅན་ཡིན་པས། འདི་ཙམ་ཞིག་གིས་རྐྱེན་དུ་འགྱུར་བ་ག་ལ་སྲིད་དགོངས་ནས་འཇམ་དཔལ་རྡོ་རྗེ་འཇིགས་བྱེད་ལ་གསོལ་བ་བཏབ་ཅིང་། གཤིན་རྗེ་གཤེད་དང་རྟ་མཆོག་

རོལ་པའི་ང་རྒྱལ་བརྟན་པོའི་སྒོ་ནས་འབྱུང་པོ་གདུག་པ་ཅན་ཐམས་ཅད་དམ་ལ་བཏགས་ཏེ། དྲག་པོ་ཐོད་ཕྲེང་རྩལ་གྱི་སྙེམས་པ་འཁྲོགས། ཁྱད་པར་དུ་ཡང་དམ་ཅན་ཆོས་ཀྱི་རྒྱལ་པོ་དང་། དཔལ་ལྡན་དམག་ཟོར་གྱི་རྒྱལ་མོ་གཉིས་ཀྱིས་ རླུང་ནག་འཚུབ་མར་སྤྲུལ་ནས་ཡུལ་དེར་ཤི་གཤེད་ལྷ་རུ་མཆོད་པའི་རྟེན་ཡོད་པ་རྣམས་གཏོར་བ་དང་། དམ་པའི་ཆོས་དང་རྗེ་ཉིད་ལ་སྐུར་བ་འདེབས་པ་རྣམས་རྐྱེན་དང་འཚམས་པའི་ཆད་པ་དྲག་པོས་ཚར་བཅད། ཆོས་ལ་དགའ་བ་རྣམས་ཀྱི་སྟོང་གྲོགས་མཛད་པས་མཐུན་རྐྱེན་ལེགས་ཚོགས་གོང་འཕེལ་དུ་གྱུར། རྒྱལ་པོ་ཡང་སྨན་ལས་གྲོལ་བ་སོགས་ལ་བརྟེན་ནས་སྐྱེ་བོ་ཐམས་ཅད་ཆོས་ལ་མི་བྱེད་པའི་དད་པ་ཐོབ། རྒྱལ་པོས་ཀྱང་རང་གི་ཆབ་འོག་ཏུ་གཏོགས་པ་ཐམས་ཅད་དགེ་བ་བཅུའི་ཁྲིམས་ལ་བཀོད། གཙུག་ལག་ཁང་དགེ་འདུན་གྱི་སྡེ་དང་བཅས་པའི་སྲོལ་བཏོད། སྟོན་པ་ཐུགས་རྗེ་ཅན་གྱི་སྣང་བརྙན་དངུལ་སྐུ་ཆེན་མོ་སོགས་བཞེངས། དེ་ནས་བཟུང་སྟེ་ཡུལ་དེར་ཆར་ཆུ་དུས་སུ་འབེབས་ཤིང་། ལོ་ཕྱུགས་ལེགས་པ་དང་། མི་ནད་དང་ཕྱུགས་ནད་ཐམས་ཅད་ཀྱང་རྒྱུན་ཆད་པར་གྱུར། རྒྱལ་པོ་འཕྲེད་ཉལ་གྲགས་པ་ཞེས་པའི་སྲས་དེ་ཆེད་དཔོན་སོགས་ཀྱིས་སྤྱན་དྲངས་ཏེ། བསྙེན་བཀུར་ཞབས་ཏོག་སོགས་གུས་འདུད་རྒྱ་ཆེན་པོ་སྒྲུབ། དེའི་ཚེ་ནའང་ཆོས་པར་རློམས་པའི་སྡིག་ཅན་ཆགས་སྡང་གིས་ཡིད་སྨྱོས་པ་འགའ་ཞིག་གིས་ སྤྱིར་དགེ་ལྡན་རིང་ལུགས་དེ་འཛིན་དང་བཅས་པ་དང་། ཁྱད་པར་རྗེ་བླ་མ་འདི་ཉིད་བསྐུར་བ་འདེབས་ཤིང་། རྒྱལ་སྲས་འགའ་ཞིག་གི་ཡིད་བསྒྱུར་ཏེ་ལོག་པའི་སྦྱོར་བ་སྣ་ཚོགས་རྩོམ་པ་ན། རྗེ་འདིས་དེ་དག་ལུགས་གཉིས་གང་གི་སྒོ་ནས་ཚར་བཅད་ཀྱང་ཆོ་མི་ཐོགས་པའི་སྐབས་མིན་ནའང་སྙིང་རྗེ་ཆེན་པོས་བཏང་སྙོམས་སུ་བཞག་པར་མཛད་པ་ན། ལས་རྒྱུ་འབྲས་བསླུ་བ་མེད་པ་དང་། དཔལ་མགོན་ཞལ་ལ་སོགས་པའི་བསྟན་བསྲུང་རྣམས་ཀྱིས་འཕྲིན་ལས་ཚུལ་བཞིན་དུ་སྒྲུབ་པའི་དབང་གིས་མི་བསྲུན་པ་དེ་དག་མིང་གི་ལྷག་མ་ཙམ་དུ་གྱུར། དེ་ནས་རིང་ཞིག་ན་ཨལ་ཐན་ཆོས་རྒྱལ་ཞེ་བར་གཤེགས་པར། བདེ་བ་ཅན་དུ་སྐྱེ་བའི་ཐུགས་

སྨོན་མཛད་པའི་ཚེ། འཇའ་འོད་ཀྱི་གུར་དང་། མེ་ཏོག་གི་ཆར་བབས་པ་སོགས་ལྟས་ཡ་མཚན་ཅན་དུ་མ་བྱུང་བས་དེར་འཁོད་ཐམས་ཅད་ལྷག་པར་དུ་ཆོས་ལ་ངེས་ཤེས་འདྲོངས་པར་གྱུར། རྒྱལ་པོའི་ཕྱིར་དུ་དངུལ་གྱི་མཆོད་རྟེན་གསར་དུ་བཞེངས་པ་སོགས་ཐུགས་དགོངས་རྫོགས་ཐབས་རྒྱ་ཆེན་པོ་མཛད་ཅིང་། སྲས་དང་བཙུན་མོ་སོགས་ཀྱང་སྨྱ་ངན་གྱི་འདམ་ལས་དབུགས་ཕྱིན་པར་མཛད། ཡང་ནུ་མལ་ཧུ་ཞེས་པའི་རྒྱལ་མོ་ཞིག་ཚེ་དུས་བྱས་པ་ལ། རྗེས་འདིས་རྣམ་ཤེས་དགུག་གཞུག་མཛད་སྐབས་ནམ་མཁའ་ནས་སྨུག་པ་ཞིག་བྱུང་ནས་མིང་བྱུང་གི་སྟེང་དུ་བབ་པ་དང་། འཇའ་གུར་དང་མེ་ཏོག་གི་ཆར་སོགས་ཡ་མཚན་པ་མང་པོ་བྱུང་། གོང་གི་དངུལ་གྱི་ཐུབ་དབང་གི་སྐུ་བརྙན་དང་། དངུལ་གྱི་མཆོད་རྟེན་བཅས་པར་རྗེས་སོར་ཐམས་ཅད་མཁྱེན་པ་བསོད་ནམས་རྒྱ་མཚོ་རྒྱལ་སྲས་ཀྱིས་གདན་དྲངས་ཏེ་ཕེབས་བསྐྱོད་སྐབས་གཟུངས་འབུལ་རབ་གནས་སོགས་རྒྱ་ཆེ་གནང་སྨིན་དུ་མཛད་པར་སྣང་། གཞན་ཡང་ཐུ་མེད་ཀྱི་རྒྱལ་པོ་ལ་སོགས་པ་ཕྱོགས་ཀྱི་དད་ཅན་དུ་མས་གདན་དྲངས་རུང་མ་ཕེབས་པར་ལོ་ལྔའི་བར་ཡུལ་དེར་བཞུགས་ནས་ཆོས་ཀྱི་སྤྲིན་པ་ཆར་དུ་བསྙིལ་ཏེ་མུན་གླིང་ཆེན་པོ་ཞིག་དཀར་པོར་བྱས། སྙན་པའི་གྲགས་པ་ཕྱོགས་ཀུན་ཏུ་ཁྱབ་པར་འགྱུར། ཁྱད་པར་གནམ་བསྐོས་མིའི་རྗེ་བོ་གོང་མ་ཏཱ་མིང་ཝན་ལི་ཆོས་ཀྱི་རྒྱལ་པོས་ཀྱང་བཀའ་མཆེད་གནང་སྐྱེས་ལ་སོགས་པའི་སྤྱི་ཞུ་གཟེངས་བསྟོད་བླ་ན་མེད་པ་སྩལ། འདི་ལ་སྟོང་འཁོར་མཉྫུ་ཤྲཱི་ལྔ་པའི་གསུང་ལས། རྒྱལ་དབང་གསུམ་པས་རྗེས་བཟུང་རྒྱལ་ཚབ་མཛད། །ཆེན་པོ་ཧོར་གྱི་རྒྱལ་ཁམས་ཆོས་ལ་བཀོད། །ཅེས་གསུངས་སོ། །དེ་ནས་དེའི་ཚེ་ཐུགས་དགོངས་ལ། ནོར་ཟང་ཟིང་དང་སྙན་གྲགས་སོགས་འཁོར་བའི་ཕུན་ཚོགས་ལ་ཡིད་གཏད་མི་རུང་བས་ཟང་ཟིང་རྣམས་དཀོན་མཆོག་ལ་མཆོད་པ་སོགས་རྣམ་དཀར་གྱི་རྒྱུར་ཕོ་ནར་འགྲོ་བ་ཞིག་བྱེད་དགོས་དགོངས་ཏེ། ཞབས་གྲས་རྣམས་ལ་དེ་བཞིན་བཀའ་གནང་བས་ཞབས་ཕྱི་བ་རྣམས་ཀྱིས་ཇི་ལྟར་སྒྲུབ་ཞུས་པར། རྗེས་དེ་ཡང་ད་ལྟ་ཐུབ་བསྟན་དར་ཞིང་རིས་མེད་ཀྱི་སྐྱེས་

ཆེན་མཐའ་དག་བཞུགས་ནས་བསྟན་པ་ཡོངས་རྫོགས་ལ་ཐོས་བསམ་སྒོམ་གསུམ་དང་འཆད་རྩོད་རྩོམ་གསུམ་སོགས་ཆོས་ཀྱི་འཁོར་ལོ་རྒྱུན་ཆད་མེད་པར་བསྐོར་ཞིང་། དད་ལྡན་བསོད་ནམས་བསོགས་པའི་ཞིང་ས་བླ་ན་མེད་པ་ནི་དབུས་གཙང་གི་ལྗོངས་ཁོ་ནར་ངེས་པས་བོད་དུ་འགྲོ། དེ་ཡང་སྔར་མཁའ་འགྲོའི་ལུང་བསྟན་སོགས་ལ་མི་འགག་པ་ལྟ་བུར་བབ་ཀྱང་རང་གཞན་གྱི་དོན་ལྷབས་པོ་ཆེར་འགྱུར་ན་ཚེ་བར་ཆད་དུ་སོང་ནའང་བཟོད་ཉེ་རིང་ཙུང་ཟད་ཙམ་ལས་དོན་དུ་ཁྱད་མེད། དེ་ལ་འགྱངས་གཞིར་གྱུར་ན་དོན་ཆེན་པོ་འགྲུབ་པའི་བགེགས་སུ་འགྱུར་བས་འགྲོ་བའི་གྲབས་གྱིས་གསུངས་པར། ཞབས་གྲས་རྣམས་ནས་ད་དུང་ལོ་ཁ་ཤས་བཞུགས་ན་ལེགས་ཚུལ་སོགས་ནན་ཏན་གྱིས་ཞུས་པར། རྗེ་ཉིད་ནས་དེ་རྣམས་སོག་པོའི་འདོད་ཡོན་ལ་ཆགས་པ་མཁྱེན་ནས། དེ་ཡང་རྗེ་བླ་མ་ཙོང་ཁ་པ་ཆེན་པོས་མ་གཅིག་དཔོན་པོ་ལ་འདི་སྐད་དུ། བུ་ཁྱོད་བསམ་པ་དག་པ་ཡོད་ཟེར་ལེགས། །སྲིད་པའི་ཕུན་ཚོགས་ཀུན་གྱིས་མི་བསླུ་མེད། །ཅེས་གསུངས་པ་ལྟར་ཞེས་དྲང་སྟེ། སྲིད་པའི་ཕུན་ཚོགས་ལ་ཆགས་པའི་ཉེས་དམིགས། དེ་ལ་ཆགས་མི་རིགས་པའི་ཚུལ། བག་ཡོད་བྱ་དགོས་ཚུལ་སོགས་ཚིགས་སུ་བཅད་པ་བདུན་གྱི་དོན་བཞིན་རྒྱས་པ་ལེགས་པར་གསུངས་པས། ཞབས་གྲས་སོགས་ཀྱིས་ཆགས་ཞེན་དོར་ཏེ་གསུངས་བཞིན་སྒྲུབ། རྒྱལ་བློན་སོགས་ཀྱིས་བཞུགས་དགོས་ཞུས་ཀྱང་རྗེ་མ་ཐོགས། དེ་ནས་རིམ་གྱིས་ཕྱག་བཏེགས་ཏེ་མཚོ་ཁར་ཕེབས་པ་ན་དུས་གསུམ་རྒྱལ་བའི་སྤྱི་གཟུགས་ཕྱག་ན་པདྨོ་བསོད་ནམས་རྒྱ་མཚོ་དཔལ་བཟང་པོ་དང་མཇལ་བར་ཟང་ཟིང་གི་འབུལ་ནོད་རྒྱ་ཆེན་པོ་མཛད་ཅིང་། འདོད་ཆོས་ཀྱང་བསམ་ལས་འདས་པ་གསན། དབུས་ཕྱོགས་སུ་འབྱོན་རྒྱུའི་སྐོར་ལ་བརྟག་པ་ཞུས་པར། ཕེབས་ལམ་སོགས་ལ་བར་ཆད་མེད་ཅིང་བསྟན་འགྲོའི་དོན་ལྷབས་ཆེན་འགྱུར་བའི་ལུང་བསྟན་མཛད་པ་བཞིན། རབ་བྱུང་བཅུ་པའི་ཆུ་རྟ་ལོར་དབུས་ཕྱོགས་སུ་ཆིབས་ཀྱི་ཁ་ལོ་བསྒྱུར་ཏེ་ལམ་བར་གྱི་གདུལ་བྱ་རྣམས་སྨིན་གྲོལ་ལ་དགོད་བཞིན་པར་བྱོན་ནས་འབྲི་ཆུ་འགྲམ་དུ་ཕེབས་སྐབས་ཆུ་ཆེ་བས་

འཕྲུལ་དུ་མ་ཐར། དེ་ནུབ་མནལ་ལམ་དུ་ལས་གཤིན་གྱིས་ཐོད་དབྱུག་ཟམ་པའི་ཚུལ་དུ་ཆུའི་ཁར་བཞག་པ་ཞིག་བྱུང་བས། དེའི་ཕྱི་ཉིན་བཞུགས་སྐར་གྱི་ཐད་ཕོ་ནར་དར་ཆགས་འདུག་པའི་སྟེང་ནས་དཔོན་སློབ་འཁོར་བཅས་ཐེབས་ཚོག་པར་བྱུང་བ་ནི་ལྷ་ཆེན་ཆོས་ཀྱི་རྒྱལ་པོས་འཕྲིན་ལས་གཡེལ་མེད་དུ་སྒྲུབ་པའི་མཚན་མ་ཤིན་ཏུ་ངོ་མཚར་བའོ། །གཞན་ཡང་ཐེབས་ལམ་རྣམས་སུ་ཉེས་མེད་བདེ་བགྲོད་ཀྱིས་ཐོག་མར་བཀའ་གདམས་བསྟན་པའི་ཆུ་མགོ་ར་སྒྲེངས་(ར་སྒྲེང)རྒྱལ་བའི་དབེན་གནས་དང༌། བཀའ་རྒྱུད་བསྟན་པའི་སྲོལ་འཛིན་སྟག་ལུང་དགོན་སོགས་སུ་ཐེབས་ཏེ། དེ་དག་གི་རྟེན་གནས་ཁྱད་པར་ཅན་བཅས་མཇལ་བར་མཛད། ལྷ་སར་ཐེབས་པར་ཐོག་མར་བཤད་སྒྲུབ་བསྟན་པའི་འབྱུང་གནས་ཆོས་སྡེ་ཆེན་པོ་སེ་ར་ཐེག་ཆེན་གླིང་དུ་ཐེབས། གྲྭ་ས་གྲྭ་ཚང༌། ཁམས་ཚན་མི་ཚན། བླ་མ་ལས་སྣའི་བཅས་ནས་སྤྱི་ཞུ་བཀུར་བསྟི་རྒྱ་ཆེན་པོ་དང་བཅས་ཏེ་གདན་དྲངས། མཁན་སློབ་དགེ་འདུན་དང་བཅས་པ་རྣམས་ལ་ཆོས་དང་ཟང་ཟིང་གཉིས་ཀའི་སྐྱེས་རྒྱ་ཆེན་པོ་སྩལ་བར་མཛད། དེ་ནས་མ་འགྱངས་པར་ཆོས་སྡེ་ཆེན་པོ་དཔལ་ལྡན་འབྲས་སྤུངས་སུ་ཐེབས་པར་དེར་སློབ་དཔོན་ལས་སྡེ་འདུས་ཚོགས་དམངས་དང་བཅས་པ་ནས་བསུ་བ་སོགས་བཀུར་བསྟི་རྒྱ་ཆེན་པོ་བསྒྲུབ། འདུས་པ་མཆོག་དམན་ཐམས་ཅད་ཆོས་དང་ཟང་ཟིང་གཉིས་ཀྱིས་ཚིམ་པར་མཛད། དེ་ནས་ལྷ་ལྡན་དུ་ཕྱིན་ཏེ་ཇོ་ཤཱཀ་ཡིད་བཞིན་ནོར་བུ་ལ་རིན་ཆེན་གཉིས་པའི་ཁམས་ལས་གྲུབ་པའི་མཎྜལ་དང་གོང་བུ། བྱ་རོག་གི་བླ་བྲི། འཕན། སྣམ་སྦྱར། སྙན་དར། མར་མེ་སོགས་ཀྱི་མཆོད་སྤྲིན་ཚད་མེད་པ་དང་བཅས་ཏེ་བསྟན་འགྲོར་ཕན་པའི་ཐུགས་བསྐྱེད་རྒྱ་ཆེན་པོ་མཛད། གཞན་ཡང་རྟེན་གསུམ་ཁག་ཡོད་དོ་ཅོག་ལ་མཆོད་འབུལ་ཐུགས་སྨོན་སོགས་ཐུགས་ཁེངས་སུ་བསྐྱངས། དེ་ནས་གདན་ས་ཆེན་པོ་རི་བོ་དགེ་ལྡན་ཕྱོགས་ལས་རྣམ་པར་རྒྱལ་བའི་གླིང་དུ་ཐེབས་པར། མཁན་སློབ་འདུས་སྡེ་ཚང་མས་བསུ་བ་སོགས་ཀྱི་སྤྱི་ཞུ་རྒྱ་ཆེན་པོར་ཞུས། ཞག་འགའ་འཁོས་ཐེབས་ཀྱིས་བཞུགས་ནས་རྗེ་རིན་པོ་ཆེའི་སྐུ་གདུང་གི་

གཙོ་རྟེན་གསུམ་ངོ་མཚར་ཅན་ཀུན་ལ་མཆོད་ཕྲིན་དང་ཐུགས་སྨོན་རྒྱ་ཆེན་པོ་དང་། འདུས་པ་རྣམས་ལའང་ཆོས་ཀྱི་སྐྱེས་དང་ཟང་ཟིང་གི་བསྙེན་བཀུར་བླ་ལྷག་ཏུ་བསྟར། ཁྱད་པར་དུ་དངུལ་སྐུ་མཐོང་བ་དོན་ལྡན་ཞེས་བྱ་བ་གསར་དུ་བཞེངས་ཏེ་རབ་གནས་དང་དགའ་སྟོན་རྨད་དུ་བྱུང་བ་མཛད། དགེ་ལྡན་ཁྲི་རིན་པོ་ཆེ་བྱམས་པ་རྒྱ་མཚོ་དང་། མཚུངས་མེད་ཤར་རྗེ་ཆོས་རྗེ་སོགས་ཀྱི་དྲུང་ནས་དབང་ལུང་མན་ངག་ཟབ་ཁྲིད་སོགས་འབྱམས་ཀླས་སུ་གསན་བཞེས་བསྐྱངས། དེར་བཞུགས་རིང་དམ་ཆེན་ཆོས་ཀྱི་རྒྱལ་པོས་དགྱེས་པའི་རྣམ་འགྱུར་དངོས་ཉམས་སྐྱི་ལམ་ཅི་རིགས་པར་སྟོན་ཅིང་བར་ཆད་སེལ་བ་དང་། འཇའ་ཚོན་སྣ་ལྔའི་གུར་གྱིས་དགའ་ལྡན་གྱི་ཕྱོགས་ཀུན་ཁྱབ་པ་སོགས་ངོ་མཚར་བའི་ལྟས་དཔག་ཏུ་མེད་པ་བྱུང་། དེ་ནས་གང་གི་སྐུ་ཕྲེང་གོང་མ་འདུལ་འཛིན་རིན་པོ་ཆེའི་གདན་ས་བརྩོན་མོའི་ཚལ་དང་། མར་ལམ་ཡེར་པ་ལྷ་རི་སྙིང་པོ་སོགས་སུའང་ཕེབས་ནས་རྟེན་གནས་རྣམས་ལ་མཆོད་སྨོན་དང་དེ་དག་ཏུ་འཁོད་པའི་སྐྱེ་བོ་རྣམས་ལ་ཆོས་ཀྱི་སྦྱིན་པ་གང་འདོད་སྩོལ་བར་མཛད་ནས་སེ་ར་ཐེག་ཆེན་གླིང་དུ་ཕེབས། དེ་སྐབས་བོད་སྐྱོངས་མི་ཡི་རྗེ་བོ་སྐྱིད་ཤོད་ཞབས་དྲུང་པ་དཔོན་འཁོར་རྣམས་ལ་གསང་ཆེན་རྒྱུད་སྡེ་རྒྱ་མཚོའི་ཉིང་ཁུ་དཀྱིལ་འཁོར་གྱི་ཚོ་ག་རྡོ་རྗེ་ཕྲེང་བའི་དབང་རྫོགས་པར་སྩལ། དབང་ཡོན་དུ་སེར་སྣོད་རོང་པོ་ཁང་གསར་གྱི་ས་ཆ་དབང་རིགས་བདག་ཐོབ་དང་བཅས་པ་དང་། གཟིམས་ཚུང་བཀོད་པས་ཁྱད་པར་དུ་འཕགས་པ་ཞིག་ཀྱང་གསར་རྒྱག་གིས་སྒྲུར་གནང་མཛད་པའི་ས་ཡུལ་རྣམས་ཁམས་ཚན་གྲྭ་རྒྱུན་སོགས་ལ་སྒྲུར་འཇགས་སུ་བསྐྱངས། སེར་སྨྲའི་འདུས་སྡེས་གཙོས་སྐྱེས་དགུ་དད་ལྡན་རྣམས་ཀྱིས་ཡུན་རིང་བཞུགས་དགོས་པར་གསོལ་བ་བཏབ་པ་བཞིན་རེ་ཞིག་གི་བར་དུ་བཞུགས་འཇགས་བསྐྱངས། དེའི་རིང་དུའང་ལེགས་ཚོགས་ཀྱི་སྒོ་འབྱེད་པར་ཆོས་གྲྭར་དམ་བཅའ་འཛུག་པ་དང་། མཁས་དབང་བདག་ཉིད་ཆེན་པོ་རྣམས་ལ་དབུ་ཕར་འདུལ་མཛོད་སོགས་གཞུང་ཆེན་མོ་རྣམས་ཀྱི་དགོངས་དོན་ལ་དྲི་བརྩད་མཐར་ཕྱིན་དུ་མཛད་པ་སོགས་ཀྱི་སྒོ་ནས་ཐོས

བསམ་གྱི་བདར་ཤ་གཅོད་པ་དང་། དབང་ལུང་མན་ངག་སོགས་ཀྱི་གསན་བཞེས་གང་ལ་གང་འཚམས་ཀྱི་ཆོས་སྦྱིན་སྩོལ་བར་མཛད་པ་སོགས་མདོར་ན། ཐོས་པས་མི་མངོམ་(ངོམ)ཉིད་དང་ནི། །ཟང་ཟིང་མེད་པར་ཆོས་སྦྱིན་དང་། །ཞེས་སོགས་གསུངས་པ་ལྟར་མཛད་དོ། །འདི་སྐབས་ཟང་ཟིང་ནོར་གྱིས་མ་མགུ་བ་ཞིག་གིས། །འདི་སྐད་དུ། བདག་མེད་ཡིན་ན་ཡོད་པས་ཁྱབ་པའི་སྐྱ། །དེ་ལ་སྐྱོན་ནི་གཏོང་མཁན་མེད་པའི་གསུང་། །བཏང་ན་དཀར་འགྲོ་འདིར་འགྲོ་མེད་པའི་ཐུགས། །ཁ་བཏགས་རྒྱ་མཚོའི་མགོན་ལ་གསོལ་བ་འདེབས། །ཞེས་པ་ཞིག་བྲིས་ནས་སྤྲུར་བ་ནི། ལེགས་བཤད་ལས། ཚཱ་ནྡན་གསེར་ལས་རིན་ཆེ་བ། །བློན་པོས་(བླུན་པོས)སོལ་བར་བྱས་ལ་ལྟོས། །ཞེས་གསུངས་པའི་དོན་ནོ། །བརྗོད་དོན་ཅུང་ཟད་མེད་པའི་ཚིག་དེ་ལྟ་བུ་ཐོན་འགའ་ཞིག་གིས་སྲིད་རྩེ་བར་དུ་བསྒྲགས་པར་མ་ཟད། ད་ལྟ་འགའ་ཞིག་གིས་སྲིད་མཐའི་བར་དུ་བརྗོད་པར་བྱེད་དེ། ཁ་ཅིག་ནི། ཕྱི་རྒྱན་ཀུ་ཅོ་འདོན་པ་ན། །རྒྱུ་མཚན་མེད་པར་གཞན་དག་རྒྱུག །ཅེས་གསུངས་པ་ལྟ་བུའོ། །གཞན་དག་ནི། ཇི་སྐད་དུ། སྐྱོན་རྣམས་འབད་པས་འཛིན་བྱེད་ཅིང་། །ཡོན་ཏན་རྩད་ནས་མི་ཚགས་པ། །སྐྱེ་བོ་ངན་པ་ཆུ་ཚག་བཞིན། །ངན་པ་འཛིན་གྱི་བཟང་པོ་འཚོར། །ཞེས་གསུངས་པ་ལྟར་ཏེ། ཡོན་ཏན་གྱི་སྣེ་གཅིག་བརྗོད་རྒྱུ་མེད་པར། སྐྱོན་གྱི་ཕྱུག་ནས་འདོན་པར་བྱེད་པའི་སྐྱེ་བོ་དག་གོ །ཤེས་ལྡན་དག་བག་ཟོན་བྱེད་རིགས་ཏེ། ཇི་སྐད་དུ། མི་གང་བརྗོད་བྱ་མ་ཡིན་པ། །གཞན་གྱི་དྲུང་དུ་བརྗོད་པ་དེ། །བརྫུན་ནམ་འོན་ཏེ་བདེན་ཀྱང་རུང་། །མཁས་པས་དེ་ལ་བག་ཟོན་བྱ། །ཞེས་གསུངས་པའི་ཕྱིར། དེ་ཡང་བརྗོད་ན་སྟོང་འཁོར་ཡོན་ཏན་རྒྱ་མཚོ་སེ་རའི་མཁན་ཁྲིར་ཕེབས་སྐབས་དངུལ་འགྱེད་མ་གནང་བས་རྐྱེན་བྱས་ཏེ། ཁ་བཏགས་རྒྱ་མཚོའི་ཞེས་ཡོན་ཏན་རྒྱ་མཚོ་མ་ཡིན་པར་ཐལ་ཅེས་སྨྲས། ཤེས་བྱེད་ཆོས་གྲྭ་དམ་བཅའ་འཛོག་སྐབས་ཞིག་ལ་བདག་མེད་ཡིན་ན་ཡོད་པས་ཁྱབ་ཅེས་ཁས་བླངས་ཞེས་པ་སྟེ། ཡོན་ཏན་མེད་པའི་སྨྲུབ་བྱེད་དམ་པ་དང་། །འཕྱུར་ཁ་འདོགས་པའི་རྩ་བ་ནི་དེ་ཡིན་པ། །དེ་

ལ་སྐྱོན་གཏོང་མཁན་མེད་ལ། །ཡོད་ན་གར་འགྲོ་འདིར་འགྲོ་མེད་ཅེས་པ་ནི། དཔེར་ན་རི་བོང་རྭ་མེད་ལ། །ཡོད་ན་འདོམ་པ་བཅོ་བརྒྱད་ཡོད་ཅེས་པ་ལྟ་བུ། །དེས་ན། དང་པོ་ལ་ཁྱབ་པ་ཡོད་དགོས། གཉིས་པ་ལ་རྟགས་གྲུབ་དགོས། གསུམ་པ་བརྟག་པ་མཐའ་བཟུང་པའང་བློ་རྩེ་དགོས་སོ། །རྒྱལ་དབང་ལྔ་པས་སྟོང་འཁོར་ཆོས་རྗེ་ཡོན་ཏན་རྒྱ་མཚོས་དམ་བཅའ་འཛུགས་སྐབས་ཞིག་ལ་གསུངས་པས། ཆོས་གྲྭར་ཡིན་ལ། འདི་ལ་མཁས་གྲྭ་སྙེགས་པ་འགའ་ཞིག་གིས་རྟེན་དང་དུས་སྐབས་ཅི་ཡང་མ་ངེས་པར། སྨོན་ལམ་ཆེན་མོར་དམ་བཅའ་འཛུགས་སྐབས་ཟེར་བ་ཐོས་ཏེ། སྨོན་ལམ་ཆེན་མོར་དམ་བཅའ་འཛུགས་སྲོལ་ནམ་ཞིག་ནས་བྱུང་བ་ཙམ་ཡང་མ་ངེས་པར་སྨྲ་བ་དེ་ལྟ་བུས་མལ（མོ）སྟོན་ཕག་མགོའང་མི་འོང་འདྲ། དེས་ན་ སྔར་གོང་དུ་བཤད་ཟིན་པའི་རྣམ་ཐར་དེ་དག་བློ་ཡུལ་དུ་ངེས་པར་བྱས་ནས་སྐྱེས་བུ་དམ་པར་འཛིན་པའི་བློས་དེ་ལ་དད་པ་དང་གུས་པ་རྒྱ་ཆེན་པོ་བྱ་བ་མི་འོང་ནའང་། སྐྱེ་བོ་ངན་པའི་རྗེས་སུ་འབྲེང་ནས་སྐྱོན་རྟོག་གི་བློས་དམ་པ་ལ་བསོད་ནམས་མ་ཡིན་པའི་ལས་བསགས་པ་ལ་བརྩོན་པར་མི་བྱེད་དེ། ཇི་སྐད་དུ། ཁྱི་ཕག་མི་གཙང་ཟ་བ་ལ། །མཁས་པ་སུ་ཞིག་ཡིད་སྨོན་བྱེད། །ཕ་རོལ་གནོད་དུ་འབེབས་པའི་ཚིག །དགྲ་བོ་ལ་ཡང་སྨྲ་མི་བྱ། །ཞེས་གསུངས་ཤིང་། སྤྱོད་འཇུག་ལས། གལ་ཏེ་དེ་འདྲའི་རྒྱལ་སྲས་སྦྱིན་བདག་ལ། །གང་ཞིག་ངན་སེམས་བསྐྱེད་པར་བྱེད་ན་དེ། །ངན་སེམས་བསྐྱེད་པའི་གྲངས་བཞིན་བསྐལ་པར་ནི། །དམྱལ་བར་གནས་པར་འགྱུར་ཞེས་ཐུབ་པས་གསུངས། །འོན་ཏེ་གང་ཞིག་ཡིད་རབ་དང་བྱེད་པ། །དེ་ཡི་འབྲས་བུ་དེ་བས་ལྷག་པར་འཕེལ། །ཞེས་སོགས་གསུངས་པའི་ཕྱིར། ཁྱད་པར་དུ་ཡང་ཇི་སྐད་དུ། སྟོང་འཁོར་ལྔ་པ་བསོད་ནམས་རྒྱ་མཚོས། །རྒྱལ་དབང་གསུམ་པས་རྗེས་བཟུང་། །ཞེས་པའི་འཕྲོས། བྱམས་ཆེན་ཆོས་རྗེའི་ཁྲི་ལ་དབང་བསྒྱུར་བ། །ཡོན་ཏན་རྒྱ་མཚོ་ཞེས་གསུངས་ལྟར། །མི་དབང་གཙུག་རྒྱན་བྱམས་ཆེན་ཆོས་ཀྱི་རྗེ། །ཤཱཀྱ་ཡེ་ཤེས་དཔལ་བཟང་པོའི་ཆོས་ཀྱི་ཁྲི་དབང་མཐོན་པོར་ཞབས་ཟུང་བཀྲ་ཤིས་ཀྱིས་རེ་མོའི་མཚན་པ་

རྣམ་པར་བཀོད་དེ། འཆད་ཉན་འདུལ་ཁྲིམས་སོགས་གོང་སྤེལ་གྱིས་ལུང་རྟོགས་བསྟན་པའི་རྒྱ་མཚོ་གྱེན་དུ་འཕྱུར་བར་མཛད་པས་བོད་ཁམས་ཡོངས་ལ་བདེ་སྐྱིད་ཀྱི་ཉི་མ་འཁོར་ཡུག་ཏུ་འཆར་བར་མཛད། དེ་ལྟར་སེ་རར་ལོ་གསུམ་ཙམ་བཞུགས་ཤིང་། དེ་ནས་དབུས་སུ་ཧ་ཅང་རྒྱུན་རིང་བར་བཞུགས་ཊུང་བར་ཆད་ཆེ་བའི་མཚན་མ་གཟིགས་པས་རིང་མིན་ཁམས་སུ་འབྱོན་པར་དགོངས་ཏེ། སེ་རའི་མཁན་ཁྲི་བཤོལ་ནས་གདུལ་བྱ་རྣམས་ལ་གང་འཚམས་ཀྱི་ཆོས་དང་ཟང་ཟིང་གི་བཀའ་དྲིན་སྩལ་ཏེ་དབུས་ནས་ཕྱག་བཏེགས། རིམ་གྱིས་འབྲི་ཁུང་བརྒྱུད་དེ་ལྷ་རི་དང་ཤུ་ཏུའི་ཡུལ་ཕྱོགས་རྣམས་སུ་ཕེབས། དཔལ་འཁོར་ཆོས་སྡེ་སོགས་དགོན་སྡེ་ཆེ་ཕྲ་མང་པོར་གདན་དྲངས་ཏེ། ཟང་ཟིང་གི་བསྙེན་བཀུར་མཐའ་ཀླས་པ་ཕུལ་བ་རྣམས་ལའང་རི་(རེ) འདོད་བསྐོང་བའི་ཆོས་ཀྱི་སྦྱིན་པ་རྒྱ་ཆེར་སྩལ། ཆོས་རྗེ་རིན་པོ་ཆེ་ཤེས་རབ་དཔང་པོའི་ཞབས་དྲུང་ནས་འཇིགས་བྱེད་དཔའ་བོ་གཅིག་པའི་རྗེས་གནང་སོགས་ཆོས་བཀའ་འགའ་ཞིག་ཀྱང་ཞུ་བར་མཛད། དཔོན་སློབ་རྣམ་གཉིས་སྐུ་ཚེ་དུ་མ་ནས་བླ་སློབ་ཏུ་འབྲེལ་བའི་དབང་གིས། མཇལ་ཙམ་ཉིད་ནས་ཐུགས་ཡིད་གཅིག་འདྲེས་སུ་གྱུར། དེ་ནས་ཆོས་རྗེ་ཤེས་རབ་མཚན་ཅན་གྱིས་ཆབ་མདོར་ཕེབས་དགོས་ཚུལ་གྱི་བཀའ་ལུང་སྩལ་བ་བཞིན་ཆབ་མདོར་བྱོན་སྐབས་བྱམས་གླིང་དང་ཉེ་བར་གྱུར་པའི་ཚེ། གྲྭ་ཚང་གི་སློབ་དཔོན་ལས་སྡེ་སོགས་དང་། ཡུལ་དེའི་ཆེ་བཙན་རྣམས་ཀྱིས་བསུ་བའི་རིམ་པ་རྒྱ་ཆེན་པོར་ཞུས། ཆབ་མདོ་དགོན་གྱི་ཉེ་འདབས་སུ་བཞུགས་སྒར་གནང་བའི་ནུབ་མོར་མནལ་ལམ་དུ་བཀའ་བསྲུང་རྣམས་ཀྱིས་དགའ་བའི་རྣམ་འགྱུར་དང་བཅས་ཏེ། ཁྱེ་སྲིད་སངས་རྒྱས་ཀྱི་བསྟན་པ་གནས་པ་དེ་སྲིད་དུ་ཆབ་མདོའི་དགེ་འདུན་གྱི་སྡེ་ཡང་འཕེལ་བར་འགྱུར་རོ་ཞེས་པའི་ལུང་བསྟན་གསལ་བར་སྩལ། དེའི་སང་ཉིན་དགེ་སློང་སྣམ་སྦྱར་གྱོན་པ་བརྒྱ་ཕྲག་གིས་གཙོས་པའི་དགེ་འདུན་རྣམས་ཀྱིས་བསུ་བ་སེར་སྦྲེང་ཚད་མེད་པ་དང་བཅས་ཏེ་གདན་དྲངས། དེར་བཞུགས་རིང་སློབ་དཔོན་དང་འདུས་སྡེ་རྣམས་ཀྱིས་གསོལ་བ་བཏབ་པའི་ངོར་བྱང་ཆུབ་

ལམ་གྱི་རིམ་པའི་གསུང་ཆོས་ཟབ་ཅིང་རྒྱ་ཆེ་བ་དང་། ཚེ་རབས་རྗེས་འཛིན་གྱི་སྨོན་ལམ་རླབས་པོ་ཆེས་གདུལ་བྱ་མཐའ་དག་གི་ཡིད་ཡོངས་སུ་ཚིམ་པར་མཛད། གཞན་ཡང་མཆོག་དམན་མང་པོར་དབང་ལུང་སོགས་འདོད་ཆོས་ཅི་རིགས་སུ་བསྐྱངས། ཕྱོགས་དེའི་བླ་གྲྭ་རྣམས་དང་། འབྱོར་ལྡན་སྦྱིན་བདག་སོགས་ཀྱིས་ཟང་ཟིང་གི་འབུལ་ནོད་ཀྱང་རྒྱ་ཆེར་བསྟར་ཞིང་། དེ་ནས་རིམ་གྱིས་ཕྱག་བཏེགས་ནས་བར་ཁམས་ཀྱི་དགོན་སྡེ་ཆེ་བ་རྣམས་སུའང་གདན་དྲངས་པ་བཞིན་ཕྱིན་ཏེ། དེ་དག་ཏུ་ཡང་བསྟན་འགྲོའི་དོན་རླབས་ཆེ་བར་མཛད་ནས་གང་གི་འཕྲིན་ལས་ཀྱི་འོད་སྣང་ཕྱོགས་ཀྱི་འཁོར་ལོ་ཡོངས་སུ་ཁྱབ་པར་འགྱུར་པའི་བསྐྱི་གནས་སྟོང་འཁོར་དགོན་བཀྲ་ཤིས་ལྷུན་པོར་ཕྱག་ཕེབས་པར་གྱུར་ཏོ། །དེ་ལྟར་རྗེ་བཙུན་བླ་མ་དམ་པ་འདི་ནི་རབ་བྱུང་དགུ་པའི་མེ་འབྲུག་ལ་སྐུ་བལྟམས། དགུང་ལོ་བཅོ་ལྔའི་བར་སྟོང་འཁོར་དུ་བཞུགས། དེ་ནས་རིས་མེད་འགྲོ་བའི་དོན་དུ་ཚ་ཁོ། ཀེ་རྟེ། དམུ་དགེ། མཛོ་དགེ། ཟུང་ཐུ། ཅོ་ནེ། ཐུ་ཐུ། རིབ་ཅོ། བྱམས་པ་འབུམ་གླིང་། ཚ་རྫོར། ཁུ་ཤ་ཁྲ་པོ་ཁ་རྒྱ། ཀན་རྒྱ། སྟག་ཚང་ལྷ་མོ་རྣམས་སུ་ཕེབས་ནས་ངེས་པ་དོན་གྱི་དགེ་བའི་བཤེས་གཉེན་དུ་མ་ལས་དམ་པའི་ཆོས་ཟབ་ཅིང་རྒྱ་ཆེ་བ་མཐའ་ཀླས་པ་གསན་བཞེས་དང་། བསྡུ་བ་རྣམ་བཞིའི་སྒོ་ནས་གདུལ་བྱ་མཐའ་ཡས་པ་སྨིན་གྲོལ་གྱི་ལམ་བཟང་པོར་འགོད་པར་མཛད། དགུང་ལོ་ཉེར་གསུམ་ཐོག་ཐམས་ཅད་མཁྱེན་པ་བསོད་ནམས་རྒྱ་མཚོའི་མཚོ་ཁར་ཕེབས་པ་མཇལ། དགྱེས་བཞིན་རྗེས་སུ་བཟུང་ཞིང་བཀས་མངགས་པ་བཞིན་ཆེན་པོ་ཧོར་གྱི་ཡུལ་དུ་ཕེབས། མུན་གླིང་དཀར་པོར་བསྒྱུར། ཨལ་ཐན་ཧན་གྱི་ཧི་ཤྲིར་ལོ་ལྔ་བཞུགས་ནས་རབ་བྱུང་བཅུ་པའི་ཆུ་རྟ་ལ་ཕྱག་བཏེགས་ཏེ་དབུས་གཙང་དམ་པའི་ཆོས་ཀྱི་འཚོ་ཁར་ཕེབས། རྟེན་གསུམ་ཁག་ལ་ཕྱག་མཆོད་དང་ཐུགས་སྨོན་རྒྱ་ཆེན་པོ་དང་། བླ་མ་དགེ་འདུན་ལ་བསྙེན་བཀུར་དང་གསུང་རབ་ཀྱི་ཚིག་དོན་ལ་གསན་བསམ་རྣམ་པར་དག་པ་པ་མཛད། ལོ་ངོ་བཞི་ཙམ་བཞུགས་ནས་རང་ཡུལ་དུ་ཕེབས་སོ། །དེ་ལྟ་བུའི་ཚུལ་གྱིས་བསྟན་པ་དག

འགྲོ་བ་ཡོངས་ལ་མ་བུ་གཅིག་པ་ལ་བརྩེ་བའི་ཚོད་ཙམ་གྱི་ཐུགས་རྗེ་ཆེན་པོས་ཀུན་ནས་བསླངས་པའི་མཛད་པ་རླབས་པོ་ཆེ་བསམ་ལས་འདས་པ་དེ་དང་དེ་དག་བསྟན་ཟིན་ནས་རེ་ཞིག་སྐུ་དངོས་ཀྱི་གདུལ་བྱ་རྫོགས་པ་དང་། རྟག་པ་དང་རིལ་པོར་འཛིན་པའི་འདུ་ཤེས་ཅན་རྣམས་ཆོས་ལ་བསྐུལ་ཕྱིར་གཟུགས་སྐུའི་བཀོད་པ་བསྡུ་བར་དགོངས་ནས་སྐུ་སྣྲུན་པའི་ཚུལ་བསྟན་པར་མ་ཟད་རྒྱུན་གྱི་ཞབས་འབྲིང་པ་རྣམས་ལ་ཡང་བཀའ་ཕེབས་སུ་ད་ལོ་ངེད་ལ་འཚུབ་ཆེ་བར་ཡོད་པས་ཁྱེད་རྣམས་ཀྱིས་ལྷ་རྟེན་དང་། དཔེ་ཆ་འདི་རྣམས་མ་འཐོར་བར་གྱིས། བདག་སྲུང་ཕྲུག་འདྲ་བར་བྱས་ཏེ་གར་འོང་མི་ཤེས་གསུངས་པ་དང་། ཡང་སྐུ་གོང་མའི་དུས་ཀྱི་ཞབས་ཕྱི་སངས་རྒྱས་རྒྱལ་མཚན་ཞེས་པའི་དགེ་སློང་བགྲེས་པོ་ཞིག་ཡོད་པ་ལ་བཀའ་ཕེབས་སུ་ངའི་སྐུ་སྐྱེ་གསུམ་གྱི་རིང་ཁྱོད་མི་ཤི་བས་སླར་མཇལ་ཐུབ་པ་འོང་ཞེས་གསུངས་པ་སོགས་བཀའ་ངོ་མཚར་ཅན་མང་དུ་ཕེབས་པ་བཞིན་སླར་ཡང་བོད་ལྗོངས་བསྟན་འགྲོ་ཡོངས་ལ་བརྩེ་ཆེན་ཐུགས་ཀྱི་མི་ཕྱོད་པས་མྱུར་དུ་བསམ་བཞིན་སྲིད་པ་འཛིན་པའི་དགོངས་པ་ཟླ་ན་མ་མཆིས་པ་གཏད་དེ་དགུང་ལོ་སུམ་ཅུ་སོ་གཉིས་པ་མེ་མོ་ཕག་གི་ལོ་ལ་གཟུགས་སྐུ་རགས་པའི་ཟ་མ་ཏོག་ཆོས་དབྱིངས་ཟབ་མོའི་ཀློང་དུ་མནལ་བའི་ཚུལ་བསྟན་རྗེའི་ཐུགས་ཏོ། །དེའི་ཚེ་ནམ་མཁའ་འཇའ་འོད་ཀྱིས་ཁེངས་པ་དང་། ལྷག་པར་དུས་དགྲའི་དབང་པོ་དངངས་པས་འུར་རིང་དང་། ས་ཆེན་ཞིག་ཞིག་འདར་ཞིང་གཡོས་པ་སོགས་ལྟས་ཟ་མ་ཟུང་མང་དུ་བྱུང་ཞིང་། སྐུ་གདུང་རིལ་པོ་གསེར་གྱི་མཆོད་རྟེན་གྱི་ནང་དུ་བཞུགས་སུ་གསོལ་ནས་དགོན་གནས་སུ་འགྲོ་བ་ལྷ་དང་བཅས་པའི་བསོད་ནམས་ཀྱི་མཆོད་སྡོང་ཆེན་པོར་བྱིན་རླབས་ཀྱི་གཟི་འོད་འབར་བཞིན་པར་བཞུགས་སོ། །དེ་ཡང་རྗེ་འདིའི་སྐུ་ཚེའི་ཚད་ལ་སྔར་གོང་དུ་བཤད་ཟིན་པའི་ལུང་བསྟན་རྣམས་དང་། རྣམ་ཐར་སྙན་ངག་མེ་ཏོག་གི་ཕྲེང་བར། ཚེ་ཡི་ཚད་ནི་བཅུ་ཕྲག་དག་ཡིན་ཏེ་ཞེས་དང་། མཁའ་འགྲོ་མ་གསང་བ་པདྨས་ལུང་བསྟན་གྱི་སྐབས་སུ། ཀ་ཡེ་བཙུན་པ་ཡོན་ཏན་རྒྱ་མཚོ་ཁྱོད། །སྐུ་ཚེ་ཚད་ནི་དགུ་ཕྲག་བཅུ

ཡིན་ཏེ། །ཞེས་སོགས་མར་པོར་དགུང་ལོ་དགུ་བཅུ་ཡིན་པར་གསུངས་མོད་ཀྱང་། རྣམ་ཐར་དེ་ཉིད་ཀྱི་མེ་ཏོག་ཕྲེང་བ་བདུན་པ་ལས། དབུས་སུ་སོང་ན་འགྲོ་དོན་ཆེར་འབྱུང་ཞིང་། །ཟླ་མེད་བླ་མཆོག་རྒྱལ་ཚབ་ཐོབ་ན་ཡང་། །ཁམས་ཕྱོགས་མི་ཕན་ཚེ་ཡི་ཚད་ཀྱང་དམན། །དེ་ལྟ་བས་ན། ཁམས་ཀྱི་ཕྱོགས་ཉིད་དུ། བསྟན་དང་འགྲོ་བའི་སྐྱབས་སུ་བཞུགས་པ་འཐད། །ཅེས་དབུས་སུ་ཕེབས་ན་སྐུ་ཚེ་ལ་གནོད་པར་ལུང་བསྟན་ཀྱང་། །དེ་ལ་ཧེ་མི་སྙམ་པར་བསྟན་འགྲོའི་དོན་ཁོ་ན་ལ་དགོངས་ཏེ་ཕེབས་པའི་དབང་གིས་སྐུ་ཚེ་མཐར་ཕྱིན་པའི་རྟེན་འབྲེལ་འཕྱུག་པར་སྣང་ལ། དེ་བས་ན་ཚུལ་འདི་ལྟ་བུ་ནི་རང་ཉིད་ཀྱི་སྐུ་ཚེ་དང་། ལུས་སྲོག་ལོངས་སྤྱོད་ཐམས་ཅད་ཡལ་བར་དོར་ནས་བསྟན་པ་དང་འགྲོ་བ་འབའ་ཞིག་ཐུགས་ལ་བརྣག་པ་སྟེ། བདག་བས་གཞན་གཅེས་ཀྱི་བྱང་ཆུབ་ཀྱི་སེམས་བཅོས་མ་མིན་པ་ཐུགས་རྒྱུད་ལ་མངའ་བའི་རྒྱལ་སྲས་བདག་ཉིད་ཆེན་པོའི་མཛད་པ་ཆེས་ཤིན་ཏུ་རྨད་དུ་བྱུང་བའི་གནས་དམ་པ་ཡིན་ནོ། །སྨྲས་པ། ཛམྦུ་ཕྲིཀྵ་མཚན་པའི་ནོར་འཛིན་གྱི། །བྱང་ཕྱོགས་ཡུལ་གྲུར་མཆིས་པའི་གདུལ་བྱའི་ཚོགས། །ཐུབ་བསྟན་སྣང་བའི་མཛོད་ཀྱིས་དགེར་མཛད་ཅིང་། །ཚང་ལ་མནོར་ལམ་གྱི་སྒོ་འཕར་ཕྱེ། །སྟོན་ཆད་མ་རིག་ལིང་ཏོག་འཐུག་པོ་ཡིས། །བླང་དོར་བལྟ་བའི་བློ་མིག་ཆེར་འགྲིབ་པའི། །སྐྱེ་བའི་ཚོགས་རྣམས་དབུགས་དབྱུང་མཛད་མཁས་པ། །ཁྱོད་ནི་ས་གསུམ་མིག་མཁན་རྒྱལ་པོར་ངེས། །རང་གི་ལུས་དང་ཚེ་སྲོག་ལོངས་སྤྱོད་ཀུན། །མཆིལ་མའི་ཐལ་བ་བཞིན་དུ་ཡོངས་བཏང་ནས། །གཞན་དོན་འབའ་ཞིག་སེམས་པའི་སྙིང་སྟོབས་ཅན། །འདི་འདྲའི་དཔེ་ཟླ་སྲིད་འདིར་ག་ལ་ཞིག །བདག་བས་གཞན་གཅེས་ཞེས་པའི་བྱང་ཆུབ་སེམས། །ཕལ་མོ་ཆེ་ལ་ཚིག་ཏུ་ལུས་མོད་ཀྱི། །མངོན་སུམ་ཉམས་སུ་སྤྱོང་བའི་ངོ་མཚར་གཏམ། །ཁྱོད་མིན་གཞན་ལ་ཡོད་མེད་འཕྱང་མོ་ཉུག །དེ་ལྟ་བས་ན་བློ་ལྡན་རྣམ་དཔྱོད་ཅན། །ཐར་པ་དོན་དུ་གཉེར་བ་དག་མཆིས་ན། །འདི་དང་འདི་འདྲའི་བདག་ཉིད་ཆེ་རྣམས་ལ། །གུས་པའི་མེ་ཏོག་ལན་བརྒྱར་འཐོར་བར་རིགས། །ཞེས་པ་ནི་བར་སྐབས་ཀྱི་

༄། །གངས་ཅན་གཙུག་ལག་རིན་ཆེན་ཕྲེང་བ། །

ཚིགས་སུ་བཅད་པའོ། །

༈ སྐྱེས་པའི་རབས་ཀྱི་ཕྲེང་བ་བཅུ་གཉིས་པ་ནི། འཁྲུངས་རབས་ལས། ཕྱོགས་འཛིན་འཁྲུལ་པའི་གཞི་རྩ་ཀུན་ཆོད་པའི། །རྒྱལ་བ་རྒྱ་མཚོའི་ཞབས་ལ་གསོལ་བ་འདེབས། །ཞེས་གསུངས་པ་ལྟར་རེང་མོ་ཞིག་ནས་ང་དང་ང་ཡིར་འཛིན་པའི་འཇིག་ལྟ་ས་བོན་དང་བཅས་པ་གཏན་ནས་བཅོམ་ཟིན་པའི་མཐུ་ལས་བདག་དང་གཞན་ཞེས་ཕྱོགས་དང་རིས་སུ་བཅད་ཅིང་དམ་པོར་འཛིན་པའི་འཁྲུལ་པའི་གཞི་རྩ་བག་ཆགས་དང་བཅས་པ་ཆོད་པའི་བདག་ཉིད་སྟོང་འཁོར་རྒྱལ་བ་རྒྱ་མཚོ་ཞེས་བྱ་བ་དེ་ཉིད་ཡིན་ལ། འདི་ནི་བར་ཁམས་ཀྱི་ཡུལ་གྲུའི་ནང་ཚན་སྨག་བཟང་ཞེས་བྱ་བ་དགེ་མཚན་ལྡན་སུམ་ཚོགས་པ་དང་ལྡན་པའི་གནས་སུ། ཡབ་བསོད་ནམས་རྒྱལ་དང་། ཡུམ་པདྨ་མཚོ་གཉིས་ཀྱི་སྲས་སུ་བསམ་བཞིན་དུ་ཉིང་མཚམས་སྦྱོར་བའི་ཚེ་ཡུམ་ལ་ལུས་ཡང་ཞིང་བདེ་བ་དང་། ཉམས་དགའ་ཞིང་བག་དྲོ་བ་དང་། གང་ནས་བྱུང་ཆ་མེད་པར་རིགས་གསུམ་མགོན་པོ་དང་། སྒྲོལ་མའི་གཟུངས་སོགས་ཀྱི་སྒྲ་བསྒྲགས་པ་དང་། རོལ་མོ་སྣ་ཚོགས་ཀྱི་སྒྲ་འབྱུང་བ་དང་། ཡི་དམ་ལྷས་བྱིན་གྱིས་རླབས་པ་དང་། ཆོས་སྐྱོང་རྣམས་ཀྱིས་བར་ཆད་སེལ་བ་སོགས་ཀྱི་མཚན་མ་ངོ་མཚར་ཅན་མང་དུ་བྱུང་རུང་གཞན་ལ་རེ་ཞིག་མ་སྨྲ་ལ། དེ་ནས་ཟླ་ངོ་རྫོགས་ནས་ས་ཕོ་བྱི་བའི་ལོ་དབྱིད་ཟླ་ཐ་ཆུང་གི་ཚེས་བཅོ་བརྒྱད་ཀྱི་ཉི་ཤར་ཙམ་ལ་མེ་ཏོག་གི་ཆར་བབ་ཅིང་། འཇའ་འོད་ཀྱི་གུར་ཕུབ་པའི་སྟེ་ཁང་དམར་དགོན་ལ་ཟུག་པ་སོགས་ལྟས་ཁྱད་པར་ཅན་དང་བཅས་ཏེ་སྐུ་བལྟམས། ཟླ་བ་གསུམ་ཙམ་སོང་བ་ན་སྟོང་འཁོར་ཞབས་དྲུང་རིན་པོ་ཆེ། སྐུ་འཁྲུངས་ཡོད་པར་འདུག་ཅེས་སྐྱེ་བོ་ཐམས་ཅད་རང་བཞིན་གྱིས་སྒྲོག་པའི་གྲགས་པ་ཁང་དམར་དགོན་གྱི་དགེ་སློང་ཞིག་གིས་ཐོས་ནས། དྭགས་པོ་ཆོས་རྗེ་སོགས་ལ་ཞུ་བ་ན། བླ་གྲྭ་སོ་སོ་ནས་ཀྱང་བརྟགས་དཔྱད་མཛད་ཕྱིར་མི་ཆེད་དུ་མངགས་པའི་གདོང་། གོང་མའི་ཕྱག་ཕྲེང་དང་རྡོར་དྲིལ་སོགས་ངོ་མ་དང་འདྲ་རེ་བཅས་བསྟན་པའི་ཚེ་སོ་སོར་མ་འཕྱུག་པར་འཁྲུལ་མེད་དུ་ངོས་

བཟུང་ནས་དགྱེས་པའི་ཚུལ་མཛད་པས་དེར་འདུས་ཐམས་ཅད་ཡིད་ཆེས་ཀྱི་མོས་གུས་དང་ལྡན་པར་གྱུར། དེ་ནས་སླར་ཡང་སྟོང་འཁོར་དགོན་བཀྲ་ཤིས་ལྷུན་པོ་ནས་ནང་སོ་བསོད་ནམས་རྒྱལ་མཚན་དང་བླ་གྲྭ་རྣམས་བཀའ་གྲོས་ནས་བརྟགས་དཔྱད་ནན་ཏན་གྱི་ཕྱིར་དུ། རྗེ་གོང་མའི་སྐུ་དྲུང་དུ་འཁོད་པའི་དགེ་སློང་རྒྱལ་མཚན་བཟང་པོ་བྱ་བ་ལ་གོང་མའི་ཐུགས་དམ་གྱི་རྟེན་གསུམ་དང་། ཕྱག་དྲིལ་སོགས་འདྲ་གཉིས་དང་བཅས་ཏེ་བསྐུར་བ་བཞིན་ཞབས་དྲུང་དུ་ཕུལ་བས་ཐུགས་ཅུང་ཟད་ཁྲོས་པའི་ཚུལ་དང་བཅས་ཏེ་ངོས་འཛིན་རྣམས་གསལ་བར་མཛད་པས་ཚད་མ་སླར་ཡང་ངེས་པ་ཇེ་འདྲོངས་སུ་གྱུར། ཟླ་བ་བརྒྱད་ལོན་པའི་ཚེ་ཡུམ་གྱི་ཉམས་སྣང་ལ། ནམ་མཁའ་ནས་སློབ་དཔོན་པདྨ་འབྱུང་གནས་རྡུ་འཕྲུལ་གྱི་རྟ་ལ་ཆིབས་ནས་ཕྱིན་ཏེ། མེ་ཏོག་དང་། དུང་དང་། མཁར་ཐ་སོགས་བསྣམས་ནས་ལུང་བསྟན་མཛད་པ་ཞིག་བྱུང་། དེ་ནས་དྭགས་པོ་ཆོས་རྗེས་ནང་སོ་བསོད་ནམས་རྒྱལ་མཚན་པ་ལ་སྤྲུལ་སྐུ་བཀྲ་ཤིས་ལྷུན་པོར་སྤྱར་དུ་གདན་འདྲེན་དགོས་ཚུལ་གྱི་བསྐུལ་མ་མཛད་པར། ནང་སོ་ནས། འདི་རིགས་བསྟན་དོན་རྩ་བ་ཆ་གཤིས། ངོས་འཛིན་སོགས་བརྟག་དཔྱད་རེ་གཉིས་ཙམ་གྱིས་ནས་གྲུ་ཚོམ་དུ་གདན་འདྲེན་མི་རུངས་སྐར་རྒྱ་ངོས་འཛིན་ཙམ་ལ་ཡིད་གཏད་ཆེར་མེད། ད་དུང་ཁྱེད་རྣམས་ནས་ཐུགས་དམ་བརྟགས་པ་སོགས་ནན་ཏན་མཛོད་དང་། ལེགས་པོ་བྱུང་ན་གདན་འདྲེན་པ་སླ་ཞེས་ཞུས་པ་བཞིན་ཆོས་རྗེ་སྟོན་འཁོར་དང་བཅས་པ་ནས་ཆོས་སྐྱོང་སྲུང་དང་ཁྱད་པར་དུ་དཔལ་ལྡན་དམག་ཟོར་རྒྱལ་མོར་བསྐང་བསོ་དང་འཕྲིན་བཅོལ་གནང་སྨིན་མཛད་ནས་བརྟགས་པ་བྱས་པར། ཤིན་ཏུ་ལེགས་པ་ཤར་ཞིང་། གཞན་གྲྭ་རིགས་འགའ་ཞིག་ལའང་མཚན་ལྟས་ལེགས་པ་མང་པོ་བྱུང་བས་གདན་འདྲེན་འཐད་པར་ཐག་བཅད། དེ་ནས་དཔོན་ཆུང་བཀྲ་ཤིས་བསོད་ནམས་ཟེར་བ་དང་། གྲྭ་རིགས་འགའ་ཞིག་གིས་གཙོས་པའི་གདན་འདྲེན་པ་ཆེད་དུ་མངགས་པ་ལྟར། དེ་དག་གིས་ཀྱང་སྙོམསལས་སུ་མ་ལུས་པར་རིངས་པའི་ཚུལ་གྱི་གདན་དྲངས་ཏེ། གཟའ་སྐར་དུས་ཚོས་

མཆོག་ཏུ་དགེ་ཞིང་ཕུན་སུམ་ཚོགས་པའི་ཉིན་སྟོང་འཁོར་བཀྲ་ཤིས་ལྷུན་པོའི་འདུས་སྡེ་རྣམས་ཀྱིས་མཆོད་པའི་བྱེ་བྲག་དཔག་ཏུ་མེད་པས་བསུ་བ་སོགས་བཀུར་བསྟི་ཆད་དུ་བྱུང་བས་ཞབས་ནས་བརྟེགས་ཤིང་། སྤྲུལ་སྐུ་རིན་པོ་ཆེ་ཉིད་ཀྱང་དགྱེས་ཉམས་ཚད་མེད་པ་དང་བཅས་ཏེ་གདན་ས་ཆེན་པོའི་འདུ་ཁང་དུ་རྗེ་གོང་མའི་གསེར་ཁྲི་མཐོན་པོར་ཞབས་ཟུང་མངོན་པར་བཀོད། དེ་དག་གི་ཉིན་སྔ་མ་རྣམས་སུ་ཁབ་ཚན་ཆེ་བ་བབ་མུས་སུ་ཡོད་ཀྱང་། དེ་ཉིན་གློ་བུར་ནམ་མཁའ་གཡའ་དག་ཅིང་ཉི་མ་ཤིན་ཏུ་འོད་གསལ་བ་དང་། མེ་ཏོག་གི་ཆར་དང་། འཇའ་འོད་གུར་སོགས་བཟང་པོའི་ལྟས་མཐའ་དག་རྗོད་མེད་དུ་བྱུང་ངོ་། །དེ་སྐབས་ཆོས་རྗེ་རིན་པོ་ཆེ་ནས་ཚེ་དབང་ཞིག་ཕུལ་བར་སྤྲུལ་སྐུ་སྐུ་ན་ཤིན་ཏུ་ཕྲ་བ་དེས་ཚེ་དཔག་མེད་ཀྱི་སྙིང་པོ་ཐོལ་བྱུང་དུ་གསུངས་ཤིང་། ཆོས་རྗེར་གཟིགས་ནས་དགྱེས་པའི་རྣམ་འགྱུར་མཛད། ཆོས་རྗེ་ནས་སྟག་ཕྲུག་རི་མོ་ཆུང་ནས་བཏོད་དགོས་ཟེར་བ་ལྟར་བྱུང་གསུངས། ནང་སོས་གཉིས་བཟང་བ་གལ་ཆེ་གཉིས་ལ་བལྟས་ན་སྤྲུལ་སྐུ་ངོ་མ་རེད་གསུངས། ཡང་ཆོས་རྗེ་ནས་འཇིགས་བྱེད་ཀྱི་དབང་ཕུལ་བའི་ཚེ། དབང་རྫས་བཞེས་ཤིང་རྫོར་དྲིལ་ཕྱག་ཏུ་བསྣམས་ནས་གར་སྟབས་མཛད་པ་དང་། ཕྱག་དྲུག་པ་སོགས་ཆོས་སྐྱོང་རྣམས་ཀྱི་རྗེས་གནང་གསན་པའི་ཚེ། ཆོས་བསྲུང་རྣམས་ཀྱིས་འཕྲིན་ལས་སྒྲུབ་པར་ཞལ་གྱིས་བཞེས་པའི་མཚན་མ་གསལ་པོར་གཟིགས། སྐབས་ཤིག་རྗེ་གོང་མའི་ཆིབས་པ་གཡུ་འབྲུག་བྱ་བ་ལ་གཟིགས་ནས་ཆིབས་འཆིབ་ཚུལ་དང་། ཕྱག་དབང་མཛད་ཅིང་སྒར་འདེགས་དགོས་པས་རྫོར་དྲིལ་གར་ཡོད་གསུངས་པར། ཞབས་འབྲིང་བ་རྣམས་ནས་སྒར་པ་གང་དུ་འགྲོ། ཞུས་པར་སོག་པོར་འགྲོ་ཞེས་སྔོན་གནས་རྗེས་དྲན་གྱི་གསུང་གསལ་བར་ཕེབས་པ་དང་། གཞན་ཡང་ཆོས་ཞུ་བ་དང་། ཆོས་འཆད་པའི་ཚུལ་དང་། ཚོགས་པ་བསྡུ་བའི་ཚུལ་སོགས་ཆོས་དང་འབྲེལ་བ་འབའ་ཞིག་ལས་བག་མེད་ཀྱི་རྩེད་མོའི་རིགས་གྱུར་གཏན་ནས་མི་མཛད་པ་སོགས་བྱིས་པ་ཐ་མལ་བའི་ངང་ཚུལ་རྒྱག་རིང་དུ་བསྲིངས་པ་ཞིག་ཡིན་ལ། རྒྱུན་གྱི་ཞལ་

འདོན་དམིགས་བརྩེ་མ། སྤྲིན་དཀར་མ། རྒྱ་ཆེན་བསོད་ནམས་མ། རིག་འཛིན་གྲུབ་པ་མ། ལྔ་བརྒྱའི་ཚོད་པཎ་མ་རྣམས་ཐོགས་མེད་དུ་མཁྱེན་ཅིང་ཉིན་ལྟར་ཆག་མེད་དུ་གསུངས། གཞན་ཡང་བསྐང་བ་དང་། དབྱངས་རྟ་ཆེངས་སོགས་ཀྱང་རང་ཤུགས་ཀྱིས་མཁྱེན་པ་སོགས་སྔོན་སྦྱངས་བག་ཆགས་ཀྱི་མཐུ་ལེགས་པར་སད་པར་གྱུར། སྐབས་ཞིག་ནམ་མཁའ་ལ་ཕྱག་འཛུབ་(མཛུབ)གཏད་ནས་རྗེ་བླ་མ་ཙོང་ཁ་པ་ཡ་གི་ན་བཞུགས་འདུག་གསུངས། གང་དུ་མཆིས་ཞུས་པས། ཉི་མ་དང་ནི་ཉེ་བ་ན། །སྐུ་ལ་ཆོས་གོས་བཟང་པོ་གསོལ། །དབུ་ལ་པཎ་ཞྭ་སེར་རིང་གསོལ། །ཆོས་འཆད་ཕྱག་རྒྱ་མཛད་ནས་བཞུགས། །ཞེས་གསུངས་པས་ཐུང་སྟོད་རྣམས་ངོ་མཚར་ཆེན་པོ་བྱུང་། གཞན་ཡང་བླ་མ་ཡི་དམ་སངས་རྒྱས་བྱང་སེམས་མང་པོ་དང་། དམ་ཅན་ཆོས་ཀྱི་རྒྱལ་པོ་སོགས་བསྟན་བསྲུང་དུ་མའི་ཞལ་གཟིགས་རྒྱུན་པར་དུ་བྱུང་། མི་ཞིག་གི་ཕོག་དུ་གདོན་ཞིག་ཞུགས་ཏེ་ངེད་དང་ངེད་ཀྱི་གྲོགས་པོ་གཉིས་སྟོང་འཁོར་ཞབས་དྲུང་ལ་གནོད་པ་ཞིག་བྱེད་པར་རྩམ་ནས་ལོ་འཁོར་སོང་། ནམ་སོང་ཡང་སླག་མགོ་ཅན་གྱིས་བསྲུང་ནས་འདུག ད་རེ་ཉེ་བར་སོང་བ་ལ་རྣ་ཡུག་གཅིག་གིས་ངེད་ཀྱི་གྲོགས་པོ་མེད་པར་བྱས་ཟེར་ནས་ཚོང་འདེབས་པ་ཞིག་བྱུང་། སྔར་བསྲུང་མདུད་ཞུས་ནས་མི་དེ་ལ་བཏགས་པས་གདོན་ལས་གྲོལ། དགུང་ལོ་བཞི་པ་ལྕགས་ཡོས་ཧོར་ཟླ་དྲུག་པའི་ཆོས་བརྒྱད་ཀྱི་དུས་དགེ་བར་དྭགས་པོ་མཁས་མཆོག་ཆོས་རྗེའི་སྐུ་སྐྱེ་རིན་པོ་ཆེ་བློ་བཟང་བསྟན་པ་རྒྱ་མཚོའི་དྲུང་དུ་དགེ་བསྙེན་གྱི་སྡོམ་པ་བཞེས་ཤིང་མཚན་རྒྱལ་བ་རྒྱ་མཚོ་དཔལ་བཟང་པོ་ཞེས་བྱ་བར་གསོལ། འདུ་ཁང་དུ་དཀའ་སྟོན་ཆེན་མོར་གདན་དྲངས་ཏེ་འཇིགས་མེད་གདུང་ལྔས་བཏེགས་པའི་ཁྲི་ལ་ཞབས་སོར་འཁོད་པ་དང་དུས་མཉམ་དུ་ས་གཡོས་ཤིང་མེ་ཏོག་གི་ཆར་བབས་པ་སོགས་ལྟས་ཁྱད་པར་ཅན་དུ་མ་བྱུང་། དེ་ནས་རེ་ཞིག་ན་བདག་ཉིད་ཆེན་པོ་པདྨ་སམ་བྷ་ཝ་དང་། བཻ་རོ་ཙ་ན་སོགས་རྒྱ་བོད་ཀྱི་སྐྱེས་ཆེན་དུ་མས་ཞབས་ཀྱིས་བཅགས་ཤིང་བྱིན་གྱིས་རླབས་པ། སངས་རྒྱས་བྱང་སེམས་ཡི་དམ་ཆོས་སྐྱོང་རྣམས་ཀྱི་སྣང་

བརྟན་དང་། ཡི་གེ་དྲུག་པ་རང་བྱོན་སོགས་ངོ་མཚར་ཅན་དུ་མས་གང་བའི་གནས་ཆེན་ཁྱད་པར་ཅན་རྣམས་མཇལ་བར་ཕེབས་བཞིན་ནས་འགྲོན་ཁར། ནང་སོ་ཆེན་པོ་བསོད་ནམས་རྣམ་རྒྱལ་སོགས་ནས་ཚིབས་པ་གཡུ་འབྲུག་ཚིབས་ཐུབ་བམ་ཞུས་པས་དགྱེས་ཉམས་དང་བཅས་ཏེ་ཐུབ་གསུངས་པ་བཞིན་དཔོན་སློབ་ཀུན་གྱིས་ཚིབས་(ཆིབས)རགས་སོགས་སུ་གོང་མ་བཞིན་བརྒྱིགས་ནས་བྱོན། སྐོར་ལམ་ལ་ཕེབས་པའི་ཚེ་གནས་རི་ལ་ཕྱག་མཛད་པའི་རྣམ་འགྱུར་དང་། རི་གཅིག་ལ་ཕྱག་འཛུབ་(མཛུབ)གཏད་ནས། འདི་ཕྱག་རྡོར་གྱི་རི་ཡིན་པ་ཨེ་ཤེས་གསུངས་པར། ཆོས་རྗེས། འོ་ན་འཇམ་དབྱངས་དང་། སྤྱན་རས་གཟིགས་ཀྱི་རི་གང་ཡིན་ཞུས་པས། རི་གཞན་གཉིས་ལ་ཕྱག་འཛུབ་(མཛུབ)གཏད་ནས་འདི་ཡིན་གསུངས། ཡང་ཆུ་མིག་ཁར་ཕེབས་པའི་ཚེ་དབྱངས་དཔོན་པས། ཆུ་འདི་དང་ཤིང་འདི་ཚོ་ཅི་ཡིན་ཞུས་པར། རང་གབ་མ་ཡིན་པའི་གསུང་ངོ་མཚར་ཅན་མང་དུ་བྱོན། སྔར་གྱི་གཟིམས་གུར་དུ་ཕེབས་ནས་སྐྱེ་བོ་སྟོང་ཕྲག་བརྒྱལ་བ་ལ་ཕྱག་དང་མཇལ་ཁ། བསྔོ་སྨོན་ཤིས་བརྗོད་སོགས་ཇི་ལྟར་འདོད་པ་བཞིན་སྩལ་བའི་ཚེ་མེ་ཏོག་གི་ཆར་དང་། འཇའ་འོད་ཀྱི་གུར་སོགས་དེར་ཚོགས་ཀུན་གྱི་མཐུན་སྣང་དུ་གྲུབ་པས་མི་ཕྱེད་པའི་དད་པ་ལྷག་པར་དུ་ཐོབ། གནས་དེར་དཔོན་སློབ་ཐམས་ཅད་ཀྱིས་ཞག་འགའ་བཞུགས་ནས་སླར་ཡང་དགོན་པར་ཕེབས། ལོ་དེའི་སྟོན་ཟླ་ར་བའི་ཚེས་བཅོ་ལྔ་ལ་དུས་གཏོར་བཏང་བ་གཟིགས་པར་ཚོགས་སུ་ཕེབས་དགྱེས་འཛུམ་ཆེར་མཛད་ཅིང་གར་མང་པོ་འཁྲབ་པར་མཛད། དགུང་ལོ་ལྔ་བཞེས་པ་ཆུ་ཕོ་འབྲུག་ལོ་ཧོར་ཟླ་ལྔ་པའི་ནང་སླར་ཡང་དཔོན་སློབ་འཁོར་བཅས་དབེན་གནས་མཇལ་བར་ཕེབས་ཞག་འགའ་ཙམ་བཞུགས། སྤྱན་རས་གཟིགས་ཀྱི་གནས་ཆེན་གྱི་བྲག་གི་ལོགས་སུ་སྔོན་མེད་པའི་དུང་དཀར་རང་བྱོན་ཞིག་གསར་དུ་བྱུང་བ་སྐྱེ་བོ་ཀུན་གྱིས་གསལ་བར་མཇལ་རྒྱུ་ཡོད་འདུག་ཀྱང་། དུས་ཕྱིས་བསམ་སྦྱོར་ངན་པའི་སྐྱེ་བོ་འགས་རྡོ་བརྒྱབ་པས་མི་གསང་བར་གྲགས། ཟླ་བ་དེའི་ཚེས་བཅོ་ལྔ་ལ་ཆོས་རྗེ་རིན་པོ་ཆེའི་དྲུང་ནས་རབ་བྱུང་

དང་དགེ་ཚུལ་གྱི་བསླབ་གཞི་གསར་དུ་ནོད་པའི་ཚེ། འཇའ་འོད་ཀྱི་དྲ་བས་ས་དང་བར་སྣང་ཀུན་མཛེས་པར་བྱས། ལོ་དེར་འཇམ་མགོན་བླ་མ་དང་། དེའི་བསྟན་པ་ལ་དད་སྟོབས་ཐུལ་དུ་ཕྱིན་པའི་འབྲོག་ཁྲིད་དགེ་རྗེ་ཞེས་པའི་སྦྱིན་བདག་དུད་ལྔ་བརྒྱ་ཙམ་ཡོད་པ་དེས་གདན་དྲངས་པ་ལྟར་སྐར་བསྒྲིགས་རྒྱས་པར་བསྟར་ནས་ཚིབས་ཀྱི་ཁ་ལོ་བསྒྱུར། སྐྱེ་བོའི་ཁྲིམ་ཚོགས་ཆེན་པོའི་དབུས་སུ་ཆོས་ཁྲི་མཐོ་པོར་བརྩེགས་འདུག་པ་ལ་འཛེགས་པ་དང་ཡང་བ་མེད་པར་ཞབས་སོར་བཀོད་ནས་ལུས་ཅན་མཐའ་དག་ལ་ཆོས་ཀྱི་ཆར་ཕབ། མཆོག་དམན་ཀུན་གྱིས་འབུལ་བ་སོགས་བསྙེན་བཀུར་རྒྱ་ཆེན་པོར་སྤྲོས། ཕྱིན་ཁར་ཁྲི་དེ་ཉིད་ཀྱི་མདུན་དུ་རྡོ་བོ་ཞིག་གི་ངོས་ལ་ཞབས་བཞག་པས་རྗེས་གསལ་པོ་བྱུང་བས་ཐམས་ཅད་དབང་མེད་དུ་དད་པའི་སྤུ་ལོང་ཆེས་ཆེར་གཡོས། ཆུ་སྦྲུལ་ལོར་ཞྭ་ཤྲུར་དཔོན་བླ་མ་འབུམ་བྱ་བ་སྡེ་འབྲོག་དུད་སྟོང་ཕྲག་གཉིས་ཙམ་ཡོད་པ་དེས་གདན་དྲངས། ཞབས་ཏོག་དང་འབུལ་ནོད་སོགས་ཀྱི་བཀུར་བསྟི་ཚད་མེད་པས་ཞབས་ནས་སྟེགས། དེ་རྣམས་ལའང་སོ་སོའི་ཁམས་དང་བསམ་པར་འཚམས་པའི་ཆོས་དང་། གདུལ་བྱ་ཐམས་ཅད་བྱང་གྲོལ་གྱི་ལམ་བཟང་པོར་དཀྲི་བའི་བསྔོ་བ་དང་སྨོན་ལམ་སོགས་ཀྱིས་རྒྱས་འདེབས་པར་མཛད། འདིས་མཚོན་པའི་གནས་གང་དུ་ཕེབས་པ་དང་གསུང་ཆོས་སོགས་ནམ་སྐྱུལ་ཀུན་འཇའ་འོད་ཀྱི་ཕྲེང་བ་དང་། མེ་ཏོག་གི་ཆར་བབ་པ་སོགས་ནི་རྒྱུན་ཆད་མེད་པ་ལྟ་བུར་བྱུང་བ་ཞིག་ཡིན་པས་ན་རེ་རེ་ནས་འགོད་པས་ཀྱང་མ་ལངས་སོ། །དེ་ནས་སྟོན་མཚུངས་མེད་ཆོས་ཀྱི་རྗེ་སྟོང་འཁོར་ཟླ་བ་རྒྱལ་མཚན་གྱི་བཀའ་ལས། མ་འོངས་པའི་དུས་སུ་འདི་ནས་བྱང་གི་སའི་ཆར་འབྲོག་སྡེ་ཆེན་པོ་ཞིག་ཆགས་པ་འདུག་ཅིང་། དེའི་དུས་སུ་སྐྱེ་བོ་དེ་རྣམས་ངའི་གདུལ་བྱའི་ཞིང་དུ་འགྱུར་རོ་ཞེས་ལུང་བསྟན་མཛད་པའི་དུས་ཐོག་ཏུ་བབ་པ་སྒྲིབ་མེད་མཁྱེན་པས་གཟིགས་ནས་ཞབས་འབྲིང་བ་རྣམས་ལ་ངེད་རང་དཔོན་སློབ་དཔོན་པོ་ཁོ་ལོ་ཚེ་ཅན་དུ་འགྲོ་དགོས་པ་ཡོད་པས། མྱུར་དུ་སྐར་གྲྭ་སྒྲིགས་སོགས་འགྲོ་གྲབ་གྱིས་ཤིག་གསུངས་པར། ཞབས་གྲས་རྣམས་ནས་

དཔོན་པོ་འཁོར་ལོ་ཆེའམ་དེ་གང་ན་ཡོད་ཞུས་པས། བྱང་ཕྱོགས་སུ་ཕྱག་མཛུབ་གཏད་ནས་འདི་ཕྱོགས་སུ་ཡོད་ཅེས་གསུངས། ཇི་ལྟར་གསུངས་པ་བཞིན་དེའི་ཕྱི་ལོ་ཤིང་ཕོ་རྟའི་ལོ་ལ་སྟོབས་ཀྱིས་འཁོར་ལོས་བསྒྱུར་བ་ཛིང་གིར་གནམ་གྱི་རྒྱལ་པོའི་གདུང་བརྒྱུད་བར་མ་ཆད་པ་ལས་བྱོན་པ། འཇམ་མགོན་བླ་མ་ཚོང་ཁ་པ་ཆེན་པོའི་བསྟན་པ་ལ་དད་སྟོབས་དང་སྲི་ཞུ་བླ་ན་མེད་པའི་སའི་ཚངས་པ་ཆེན་པོ་ཁོ་ལོ་ཆེ་ཞེས་པས་གདན་འདྲེན་གྱི་བྱ་མ་རྟ་བྱུང་བར་སྤྲུལ་སྐུ་སྐུན་ཕྲ་བས་ཕེབས་མི་ཐུབ་པར་འདུག སྐར་དགུང་ལོ་བཅུ་ཙམ་བཞེས་པ་ན་ཆིབས་ཁ་བསྒྱུར་བར་བྱེད་ཅེས་པར། རྒྱལ་པོའི་ཨེལ་ཆི་རྣམས་ནས་ད་ལམ་མ་ཕེབས་ན་ངེད་ཚོ་ལ་བཀའ་བཙོན་(བཀྱོན) ཆེན་པོ་ཡོང་བས་ཅི་ཀྱང་ཕེབས་དགོས་ཞེས་ནན་ཆེ་བར་བརྟེན་སྟོན་འཁོར་དུ་མས་བཏེགས་ཏེ་བྱང་ཕྱོགས་སུ་ཆིབས་ཀྱི་ཁ་ལོ་བསྒྱུར་རོ། །དེ་ནས་ཐོག་མར་ཨལ་ཐན་ཆོས་ཀྱི་རྒྱལ་པོའི་གདུང་བརྒྱུད་སྐུ་མཆེད་ཀྱིས། ཨུར་སྒེར་གདན་དྲངས་ཏེ་སྲི་ཞུ་རྒྱ་ཆེན་པོར་ཞུས། བཞུགས་གྲལ་ཆེན་པོའི་ཐོག་སྐུ་གོང་མའི་ཕྱག་ཕྲེང་སོགས་སྐུ་ཆས་དང་། ཡོན་བདག་ཕལ་མོ་ཆེ་ངོ་མཁྱེན་པ་བྱུང་བས་ཐམས་ཅད་ཡིད་ཆེས་ཀྱི་མོས་གུས་ཐོབ་ཅིང་། དད་པ་དམ་ཚིག་ཅན་དེ་དག་ལ་ཆོས་བཀའ་དང་བསྔོ་སྨོན་གྱི་མཚམས་སྦྱོར་སོགས་རྒྱ་ཆེན་སྤེལ་འབྲེལ་ཚད་དོན་ལྡན་གྱི་དཔལ་ལ་འགོད་པར་མཛད། དེ་ནས་མཚོ་ཁར་བཏེགས་པའི་ལམ་བར་ཞིག་ན་ཅི་གེན་སྐམ་བྲག་བྱ་བའི་གནས་ཆེན་ཞིག་ཡོད་པ་དེར་དཔལ་ལྡན་ལྷ་མོའི་ཞལ་དངོས་སུ་གཟིགས་ཤིང་། གསུང་ལས་དཔལ་ལྡན་ལྷ་མོ་གར་ཡང་བཞུགས་གསུངས། གཞན་ཡང་སྣང་བརྙན་རང་བྱོན་ངོ་མཚར་ཅན་དུ་མ་གསལ་བར་གཟིགས་ཤིང་བསྟན། དེ་ནས་དད་སྟོབས་ཀྱི་དབང་ཕྱུག་ཁ་ལོ་ཆེའི་ཉེ་འདབས་སུ་ཉེ་བར་ཕེབས་པའི་ཚེ། རྒྱལ་པོ་ཡབ་སྲས་སོགས་ཀྱིས་ཕེབས་བསུའི་རིམ་པ་རྒྱ་ཆེན་པོ་དང་བཅས་ཏེ་གདན་དྲངས། དེ་ཉིན་གཙང་མའི་ལྷ་རྣམས་ཀྱིས་མེ་ཏོག་འཐོར་ཞིང་དབང་པོའི་གཞུ་རིས་ཀྱི་དྲ་བས་ཕྱོགས་ཀུན་ཁྱབ་པ། ཉི་ཟླ་སྐར་གསུམ་དུས་གཅིག་ཏུ་ཤར་བ་སོགས་ཡ་མཚན་པ་མང་པོ་དེར་འཁོད་ཚུར་

མཐོང་གི་སྐྱེ་བོ་རྣམས་ཀྱིས་མངོན་སུམ་གྱི་སྤྱོད་ཡུལ་དུ་གྱུར་པ་སོགས་ཐོག་མ་ཉིད་ནས། ཡོན་མཆོད་དམ་ཚིག་གཙང་བའི་རྟེན་འབྲེལ་མཐའ་དག་རང་ཤུགས་ཀྱིས་འགྲིག་པར་སྣང་། དེ་དུས་བྲག་དམར་གསེར་ཁང་བྱ་བའི་ས་དེར་རྗེ་བཙུན་ཙོང་ཁ་པ་ཆེན་པོ་དང་། སྒྲོལ་མ་དཀར་ལྗོ་གཉིས་ཀྱི་ཞལ་གཟིགས་ཤིང་བྱིན་གྱིས་རླབས་པའི་མཚན་མ་ཤིན་ཏུ་གསལ་པོ་བྱུང་། དེ་ནས་སྟོང་ཆེ་ཁྲི་ཁ་ཞེས་པ་སོགས་སུ་རྒྱ་བོད་ཀྱི་སྐྱེ་བོ་ཆེ་དགུ་དུ་མས་ཞབས་ནས་བཏེགས་ཤིང་དེ་ཐམས་ཅད་ཆོས་ཀྱི་སྨིན་པས་རྒྱུད་སྨིན་པར་མཛད་དེ། རིམ་གྱིས་བླ་ཤོད་དང་། ཨ་རིག་སོགས་བོད་འབྲོག་གི་སྡེ་ཆེན་པོ་རྣམས་ཀྱིས་གདན་དྲངས། དེ་དག་ཏུ་དཔོན་པོ་སངས་རྒྱས་སྐྱབས་དང་། དཔོན་ཚེ་རྒྱལ་ཡག་ལ་སོགས་པ་ཡབ་སྲས་ཁུ་དཔོན་སྐྱ་སེར་གྱི་སྡེ་ཆེན་པོ་རྣམས་ཀྱིས་འབུལ་བ་རྒྱ་ཆེན་པོ་ཕྱོས་མེད་དུ་ཕུལ་བར་འདོད་དང་འཚམས་པའི་ཆོས་ཀྱི་ཆར་ཕབ་ཅིང་། སྨོན་ལམ་གྱི་མཚམས་སྦྱོར་རྒྱ་ཆེན་པོར་མཛད། དེ་སྐབས་འབྲོག་གནས་ཆེན་པོ་ རྨ་རྒྱལ་སྤོམ་ར་རྒྱལ་ཆེན་རྣམ་ཐོས་སྲས་ཀྱི་ཆས་སུ་ཞུགས་པའི་སྐུ་གསལ་བར་གཟིགས། སྐྱེ་བོ་ཁྱིངས་རྣམས་ཀྱི་ མཐོང་ སྣང་ དུ་ ཡང་ ལྷ་ ཆེན་ དེ་ ཉིད་ བཞུགས་ གནས་ གངས་ རི་ ཆེན་ པོའི་ མགུལ་དུ་འཇའ་འོད་ཀྱི་གུར་ཕུག་པ་ལ་སོགས་པའི་ཡ་མཚན་གྱི་ལྟས་མང་དུ་མཐོང་། དེ་ལ་ སོགས་པ་ མདོར་ ན་ ཕྱོགས་ དེའི་ བསྟན་ འགྲོའི་ དོན་ དུ་ ལོ་ གྲངས་ གསུམ་ ཙམ་ གྱི་ བར་ དུ་ བཞུགས་ནས་གདུལ་བྱའི་དོན་རྒྱ་ཆེན་པོར་མཛད། དེ་ནས་རང་ཡུལ་དུ་འབྱོན་ཁར་རྒྱལ་པོ་ཡབ་ཡུམ་ སྲས་ དང་ བཅས་ པས་ ཧ་ ནོར་ ལུག་ ལ་ སོགས་ པ་ སའི་ རྟུལ་ དང་ མཉམ་ པ་ དང་། གསེར་དངུལ་གོས་དར་སོགས་འཛིག་རྟེན་ན་མཁོ་རྒྱུའི་དངོས་འབྱོར་གྱི་འབུལ་བ་བསམ་ལས་འདས་པ་ཕུལ་ཞིང་། མི་བཟང་རྣམས་ཀྱིས་མགོ་བྱས་པའི་དམག་མི་སུམ་བརྒྱའི་སྐྱེལ་མ་དང་བཅས་ཏེ་ཕེབས་ལམ་གྱི་འགྲོ་བ་རྣམས་ཀྱི་རེ་འདོད་བསྐོང་བཞིན་པར་སྟོང་འཁོར་དུ་ཕེབས། དེ་ནས་ལོ་གསུམ་གྱི་བར་དུ་བཀྲ་ཤིས་ལྷུན་པོའི་གཟིམས་ཆུང་དུ་བཅད་རྒྱ་དམ་པོར་བཞུགས་ནས་རིམ་གཉིས་ཀྱི་རྣལ་འབྱོར་སྤྱི་དང་། ཁྱད་པར་དུ་ནི་འཇིགས་མཛད་རྡོ་རྗེའི་རྣལ་འབྱོར་

ལ་ཐུགས་དམ་གྱི་མཐིལ་དུ་མཛད། དེ་སྐབས་ལས་གཤིན་དང་ལྷ་ཆེན་དྲག་པོ་ཞལ་བཞི་པ་ལ་སོགས་པའི་ཆོས་སྐྱོང་མང་པོས་ཞལ་དངོས་སུ་བསྟན་ནས་འཕྲིན་ལས་སྒྲུབ་པར་ཞལ་གྱིས་བཞེས་པ་སོགས་དག་སྣང་བསམ་ལས་འདས་པ་བྱུང་། བཙད་རྒྱ་གྲོལ་རྗེས་ཕུར་ཚ་དང་། ཞ་ཤུར་གྱི་ལྷ་དཔོན་དང་། མི་སྟེ། བྱང་ཆུབ་འི་བརྩེ་རྣམས་ཀྱིས་གདན་དྲངས་པ་ལྟར་ཕེབས་ཏེ། ཐོག་མར་འཇིགས་སྐྱ་ལྷ་མོ་དར་ཐང་ཞེས་པར་བྱོན་པའི་ཚེ། ཕུར་ཚའི་དཔོན་ཤེས་རབ་གྲགས་པ་དང་། འ་ཤུའི་དཔོན་འབུམ་ཡག་སྐྱབས། མགོ་ལོག་དཔོན་ཨ་སྐྱོངས། ཚེ་འབུམ་ཐར་རྣམས་ཀྱིས་རང་རང་གི་འཁོར་འབངས་དག་བསྡུས་པའི་འབུལ་བ་དང་ཞབས་ཏོག་རྒྱ་ཆེར་ཞུས་དོན་བཞིན་ཟླ་བ་གསུམ་ཙམ་གྱི་བར་དུ་བཞུགས་ནས་ཆོས་ཀྱི་ཆར་པ་ཕབ། དེ་ནས་སྨར་ཞེས་བྱ་བའི་ལུང་པའི་ཆུ་བོ་ཆེན་པོ་ཞིག་ཡོད་པ་དེ་ལ་གྲུ་གཟིངས་བཅས་ཏེ་སྔོན་འཁོར་རྣམས་བདེ་བར་ཕེབས་པའི་ཚེ། ཆུ་དེ་ལ་འཇའ་ཚོན་གྱི་ཐག་པ་ཟམ་པའི་ཚུལ་དུ་ཁྲ་ཁྲུག་གི་རྐྱངས་པ་སོགས་ལྟས་ཁྱད་པར་ཅན་དེར་ཚོགས་སྐྱེ་བོ་ཐམས་ཅད་ཀྱིས་མཐོང་བ་བྱུང་། འ་ཤུའི་དཔོན་པོ་ཆོས་རྒྱལ་རིན་ཆེན་དང་། ཁྲི་རྒྱལ་བྱམས་པ་ལ་སོགས་བསྟོད་སྨད་ཀྱི་ཆེ་བཙན་ཐམས་ཅད་ཀྱིས་ཕུ་དུད་བླ་ན་མེད་པ་ཞུས། དེ་ནས་རོང་པོ་གཉྫེ་དང་། ད་ཚང་། དམུ་དགེ། བྱང་ཆུབ་དགོན་སྡེ་སོགས་སུ་རིམ་གྱིས་ཕེབས། ནང་སོ་ངག་དབང་རྒྱལ་ལ་སོགས་པའི་གཙོས་བྱས་པས་ཡུལ་འབྲོག་གི་སྐྱེ་བོ་རྣམས་ཀྱིས་ཟང་ཟིང་གི་མཆོད་སྦྱིན་རྒྱ་ཆེར་འབྱེད་པ་རྣམས་ལ་སོ་སོའི་སྐལ་བ་དང་འཚམས་པའི་ཆོས་ཀྱི་སྦྱིན་པས་གྲོལ་བར་མཛད། སླར་ཡང་རིམ་གྱིས་མཚོ་ཁར་ཕེབས་ནས་རྒྱ་སོག་གི་སར་ཆེངས་མཛད་པ་སོགས་བསྟན་དོན་ལྷབས་པོ་ཆེ་མཛད། སྐྱིད་ཤོད་ཞབས་དྲུང་སློ་བཟང་བསྟན་འཛིན་རྒྱ་མཚོ་མཚོ་ཁར་ཕེབས་པ་དང་མཇལ་འཛོམ་གནང་། དེ་ཉིད་ཀྱི་དྲུང་ནས་བསྙེན་རྫོགས་ཀྱི་སྡོམ་པ་བཞེས་ཤིང་། དེ་སྐབས་སོག་པོའི་རྒྱལ་ཁབ་རྣམས་དང་ལྷན་ཅིག་དབང་རྡོ་རྗེ་ཕྲེང་བ་ཡང་གསན་པར་གྲགས། རྗེ་ཉིད་མཚོ་ཁར་བཞུགས་མུས་སྐབས་སླར་ཡང་ཨོ་རོད་ཚོ་བཞིའི་གདན་འདྲེན་པ་མེར་ཐན་ཏེ་

མི་ནི་དཔོན་གཡོག་བརྒྱ་ཙམ་འཁོར་ནས་གསོལ་བ་ནན་ཆེར་བཏབ་པར་བརྟེན་ཆིབས་ཀྱི་ཁ་ལོ་བསྒྱུར། ཡུལ་དེའི་རྒྱལ་བློན་རྣམས་ཀྱིས་བསུ་བ་དང་བཅས་ཏེ་ཕེབས། བསྙེན་བཀུར་ཕུན་སུམ་ཚོགས་པ་རྒྱུན་མི་ཆད་དུ་ཞུས། སྐྱེ་བོ་རྣམས་ལ་དམ་པའི་ཆོས་ཀྱི་བདུད་རྩི་ཐང་མར་བདལ་བའི་སྒོ་ནས་ཕྱོགས་དེར་འཇམ་མགོན་ཆོས་ཀྱི་རྒྱལ་པོའི་རིང་ལུགས་དྲི་མ་མེད་པ་ཉིན་མོ་ལྟར་ཆེས་ཆེར་གསལ་བར་མཛད། རེ་ཞིག་བཞུགས་ནས་སླར་ཡང་མཚོ་ཁར་ཕེབས། བསྟན་འགྲོ་ཡོངས་ལ་ཕན་པ་རྒྱ་ཆེར་སྒྲུབ་པར་མཛད། དེ་ནས་སྟོང་འཁོར་དུ་ཕེབས་ཏེ་བཀྲ་ཤིས་ལྷུན་པོའི་འདུ་ཁང་ཆེན་མོའི་གསེར་གྱི་ཁྲི་ལ་ཞབས་མཐིལ་བཀྲ་ཤིས་རེས་ཁས་མཚན་པ་ལེགས་པར་བཀོད་བསྟུན་ཡུལ་སྲོལ་དང་མཐུན་པའི་དགའ་སྟོན་གྱི་རིམ་པ་རྒྱ་ཆེར་བསྟར། དེར་འདུས་རྣམས་ལ་ཟབ་རྒྱས་ཆོས་ཀྱི་ཆར་པ་རྒྱ་ཆེར་ཕབ། གཞན་ཡང་ཕྱོགས་དེའི་འགྲོ་བ་སྐྱ་སེར་མཆོག་དམན་བགྲང་བ་ལས་བརྒལ་(བརྒལ་བ) ཟང་ཟིང་ནོར་གྱིས་འཁོར་དུ་བསྡུས་ནས་ཆོས་ཀྱི་སྦྱིན་པས་སྨིན་གྲོལ་ལ་བཀོད་བཞིན་པའི་ངང་དུ་རེ་ཞིག་བར་བཞུགས་འཇགས་བསྐྱངས། བོད་དུ་ཕེབས་པ་རྒྱལ་དབང་ཡོན་ཏན་རྒྱ་མཚོའི་རྣམ་ཐར་དུ་གསལ་ཡང་རྗེ་ཉིད་ཀྱི་རྣམ་ཐར་རྙེད་པར་མི་གསལ། སླར་ཡང་མཚོ་ཁ་ཕྱོགས་སུ་གདན་འདྲེན་ཞུ་བ་བཞིན་ཕེབས་བསྐྱོད་ཐོག་སའི་ཚངས་པ་ཁོ་ལོ་ཆེས་གཙོ་མཛད་པའི་སྦྱིན་བདག་ཐམས་ཅད་ཀྱི་ཡིད་ཀྱི་རེ་འདོད་བསྐོང་བར་མཛད། ཀུན་གཟིགས་ལྔ་པ་ཆེན་པོའི་རྣམ་ཐར་དུ་ཀུ་ལ་ཀ་བའི་ཤོག་གྲངས་༡༢༩པའི་རྒྱབ་ཤོག་གི་ཕྲེང་དང་པོར། འགའ་རེས་གསང་འདུས་དང་འཇིགས་བྱེད་ཀྱི་རྗེས་གནང་དགོས་ཚུལ་ནན་ཆེ་ཙམ་ཟེར་བར་དེ་འདྲའི་སྲོལ་མེད་ལབ་ཉུང་སྟོང་འཁོར་སྤྲུལ་སྐུ་རྒྱལ་བ་རྒྱ་མཚོ་སོགས་མཛད་མཁན་ཁ་ཤས་བྱུང་ཆོད་ནས་བདེན་པར་མི་བརྩི་ཡང་། ཞེས་སོགས་གསུངས་སྣང་སྟེ། འདི་ནི་སྔ་བ་པོ་དེ་དག་རྣམས་ཀྱིས་ཅི་ཡིན་མགོ་མ་ཚོས་པར་ལྷ་དེ་དང་དེའི་ཐུགས་བཏུའི་རྗེས་གནང་ལ་ལྷ་དེ་དང་དེ་ཡི་རྗེས་གནང་ཞེས་རང་མཚང་བསྟན་པ་ལས་རྗེ་བླ་མ་འདི་ལྟ་བུ་ནས་མེད་པ་ལ་ཡོད་པར་སྒྲོ་འདོགས་ཀྱིས་གཞན་མགོ་བསྐོར་

བ་སྲིད་ཚོད་མི་སྣང་། སྤྱིར་འཇིགས་བྱེད་དཔའ་གཅིག་གི་རྗེས་གནང་ཡོད་པར་གྲགས། ཇོགས་སྦྱོང་ཙུང་ཟད་བཀོད་ནས་དཀྱུས་ལ་འཇུག་པ་ནི། དེ་ནས་དཔའ་རས་ཕྱོགས་ནས་དད་ལྡན་མང་པོས་གདན་ཞུ་བྱུང་བ་བཞིན་ཕེབས་བསྐྱོད་གནང་ན་སྐུ་ཚེ་ལ་བར་ཆད་ཆེ་བར་ཡོད་པ་མཁྱེན་ནས་མི་ཕེབས་པའི་དགོངས་བཞེད་གཏད་ཀྱང་ཞབས་འབྲིང་པ་རྣམས་ཟང་ཟིང་གི་འདུ་ལོངས་ལ་སེམས་པས་འགྲོ་དོན་ཆེ་བ་སོགས་ཀྱི་ཞུ་བ་ནན་ཏན་ཆེ་བའི་སྐབས་ཀྱིས་ཕེབས་རྒྱུར་ཐུགས་ཐག་བཅད་ནས། འཁྱོན་ཁར་སྦྱིན་བདག་སོགས་ལ་སོ་སོའི་དབང་པོ་དང་འཚམས་པའི་ཆོས་གང་འདོད་དུ་སྩལ་ཞིང་བཀའ་ཕེབས་སུའང་། ད་ལན་ཁོ་བོ་དཔའ་རས་ཕྱོགས་སུ་འགྲོ་དགོས་འདི་བཞིན་ལ་བར་ཆད་ཀྱང་ཆེ་བར་ཡོད་པ་བཅས་རེ་ཞིག་ཨེ་ཐུག་རང་མི་ཤེས། ཁྱེད་རྣམས་སྐུ་ཁམས་བཟང་པོར་བཞུགས་ཞེས་སོགས་གསུང་གི་ཐ་མ་མང་དུ་སྩལ་ནས་དཔའ་རས་སུ་ཆིབས་ཀྱི་ཁ་ལོ་བསྒྱུར། འཁྱོར་ལྡན་སྦྱིན་བདག་རྣམས་ནས་རིམ་བཞིན་གདན་འདྲེན་ཐོག་རང་རང་གི་འཁྱོར་འཁོས་དང་བསྟུན་པའི་དངོས་འབྱོར་གྱི་མཆོད་སྣམ་རྒྱ་ཆེན་སྤྲིན། དེ་ནས་ཀྱང་རིམ་གྱིས་རྒྱ་ནག་གི་ས་སྒོ་རིན་ཆེན་མཁར་བརྒྱུད་ནས་རྒྱ་པོད་ཀྱི་སྡེ་ཆེན་མང་པོས་གདན་དྲངས་པ་བཞིན་ཞབས་སོར་བཀོད་དེ་ཐམས་ཅད་ལ་རང་རང་གི་ཁམས་དང་མོས་པའི་རྗེས་སུ་འགྲོ་བའི་དམ་པའི་ཆོས་ཀྱིས་རྒྱུད་སྨིན་པར་མཛད་པ་སོགས་འབྲེལ་ཚད་དོན་ལྡན་ལ་སྦྱོར་བར་གྱུར། ཡང་གྲུར་སྡེ་བཞིར་གྲགས་པའི་གནས་ཆེན་རྣམས་ལ་མཆོད་སྨོན་མཐའ་ཀླས་པ་བསྐྱངས། གཞན་ཡང་ཀན་སུ་དང་ཤུ་གྲུ་སོགས་སུ་ཕེབས་ནས་སེམས་ཅན་གྱི་དོན་རྒྱ་ཆེན་པོར་མཛད། དེ་ནས་གོང་དུ་བརྗོད་མ་ཐག་པ་ལྟར་འདོད་ཡོན་ལ་ཧ་ཅང་ཞེན་པའི་སྐྱེ་བོ་རྟག་འཛིན་ཅན་རྣམས་སྐྱོ་བར་བྱ་ཕྱིར་དང་དོན་ཐུན་མོང་བའི་སྣང་ངོར་སྐུ་ཚེ་ལ་བར་ཆད་ཀྱི་རྣམ་པ་བྱུང་བའི་ཚུལ་བསྟན་པའི་དུས་ལ་བབ་པར་གཟིགས་པ་དང་། ལྷག་པར་དུ་ཡང་གསང་ཆེན་རྡོ་རྗེ་ཐེག་པའི་ཐབས་མཁས་ཀྱི་འཕྲུལ་ཁྱད་པར་ཅན་དག་བློ་ཡུལ་དུ་མི་ཤོང་བའི་ལོག་རྟོག་ཅན་རྣམས་ལ་སྐྱེངས་པ་སྟེར་ཞིང་རྡོ་རྗེ་ཐེག་

པའི་ཆོས་ཀྱི་ཆེ་བ་འདོན་པའི་སྐད་དང་། མགོན་པོ་རང་ཉིད་འཕོ་འཇུག་ལ་རང་དབང་ཐོབ་པའི་གོ་འཕང་མཐོན་པོར་གཤེགས་མོད་ཀྱང་། མཉམ་འགྲོགས་ཅན་དག་གིས་སོ་སྐྱེ་རང་ག་པར་འཛིན་པའི་འདུ་ཤེས་ཀྱིས་བསོད་ནམས་མ་ཡིན་པའི་ལས་ངན་འབད་ནས་བསོགས་པ་རྣམས་ལ་ཐུགས་ཀྱིས་མ་བཟོད་པར་བྱུང་འཇུག་གྲུབ་པའི་དཔའ་བོའི་རང་རྟགས་ཀུན་ལ་གསལ་བར་སྟོན་པ་དང་། སྐུ་ལུས་གསར་རྙིང་བརྗེས་པའི་ལུས་རྟེན་ཕྱི་མའི་སྨོན་ནས་འགྲོ་དོན་རྒྱ་ཆེན་པོ་སྤྱར་བས་ལྷག་པ་འགྲུབ་པར་འགྱུར་བ་སོགས་མདོར་ན་པཎ་ཆེན་ཐམས་ཅད་མཁྱེན་པ་བློ་བཟང་དཔལ་ལྡན་ཡེ་ཤེས་དཔལ་གྱི་གསུང་ལས། བདག་བས་གཞན་གཅེས་བྱང་ཆུབ་སེམས་མཆོག་གིས། །མ་རུང་འགྲོ་བ་འདུལ་བའི་སྙིང་སྟོབས་ཅན། །ཕན་བདེའི་ལམ་བཟང་གསལ་མཛད་བླ་མ་རྗེ། །རྒྱལ་བ་རྒྱ་མཚོའི་ཞབས་ལ་གསོལ་བ་འདེབས། །ཞེས་གསུངས་པ་ལྟར་རོ། །དེ་ལྟར་དགོས་པ་རླབས་ཆེན་མཐའ་ཡས་པ་ཞིག་གཟིགས་ནས་ཨ་ཚ་མོ་ཁོར་ཞེས་པའི་ལུང་པར་བཞུགས་སྐབས་སུ་གློ་བུར་དུ་སྐུ་འབྲུམ་ལྷ་བུའི་སྙུང་གཞི་བཞེས་ཚུལ་བསྟན་ཏེ་དགུང་ལོ་ང་གཉིས་པ་ས་ཡོས་ལོའི་ཧོར་ཟླ་བཅུ་པའི་ཚེས་བཅུ་ལ་མྱ་ངན་ལས་འདས་ཚུལ་བསྟན། དེ་ཚེ་སུག་ཆུའི་འགྲམ་གྱི་གྲོང་པ་ཞིག་ནས་རུས་བང་ཡིན་པའི་རྒྱ་ཕྲུག་ཞིག་ཤི་བའི་རོ་ལ་གྲོང་འཇུག་མཛད་དེ་རྣམ་སྨིན་གདོས་བཅས་ཀྱི་རྣམ་པར་བསྟན་པའི་སྐུ་ལུས་སྤུ་མ་དོར་བར་མཛད་སྐད་དོ། དེས་ན་འདི་དག་ནི་རྒྱ་གར་གྱི་གྲུབ་བརྙེས་ཆེན་པོ་རྣམས་དང་། བོད་ཡུལ་འདིར་ཡང་སྐྱེ་མཆོག་སྒྲ་བསྒྱུར་གྱི་རྒྱལ་པོ་མར་པ་ཡབ་སྲས་སོགས་ཀྱི་རྣམ་ཐར་དང་མཚུངས་པར་རྨད་དུ་བྱུང་བའི་གནས་བདག་ཉིད་ཆེན་པོ་རྣམས་ཀྱི་ཡུལ་ལོ། །དེ་ལྟར་གྲོང་འཇུག་མཛད་པའི་ལུས་རྟེན་ཕྱི་མའི་སྨོན་ནས་འགྲོ་དོན་མཛད་པ་དེ་ལ་ནི་སྟོང་འཁོར་མདོ་རྒྱུད་རྒྱ་མཚོ་ཞེས་སུ་གྲགས་པ་སྟེ། དེའི་རྣམ་ཐར་ནི་མཇུག་ཏུ་འཆད་པར་འགྱུར་བ་ལས་ཤེས་ཤིང་། སྟོན་མོའི་སྐུ་གདུང་དེ་ཉིད་རྗེས་འཇུག་སློབ་མ་དང་། སྦྱིན་བདག་སོགས་ཀྱིས་འདོ་ལི་ལ་བརྟེན་ནས་མཚོ་ཁར་གདན་དྲངས་ཏེ་རི་ཞིག་ཕྱོགས་དེའི་འགྲོ་བའི་བསོད་ནམས་ཀྱི་

ཞིང་དུ་བཞུགས་ནས་སླར་རིལ་པོ་སྟོང་འཁོར་དུ་གདན་དྲངས་པར་སྣང་ལ། ཐུགས་དགོངས་རྫོགས་བྱེད་དུ་ཟང་ཟིང་གི་མཆོད་སྦྱིན་རྣམ་དཀར་གྱི་རིམ་པའང་མཐའ་ཡས་པ་མཛད་པ་ཡིན་ནོ། །འདིའི་སྐབས་སུ་ཡང་དགོས་པ་གཅོད་རྒྱུར་དགའ་ལྡན་ཆོས་འབྱུང་བེ་སེར་དུ་སྟོང་འཁོར་ཡོན་ཏན་རྒྱ་མཚོ་ལ་སྤྲུལ་སྐུ་དུ་མ་བྱུང་བར་གསུངས་པ་དང་། ལོ་རྒྱུས་གཞན་དག་ལས་ཀྱང་། དེའི་སྤྲུལ་སྐུ་ཁལ་ཁ་མཇུ་ཤྲི་སྟོང་འཁོར་ཧུ་ཐོག་ཐུ་དང་། ཨ་རོད་མཇུ་ཤྲི་དང་། སྟོང་འཁོར་སྤྲུལ་སྐུ་རྒྱལ་བ་རྒྱ་མཚོ་དང་བཅས་པ་རྣམ་པ་གསུམ་བྱུང་བར་བཤད་པ་རྣམས་ལ་འགའ་ཞིག་གིས་འཐད་མི་འཐད་སྨྲས་ཀྱང་། གཉིས་དང་གསུམ་དུ་མ་ཟད། རོང་པོ་སྐལ་ལྡན་རྒྱ་མཚོས། ཡོན་ཏན་རྒྱ་མཚོའི་གསོལ་འདེབས་ཀྱི་མཇུག་ཏུ། དེས་ཞིང་ཀུན་ཁྱབ་པར་སྤྲུལ་པ་འགྱེད། །སྐོས་ཕྱོགས་འདིའི་བསྟན་འགྲོའི་དཔལ་མགོན་དུ། །མཚན་རྒྱལ་བ་རྒྱ་མཚོ་ཞེས་གྲགས་པ། །དུས་ད་ལྟ་སྟོང་འཁོར་སྤྲུལ་པའི་སྐུ། །ཞེས་ཡོན་ཏན་རྒྱ་མཚོས་སྤྲུལ་པའི་རྣམ་རོལ་ཞིང་ཁམས་ཀུན་ཁྱབ་པ་སྟོན་པར་གསུངས་ན། ཞིང་འདིར་ཡང་གདུལ་བྱ་རང་རང་གི་མོས་ངོ་དང་འཚམས་པར་གཉིས་གསུམ་སོགས་གང་ལ་གང་འདུལ་དུ་སྟོན་པར་ངེས་པས། མཐའ་གཅིག་འཛིན་གྱི་ལོག་རྟོག་སོགས་གཏན་ནས་མི་རུང་ཞིང་། འདི་དག་གི་གནས་ལ་ལུང་རིགས་ཀྱིས་སྒྲུབ་པར་བྱ་བ་མང་དུ་ཡོད་ཀྱང་སྐབས་དོན་སྒྲིབ་པར་འགྱུར་བར་མ་ཟད་ཡི་གེས་ཀྱང་འཇིགས་པར་མཐོང་ནས་ས་བོན་ཙམ་ལས་མ་སྤྲོས་སོ། །སྨྲས་པ། རྒྱལ་བ་ཀུན་གྱི་ཐུགས་རྗེ་གཅིག་བསྡུས་ནས། །རྒྱལ་བའི་བསྟན་པ་འཛིན་སྐྱོང་སྤེལ་བའི་ཕྱིར། །རྒྱལ་སྲས་རྣམ་པས་འགྲོ་བའི་དོན་མཛད་པ། །རྒྱལ་བ་རྒྱ་མཚོའི་སྤྱི་གཟུགས་ཁྱོད་ལ་འདུད། །ཁྱོད་ནི་དག་དང་མ་དག་ཞིང་ཀུན་ཏུ། །སྣ་ཚོགས་སྤྲུལ་པའི་རོལ་མོ་མཐའ་ཡས་པས། །དོན་ཆེན་མཛད་པར་མ་ཟད་ཞིང་འདིར་ཡང་། །ཟམ་མི་ཆད་དུ་སྤྲུལ་པའི་འཁོར་ལོས་བསྒྱུར། །བྱང་ཕྱོགས་ས་ཡི་འཁོར་ལོའི་ཁྱོན་མ་ལུས། །གང་གི་འཕྲིན་ལས་པ་དན་དཀར་པོ་ཡིས། །འཁོར་མོ་ཡུག་ཏུ་ཁྱབ་པའི་གྲིབ་བསིལ་གྱིས། །སྐྱེ་འགྲོ་མཐའ་དག་

བདེ་བར་ངལ་གསོར་འཇུག །ཆོས་དང་ལོངས་སྤྱོད་ཕན་དང་བདེ་ལ་སོགས། །ཉིད་ཀྱི་ཐུགས་རྗེས་འབད་མེད་སྟེར་བའི་མཐུས། །རྗོགས་ལྡན་སྣར་ཡང་འཁྱུགས་པ་འདི་ལྟ་ན། །ལྷ་ལྡན་སྙིགས་མར་གྲགས་པ་རྫུན་ནམ་ཅི། །མངོན་པར་ཤེས་དང་རྫུ་འཕྲུལ་ལ་སོགས་པ། །གདུལ་བྱ་འདུལ་བའི་ཆོ་འཕྲུལ་མ་ལུས་པ། །མངའ་ཕྱིར་ཁྱོད་ནི་འགྲོ་མགོན་བླ་མེད་དུ། །ཡང་ཡང་ཤེས་ནས་ཡང་ཡང་ཐལ་མོ་སྦྱོར། །ཞེས་པ་ནི་བར་སྐབས་ཀྱི་ཚིགས་སུ་བཅད་པ་དགུ་པོ །

༈ སྐྱེས་པའི་རབས་ཀྱི་ཕྲེང་བ་བཅུ་གསུམ་པ་ནི། འབྲུངས་རབས་གསོལ་འདེབས་ལས། མདོ་དང་རྒྱུད་སྡེ་རྒྱ་མཚོའི་སྙིང་པོའི་དོན། །མན་ངག་ཡིད་བཞིན་ནོར་ལ་དབང་བསྒྱུར་དང་། །ཞེས་གསུངས་པ་ལྟར་རབ་འབྱམས་མོད་ (མདོ) དང་རྒྱུད་སྡེ་རྒྱ་མཚོའི་སྙིང་པོའི་དོན་མ་ལུས་པ་གཅིག་ཏུ་བསྡུས་པའི་ཉིང་ཁུ་ཕུལ་དུ་ཕྱིན་པ་འཛམ་མགོན་ཆོས་ཀྱི་རྒྱལ་པོའི་མན་ངག་ཡིད་བཞིན་གྱི་ནོར་བུ་ལྟ་བུ་ལ་རང་དབང་དུ་བསྒྱུར་བར་བྱེད་པའི་མཚན་དོན་དང་མཐུན་པ་མོད་ (མདོ) རྒྱུད་རྒྱ་མཚོ་ཞེས་བྱ་བ་དེ་ཉིད་དོ། དེ་ཡང་ཇི་སྐད་དུ། ཀུན་གཟིགས་པཎ་ཆེན་སུ་མ་ཏི་ཤྲཱི་ཕན་རྣྐ་ན་ཤྲཱི་ཧྲ་དྲའི་གསུང་ལས། གྲོང་འཇུག་མངོན་ཤུར་མ་ཙུངས་གདུག་པ་བཏུལ། །རྒྱལ་བ་གཉིས་པའི་བསྟན་ལ་སྨན་ཡོན་ཅན། །ཟབ་དང་རྒྱ་ཆེ་མན་ངག་གདམས་པའི་གཏེར། །འཛིན་མཛད་མདོ་རྒྱུད་རྒྱ་མཚོར་གསོལ་བ་འདེབས། །ཞེས་གསུངས་པ་ལྟར། སྐོང་འཁོར་རྒྱལ་བ་རྒྱ་མཚོ་དེ་ཉིད་སྔ་ངན་ལས་འདའ་ཁར་སྐུ་སྐྱེ་ཕྱི་མ་ཕེབས་ཡུལ་གྱི་ས་ཆའི་དབྱིབས་དང་། མི་རིགས་སོགས་དར་དཀར་གྱི་ངོས་སུ་བྲིས་ནས་བཞུགས་གདན་གྱི་གསེབ་ཏུ་འཇུག་གནང་མཛད་ཡོད་འདུག་པ་བཞིན་ས་གཡོས (ཡོས) ཧོར་ཟླ་བཅུ་པའི་ཚེས་བཅུ་གཅིག་ལ་རྒྱ་ནག་གི་ཡུལ་གྲུའི་བྱེ་བྲག་ཤུ་ཀྲུའི་སུག་ཆུ་ཞེས་པའི་འགྲམ་དུ་རུས་ཕང་གི་ཡིན་པའི་རྒྱ་སྨུག་ལོ་ཉི་ཤུ་ལོན་པ་ཞིག་ཤི་བའི་རོ་དུར་ཁྲིད་དུ་བཀྱལ་བ་ལ་རྗེ་གོང་མ་དེ་ཉིད་ཀྱིས་གྲོང་འཇུག་མཛད་དེ་ཕུར (ཕུར) སྒྲོམ་ལས་བཞེངས་ནས་ཕུར་

(ཕུར) སློམ་གྱི་སྟེང་དུ་དཀྱིལ་དྲུང་(སྐྱིལ་ཀྲུང) གིས་བཞུགས་པར་མཛད། དེ་ཚེ་སྐྱེ་བོ་འགས་མཐོང་སྟེ་དེ་ཉིད་ཁྱིམ་དང་གྲོང་གི་མི་དག་ལ་སྨྲས་པས། སྐྱེ་བོའི་ཚོགས་རྣམས་ཀྱིས་རོ་ལངས་བྱུང་ངོ་ཞེས་འཇིགས་ཤིང་སྐྲག་པའི་ཅ་ཅོའི་སྒྲ་ཆེ་ཆེར་འབྱིན་ཅིང་ཆས་ཏེ་རྡོ་དང་དབྱུག་པ་སོགས་ཀྱིས་རང་ནུས་ཅི་ཡོད་ཀྱིས་བརྡེག་ཀྱང་། སྐུ་ལུས་ལ་གནོད་པ་ཅུང་ཟད་ཀྱང་མ་ནུས་པས། ཅི་བྱེད་ཟད་དེ་ཅང་རྟུན་ཆེན་པོ་ཐེ་ཏུ་ལ་ཞུས་པར་ཐེ་ཏུས་དམག་གི་དཔུངས་ཆེན་པོ་ཁྲིད་ནས་མྱུར་བར་ལྷགས་ཏེ་མདའ་མཚོན་སོགས་ཀྱི་ཆར་ཆེན་པོ་བདག་ཉིད་ཆེན་པོ་འདིའི་སྟེང་ཕྱོགས་སུ་ཕེབས་ནས་བསྐོར་བར་བརྩམས་ཀྱང་སྔོན་ཟས་གཙང་གི་སྲས་པོ་བྱང་ཆུབ་ཤིང་དྲུང་དུ་བཞུགས་པར་འདོད་པའི་དབང་ཕྱུག་གིས་མཚོན་གྱི་ཆར་ཕབས་པ་དང་མཚུངས་པར་གནོད་པའི་གོ་སྐབས་ཅུང་ཀྱང་མ་ནུས་པས་ཅི་བྱ་གཏོལ་མེད་དུ་གྱུར་པའི་ཁར་དམག་མི་རྣམས་ལ་མཐོང་སྣང་སྣ་ཚོགས་ཞིག་བྱུང་བས་བྲད(བྲེད) དེ་སྐད་རྒྱུ་མཚན་དྲིས་པ་ན། མགོན་པོ་དེས་ནི་སྐྱེ་བོའི་ཚོགས་འཇིགས་པ་ལས་དབུགས་དབྱུང་བར་བྱ་བའི་ཕྱིར། དེས་ཤིང་འཇམ་པའི་ཚིག་སྙན་པོས་བདག་ནི་རོ་ལངས་མིན་གྱིས་སྟོང་འཁོར་རྒྱལ་བ་རྒྱ་མཚོ་སྟེ། འདི་ལྟར་གྲོང་འཇུག་བྱས་པ་ཡིན་ཞེས་ཞིབ་ཏུ་གསུངས་པས་ཐམས་ཅད་ངོ་མཚར་སྐྱེས་ནས་ཕྱག་དང་དད་གུས་དཔག་ཏུ་མེད་པ་བྱས། སྤྲུལ་སྐུ་ཁྱིམ་དུ་གདན་དྲངས། དམག་རྣམས་རང་རང་གི་གནས་སུ་ཕྱིས། མཛད་པ་དེས་ཡུལ་ཁམས་དེ་ཆོས་ཀྱི་ཕྱོགས་ལ་དགེ་བར་མཛད། ཅང་རྟུན་ཆེན་པོ་ནས་དེ་འདྲའི་གནས་ཚུལ་གྱི་ཡི་གེ་གོང་མའི་ཞབས་གྲས་རྣམས་ལ་འཕྲུལ་དུ་བསྒྲིངས་པ་མཚོ་ཁ་ཕྱོགས་སུ་སྐར་ཐོག་ཏུ་འཁྱོར་བས་སྔར་གྱི་ལུང་བསྟན་ཕྱག་བྲིས་དང་མཐུན་པར་བྱུང་བས་ཡིད་ཆེས་ནས་རྒྱལ་བརྒྱུད་ཀྱི་ཨེལ་ཆེ་དང་། ཞབས་གྲས་བཅས་སུག་ཆུད་བླམ་གདན་འདྲེན་པར་ཕྱིན་ཏེ། སྐར་ཡང་ཐམས་ཅད་ཡིད་ཆེས་ཕྱིར་རྒྱ་བོད་སོག་གསུམ་གྱི་སྐྱེ་བོ་མང་པོ་ཚོགས་པའི་སར་སྐུ་གོང་མའི་ཕྱག་ཕྲེང་ལ་སོགས་པའི་སྐུ་ཆས་མང་པོ་འདྲ་གཉིས་དང་བཅས་ཏེ་སྤྲུལ་བར་ཐམས་ཅད་ནོར་འཁྲུལ་མེད་པར་ངོས་འཛིན་མཛད་པས

དེར་འཁོད་མཐའ་དག་ལྷག་པར་ཐེ་ཚོམ་དང་བྲལ་བར་གྱུར། དེ་ནས་གདན་དྲངས་རིམ་གྱིས་མཚོ་ཁར་སྣར་ཐོག་ཏུ་ཕེབས། མཆོད་ཡོན་ཐམས་ཅད་ཀྱིས་དགའ་སྟོན་དཔག་ཏུ་མེད་པ་མཛད་མཐར། སྟོང་འཁོར་གྱི་ཡུལ་དུ་སྐུ་གོང་མའི་སྐུ་གདུང་རིན་པོ་ཆེ་གདན་འདྲེན་པ་དང་ལྷན་ཅིག་ཏུ་ཆིབས་ཀྱི་ཁ་ལོ་བསྒྱུར་བས་ཕྱོགས་དེའི་སྐྱེ་འགྲོ་སེར་སྐྱ་མཆོག་དམན་ཐམས་ཅད་ཡ་མཚན་གྱིས་འདུས་པ་ཀུན་ཀྱང་རྗེ་བླ་མ་འདིའི་ཞལ་མཐོང་བ་དང་གསུང་གི་བདུད་རྩིས་དབུགས་དབྱུང་སྟེ། ཨེམ་ངོ་མཚར་འདི་ལྟ་བུའི་སྟོན་མེད་པའི་ངོ་མཚར་ཅན་བྱུང་བ་རྨི་ལམ་མིན་ན་དགའ་བ་ལ་ཞེས་ཕན་ཚུན་དུ་ཙུར་ཙུར་སྒྲོགས་ཤིང་དགའ་སྤྲོ་ཚད་མེད་པས་ཡང་ཡང་བསྐོར་ནས་བལྟ་བ་དང་ཕྱག་བྱ་དང་བསྙེན་བཀུར་བ་སོགས་ཀྱིས་དུས་འདའ་བ་བྱུང་། སྐུ་གདུག་རིན་པོ་ཆེ་རིན་ཆེན་གཉིས་པའི་མཆོད་རྟེན་གྱི་ནང་དུ་བཞུགས་སུ་གསོལ་ནས་རབ་ཏུ་གནས་པའི་རིམ་པ་སོགས་ཀྱང་གནང་སྒྲིན་དུ་མཛད། སྤྲུལ་སྐུ་རིན་པོ་ཆེ་ནི་རེས་ཞིག་བཞུགས་ནས་སླར་ཡང་མི་རིང་བར་མཚོ་ཁ་ཕྱོགས་དང་། དཔའ་རས་ཕྱོགས་སུ་གདན་འདྲེན་བྱུང་བ་བཞིན་ཕྱིན་ཏེ་འཁྱེར་ལྡན་དད་པ་ཅན་ཐམས་ཅད་ཀྱི་རེ་བ་ཡིད་བཞིན་དུ་བསྐོང་བར་མཛད་ལ། རྣམ་ཐར་ཐོས་པས་འགའ་ཞིག་གིས་འདི་སྐད་དུ། མདའ་མཆོན་གོ་ཆམ་བཟུང་བར། །རང་ཉིད་གཅིག་པུས་མ་ནུང་སྟེ། །མ་ལུས་ཕམ་མཛད་གཡུལ་གྱི་ལས། །ཤཱཀ་ཐུབ་ལས་གཞན་འདི་ཡིས་ཤེས། །ཞེས་སྒྲོགས་པ་བྱུང་། དེ་ཡང་རྗེ་བླ་མ་འདི་ཉིད་ཀྱིས་གྲོང་འཇུག་མཛད་པ་སོགས་ངོ་མཚར་བའི་རྣམ་ཐར་འདི་ལྟ་བུ་ལ་སྐྱེ་བོ་ཕལ་མོ་ཆེ་མཐའ་དག་ནི་གོང་དུ་བརྗོད་པ་ལྟར་ཡིད་ཆེས་པ་དང་། དགའ་བ་དང་། གུས་པ་དང་། ངོ་མཚར་བའི་གནས་སུ་གྱུར་མོད། དེ་ནའང་ཇི་སྐད་དུ། ལེགས་བཤད་ལས། བདག་ཉིད་ཆེ་ལ་སྐྱེ་བོ་རྣམས། །སྐྱོན་ཚོལ་འགྱུར་གྱི་དམན་ལ་མིན། །ཞེས་གསུངས་པ་ལྟར་སྐྱེ་བོ་ཕྱོགས་འཛིན་སྡང་ཞུགས་ཀྱི་ལིང་ཏོག་འཐུག་པོས་བློ་མིག་ལྡོངས་པར་གྱུར་བ་རྣམས་ནི་དམ་པ་རྣམས་ཀྱི་གསང་བ་བསམ་གྱིས་མི་ཁྱབ་པའི་ཡོན་ཏན་མཐའ་དག་སྐྱོན་ཁོ་ནར་མཐོང་ཞིང་གཞན་དག་ཀྱང་

དོན་མི་འགྱུར་བའི་ཐེ་ཚོམ་གྱི་གནས་ལ་སྦྱོར་གང་ཐུབ་བྱེད་པ་ནི་གཤིས་སམ་ཆོས་ཉིད་ཡིན་ལ། དེའི་དབང་གིས་མགོན་པོ་འདིའི་མཛད་པ་རྨད་དུ་བྱུང་བ་དེ་དག་ལ་ཡང་དེ་ནི་མི་བདེན་ཏེ་ཟློག་དང་རྫུན་ནོ་ཟེར་བ་ལ་སོགས་པ་སྒྲོ་སྐུར་(བཀུར)གྱི་ཡ(ཡལ)ག་སྣ་ཚོགས་གཟིངས་བསྟོད་ནས་སྒྲོགས་པར་བྱེད་པ་དག་ཀྱང་བྱུང་བ་ལ། སྔར་ཡང་དམ་པ་དག་གི་མཛད་པ་དག་ལ་ཟློག་དང་རྫུན་དུ་སྨྲ་བ་འགའ་ལ་ཡང་བརྗོད་དོན་ངེས་པའི་ངེས་ཤེས་དང་ཚད་མ་མེད་དེ་ཕལ་ཆེར་དོན་མི་འགྱུར་གྱི་ཐེ་ཚོམ་འབའ་ཞིག་གིས་ཀུན་ནས་བསླངས་པའོ། །

དཀྱུས་ནི་དེ་ཚེ་རྒྱལ་དབང་ཐམས་ཅད་མཁྱེན་གཟིགས་བདེ་ཆེན་ཆོས་ཀྱི་རྒྱལ་པོའི་དངོས་སློབ་སྟོད་ལུང་ཚུ་བཟང་བ་རྣམ་རྒྱལ་དཔལ་འབྱོར་རྒྱལ་མཚན་ཞེས་ངེས་པ་དོན་གྱི་མཁས་གྲུབ་ཆེན་པོ་འགྲོ་བ་ལྷ་དང་བཅས་པ་ལ་ཚད་མར་གྱུར་པ། དཔང་པོར་གྱུར་པ་དེ་ཉིད་རྒྱལ་དབང་མཆོག་གི་བཀའ་བཞིན་སྐུ་འབུམ་བྱམས་པ་གླིང་གི་བླ་མར་བྱོན་ནས་ལོ་ཤས་བཞུགས་མཐར་ཁྲི་ཟུར་ཏེ་དགོན་ལུང་གི་བླ་མ་མཛད་ཅིང་བཞུགས་སྐབས་སྟོང་འཁོར་མདོ་རྒྱུད་རྒྱ་མཚོ་དགོན་ལུང་ཕྱོགས་སུ་བྱོན་པར་མཁན་རིན་པོ་ཆེ་དེ་ཉིད་ནས་སྟོང་འཁོར་རྒྱལ་བ་རྒྱ་མཚོའི་རྣམ་རོལ་འཕྲུལ་མེད་དུ་དངོས་འཛིན་མཛད་དེ་དངོས་འབུལ་སྤྱན་མཐོ་སོགས་ཀྱི་བཀུར་བསྟི་དང་དད་གུས་ཚད་མེད་པ་མཛད་པས། སྔར་བན་སོམ་ཉིའི་ཕྱོགས་ལ་འཕྱངས་པའི་སྐྱེ་བོ་དག་ཡིད་ཆེས་ཀྱི་དད་པ་ཐོང་ནས་ཐོད་པར་གྱུར་ཅིང་། ངན་རྟོགས་མཁན་པོ་རྣམས་ཀྱི་རོ་འཛིན་ལ་མདུད་པ་ལན་བརྒྱར་ཐེབ་པར་གྱུར་ཏོ། །གཞན་ཡང་རྗེ་བླ་མ་འདི་ནི་ཐུན་མོང་བའི་སྣང་ངོར་ཡང་མངལ་གྱི་དྲི་མ་སོགས་ཀྱིས་གོས་ཚུལ་མ་བསྟན་པའི་དབང་གིས་རྗེ་གོང་མའི་ཐུགས་ལ་ཇི་ལྟར་མངའ་བའི་རིགས་པའི་གནས་ཆེ་ཆུང་སོགས་ལུང་རྟོགས་ཀྱི་ཡོན་ཏན་ཡར་ལྡན་དུ་མངའ་བས་གསར་དུ་སྦྱངས་ཚུལ་སོགས་ལ་ལྟོས་མ་དགོས་ཤིང་། དེ་ལྟ་ནའང་གཞན་དག་གི་དམིགས་རྐྱེན་དང་། བསྟན་པ་རིན་པོ་ཆེ་ལ་གཅེས་སྤྲས་མཛད་པའི་སླད་དུ་སྔར་ཡང་རབ་ཏུ་བྱུང་བའི་སྡོམ་པ་སོགས་གསར་དུ་བཞེས་པས་མཚན་འཛམ

དབྱངས་རྒྱ་མཚོ་ཞེས་གྲགས། དེ་བཞིན་དུ་ལམ་རིམ་ལས། ཤིང་རྟ་ཆེན་པོ་གཉིས་ལས་ལེགས་བརྒྱུད་པའི། །ཞེས་གསུངས་པ་ལྟར་བརྒྱུད་ལྡན་བླ་མ་དམ་པ་རྣམས་ཀྱི་དྲུང་ནས་དབང་ལུང་སོགས་ཀྱི་ཆོས་བཀའ་ཡང་མཐའ་ཡས་པ་གསན་པར་མཛད། དེ་ནས་མི་ཁྲི་ལོར་དགུས་གཙང་གི་ལྗོངས་སུ་ཕྱིན་ཅིང་། དེ་ལའང་ཐོག་མར་རྟེན་འབྲེལ་དང་དགོས་པ་ཁྱད་པར་ཅན་གཟིགས་ནས་བྱང་ལམ་བརྒྱུད་ནས་གཙང་དུ་ཕྱིན་སྟང་མཐའི་མགོན་པོ་དྲུར་སླེབ་གར་རོལ་པཎ་ཆེན་བློ་བཟང་ཆོས་ཀྱི་རྒྱལ་མཚན་དཔལ་བཟང་པོ་མཇལ་དངོས་འབུལ་གྱི་མཆོད་སྤྲིན་རྒྱ་ཆེན་པོས་མཉེས་པར་མཛད་ཅིང་། བསྙེན་པར་རྫོགས་པ་དགེ་སློང་གི་དངོས་པོ་གསར་དུ་སྒྲུབ་སྟེར་མཚན་འཛམ་དབྱངས་རྒྱ་མཚོར་གྲགས་པ་ལ་པཎ་ཆེན་རིན་པོ་ཆེ་ནས་མདོ་རྒྱུད་རྒྱ་མཚོ་ཞེས་མཚན་གསོལ་བ་དང་། གཟིགས་པ་བླ་ན་མེད་པས་དགུགས་དབྱུང་གཟེངས་བསྟོད་ཚད་མེད་པར་གནང་བས་མཐའ་དབུས་ཀྱི་འགྲོ་བ་ཀུན་གྱི་སོམ་ཉིའི་འཁྱུངས་ཐག་རང་ཤུགས་ཀྱིས་བཀྲོལ། གཞན་ཡང་དབང་ཆོས་མན་ངག་ཟབ་ཅིང་རྒྱ་ཆེ་བའི་རིམ་པ་མཐའ་ཡས་པ་སྐལ་བས་དོན་ལྡན་གྱི་མདོ་རྒྱུད་རྒྱ་མཚོ་ཆེན་པོར་གྱུར། བཀྲ་ཤིས་ལྷུན་པོའི་གྲྭ་ཚང་སོ་སོར་མང་འགྱེད་སོགས་ཀྱི་བསྙེན་བཀུར་གྱུ་ནོམ་པ་བསྟར། དེ་ནས་ཕྱིར་འབྱོན་ཁར་དཔོན་སློབ་ཡབ་སྲས་ཕན་ཚུན་འབྲལ་མི་ཕོད་པ་ལྟ་བུའི་དགའ་སྣང་དང་བཅས་པའི་ངང་ནས་ཕྱག་བཏེགས། སླད་ནས་ཀྱང་ཡང་ཡང་འདི་སྐད་དུ་བདག་གི་དྲིན་ཅན་རྩ་བའི་བླ་མ་བཀའ་དྲིན་གསུམ་ལྡན་ངེས་པ་དོན་གྱི་བློ་བཟང་ཆོས་ཀྱི་རྒྱལ་མཚན་ཞེས་གསུངས་ཏེ་ཞལ་ཆབ་ལྷུག་ལྷུག་འཁྲིན་པར་མཛད། བཀྲས་ལྷུན་ནས་ཕྱིར་ཡང་བྱང་ལམ་བརྒྱུད་ནས་དབུས་ཕྱོགས་སུ་ཕེབས། ལྷ་ལྡན་དུ་ཇོ་ཤཱཀྱ་ཡིད་བཞིན་ནོར་བུས་གཙོ་མཛད་པའི་རྟེན་གསུམ་རྣམས་ལ་མཆོད་དབུལ་ཕྱགས་སྨོན་སོགས་རྒྱ་ཆེར་མཛད་ནས་གདན་ས་ཆེན་པོ་དཔལ་ལྡན་འབྲས་སྤུངས་སུ་ཕེབས་ཏེ། ངེས་པ་དོན་གྱི་ཐམས་ཅད་མཁྱེན་གཟིགས་ཆེན་པོ་ངག་དབང་བློ་བཟང་རྒྱ་མཚོ་དཔལ་བཟང་པོའི་ཞལ་དཀྱིལ་མཇལ་ཞིང་སྒོ་གསུམ་ལོངས་སྤྱོད་དང་བཅས

པའི་བཀུར་བསྟི་རྒྱ་ཆེན་མཐའ་ཡླས་པར་མཛད། མི་རྗེ་སའི་ཚངས་པ་ཆེན་པོ་བསོད་ནམས་ཆོས་འཕེལ་དང་། གོ་ཤྲི་བསྟན་འཛིན་ཆོས་ཀྱི་རྒྱལ་པོ་སོགས་དང་མཇལ་འཛོམས་མཛད་པར་མཆོད་ཡོན་ཐམས་ཅད་ནས་བཀུར་བཟོས་(གཟོས)བདག་རྐྱེན་བླ་ལྷག་ཏུ་སྤྲུལ་བར་གྱུར། འབྲས་སྤུངས་འདུས་སྤྱི་ཚོད་མར་ཡང་བསྙེན་བཀུར་གྱི་རིམ་པ་རྒྱ་ཆེར་མཛད། དེ་ནས་སེར་ར་ཐེག་ཆེན་གླིང་དུ་ཕྱིན་ཏེ་འདུས་སྡེ་སྤྱི་དང་། ནང་ཚན་རང་ཁུངས་སེར་སྨད་ཐོས་བསམ་ནོར་བུའི་གླིང་གི་གྲྭ་ཚང་ཁམས་ཚན་བཅས་པར་ཆོས་དང་ཟང་ཟིང་གི་སྐྱེས་འབྱམས་ཡླས་སུ་བཀའ་དྲིན་བསྐྱངས་ཤིང་རེ་ཞིག་བར་བཞུགས་འཇགས་མཛད། དེ་ནས་རྗེ་བླ་མའི་གདན་ས་དགེ་ལྡན་རྣམ་པར་རྒྱལ་པའི་གླིང་དུ་ཕེབས། དགེ་ལྡན་གྱི་གནས་དཔལ་ལྡན་གསང་བ་འདུས་པའི་ཕོ་བྲང་དངོས་སུ་གཟིགས། རྗེའི་སྐུ་གདུང་ཡིད་བཞིན་ནོར་བུས་གཙོ་མཛད་པའི་རྟེན་གནས་ཁག་ལ་མཆོད་ཕྲིན་ཐུགས་སྨོན་ལྷ་ཆེན་མགོན་པོ་དང་ཆོས་རྒྱལ་སོགས་ལ་འཕྲིན་བཅོལ་སོགས་ཐུགས་བཞེད་ཁེངས་ངེས་སུ་བསྐྱངས་ཤིང་དགེ་འདུན་རྣམས་ལའང་བཀུར་བསྟི་སྤྲི་ཞུ་རྒྱ་ཆེར་མཛད། དེང་གཅིག་གིས་གསང་འདུས་བླ་བརྒྱུད་གསོལ་འདེབས་མདོ་རྒྱུད་མར་ཁ་སྐོང་ཞུས་པས། ཁྱུང་པོ་ལྷས་པའི་ཞབས་ལ་གསོལ་བ་འདེབས། །མགོན་པར་ལས་དཔལ་ལྡན་འདུས་པའི་ཆོས། །རྫོགས་པར་བརྟེན་ནས་སྒྲུབ་པས་མཐར་ཕྱིན་ཅིང་། །རྒྱལ་བསྟན་ཕྱོགས་བཅུར་རྒྱས་མཛད་བླ་མ་རྗེ། །བློ་བཟང་གྲགས་པའི་ཞབས་ལ་གསོལ་བ་འདེབས། །ཞེས་པ་གནང་བས་འགའ་ཞིག་གིས་འདྲ་མི་འདྲ་མང་པོ་བཤད་པ་གསན་པས་ཅི་ཡང་མི་འདྲ་རྒྱུ་མེད། འདུས་པའི་ཆོས་ནི་དབང་ལུང་མན་ངག་སོགས་རྒྱ་ཆེ་སྐད་ཅི་ཟེར་ན་ཟེར་གསུངས། དེ་ནས་ལྷ་ལྡན་དུ་ཕེབས་ནོར་སྟག་རྩེ་དག་ལ་མོ་སོགས་སུའང་གདན་དྲངས་པ་བཞིན་ཕེབས་བསྐྱོད་དང་། ལ་མོར་ཆོས་སྐྱོང་ཆེན་པོ་སྐུ་གསོལ་ཐོག་མ་འོངས་པའི་དོན་མང་པོ་ཞིབ་ཏུ་ཞུ་བར་མཛད། སླར་ཡང་འབྲས་སྤུངས་སུ་རྒྱལ་དབང་ཐམས་ཅད་མཁྱེན་གཟིགས་ཆེན་པོར་ཐོན་ཕྱག་ཞུ་བར་ཕྱིན་སྐབས་རྒྱལ་དབང་མཆོག་ནས

ཕེབས་རྫོངས་གནང་ སྦྱིན་ རྒྱ་ ཆེན་ པོ་ དང་ བཅས་ ཏེ་ བསྟན་ འགྲོར་ སྨན་ པ་ གོང་ འཕེལ་ དུ་ དགོས་ཚུལ་སོགས་ཀྱི་བཀའ་སློབ་ཐུགས་དབུས་སུ་སེམ་པར་སྩལ། ལྷ་ལྡན་དུ་ཕྱིན་ཏེ་ སྟེ་སྲིད་ རིན་པོ་ཆེ་དང་། གོ་ ཤྲི་ ཧན་ སོགས་ ལ་ ཐོན་ མཇལ་ ཞུས་ པར་ མཆོད་ ཡོན་ རྣམས་ ཀྱིས་ ཀྱང་ ཕེབས་རྫོངས་གནང་སྦྱིན་དཔག་ཏུ་མེད་པ་བསྐྱངས་ཤིང་། ལྷག་ཏུ་གོ་ ཤྲི་བསྟན་འཛིན་ཆོས་ ཀྱི་རྒྱལ་པོ་ནས་མདོ་མཁར་ལ་དགོན་པ་འདེབས་རྒྱུའི་ས་ཆ་གསོལ་རས་སྩལ་ཞིང་ སྨན་ཚད་ ནས་ཀྱང་སྟོང་འཁོར་བ་སྐུ་ཕྲེང་ན་རིམ་རང་ནས་བདག་པོ་བྱེད་པ་ལས་གཞན་སུས་ཀྱང་ང་ བདག་རྫོད་གླིང་བྱས་མི་ཆོག་པའི་བཀའ་ཤོག་ཐམ་ཀ་གཙང་བཙན་མེ་ཁྱི་ཟླ་བ་གསུམ་པའི་ ཚེས་བཅུ་གསུམ་ཉིན་སྩལ། དེ་ནས་ཆིབས་བསྒྱོད་དེ་ར་སྒྲེངས་ (སྒྲེང) སུ་ཕེབས། རྗེ་བོ་ འཇམ་དཔལ་ རྗོ་ རྗེས་ གཙོ་ མཛད་ རྟེན་ གནས་ རྣམས་ ལ་ མཆོད་ འབུལ་ ཐུགས་ སྨོན་ དང་། སྤྱང་པ་བ་རྣམས་ལ་བསྙེན་བཀུར་སོགས་བྱས་རིམ་གྱིས་བྱང་ལམ་བརྒྱུད་དེ་ཕེབས་ལམ་དུ་ འཁོད་པའི་གདུལ་བྱ་རྣམས་སྨིན་གྲོལ་ལ་འགོད་བཞིན་པའི་ངང་ནས་མཚོ་ཁར་ཕེབས་དཔོན་ མི་བཟང་ རྣམས་ ལ་ རྒྱལ་ པོའི་ བཀའ་ ཤོག་ བསྒྲགས་ པས་ ཐམས་ ཅད་ དགའ་ སྤྲོ་ དང་ བཅས་ མཐུན་རྐྱེན་སྒྲུབ་པར་ཁས་བླངས། འཕྲལ་དུ་མདོ་མཁར་དུ་ཕེབས་ཟིན་པའི་ཤིང་བཟོ་དང་ རྡོ་བཟོ་བ་རྣམས་པོས་ནས་འདུ་ཁང་དང་། མགོན་ ཁང་ སོགས་ གསར་ བསྐྲུན་ དང་ རྟེན་ བཞེངས་སོགས་ཀྱང་རྒྱ་ཆེར་མཛད་ཅིང་རབ་གནས་ཤིས་བརྗོད་སོགས་ཞིབ་རྒྱས་གནད་སྨིན་ དུ་བསྐྱངས་ཏེ་དགའ་ལྡན་ཆོས་འཁོར་གླིང་ཞེས་བཏགས། བཟོ་པོ་རྣམས་ལ་གནང་སྦྱིན་བྱ་ དགའ་སོགས་ཀྱིས་ཚིམ་པར་མཛད། དེ་ནས་མུར་ (དམུ) དགེ་དང་ཟུང་རྟུའི་ (རྟུའི) ཕྱོགས་ནས་གདན་འདྲེན་བྱུང་བ་བཞིན་ཆིབས་བཏེགས་ནས་འགོ་ (མགོ) ལོག་དང་ཕ་ཤུར་ བརྒྱུད་དེ་ ལམ་ བར་ གྱི་ སྐྱེ་ བོ་ མཆོག་ དམན་ ཀུན་ གྱིས་ ཀྱང་ འཕྱོར་ འཁོས་ དང་ བསྟུན་ པའི་ བཀུར་བསྟི་ཆེ་བར་ཞུས་པ་རྣམས་ལ་གང་མོས་ཀྱི་ཆོས་དང་གནང་སྦྱིན་སོ་སོར་སྩལ་ཏེ་ཚིམ་ པར་མཛད། རིམ་གྱིས་དམུ་དགེ་ཧ་ལོག་དང་། ཟུག་རྟུའི་ (ཟུང་རྟུའི) ཕྱོགས་སུ་ཞབས་

སེན་བཀོད་ནས་ལྷ་སྡེ་དང་མི་སྡེ་ཀུན་གྱི་སྤྱི་ཞུའི་ཞབས་ནས་བཏེགས་ཤིང་ཆོས་ཆར་རྒྱུན་མི་ཆད་དུ་འབེབས་པ་དང་། དགོན་སྡེ་གསར་དུ་འདེབས་པ་དང་རྙིང་པ་གསོས་པ་དང་། གཞན་ཡང་རྣམ་ཐར་བསམ་གྱིས་མི་ཁྱབ་པ་སོ་སོའི་སྐལ་བ་དང་འཚམས་པར་སྣང་བའི་སྒོ་ནས་འགྲོ་དོན་མཛད་བཞིན་པའི་ངང་དུ་རེ་ཞིག་བཞུགས་ནས་ཚེབས་བསྐྱོད་དེ་དཔའ་རིས་ཕེབས་ནས་གདུལ་བྱའི་དོན་མཛད་ཅིང་། ལྷག་པར་འཇུ་ལག་སྟོད་སྨད་དང་བྱང་ཇག་རོང་སྟོད་སྨད་ཀྱི་སྐྱེ་བོ་མ་རུངས་པའི་ལམ་དུ་ཞུགས་པ་མཐའ་དག་གདུལ་བྱར་གཟིགས་ནས་ཕེབས་ཏེ་འགྲོ་ཀུན་ལོག་པའི་ལམ་ལས་ཕྱིར་བཟློག་སྟེ་དགེ་བ་བཅུའི་ལས་ལམ་ལ་གནས་པར་མཛད། ཕྱོགས་དེར་སྐྱེ་བོ་རྣམས་ཀྱིས་རྣམ་དཀར་བསོད་ནམས་བསོག་པའི་ཞིང་ས་དགོན་སྡེ་ཞིག་འདེབས་པ་བསྐུལ་མ་ཞུས་པར་ཕན་སླེབས་ཆེ་བར་དགོངས་ནས་ཞལ་གྱིས་བཞེས་པར་བྱས་པས་ཇག་རོང་ཕྱོགས་སུ་འདེབས་དགོས། འཇུ་ལག་པས་འཇུ་ལག་ཕྱོགས་སུ་འདེབས་དགོས་ཞེས་མ་འཆམས་པ་ལ། དམ་པ་ཉིད་ནས་དགོན་ས་གང་བཟང་ཕོ་ཐོས་བརྟག་དཔྱད་བྱས་གནས་བཟང་བ་ཞིག་ལ་དགོན་པ་འདེབས་དགོས་སོད། ཁྱེད་ཚོས་འདོད་པས་འདེབས་ན་ངེད་ཀྱིས་འདེབས་ཅི་དགོས་གསུངས་པར་ཆེ་བསྒྲིས་རྣམས་ཀྱིས་ཞབས་དྲུང་རིན་པོ་ཆེའི་གསུང་མད་ད་(དེ) ཕོང་གིས་ཐུགས་ལ་འབབ་པའི་གནས་གང་ལ་དགོན་པ་བཏབ་ཀྱང་རྩོད་འཐེན་མི་བྱེད་ཅེས་ཐག་བཅད་ནས་དེ་བཞིན་ཞུས་པར་རྗེ་བླ་མ་ཉིད་ཐུགས་དགྱེས་ནས་བརྟག་དཔྱད་མཛད་པས་འཇུ་ལག་གི་འགྲམ་དུ་ས་གནས་ཁྱད་པར་ཅན་གཟིགས་པར་རྗེའི་དགོངས་བཞེད་ལྟར་འགོ་དཔོན་སྡེ་ཕོ་རྒྱལ་མཚན་བཟང་པོ། བསོད་ནམས་འཕྲིན་ལས། དཔལ་ལྡན། ཆོས་སྐྱབས་འཕན། བཀྲ་ཤིས། སྙིང་པོ་ཡག ཀླུ་བ། འོད་ཟེར་རྣམས་ཀྱིས་རྗེས་བཙན་དུ་ཡི་གེ་སྐལ་བ་མི་ཕག་གི་ཟླ་བ་བདུན་པའི་ཚེས་གསུམ་ལ་བྲིས་ནས་ལག་རྟགས་དང་བཅས་ཏེ་ཕུལ། དེ་བཞིན་རྗེ་བླ་མ་ཉིད་ནས་ཡོངས་གྲགས་མཆོད་རྟེན་ཐང་དུ་གྲགས་པའི་དགོན་སྡེ་གསར་དུ་ཕྱག་བཏབ་སྟེ་འགྲིགས་ལམ་འདུལ་ཁྲིམས་བཅའ་ཡིག

སོགས་རྣམ་པར་དག་པས་གཞི་བཟུང་བའི་འཆད་ཉན་བཤད་སྒྲུབ་ཀྱི་གཞི་བཙུགས། སྤྱི་ཁྱབ་འཁྱུར་ལེན་པར་ཉི་མ་རྒྱ་མཚོ་བསྐོས་(བསྐོས) བཞག་གནང་། སྦྱིན་བདག་རྣམས་ཀྱིས་ཞིང་པ་དུད་ཚང་འགའ་བསྐོས་མིའི་ལག་གཡོག་པར་འབུལ་སྐྱོར་ཞུས། ཆུ་ཕ་རིར་དུག་རྩ་ཡོད་པའི་ཐང་ལ་དུག་ཐང་དུ་གྲགས་པར་རྗེ་འདི་ཉིད་ཀྱིས་སྨན་ཐང་དུ་མིང་བསྒྱུར་བས་དུག་རྩ་སྨན་རྩར་གྱུར། ཆུ་མགོ་ཞིག་ཡོད་པའང་སྨན་ཆུར་གྱུར་བར་གྲགས་དེ་ལྟ་ན་ནང་དུ་རང་སྣང་དབང་དུ་འདུས་པས་ཕྱི་རོལ་དུ་འབྱུང་བ་སོགས། ཇི་ལྟར་འདོད་འདོད་དུ་བསྒྱུར་བའི་ནུས་མཐུའི་ཁྱད་པར་དེ་ལྟ་བུ་མངའ་བའོ། །རྒྱལ་དབང་ལྔ་པ་ཆེན་པོར་དགོན་མིང་ཞུས་པར་བཀྲ་ཤིས་དར་རྒྱས་གླིང་ཞེས་སྩལ་བར་མཛད་ཅིང་། ལྷག་པར་མཆོད་རྟེན་ཐང་གི་དགོན་གནས་ས་ཞིང་དབང་རིགས་དང་བཅས་པར་ལྷ་སྡེ་མི་སྡེ་ཚང་མས་ཕན་གྲོགས་གང་ཆེ་ལས་གནོད་འགལ་ལོག་དགྲ་བོའི་རིགས་གཏན་ནས་བྱས་མི་ཆོག་ཚུལ་སོགས། མཆོད་ཡོན་ཐམས་ཅད་ནས་བཀའ་ཐམ་བཙན་དམིགས་ཆེ་བར་སྩལ་བ་སོགས་ལུགས་གཉིས་ཀྱི་འཕྲིན་ལས་ནམ་མཁའ་དང་མཉམ་པར་གྱུར། དེ་ནས་མི་རིང་བར་ཁམས་གསུམ་ཟིལ་གནོན་ཀུན་གཟིགས་ལྔ་པ་ཆེན་པོ་ཤར་ཕྱོགས་གསེར་གྱི་རྒྱལ་ཁབ་ཆེན་པོར་ཆིབས་ཀྱི་ཁ་ལོ་བསྒྱུར་བཞིན་ཀྱིས་བྱང་ཕྱོགས་ཀྱི་རྒྱུད་དུ་ཕེབས་སྐབས་གསན་པར་རིངས་པའི་ཚུལ་གྱིས་མཇལ་བར་ཕྱིན་པས་དཀར་ཐང་མར་ཁྲུ་མཚོ་མོ་ཞེས་པར་མཇལ་ཞིང་། འབུལ་ནོད་ཀྱི་ནོམ་པའི་མཆོད་སྤྲིན་རྒྱ་ཆེན་པོ་དང་བཅས་ཏེ་ཆོས་བཀའ་ཡང་འགའ་ཞིག་གསན་པར་མཛད། དེ་སྐབས་གོང་ས་མཆོག་དང་ལྷན་དུ་རྒྱལ་ཁབ་ཆེན་པོར་ཕེབས་རྗེས་ཞིག་མཛད་ཀྱང་ཅུང་སྐབས་སུ་མ་འགྲིག་པས་རེ་ཞིག་དང་ཐེན་གྱིས་སྣར་ཡང་སྲུག་ཆུར་ཕེབས་ནས་གདུལ་བྱ་མཆོག་དམན་རྣམས་ཀྱི་རེ་འདོད་བསྐོང་བར་མཛད། དེ་ནས་མཚོ་ཁར་ཕེབས་བསྐྱོད་ཐོག་ཤིང་སྤྲུལ་ལོར་པོ་བྲང་ཆེན་པོར་ཕེབས་རྒྱུའི་སྐོར་རྣམས་འཛམ་དབྱངས་གོང་མའི་གསེར་སྙན་དུ་སྙོན་པར་གང་གི་གསང་གསུམ་གྱི་ཡོན་ཏན་ཟད་དུ་བྱུང་བས་ཐུགས་འཁྲུག་པས་ཅི་ནས་ཀྱང་ཕེབས་དགོས་ཀྱི་བཀའ་

བྱུང་པ་བཞིན་རྒྱ་ནག་ཏུ་ཆིབས་ཀྱི་ཁ་ལོ་བསྒྱུར། ཕེབས་ལམ་དུ་ཨུར་དུ་སུ་གུ་རུ་ཕང་གིས་གདན་དྲངས་དེར་ཟླ་བ་གསུམ་ཙམ་བཞུགས་ནས་སྐར་གྱི་གཞི་མ་དེ་ཁར་བཞག་སྟོན་འཁོར་རགས་བསྡུས་ཀྱིས་ཕོ་བྲང་ཆེན་པོར་ཕྱིན། འཇམ་དབྱངས་གོང་མ་ཤུན་ཏྲི་བོད་སྐད་དུ་བདེ་སྐྱིད་རྒྱལ་པོ་ཁྲི་བཞུགས་ལོ་བརྒྱད་དུ་ཕེབས་པ་དང་མཇལ་འཕྲད་མཛད་སྐབས། ༧མིའི་རྗེ་བོ་གསེར་མདངལ་ཅན་དགྱེས་པ་ཚད་མེད་པས་བདག་རྐྱེན་བླ་ན་མཐོ་བ་སྩལ་ཞིང་། རྗེ་བླ་མ་ཉིད་ཀྱང་སྤོབས་པའི་གཟེངས་བསྟོད་དེ་ཤར་ཕྱོགས་ཀྱི་བསྟན་འགྲོའི་དོན་དུ་ལོ་གཅིག་ཙམ་གྱིས་བར་བཞུགས་འཇགས་མཛད། སླར་འབྱོན་ཁར་གོང་མ་ཆེན་པོ་ནས་རྗེ་བླ་མ་ཉིད་ལ་ཆན་ཞི་མཉྫུ་ཤྲཱི་ཞེས་པའི་ཚོ་ལོ་དང་། གསེར་གྱི་ཐམ་ག་ཁ་ཡིག་ལ་མཉྫུའི་ཡི་གེ་དང་སོག་ཡིག་ཡོད་པ། གཞན་ཡང་དཀོན་པའི་དངོས་པོའི་གནང་སྐྱེས་སོགས་དང་། བཀས་གཟེངས་བསྟོད་བླ་ན་མེད་པ་སྩལ། ཕྱིར་ཕེབས་ལམ་ཞོར་གནས་ཆེན་རི་བོ་རྩེ་ལྔར་ཕེབས་ནས་གནས་གཟིགས་དང་རྟེན་མཇལ་ཞིབ་རྒྱས་ཐུགས་སྨོན་མཆོད་སྦྱིན་སོགས་རྒྱ་ཆེར་གནང་། ལམ་བར་གྱི་སྐྱེ་འགྲོ་འབྲེལ་ཚད་ཀུན་དོན་ལྷུན་དུ་མཛད་བཞིན་པར་ཙུར་དུ་སུར་ཕེབས། ཕྱོགས་དེའི་ཡིད་ཅན་སྤྱི་དང་ཁྱད་པར་ཕང་འཁོར་འབངས་ཐར་པ་ཆེན་པོའི་ལམ་དུ་བཙུད། དེ་ནས་སླར་བཏེགས་ཏེ་སེམས་ཉི་དགོན་དང་། མཆོད་རྟེན་ཐང་རྣམས་སུ་རིམ་གྱིས་ཕེབས་ནས་སེར་སྐྱ་མཆོག་དམན་ཐམས་ཅད་ཆོས་དང་ཟང་ཟིང་གི་སྐྱེས་ཀྱིས་ཚིམ་པར་མཛད། ལྷ་སྡེ་མི་སྡེ་ཀུན་གྱིས་ཟང་ཟིང་གི་འབུལ་བས་མཚོན་པའི་སྤྱི་ཞུ་དང་ཕུ་དུད་བླ་ན་མེད་པ་ཞུས། སྐྱེས་པོ་མོ་ཐམས་ཅད་ཀྱིས་རྒྱུན་འདོན་བྱེད་རྒྱུའི་གསོལ་འདེབས་ཞིག་ཞུས་པར། ཕུན་ཚོགས་ཡོན་ཏན་རྒྱ་མཚོའི་གཏེར་གྱུར་པའི། །རྒྱལ་བ་རྒྱ་མཚོའི་མཁྱེན་བརྩེ་གཅིག་བསྡུས་ནས། །གདུལ་བྱ་རྒྱ་མཚོའི་འདྲེན་པ་བླ་ན་མེད། །མདོ་རྒྱུད་རྒྱ་མཚོའི་ཞབས་ལ་གསོལ་བ་འདེབས། །ཞེས་པ་གནང་བ་ཐམས་ཅད་ནས་དད་པའི་ཡིད་ཀྱིས་ཉིན་མཚན་མེད་པར་འདོན་པ་བྱུང་། དེའི་མཐུས་མི་ནད་ཕྱུགས་ནད་ཐམས་ཅད་ཞི་ནས་བདེ་སྐྱིད་ཕུན་ཚོགས་ལ་

སྤྱོད་པ་ཅི་བསམ་འགྲུབ་པ་སོགས་བྱིན་རླབས་ཀྱི་ཚན་ཁ་ཆེ་བར་གྲགས་དེ་ནི་བླ་མ་སངས་རྒྱས་སུ་མཐོང་བའི་དད་པས་གསོལ་བ་འདེབས་པ་ལ་འདི་ཕྱིའི་ལེགས་ཚོགས་གང་འདོད་འབྱུང་བ་ཆོས་ཉིད་ཡིན་ལ། གཞན་དུ་ཇོ་བོ་རྗེས། ཡོན་ཏན་ཆེ་སྐྱེས་ཆུང་སྐྱེས་ཐམས་ཅད་བླ་མ་ལ་བརྟེན་ནས་འབྱུང་བ་ལ་ཁྱེད་བོད་འདི་བླ་མ་ལ་དད་པ་མེད་པ་ལ། ཞེས་གསུངས། དཀྱུས་ལ་འཇུག་པར་དེ་ནས་མཚོ་ཁར་ཕེབས་བསྟུན་དབང་ཕྱོགས་ཀྱི་རྒྱུད་ནས་བྱུང་བའི་ཟང་ཟིང་གི་ཕྱག་རྟས་ཕལ་མོ་ཆེ་དབུས་གཙང་གི་སྦྱོངས་སུ་ཡུལ་ཁྱད་པར་ཅན་རྣམས་ལ་རྣམ་དཀར་རིམ་གྲོའི་རྒྱུར་ཆེད་དམིགས་ཀྱིས་རྫོང་བར་མཛད། དེ་ནས་སྟོང་འཁོར་པ་ཡུལ་དུ་ཕེབས་ལོ་ངོ་གསུམ་ཙམ་བཞུགས་འཛགས་བརྒྱངས་སྐབས། སྒོ་ཞེས་པའི་ས་ཆར་དགོན་སྡེ་གསར་བསྐྲུན་གྱི་ཐུགས་དགོངས་གཏད་ནས་དེར་བྱོན་ཏེ་གཟའ་སྐར་འཕྲོད་སྦྱོར་བཟང་པོ་ལ་ས་འདུལ་མཛད་ནས་དགོན་པའི་རྨང་གཏིང་། རིམ་གྱིས་འདུ་ཁང་དང་། གྲྭ་ཤག གཟིམས་ཁང་སོགས་ཀྱི་ལྷགས་བཀོད་རྗེ་ཉིད་ནས་མཛད་ཅིང་། དོ་དམ་པར་དགེ་སློང་བློ་བཟང་རྒྱ་མཚོ་ཞེས་པ་བསྐོས་ནས་གསར་བསྐྲུན་མཛད་པ་རིང་པོར་མ་ལོན་པར་བདེ་བླག་དུ་འགྲོངས་པར་གྱུར་ཅིང་། རབ་གནས་ཀྱི་རིམ་པ་སོགས་ཀྱང་རྒྱ་ཆེར་གནང་སྟེ་དུ་བསྐྲུངས་ཐོག་དགོན་པའི་མིང་དུ་བཀྲ་ཤིས་དར་རྒྱས་གླིང་ཞེས་སུ་གསོལ། སླར་ཡང་གདན་འདྲེན་པ་བྱུང་བ་བཞིན་བྱང་དུ་མཚོ་ཁ་དང་། དཔའ་རས་མཆོད་རྟེན་ཐང་། ཧག་རོང་། སེམས་ཉི་དགོན། དེའི་ཐུང་སོགས་སུ་རིམ་གྱིས་ཕེབས་ནས་གདུལ་བྱ་དཔག་ཏུ་མེད་པའི་དོན་མཛད་ནས་སླར་ཡང་སྟོང་འཁོར་དུ་ཕེབས་ནས་ལོ་འགའ་ཕྱོགས་དེའི་བསྟན་འགྲོའི་དཔལ་མགོན་དུ་བཞུགས་ཤིང་། དེའི་རིང་དུ་རྒྱལ་བའི་བཀའ་འགྱུར་རོ་ཅོག་དང་། བསྟན་འགྱུར་ཚང་མ་བཅས་ཀྱི་གློགས་བམ་གསར་དུ་བཞེངས་པར་མཛད། དེ་ནས་བར་སྐབས་ཞིག་ན་འ་ཕུར་ཁྲི་ཐེའི་ཇིས་གདན་འདྲེན་པ་བྱུང་བ་བཞིན་ཕེབས་ཏེ་ཕྱོགས་དེར་དམ་པའི་ཆོས་ཀྱི་དགའ་སྟོན་འཁོར་ཡུག་ཏུ་འགྱེད་པར་མཛད་ཅིང་། སྐྱེ་བོ་ཐམས་ཅད་ཀྱིས་ཀྱང་ཐུ་དུད་བླ་ན་མེད་པ

དག་བཅས་ཏེ་འདི་ཕྱི་བར་དོན་གསུམ་གྱི་རེ་མགོན་བསླུ་མེད་དུ་གསོལ་བ་བཏབ་པ་སོགས་ཀྱི་རེ་བ་དོན་ལྡན་དུ་མཛད། དེ་ནས་དམུར་(དམུ)དགེ་ནས་དཀའ་བཅུ་ཤཱཀྱ་རྒྱ་མཚོ་སོགས་ཀྱིས་ཕེབས་དགོས་ཀྱི་གདན་ཞུ་བ་འབྱོར་ཀྱང་། སྔོན་ལ་མཚོ་ཁར་ཕེབས་དགོས་ཡོད་པ་བཞིན་སྐར་དེ་ཕྱོགས་སུ་སླེབས་ཡོང་ཚུལ་གྱི་ཞལ་བཞེས་གནང་གདན་འདྲེན་པ་རེ་ཞིག་ཕྱིར་ལོག དེ་ནས་མཚོ་སྔོན་ཁར་ཕྱིན་ཏེ་སོག་པོའི་རྒྱལ་རིགས་རྣམས་ཀྱིས་གཙོ་བྱས་པའི་མཆོག་དམན་བར་བ་བགྲང་ལས་འདས་པ་ཞིག་གི་རྒྱུད་ལ་ཕར་བའི་ས་བོན་རྒྱ་ཆེར་བསྐྲུན་པར་མཛད་པའི་ངང་དུ་རེ་ཞིག་བཞུགས་སྐབས་སྐར་ཡང་དམུ་དགེ་ནས་རབ་འབྱམས་པ་བློ་བཟང་དོན་ཡོད་ཟེར་བ་སོགས་གདན་འདྲེན་ལ་འབྱོར་ཞིང་། དེ་མཚུངས་དཔའ་རིས་ཀྱང་གདན་འདྲེན་པ་བྱུང་བ་བཞིན་ཆིབས་བཏེགས་ཏེ་ཐོག་མར་དཔའ་རིས་སུ་ཕེབས། སྨན་ཆུ་དང་། བདེ་མཆོག་གི་བླ་མཚོ་སོགས་ངོས་འཛིན་དང་། དེའི་གནས་སྒོ་ཡང་གསར་དུ་ཕྱེ་བར་མཛད། གནས་དེར་རྫོའི་ངོས་ལ་ཕྱག་གཉིས་བརྩུགས་པས་རྗེས་གསལ་པོ་བྱུང་བས་སྐྱེ་བོ་ཐམས་ཅད་སྤར་ལས་དད་ཀྱང་ལྷག་པའི་མོས་གུས་བཅོས་མིན་གྱིས་ཡིད་གཡོས་ཏེ་ལུས་སྲོག་ལོངས་སྤྱོད་ཐམས་ཅད་ཕྱོས་མེད་དུ་ཕུལ་བ་རྣམས་ལ་བསྔོ་སྨོན་དག་པས་མཚམས་སྦྱོར་དང་བཅས་ཏེ་རྗེས་སུ་འཛིན་པར་མཛད། དེ་ནས་དམུར་(དམུ)དགེར་འཕེབ་བཞེད་ཀྱི་ཆིབས་བསྒྱུར་ཏེ་ལམ་བར་གྱི་སྡེ་དགོན་ཕལ་མོ་ཆེར་ཞབས་ཀྱིས་བཅགས་ཤིང་། ལྷག་པར་དུ་རོང་པོའི་དགོན་དུ་ཕེབས། དཔོན་དཀའ་བཅུ་གྲུབ་དབང་རིན་པོ་ཆེ་སྐལ་ལྡན་རྒྱ་མཚོ་ཞིང་བརྗེས་པའི་ཐུགས་དམ་གསོལ་འདེབས་སོགས་གནད་སྨིན་དུ་བསྐྱངས་ཤིང་སྤྲུལ་སྐུའང་སྐར་ཁོ་རང་གི་གདུང་རྒྱུན་དུ་འཁྲིན་པའི་ལུང་བསྟན་མཛད། རོང་པོའི་ཕྱོགས་ཀྱི་སྐྱ་སེར་ཐམས་ཅད་ལ་མོས་བློ་དང་འཚམས་པའི་དབང་ལུང་རྗེས་གནང་སོགས་འདོད་ཆོས་ཀྱིས་ཚིམ་པར་བྱས། སྐྱེ་བོ་དེ་དག་གིས་ཀྱང་དངོས་འབུལ་གྱིས་མཚོན་མཉེས་པ་གསུམ་གྱིས་ཞབས་ཏོག་རྒྱ་ཆེར་སྒྲུབ། དེ་ནས་གཉའ་གོང་བྲག་དཀར་བརྒྱུད་ནས་ཕེབས་པའི་ལམ་དུ་ཇ་བ་སྟོད་སྨད།

མཛོ་དགེ། ཕ་ཤུར་སོགས་ཀྱི་སྐྱེ་བོའི་རེ་འདོད་བསྐོང་བཞིན་པར་དམུར་（དམུ）དགེར་དགོན་དུ་ཞབས་སོར་བཀོད་དེ། གདུལ་བྱ་རྣམས་སྨིན་གྲོལ་ལ་འགོད་ཅིང་། དགོན་དེར་བྱམས་ཁང་། མགོན་ཁང་། འདུ་ཁང་། གཟིམས་ཆུང་བཅས་གསར་བསྐྲུན་མཛད། དེ་ཡང་བྱམས་ཁང་། མགོན་ཁང་། བཀའ་འགྱུར་ཁང་རྣམས་ཅོ་ནིའི་（ཅོ་ནའི）ལུགས་སྲོལ་དང་། འདུ་ཁང་དང་གཟིམས་ཆུང་རྣམས་བོད་ཀྱི་ལུགས་སྲོལ་དང་མཐུན་པར་འདེབས་པར་མཛད། བདེ་བར་གཤེགས་པའི་སྣང་བརྙན་ཆེ་ཆུང་གི་རིགས་ཀྱང་མཐའ་ཡས་པ་གསར་བཞེངས་བསྐྲུངས་ཤིང་། ལྷ་བཟོ་བ་ཤིང་བཟོ། རྡོ་བཟོ་བ་སོགས་ལས་བྱེད་རྗེས་འབྲང་དང་བཅས་པ་ཀུན་ལ་གནང་སྦྱིན་བྱ་དགའ་ཀྱི་ནོམ་པར་སྩལ་བས་དགའ་བ་དང་མགུ་བ་རྒྱ་ཆེན་པོ་ཐོབ་པར་གྱུར། རྟེན་དང་བརྟེན་པར་བཅས་པ་ལ་རབ་ཏུ་གནས་པ་རྒྱས་པས་བྱིན་རླབས་ཀྱི་གཞི་འོད་འབར་བ་དང་། བཀྲ་ཤིས་དགའ་སྟོན་གྱི་རིམ་པ་སོགས་ཀྱང་འབྱམས་ཀླས་སུ་བཀའ་དྲིན་ཆེ་བར་སྩལ། སྐབས་ཤིག་ཙུང་ཐང་སྐུ་སྣུན་པའི་ཚུལ་བསྟན་ནས་རིམ་གྲོར་བསྒྲད་དེ་རྒྱལ་བའི་བཀའ་འགྱུར་ཚད་ཀྱི་པུསྟི་ཀ་གྲངས་ཚང་ཚར་གཉིས་གསར་བཞེངས་དང་། མ་ཎི་དུང་ཕྱུར་གསུམ་དུས་གཅིག་ཏུ་སྒྲུབ་པར་མཛད་པ་སོགས་བསྟན་འགྲོ་སྤྱི་སྒེར་ལ་སྨན་པའི་རྣམ་དཀར་དགེ་བ་རླབས་ཆེན་དཔག་པར་དཀའ་བ་མཛད། དེ་ནས་དད་སྟོབས་ཀྱིས་མངོན་པར་འཕགས་པའི་མི་རྗེ་ཚ་ཁ་རྒྱལ་པོས་གདན་དྲངས་པར་ཕེབས་ནས་རྒྱལ་བློན་འབངས་བཅས་ཐར་བ་དང་། ཐམས་ཅད་མཁྱེན་པ་མྱུར་དུ་ཐོབ་པ་གྱུར་གྱི་ལམ་ལ་ཡང་དག་པར་སྦྱོར་བར་མཛད། དེ་སྐབས་འཇམ་མགོན་ཙོང་ཁ་པ་ཆེན་པོའི་དངོས་སློབ་ཚ་ཁོ་དཔོན་པོ་ངག་དབང་གྲགས་པས་བཏབ་པའི་དྭ་ཚང་དགོན་ཞེས་པ་རི་བོ་དགེ་ལྡན་པའི་རིང་ལུགས་འཛིན་པའི་སྡེ་དགོན་ཆེན་པོ་ཞིག་ཡོད་པ་དེ་ནས་གདན་འདྲེན་བྱུང་ཀྱང་སྐབས་ཐོབ་ཕེབས་བསྐྱོད་སྟབས་སུ་མ་ཁེལ་བས་ངང་ཐེན་མཛད་དེ་སླར་ཡང་མུར་（དམུ）དགེ་དགོན་དུ་ཕེབས་ནས་བསྟན་འགྱུར་ཞིག་ཀྱང་གསར་བཞེངས་མཛད། དེ་

སྐབས་ཀིརྟི་དགོན་དང་དྷ་ཚང་དགོན་པ་སོགས་ནས་གྲྭ་རིགས་ཐར་བ་དོན་གཉེར་བ་མང་པོ་ཞིག་ཆོས་ཞུ་བར་འགྲོར་བ་བཞིན་སོ་སོའི་རེ་འདོད་ཡིད་བཞིན་དུ་སྐོང་བར་མཛད། འདི་སྐབས་རྒྱ་ནག་དང་ཇུ་ཆེང་གཉིས་འཁྲུག་པའི་སྐབས་ཡིན་འདུག་ཀྱང་། ཕོ་བྲང་ཆེན་པོ་ཟི་ཁྲིན་ནས་ཕར་ཧང་ཧྲུན་གྱི་མི་སྣ་ཆེད་མངགས་ཀྱི་གདོང་དངུལ་སྲུང་སྐྱོང་དང་། དངོས་སྤྱོད་རྒྱ་ཆེན་པོ་ཕུལ་ནས་ཟི་ཁྲིན་དུ་ཕེབས་དགོས་ཀྱི་སྙན་ཞུ་ཕུལ་བར། ཇེ་ཉིད་ནས་ཀྱང་སྐྱེས་ལན་འབུལ་བར་དགེ་སློང་སེང་གེ་རྒྱ་མཚོ་སོགས་ཆེད་དམིགས་ཀྱིས་རྫོང་བར་མཛད། མདོར་ན་དམུར་(དམུ)དགེར་ལོ་དྲུག་ཙམ་གྱི་བར་དུ་བཞུགས་ནས་བསྟན་པ་དང་སེམས་ཅན་གྱི་དོན་རྒྱ་ཆེན་མཐའ་ཡས་པར་མཛད། དེའི་རིང་ལ་གོཾ་ཤྲི་བསྟན་འཛིན་ཆོས་ཀྱི་རྒྱལ་པོས་སྔོན་ལྷ་ལྡན་ནས་བཀའ་ཤོག་བསྩལ་དོན་བཞིན་དཔོན་པོ་རབ་འབྱམས་པ་སྦྱིན་པ་རྒྱ་མཚོ་ཞེས་པས་མདོ་མཁར་གྱི་དགོན་གསར་དུ་མཚོ་ཁའི་སྐར་གྱི་གཞི་མ་རྣམས་གསར་སྤོས་མཛད་རྒྱུ་སོགས་ལེགས་པར་གྲུབ་ནས་ཇེ་ཉིད་གདན་འདྲེན་གྱི་མི་སྣ་འགྲོར་བ་བཞིན་ཁྲི་ལོའི་ནང་དུ་མཚོ་སྔོན་ཁར་ཕེབས་བསྐྱོད་ཐོག་རེ་ཞིག་བཞུགས་འཛགས་བསྐྱངས། བསྟན་འཛིན་གོཾ་ཤྲི་ཧན་ནས་མདོ་མཁར་ཇོ་གྲ་ཙོ། ཁྲུ་ཁྲུ་ཁྲུ་ཐུལ། ཇོ་སྟག་གཡག ཤར་ཁྲུ་ཐུལ། ཇོ་ཉི་ཟླ། ཐར་ཕྱིན་ཁྲུ་ཐུལ། ལ་གསར་གྲ་ཙོ་ཡན་ཆད་ཀྱི་ས་ཆ་དབང་རིགས་དང་བཅས་པ་བཀའ་ཐམ་བཙན་པོ་དང་བཅས་པ་འབུལ་བར་གནང་བ་བཞིན་སླར་སྐྱོང་འཁོར་བསོད་ནམས་རྒྱ་མཚོའི་སྐབས་སུ། ཤར་བུ་སུ་ཐེ་ཨན་བན་ནས་ཀྱང་དེ་བཞིན་ཡི་གེ་རྟགས་ཅན་གནང་སྟེ་ཟི་ལིང་སྐྱོང་འཁོར་དུ་གྲགས་པར་གྱུར། ཡང་དེ་སྐབས་ལང་ཇུ་ནས་ལྷུ་ཐུ་སེས་ཙི་ཀྱང་ཕེབས་དགོས་ཀྱི་གདན་འདྲེན་ཕྱུང་བར་ཚེབས་བརྟེགས་ནས་ལམ་བར་དུ་ཕ་བཞི་དགོན་དང་། ཀུ་རུ་དང་། མདོ་པ་སོགས་ཀྱིས་སྤྱན་དྲངས་ཏེ་སྲི་ཞུ་བཀུར་བསྟི་རྒྱ་ཆེན་པོ་ཞུས། ཟི་ལིང་མཁར་དུ་མི་དཔོན་གྱིས་བཀུར་གཟོས་ཆེན་པོའི་གདུགས་ཚོད་དང་། དངོས་འབུལ་གྱི་ནོམ་པ་བསྟར། དེ་ནས་རིམ་གྱིས་གྲོང་ལང་མཁར་དུ་ཕེབས། གྲོང་ལང་ཕྱིན་ཙོས་བཀུར་གཟོས་

ཞུས། དེ་སྐབས་ལྷུ་ཀྱུ་ཏྲ་ལོ་ཡེས་དཔག་གི་དཔུང་ཚོགས་ཆེན་པོ་དང་བཅས་ཏེ་བསུ་བར་འཁྱོར། དེ་ནས་རིམ་པར་ལང་ཇུར་ཕེབས་ཏེ་ལྷུ་བྲུ་སེའི་ཏེ་ཕྲི་ཆེན་པོས་གཙོ་མཛད་པའི་ཕྱོགས་དེའི་སྐྱེ་བོ་སེར་སྐྱ་མཆོག་དམན་ཐམས་ཅད་ཀྱི་འདྲེན་པ་མངའ་གསོལ་ཞིང་། རྗེ་བླ་མ་དམ་པ་ཉིད་ནི་ཀུང་ཟབ་པ་དང་རྒྱ་ཆེ་བའི་ཆོས་ཀྱི་བདུད་རྩིས་རྒྱུད་སྨིན་པ་དང་གྲོལ་བའི་དཔལ་ལ་འགྲོ་ཀུན་རེག་པར་མཛད། ཐར་ཆུ་མེད་པའི་ལུང་བསྐམ་པོ་ཞིག་གི་ནང་དུ་སྨན་ཆུ་བཏོན་པ་སོགས་གྲུབ་རྟགས་ངོ་མཚར་ཅན་འཕྲིན་བུ་ཀུན་ལ་མངོན་སུམ་དུ་སྟོན་པ་དང་། ལྷུ་བྲུ་སེ་ལ་རིགས་སྲས་མེད་པར་སྔོན་ཆད་རྒྱ་བོད་ཀྱི་ཤེས་རིགས་པ་ཆེན་པོ་མང་པོས་བཅོས་ཐབས་སྣ་ཚོགས་བྱས་ཀུང་མ་བྱུང་བས་སྔོན་ལས་ཀྱིས་སྲས་མེད་པར་བསྙད་པ། རྗེ་འདི་པར་ཞུས་པས་བོད་པར་གསུངས་ཏེ་ཐུགས་མར་དང་ཐུགས་ཆུ་གནང་ནས་རིང་མིན་དུ་སྲས་འབྱུང་བར་ལུང་བསྟན་པ་བཞིན་ལོ་མ་འཁོར་ཙམ་ལ་རིགས་སྲས་ཞིག་འཁྲུངས་པས་ཐུ་ན་མེད་པའི་ཡིད་ཆེས་ཀྱི་དད་གུས་དབང་མེད་དུ་སྐྱེས་ནས་དངུལ་རྫ་ཚད་སྟོང་ཕྲག་གཅིག་གིས་གཙོ་བོའི་དངོས་འབྱོར་གྱི་མཆོད་སྤྲིན་རྒྱ་ཆེན་པོ་དང་བཅས་ཏེ་ཐུགས་ཀྱི་དགྱེས་དགུར་ཡོངས་སུ་སྒྲུབ། ཐེ་ཀུང་དགོན་ཆེན་སོགས་སྡེ་དགོན་མང་པོར་གཙུག་ལག་གསར་བཞེངས་དང་། རྙིང་པ་གསོ་བ་མཆོད་འབུལ་དང་མཆོད་ཐེབས་སྤྱོར་གནང་སོགས་ཚད་མེད་པ་མཛད། དེ་ནས་ཕྱིར་ཕེབས་ནས་མདོ་མཁར་དགོན་དུ་ལྷ་ཁང་གསར་བཞེངས་ཀྱི་དགོངས་པ་གཏད་དེ་བཟོ་བའི་རིགས་རྣམས་བསྡུ་བར་མཛད་ཅིང་། བཀའ་ལས་ད་ལན་གྱི་རྟེན་བཞེངས་པའི་ཕྱིར་དུ་ཚོགས་སུ་ཚུད་པ་བྱེད་དགོས་པ་ཡོད་པས་མ་འགྱངས་པར་གྱིས་ཤིག་ཅེས་ཕེབས་དོན་བཞིན་ཕྱིར་དུ་བཟོ་གྲྭ་བཙུགས་ཏེ་ཐམས་ཅད་ནས་འབུངས་གསུམ་བཏོན་ཏེ་བཞེངས་པས་རིང་པོར་མ་ལོན་པར་འགྲུབ་པར་མངོན་དུ་ཕྱོགས་པར་གྱུར་ཅིང་། འཆད་ཉན་གཞི་བཙུགས་པ་དང་། དགོན་ཕན་ཚུན་དུ་བཤད་སྒྲུབ་འཁོར་ལོ་གསུམ་གྱི་སྒོ་ནས་རྒྱལ་བསྟན་འཛིན་སྐྱོང་སྤེལ་བར་བྱེད་དགོས་པའི་བཀའ་སློབ་སོགས་གནང་། དེ་ལ་སོགས་པ་

རང་གཞན་ཀུན་ལ་གནས་སྐབས་དང་མཐར་ཐུག་གི་ལེགས་པ་རླབས་པོ་ཆེའི་རྒྱུ་ཚོགས་སུ་སྨིན་པའི་འགྲོ་དོན་འཕྲིན་ལས་ནམ་མཁའ་དང་མཉམ་པར་མཛད། དེ་ནས་འདི་ལྟར་དགོངས་ཏེ་ད་ལྟས་འགྲོ་དོན་མཛད་ཀྱང་འཕྲིན་ལས་ནམ་མཁའི་ཁམས་ལས་ཐལ་བར་འགྱུར་བས་རེ་ཞིག་གཟུགས་སྐུའི་བཀོད་པ་བསྡུ་བར་བྱའོ་དགོངས་ནས། གོང་གསལ་རྟེན་བཞེངས་རྣམས་འགྲུབ་ཏུ་ཉེ་བར་གྱུར་བ་ན་སྐུ་ཁམས་ཙུང་ཟད་ཉོག་པའི་ཚུལ་བསྟན་པར་ཞབས་བརྟན་ཕུལ་ཏེ་རིམ་གྲོར་ཇི་ལྟར་བྱེད་དགོས་ཚུལ་ཞུས་པར། བཀའི་ལེབས་སྒོར། ངའི་བླ་མ་པཎ་ཆེན་གྱིས་འདི་སྐད་གསུངས་ཡོད། ཚེ་རིང་དུ་གནས་ན་རྣམ་དཀར་གྱི། །ལས་བཟང་པོ་སྒྲུབ་པོ་ཤི་ཡང་སླ། །ལས་བཟང་པོའི་བག་ཆགས་དང་ནས་འཆི། །གསུངས་པ་བཞིན་ངེད་ཀྱང་དང་པོའི་རིམ་པ་ཚང་། །ད་གཉིས་པའི་སྐབས་སུ་བབ་པས་ད་རེས་རིམ་འགྲོའི་ཕན་པ་མེད་ཚུལ་སོགས་བཀའ་སྩལ་ཞིང་། དེ་ནས་ལྷ་ཁང་རྟེན་དང་བརྟེན་པར་བཅས་པ་རྣམས་ལེགས་པར་གྲུབ་ནས་རབ་ཏུ་གནས་པའི་རིམ་པ་སོགས་ཀྱང་རྗེ་རང་ཉིད་ནས་རྒྱ་ཆེར་གནང་སྨིན་དུ་མཛད། དེའི་ཕྱི་ཉིན་ནས་ཆེ་ཆེར་སྙུང་བའི་ཚུལ་བཞེས་ཏེ། ཆུ་ཕག་ཧོར་ཟླ་གཉིས་པའི་ཚེས་བརྒྱད་ཀྱི་ནང་པར་དཔོན་པོ་རབ་འབྱམས་པ་སྦྱིན་པ་རྒྱ་མཚོ་སྐུ་དྲུང་དུ་ཕེབས་ནས་འཕྲལ་ཡུན་གྱི་བཀའ་སློབ་ཞིབ་རྒྱས་དང་། པཎ་ཆེན་ཆོས་རྒྱན་ནས་གནང་བའི་ནང་རྟེན་ཁྱད་པར་ཅན་དང་། རྒྱལ་དབང་ལྔ་པས་གནང་བ་དང་། དགེ་སློང་མ་ལཀྵྨཱི་ཀ་རའི་སྒྲུ་ཚེ་དང་། གྲུབ་ཐོབ་མདའ་འཕྱར་གྱི་ཕྱག་ཕུར་སོགས་གཏད་ནས་གཞན་དུ་མ་འགྱུར་བ་གྱིས་གསུངས་ཏེ། ཞལ་ཤར་ཕྱོགས་སུ་གཟིགས། སྐུ་ལུས་དྲང་པོར་བསྲངས། ཞབས་རྡོ་རྗེའི་སྐྱིལ་ཀྲུང་དང་། ཕྱག་གཉིས་མཉམ་བཞག་གི་ཕྱག་རྒྱ་དང་བཅས་ཏེ་འོད་གསལ་ཆོས་སྐུའི་ཀློང་དུ་མངོན་པར་རྫོགས་པར་སངས་རྒྱས་པའི་ཚུལ་བསྟན་ཏོ། །དེ་ལྟར་དགོངས་པ་ཆོས་དབྱིངས་སུ་ཐིམ་ཚུལ་བསྟན་འཕྲལ་དབུས་ཕྱོགས་སུ་བདག་ཉིད་ཆེན་པོ་རྣམས་ལ་ལྷུགས་བསྐོ་དང་ཐུགས་སྨོན་ཞུ་བར་དར་ཧན་དགེ་སློང་གྲགས་པ་རྒྱ་མཚོ་འཁོར་བཅས་ཆེད་དམིགས་

ཀྱིས་རྫོང་བཛ་མཛད། དེ་སྐབས་ཆུ་བཟང་བའི་སྐུ་སྐྱེ་དགོན་ལུང་གི་གདན་ས་པ་ཡིན་པས་འཕྲལ་དུ་ཐུགས་དམ་གསལ་འདེབས་པ་གདན་དྲངས། བདུན་གཅིག་གི་བར་དུ་ཐུགས་དམ་མ་གྲོལ་བས་དེའི་རིང་གདུང་མདུན་དུ་ཆུ་བཟང་སྐུ་སྐྱེ་རིན་པོ་ཆེ་ནས་མཆོད་འབུལ་ཁྲུས་གསོལ་མ་ཆག་པ་དང་ཟུར་དུ་ཀུན་རིག་གི་སྒྲུབ་མཆོད་ཀྱང་འཛུགས་པར་མཛད། དེ་ནས་ངོ་མཚར་བའི་ལྟས་དུ་མ་དང་བཅས་ཏེ་ཐུགས་དམ་གྲོལ་བསྟུན་སྐུ་སྐྱེ་རིན་པོ་ཆེ་ནས་གདུང་ཞུགས་ལ་སྦྱངས་པར་མཛད། དེའི་ཚེ་ཡང་འཇའ་འོད་ཀྱི་གུར་དང་མེ་ཏོག་གི་ཆར་ལ་སོགས་པ་མཚན་ཅན་གྱི་ལྟས་བསམ་ལས་འདས་པ་བྱུང་། དེ་ནས་ཡང་དགུང་ཞག་ཞེ་དགུ་མ་རྫོགས་ཀྱི་བར་དུ་གྲྭ་དམངས་རྣམས་ནས་ཀུན་རིག་སྒྲུབ་མཆོད་དང་། ཕྱོགས་ཀྱི་སྡེ་དགོན་རྣམས་སུའང་ཐུགས་དགོངས་རྫོགས་ཐབས་སུ་མང་འགྱེད་བསྔོ་རྟེན་སོགས་རྣམ་དཀར་རྒྱ་ཆེན་པོ་སྒྲུབ། སྐུ་གདུང་རིང་བསྲེལ་རྣམས་རིན་ཆེན་གཉིས་པ་སྲང་སྟོང་ཕྲག་ལས་གྲུབ་པའི་མཆོད་སྡོང་གི་ནང་དུ་བཞུགས་སུ་གསོལ་ནས་སྟོང་འཁོར་ཕ་ཡུལ་དུ་གདན་དྲངས་ཏེ། འགྲོ་བ་ལྷ་དང་བཅས་པའི་བསོད་ནམས་ཀྱི་ཞིང་དམ་པར་བྱིན་རླབས་ཀྱི་དཔལ་འབར་བཞིན་པར་བཞུགས་ཤིང་། དེ་ནས་སླར་ཡང་དགོངས་རྫོགས་སྒྲུབ་པར་དཀའ་བཅུ་ཤྲཱི་བྷ་དྲ་དང་། དཔོན་ཆུང་དཔལ་འབྱོར་རྒྱ་མཚོ་གཉིས་པོད་དབུས་གཙང་གི་ཕྱོགས་སུ་ཆེད་བཏང་ཐོག་རྒྱལ་དབང་ཕྱག་ན་པད་མོ་དང་། སྣང་མཐའི་མགོན་པོ་པཎ་ཆེན་རིན་པོ་ཆེ་རྣམ་གཉིས་ཀྱིས་གཙོ་མཛད་པའི་སྐྱེས་ཆེན་དམ་པ་རྣམས་ལ་བསྔོ་རྟེན་དང་། སེར་འབྲས་དགེ་གསུམ་དང་། རྒྱུད་གྲྭ་སྟོད་སྨད་བཀྲ་ཤིས་ལྷུན་པོ་བཅས་ཀྱིས་གཙོས་འདུས་སྡེ་ཆེ་ཆུང་ཁག་ཐམས་ཅད་ལ་མང་འགྱེད། ཇོ་ཤཱཀྱ་རྣམ་གཉིས་ཀྱིས་མཚོན་པའི་རྟེན་ལ་མཆོད་འབུལ། གསེར་ཆབ། སྙན་ཞལ་སོགས་རྣམ་དཀར་དགེ་བ་རླབས་ཆེན་འབྱམས་ཀླས་སུ་བསྒྲུབས་སྣང་ངོ་། །དེ་ལྟ་བས་ན་རྗེ་བླ་མ་དཔལ་ལྡན་མདོ་རྒྱུད་རྒྱ་མཚོ་འདི་ནི། དང་པོ་འཇིག་རྟེན་དུ་བྱོན་པའི་ཚེ་ནའང་གྲོང་འཇུག་བདེ་ལམ་ནས་བྱོན་པ་དང་། བར་དུ་དགེ་བའི་བཤེས་གཉེན་དམ་པ་པཎ་ཆེན་བློ

བཟང་ཆོས་ཀྱི་རྒྱལ་མཚན་དང་། རྒྱལ་དབང་ལྔ་པ་ལྟ་བུ་དང་མཇལ་ནས་ཐུབ་བསྟན་དྲི་མ་མེད་པའི་སྐོར་ཞུགས་ཏེ། ཇི་སྐད་དུ་འཇམ་མགོན་བླ་མ་ཙོང་ཁ་པའི་གསུང་ལས། དེ་ལྟར་རྒྱུ་དང་འབྲས་བུའི་ཐེག་ཆེན་གྱི། །ལམ་མཆོག་གཉིས་ཀར་དགོས་པའི་ཐུན་མོང་ལམ། །ཇི་བཞིན་བསྐྱེད་ནས་མཁས་པའི་དེད་དཔོན་གྱི། །མགོན་ལ་བསྟེན་ནས་རྒྱུད་སྡེ་རྒྱ་མཚོ་ཆེར། །ཞུགས་ནས་ཡོངས་རྫོགས་མན་ངག་ཐོབ་པ་དེས། །དལ་འབྱོར་ཐོབ་པ་དོན་དང་ལྡན་པར་བྱས། །ཞེས་གསུངས་པ་ལྟར། ཚང་ལ་མ་ནོར་བའི་གདམས་པ་ཡོངས་སུ་རྫོགས་པའི་གཏེར་མཛོད་དུ་གྱུར་ཅིང་། གོང་མ་བདེ་སྐྱིད་རྒྱལ་པོ་དང་། གཱ་ཕྲི་ཏན། ཚ་པོ་རྒྱལ་པོ་སོགས་ཀྱིས་བླ་མར་བཀུར་བ་དང་། བསྟན་པ་དང་འགྲོ་བའི་དོན་ཕལ་དང་ཕལ་གྱིས་དཔགས་པར་དཀའ་བ་རྒྱལ་བ་སྲས་བཅས་ཀུན་གྱི་མཛད་པའི་ཁུར་གཅིག་ཏུ་བསྣམས་པ་ལྟ་བུར་མཛད་པ་རྒྱ་ཆེ་བ་དང་། མཐར་མྱ་ངན་ལས་འདས་པའི་ཚེ་ནའང་སྐྱེ་འཆི་ལ་རང་དབང་དུ་གྱུར་བའི་མཚན་མ་ཀུན་ལ་མངོན་སུམ་གསལ་བར་ངོམས་བཞིན་པའི་སྒོ་ནས་བདེ་བར་གཤེགས་པ་སོགས་ཐོག་མཐའ་བར་གསུམ་གྱི་རྣམ་པར་ཐར་པ་གང་ལའང་བསམ་གྱིན་དད་པ་འཕེལ། བརྟགས་ཀྱིན་ངེས་ཤེས་འདྲོངས་པའི་ཚུལ་ལས་མ་འདས་སོ། །འོན་ཏེ་ཙཻ་ཏྲིའི་ཡུལ་དུ་མི་རྐང་པ་གཉིས་ལྡན་ཕྱིན་ན་མེར་མི་བརྩི་གསུངས་པ་བཞིན་མི་དད་པའང་འགའ་དང་འགའ་བྱུང་འདུག་ཀྱང་། རོང་པོ་སྐལ་ལྡན་རྒྱ་མཚོ་སོགས་མཁས་ཤིང་གྲུབ་ཐོབ་པ་དག་གིས་གང་གི་གསང་གསུམ་གྱི་ཡོན་ཏན་ལ་མི་ཕྱེད་པའི་དད་པ་ལྷག་པར་ཐོབ་པས་རྗེ་འདིའི་སྐུ་ཆེ་བའི་ཡོན་ཏན་དྲན་པའི་གསོལ་འདེབས་ཀྱི་རིམ་པའང་མང་དུ་མཛད་འདུག་པ་ངོ་བསྟོད་རང་མིན་ལས་ཆེས། དེས་ན་ཕྱི་རབས་ཀྱི་ཐར་བ་དོན་གཉེར་བ་དག་གིས་རྣམ་དཔྱོད་རྣམ་པར་དག་པས་དཔྱད་དེ་རང་གི་སྐྱོན་བླ་མའི་མཛད་པར་མ་ཤར་བར་བྱོན་པ་དང་འབྱོན་འགྱུར་གྱི་འགྲོ་མགོན་དམ་པ་རྣམས་ལ་དད་པ་དང་གུས་པའི་མེ་ཏོག་ཡང་ཡང་འཐོར་བར་རིགས་སོ། །

འདིར་སྨྲས་པ། མདོ་དང་རྒྱུད་སྡེའི་རྒྱ་མཚོའི་སྙིང་པོ་ཀུན། །ཐོས་བསམ་སྒོམ་པའི་རང་གིར་

ཡོངས་སྐྱོང་ཅིང་། །ཡིད་ཅན་གཞན་ཡང་ཚུལ་དེར་བཀྲི་བ་ལ། །གཞན་དྲིང་མི་འཇོག་མགོན་དེར་བསམ་ཅིན་དང་། །བསྟན་པ་འབའ་ཞིག་ལུས་ཅན་ཕན་བདེ་ཡི། །རྩ་ལག་གཅིག་པུར་ངེས་པའི་ཡིད་ཆེས་ཀྱིས། །གང་ཐུགས་ཡོངས་སུ་དྲངས་པས་རྣམ་པ་ཀུན། །རྒྱལ་བསྟན་འཛིན་སྐྱོང་སྤེལ་ལས་གཡེལ་མི་མངའ། །དུས་གསུམ་གཤེགས་པའི་འདྲེན་པ་ཐལ་མོ་ཆེས། །ཡལ་བར་དོར་བའི་སྙིགས་དུས་ཉམས་ངའི་འགྲོ། །འདུལ་བར་མཛད་ལ་བརྩེ་ཆེན་ཐུགས་རྗེའི་དཔུངས། །ལྷག་པར་བདོ་འདི་བུ་རམ་ཤིང་པའི་མཆེད། །མཐའ་ཁོབ་མུན་གླིང་དམ་ཆོས་འོད་སྣང་གིས། །ཉིན་མོར་མཛད་པའི་ངོ་མཚར་མཐོང་བའི་ཚེ། །དབུས་འགྱུར་ཞིང་དེ་ཕྱོགས་འདིར་འཕོས་པའམ། །འོན་ཏ་(ཏེ)གཉིས་པ་ཞིག་ཅེས་འཕྲུང་མོ་ཉུག །ཐོག་མཐའ་བར་མ་ཀུན་ཏུ་དགེ་བ་ཡི། །ངོ་མཚར་རྣམ་ཐར་དཔྱར་སྐྱེས་ཞ་པོ་སླ། །དད་ལྡན་གཙུག་ཕུད་ཅན་གྱི་དགའ་སྟོན་དུ། །ཅུང་ཟད་སྤེལ་ན་གུས་པས་གང་ཕྱོས་ཤིག །ཅེས་པ་ནི་བར་སྐབས་ཀྱི་ཚིགས་སུ་བཅད་པའོ། །

ཨོཾ་སྭསྟི། དཔལ་ལྡན་ཡོན་ཏན་རྒྱ་མཚོའི་གཏེར་གྱུར་པའི། །རྒྱལ་བ་རྒྱ་མཚོའི་ཐུགས་རྗེ་གཅིག་བསྡུས་ནས། །མདོ་རྒྱུད་རྒྱ་མཚོའི་མངའ་བདག་བླ་ན་མེད། །བསོད་ནམས་རྒྱ་མཚོའི་ཞབས་པད་སྤྱི་བོར་མཆོད། །

༈ སྐྱེས་རབས་ཀྱི་ཕྲེང་བ་བཅུ་བཞི་པ་ནི། འཁྲུངས་རབས་ལས། འཁོར་འདས་ཆོས་ཀུན་ལྷན་སྐྱེས་བདེ་བའི་ངང་། །སྒོམ་མཛད་བསོད་ནམས་རྒྱ་མཚོར་གསོལ་བ་འདེབས། །ཞེས་གསུངས་པ་ལྟར་སྣང་སྲིད་འཁོར་འདས་ཀྱིས་བསྡུས་པའི་ཆོས་ཐམས་ཅད་རང་ངོས་ནས་མ་གྲུབ་པའི་སྟོང་པ་ཉིད་དང་བདེ་བ་ཆེན་པོ་ཟུང་དུ་འཇུག་པའི་བདེ་སྟོང་ལྷན་ཅིག་སྐྱེས་པའི་ངོ་བོར་གཟིགས་ཤིང་སྒོམ་པར་མཛད་པའི་གྲུབ་བརྙེས་ཆེན་པོ་སྟོང་འཁོར་བ་ངག་དབང་བསོད་ནམས་རྒྱ་མཚོ་ཞེས་བྱ་བ་དེ་ཉིད་ཡིན་ལ། འདི་ནི་སྨད་སོར་དབུས་ཕྱོགས་སུ་དར་ཏན་དགེ་སློང་རྡོ་རྗེ་གོང་མའི་དགོངས་རྫོགས་སྒྲུབ་པར་སོང་སྐབས། ལ་མོ་ཚངས་པ་ཆེན་

པོར་ཡང་སྲིད་གང་དུ་འབྱུང་བའི་ལུང་བསྟན་ཞུས་པས་འདི་སྐད། །ཧཱུྃ༔ སྙིགས་དུས་ལྔ་མའི་འགྲོ་མགོན་པད་འབྱུང་དང་། །དབྱེར་མེད་རྗེ་བཙུན་བློ་བཟང་གྲགས་པའི་ཞབས། །སྲས་ཀྱི་ཐུ་བོ་འདུལ་འཛིན་ཆེན་པོ་བཅས། །གུས་པ་ཆེན་པོའི་སྒོ་ནས་ཕྱག་བགྱིའོ། །གང་དེའི་ཐུགས་རྗེའི་འོད་ཟེར་མདོ་རྒྱུད་རྗེ། །ཞིང་གཞན་གཤེགས་པའི་དགོངས་པ་རྫོགས་ཕྱིར་དུ། །བཀའ་འགྱུར་ཚད་གསུམ་སྨན་བླ་བཟང་སྤྱོད་དང་། །གདུགས་དཀར་ཚེ་གཟུངས་ཁྲི་ཚར་བདུན་བཏོན་ན། །མདོ་ཁམས་སྨིན་བདག་འབྲེལ་ཡོད་ཞིག་ཏུ་འབྱུངས། །ངས་ཀྱང་མི་གཡེལ་འཕྲིན་ལས་སྒྲུབ་པ་ཡིན། །ཞེས་པའི་ལུང་བསྟན་སྩལ། ཡང་དེའི་ཕྱི་རོལ་ཡང་བསྐྱར་དབུས་སུ་དགོངས་རྫོགས་སྒྲུབ་པར་རྗེ་གོང་མའི་ཞབས་ཕྱི་དཀའ་བཅུ་དཔལ་འབྱོར་དང་། དཔོན་ཚང་དཔལ་འབྱོར་རྒྱ་མཚོ་གཉིས་འགྲོ་སྐབས་སྐྱར་དུ་ལ་མོར་ལུང་བསྟན་ཞུས་པར། ཧཱུྃ༔ དུས་གསུམ་རྒྱལ་བ་ཀུན་དངོས་པདྨ་འབྱུང་། །དབྱེར་མེད་འགྲོ་བའི་མགོན་པོ་བློ་བཟང་གྲགས། །དེ་སྲས་འདུལ་འཛིན་གྲགས་པ་རྒྱལ་མཚན་རྗེ། །ལྷ་ཡི་གཙུག་རྒྱན་གསུམ་ལ་གུས་ཕྱག་འཚལ། །གང་དེའི་སྤྲུལ་སྐུ་རིམ་བྱོན་སྟོང་འཁོར་བའི། །དཔོན་གྱིས་ཡང་སྐྱར་དྲི་བ་འབྱོར་བ་ལེགས། །ལྷ་ཡི་བླ་མ་དགའ་ལྡན་གནས་ནས་བྱོན། །འགྲོ་བ་འདྲེན་ཕྱིར་སྤྲུལ་པའི་སྐུ་བཞེངས་ནས། །རང་རེ་ལྷ་མིའི་རེ་བ་མྱུར་དུ་སྐོངས། །སླང་སྟག་འཚམས་སུ་གསལ་དོད་ཡོང་བ་བྱེད། །དེ་བས་གསལ་ན་བར་ཆད་འབྱུང་ཉེན་ཆེ། །གོང་དུ་སྨྲས་པ་བཞིན་དུ་ཨང་ཉན་གྱིས། །ཞེས་སོགས་གསལ་བར་གསུངས་པ་ལྟར་རྗེ་བླ་མ་འདི་ཉིད་འཁྲུངས་པའི་ཡུལ་ནི། བོད་ཆེན་པོའི་ཡུལ་གྲུའི་ནང་ཚན་དུ་གྱུར་པ་མདོ་སྨད་ཀྱི་སའི་ཆ་ལས་རོང་པོ་སྣང་ར་བདེ་ཆེན་ཞེས་པར། རུས་ནི་བོད་ཀྱི་རུས་ཆེན་བཞིའི་ནང་ནས་ལྡོངས་ཀྱི་རིགས་བརྒྱུད་དྲི་མ་མེད་པ་ལས་ཚེ་འབྲིང་ཕུན་སུམ་ཚོགས་པ་གཙན་ཚོའི་དཔོན་འབུམ་ཡག་སྐྱབས་ཞེས་བྱ་བ་ཡབ་དང་། འབུམ་མོ་སྐྱིད་ཡུམ་སྟེ་དེ་གཉིས་ཀྱི་སྲས་སུ་དགེ་མཚན་ཁྱད་པར་ཅན་དང་བཅས་ཏེ་སྐུ་བལྟམས་སོ། །དེ་ཡང་དཔོན་འདི་ཉིད་ལ་སྲས་བརྒྱད་ཡོད་པའི་ཐུ་བོ་ཡིན་ལ། སྐྱེ་བ་དུ

མར་བག་ཡོད་འབབ་ཞིག་ལ་གོམས་པའི་མཐུས་སྐུའི་ན་ཚོད་ཆེས་ཕྲའི་དུས་ཉིད་ནས་སྔོན་གྱི་དྲང་སྲོང་མཆོག་རྣམས་ལ་སྙིང་ནས་པ་སྙེར་བའི་དམ་པའི་བརྟུལ་ཞུགས་མཐའ་དག་བདག་གིར་མཛད་པས། རང་གཞན་གི་སྐྱེ་བོ་དག་གིས་ཀྱང་འདི་ནི་ངེས་པར་སྤྲུལ་པའི་སྐུ་དམ་པ་ཞིག་གོ་ཞེས་ཕྱོགས་ཀྱི་འཁོར་ལོ་འགེངས་པའི་དབྱར་སྐྱེས་ཇ་གསངས་སྟོང་གི་སྒྲ་བཞིན་སྒྲོགས་པས་ལྷ་དང་བླ་མ་དམ་པ་རྣམས་ཀྱི་ཐོས་འཛིན་ཁང་སྟེ། གཞན་དུ་བརྗོད་པར་མ་འོས་པར་སྟོང་འཁོར་མདོ་རྒྱུད་རྒྱ་མཚོའི་སྤྲུལ་སྐུར་འཁྲུལ་པ་མེད་དོ་ཞེས་མཐུན་པར་གསུངས་ཤིང་། ལ་མོའི་ལུང་བསྟན་སྔ་ཕྱིའང་ཐོག་ཏུ་བབས་པས་བརྟགས་དཔྱད་ངོས་འཛིན་སོགས་ཆེད་གཉེར་མ་དགོས་པར་ཐག་བཅད་དེ་སྟོང་འཁོར་མདོ་རྒྱུད་རྒྱ་མཚོའི་གསེར་གྱི་ཁྲི་དཔངས་མཐོན་པོར་མངའ་གསོལ། དེའི་ཚེ་དགེ་མཚན་གྱི་རྟེན་འབྲེལ་རང་འགྲིགས་མཐའ་ཡས་པ་བྱུང་བས་སྐྱེ་བོ་མཆོག་དམན་ཀུན་གྱིས་འདི་འདྲའི་ཡ་མཚན་འབྱུང་རྒྱུ་ཡོད་པ་ཨེ་མ་ཧོ་སྐལ་བ་རེ་བཟང་ཞེས་ཕན་ཚུན་དུ་གླེང་། མི་རིང་བར་ཞབས་དྲུང་དཀར་པོ་ངག་དབང་བློ་བཟང་བསྟན་པའི་རྒྱལ་མཚན་ལས་ཡོངས་རྫོགས་དགེ་བསྙེན་གྱི་སྡོམ་པ་དང་། རབ་བྱུང་། དགེ་ཚུལ་གྱི་སྡོམ་པ་བཞེས་ཏེ་མཚན་ངག་དབང་བསོད་ནམས་རྒྱ་མཚོ་ཞེས་བྱ་བར་གསོལ་ཏེ། བཅོམ་ལྡན་འདས་ཀྱིས་ལེགས་པར་གསུངས་པའི་དམ་པའི་ཆོས་འདུལ་བ་ལ་རབ་ཏུ་བྱུང་ངོ་། །རབ་ཏུ་བྱུང་ནས་ཀྱང་བཅས་པ་དང་རང་བཞིན་གྱི་ཁ་ན་མ་ཐོ་བས་རྡུང་ཟད་ཙམ་ཡང་མི་གོས་པ་ལ་བརྩོན་པ་འབད་མེད་ལྷུན་འགྲུབ་ཏུ་བྱུང་། དེ་ནས་སྐུ་ཚེ་དུ་མར་གོམས་པས་མཐུ་བརྟས་པས། ཇི་སྐད་དུ་མགོན་པོའི་གསུང་ལས། ཆོས་ནི་ལུགས་ཀྱི་དམ་པ་སྟེ། །ཆོས་ཀྱིས་འཇིག་རྟེན་མངོན་དགར་འགྲུབ། །འཇིག་རྟེན་དགའ་བར་གྱུར་བས་ཀྱང་། །འདི་དང་གཞན་དུ་བསླུ་མི་འགྱུར། །ཆོས་མིན་པ་ཡི་ལུགས་འདོད་གང་། །དེ་ཡིས་འཇིག་རྟེན་མི་དགའ་འགྱུར། །འཇིག་རྟེན་མི་དགའ་ཉིད་ཀྱི་ཕྱིར། །འདི་དང་གཞན་དུ་དགའ་མི་འགྱུར། །ཞེས་གསུངས་པ་ལྟར་གྱི་ཆོས་མ་ཡིན་པའི་ཕྱོགས་ལས་ཐུགས་ཤིན་ཏུ་ལོག་ནས་ཆོས

ཀྱི་ཕྱོགས་ལ་བྱུང་བ་གཞོན་ནུས་མདངས་ལྡན་མེ་ཏོག་མཛོད་བ་ཇི་བཞིན་ཐུགས་ཡོངས་སུ་སོང་བས་ཡི་གེ་འདྲི་ཀློག་སོགས་ཡོན་ཏན་སློབ་པ་ལ་བསྐུལ་མ་འདེབས་མི་དགོས་ཤིང་། ཀློག་པའི་སློབ་དཔོན་སོགས་ཀྱིས་ཆོས་སློབ་པ་ལ་ཤིན་ཏུ་དད་ཅིང་། རབ་ཏུ་གུས་པས་གསན་པ་དང་། ཐུགས་སུ་ཆུད་བདེ་བ་དང་། གང་གསན་ནམ་ཡང་མི་བརྗེད་པ་སོགས་དང་རིག་གནས་ཆེ་ཕྲ་ཐམས་ཅད་ལ་ཕར་སློབ་པའི་འབད་རྩོལ་ཆེར་མི་དགོས་པར་ཉིད་ཀྱི་ཐུགས་མཁྱེན་རབ་ཡངས་པའི་ཀློང་ནས་འཇུམ་པ་ལྷག་□སྟོན་པ་ཅིག་ལགས་པས། གསུང་རབ་འབྲི་ཀློག་དང་། སྒྲ་སྡེབས་སྦྱོར་སོགས་མ་བསླབ་པར་ཐུགས་སུ་ཆུད་པ་ལྟ་བུ་དང་། དེ་ལས་གཞན་པའི་ཡོན་ཏན་སོགས་ཀྱང་། རྒྱ་མཚོ་ཆེ་ལ་ཆུ་བོ་བཞིན། །འབྲས་བུ་མཆོག་གིས་སྨྲ་བ་ཡི། །སེམས་དཔའ་ཆེན་པོ་དེ་ལ་ནི། །རྣམ་པ་ཀུན་ཏུ་རྟེན་པར་བྱེད། །ཅེས་གསུངས་པ་ལྟར་རོ། །དེ་ནས་བསྟན་པའི་དམིགས་རྒྱན་དུ་དཔལ་ལྡན་བླ་མ་དམ་པ་ཁྱབ་བདག་ངག་དབང་བཤད་སྒྲུབ་རྒྱ་མཚོ་དཔལ་བཟང་པོ་ལ་དེ་བཞིན་གཤེགས་པའི་རྣམ་ཐར་མཛད་པ་བརྒྱ་དང་ཉེར་ལྔ་པའི་ལུང་ཞུས། རྗེ་གདུང་ཞབས་དྲུང་ངག་དབང་ཀུན་དགའ་ཡོངས་འདུས་དཔལ་ལ། ཐུབ་དབང་གི་སྐྱེ་རབས་སོ་བཞི་ལུང་ཞུས། བླ་མ་དམ་པ་ལི་ཀྱ་དོན་ཡོད་པ་ལ་རྗེའི་ལམ་རིམ་ཆུང་བའི་ལུང་ཞུས། ཁྱད་པར་ཡོངས་འཛིན་དམ་པ་བློ་བཟང་ཉི་མའི་དྲུང་ནས་དབང་རྗེས་གནང་ཅི་རིགས་དང་། སྔགས་སྡེ་ནམ་མཁའ་རྒྱལ་མཚན་གྱིས་མཛད་པའི་འཇིགས་བྱེད་ཀྱི་བསྐྱེད་རྫོགས་གཉིས་ཀྱི་ཁྲིད་ལུང་། བདུད་ལས་རྣམ་རྒྱལ། གསང་འདུས་འཇམ་རྡོར། དགྲ་ནག་སོགས་ཀྱི་བསྒྲུབ་ཐབས། ན་རོའི་ཆོས་དྲུག་རྗེའི་གསུང་དང་། མཁས་གྲུབ་རྗེའི་གསུང་ལས་འཁྲུལ་འཁོར་རྣམ་བཤད་ཆེན་མོ། ཡིག་ཆུང་མེ་ལྕེ་ཀུན་གཡོ་མ་ཆ་ཚང་། ཚ་ཁོ་དཔོན་པོས་མཛད་པའི་འཁྲུལ་འཁོར་ཡིག་ཆུང་གསེར་གྱི་ལྡེ་མིག ཡང་དེའི་ཡིག་ཆུང་བཞི། ཡང་དེའི་ཡིག་ཆུང་མཁས་གྲུབ་རྗེའི་གསུང་ཡ་ཡིག་མ་ཆ་ལག་བཅུ་གཉིས་ཡོད་པ་ཆ་ཚང་དང་། ཡང་རྗེ་དེའི་གསུང་གི་ཡིག་ཆུང་ཁྱད་པར་ཅན་གསུམ་སོགས་མན་ངག་ཁྱད་པར་ཅན་

མང་པོ་ཐོབ། ཇི་སྐད་དུ་མགོན་པོས། རྒྱལ་པོ་ཁྱོད་ལ་ཆོས་བསྒྲུབ་ཕྱིར། །གཅིག་ཏུ་དགེ་བའི་ཆོས་བཤད་དེ། །དམ་པའི་ཆོས་ཀྱི་སྣོད་ལ་ནི། །ཆོས་འགྲུབ་འགྱུར་ཏེ། ཞེས་དང་། རྗེ་བླ་མའི་གསུང་ལས། ཕན་པར་སྨྲས་པའི་རྗེས་སུ་སློབ་པ་ལ། །ས་གསུམ་བླ་མའི་དགོངས་པའི་བཅུད་ཕྱུང་ལ། །ཡིད་དང་རྣ་བ་ཚིམ་བྱེད་ལེགས་བཤད་གཏམ། །ཡང་ཡང་འདོམས་པ་ཉིད་པར་དཀའ་བ་མིན། །ཅེས་གསུངས་པ་ལྟར། དམ་པའི་ཆོས་ཀྱི་སྣོད་དུ་གྱུར་པ་ལ་དགེ་བའི་བཤེས་གཉེན་དམ་པ་དང་ཆོས་ཚད་མེད་པ་ཉིད་པ་མི་དཀའ་བར་ནམ་ཡང་ཉིད་པར་འགྱུར་བ་ངེས་ལ། གཞན་དུ་ན་རྗེ་བླ་མས། འདི་ན་ཚུལ་བཞིན་རིག་གནས་འདོམས་པ་དཀོན། །གདམས་པའི་རྗེས་སུ་བྱེད་པ་དེ་བས་དཀོན། །དེ་ཕྱིར་བརྩེ་བ་ཡོད་ཀྱང་དམ་པ་རྣམས། །ལེགས་བཤད་ཡང་ཡང་འདོམས་པར་མི་མཛད་དོ། །ཞེས་གསུངས་པ་ལྟར་རོ། །

དེ་ནས་ལི་ཀྲུ་བླ་མ་དོན་ཡོད་ཉི་མ་དང་། ཡོངས་འཛིན་བློ་བཟང་ཉི་མ་རྣམ་གཉིས་ལས་གང་གསན་པའི་མདོ་སྔགས་ཀྱི་གཞུང་ལ་གཟིགས་རྟོགས་དང་། འཇིགས་མཛད་རྡོ་རྗེ་སོགས་ཡི་དམ་ལྷག་པའི་ལྷའི་བསྙེན་བསྒྲུབ་སྒོམ་བཟླས་ལ་ཐུགས་གཞོལ་བཞིན་པའི་ངང་ནས་དད་ལྡན་མཆོག་དམན་སེར་སྐྱ་ཞབས་དྲུང་དུ་ཉེ་བར་ལྷག་པ་རྣམས་ཀྱི་རེ་འདོད་ཡིད་བཞིན་སྐོང་པར་མཛད་པ་དང་། བླ་མ་གཉིས་ལས་རྒྱལ་བ་དགེ་འདུན་རྒྱ་མཚོ་དང་། ལྕང་སྐྱ་ངག་དབང་བློ་བཟང་ཆོས་ལྡན་པའི་གསུང་འབུམ་སོགས་གང་བཞུགས་ཀྱང་གསན་པར་གནང་བ་སོགས་ལ་ཐུགས་ངལ་བ་དང་མཉེལ་བ་སོགས་ཅུང་ཟད་ཙམ་ཡང་མེད་པར་བརྩོན་པ་ནམ་ཡང་མི་ལྷོད་པའི་གོ་ཆ་བཞེས་པས། དེ་ཙམ་ནས་ལྷ་དང་བཅས་པའི་སྐྱེས་དགུས་འདི་སྐད་དུ་ཨེ་མ་ཧོ་འདི་ནི་ངེས་པར་འཇམ་དཔལ་དཔའ་བོ་(པོའོ) ཞེས་ལྷང་ལྷང་སྒྲོགས་པར་བྱུང་། དེ་ནས་དགུང་ལོ་ཉི་ཤུར་སོན་པ་ན་བདག་ཉིད་ཆེན་པོ་ཞབས་དྲུང་དཀར་པོ་ངག་དབང་བློ་བཟང་བསྟན་པའི་རྒྱལ་མཚན་དཔལ་བཟང་པོ་ལས་བསྙེན་པར་རྫོགས་པ་དགེ་སློང་གི་དངོས་པོ་སྒྲུབ་པར་མཛད་དེ་བཅས་མཚམས་ཕྲ་ཞིང་ཕྲ་བ་དག་ལ་ཡང་ཇི་མི་སྲུམ་དུ་འཇོག་པར་མི་

མཛད་པར་མིག་གི་འབྲས་བུ་ཇི་བཞིན་བསྲུང་བར་མཛད་པས་ཚུལ་ཁྲིམས་ཀྱི་ཕུང་པོ་ཡོངས་
སུ་རྫོགས་པ་འཕགས་པ་འོད་སྲུངས་ཆེན་པོ་ལྟ་བུ་བཙུན་པའི་དཔེར་འོས་པར་གྱུར་ཅིང་།
མཁན་རིན་པོ་ཆེ་ལ་ཆོས་བཀའ་ཡང་ཅི་རིགས་གསན། མཆོད་རྟེན་ཐང་དུ་ཕེབས་ཏེ་སྐྱེ་བོ་
དག་གི་མོས་པ་འགྲུབ་པར་མཛད། དེ་ནས་ཕྱིར་ཕེབས་ཏེ་ཇི་སྐད་དུ་ཁམས་གསུམ་ཆོས་ཀྱི་
རྒྱལ་པོ་ཙོང་ཁ་པ་ཆེན་པོའི་གསུང་ལས། རྣམ་དག་དབང་ཐོབ་དམ་ཚིག་སྲུང་ལ་བརྟེན། །
ཐུན་བཞིའི་སྦྱོར་བས་ཐ་མལ་སྣང་ཞེན་བཟློག །མཆོད་དང་བཟླས་པས་ལྷག་པའི་ལྷ་མཉེས་
བྱས། །ཚོགས་ཐམས་ཅད་རྒྱུད་བཞིན་ཤེས་པ་དེས། །སྙིང་ནས་ཐར་པ་དོན་གཉེར་སྒྲོད་ལྡན་
ལ། །རང་རང་སྐབས་ཀྱི་ཚོ་ག་མ་འདྲེས་པར། །ལེགས་པར་ཕྱེ་ནས་ཐབས་མཁས་རྟེན་
འབྲེལ་ནི། །ཚུལ་བཞིན་སྒྲིག་པ་དེ་ལ་སློབ་པ་དགའ། །ཞེས་གསུངས་པ་ལྟར་གཞན་ལ་དབང་
བསྐུར་བའི་ཆོས་ཐམས་ཅད་ཚང་བའི་སྔགས་འཆང་ཆེན་པོ་ཁྱབ་བདག་འཛམ་དབྱངས་བློ་
གྲོས་དཔལ་བཟང་པོས། རྗེ་བླ་མའི་གསུང་དཀྱིལ་ཆོ་ག་རིན་ཆེན་ཕྲེང་བ་དང་། དཀྱིལ་ཆོ་
ག་དབང་དོན་རབ་གསལ། བདེ་ཆེན་རོལ་མཚོ་སོགས་ཀྱི་སྟེང་ནས་བདེ་གསང་འཇིགས་
གསུམ་སོ་སོའི་དབང་དང་འཇིགས་བྱེད་བདུད་ལས་རྣམ་རྒྱལ། བདེ་མཆོག་དྲིལ་བུ་ལྷ་ལྔའི་
དབང་སོགས་དང་། སོ་སོའི་སྔགས་བཀུས་རྗེས་གནང་དང་། སོ་སོའི་སྒྲུབ་ཐབས་སོགས་
ཆོས་སྐོར་དང་། པཎ་ཆེན་ཨ་བྷྱ་ཀ་རས་མཛད་པའི་རྡོ་རྗེ་ཕྲེང་བ་དང་། ས་མུཙྪ་ནས་བཤད་
པའི་འཕྲེང་བའི་དོན་དྲིལ། སྔགས་རིམ་ཆེན་མོ་གཞི་བྱས་ཚད་ལྡན་གྱི་ཡིག་ཆས་ཁ་བསྐང་སྟ་
གོན་ནས་བཟུང་དབང་ཡོངས་སུ་རྫོགས་པ་དམ་པ་གོང་མའི་ཕྱག་ལེན་དག་པས་སྒོ་ནས་
དགྱེས་བཞིན་སྩལ། གཞན་ཡང་རྗེས་གནང་གི་རིགས་དང་། རྗེ་བླ་མ་ཡབ་སྲས་དང་།
པཎ་ཆེན་ཆོས་རྒྱན་སོགས་ཀྱི་གསུང་འབུམ། བཀའ་བསྟན་གང་བཞུགས་ཀྱང་ཕལ་ཆེར་བ་
གསན། གཞན་ཡང་རྩེ་གདོང་ཆོས་ཀྱི་དཔལ་འབྱོར་ལས་སྒྲུབ་ཐབས་བརྒྱ་རྩ་ནས་བཤད་
པའི་རྗེས་གནང་ཡོངས་རྫོགས་དང་། ཆོས་བཀའ་ཅི་རིགས། སློབ་དཔོན་བློ་བཟང་བཀྲ་

ཤིས། མཚུངས་མེད་ནམ་མཁའ་བ་སྒྲུབ། རྗེ་དཔལ་ལྡན་ཆོས་སྐྱོང་། སྤྲུལ་སྐུ་ངག་དབང་དགེ་ལེགས་རྒྱལ་མཚན་སོགས་བསྟན་འཛིན་དམ་པ་དུ་མ་རྗ་བའི་བླ་མར་བསྟེན་ནས་མདོ་རྒྱུད་ཀྱི་ཁྲིད་ལུང་མན་ངག་སོགས་ཐུམ་པ་གང་ཁྱོའི་ཚུལ་དུ་གསན་པས་གདམས་པའི་གཏེར་མཛོད་ཆེན་པོར་གྱུར་བ་སོགས་མདོར་ན་ལུང་གི་ཡོན་ཏན་གྱི་དབང་དུ་བྱས་ན་དཔལ་མཉམ་མེད་རི་བོ་དགེ་ལྡན་པའི་ཐུན་མོང་དང་ཐུན་མོང་མ་ཡིན་པའི་གཞུང་ལུགས་རྣམས་ལྟ་ཅི་སྨོས། ས་སྐྱིང་ཀར་འབྲུག་སོགས་རིས་སུ་མ་ཆད་པའི་གྲུབ་མཐའ་ཐམས་ཅད་ལ་མཁས་ཤིང་ཐུགས་སུ་ཆུད་པས་ཆོས་ཇི་འདྲ་ཞིག་ལ་འཆད་རྩོད་རྩོམ་གསུམ་མཛད་དགོས་ཀྱང་ཐོགས་པ་ཙུང་ཟད་ཀྱང་མི་མངའ་སྟེ། དེ་ཕྱིར་རྗེ་བླ་མ་འདིའི་བཀའ་རྩོམ་མཛད་པའི་ཆོས་མཐའ་ཡས་པ་ཡོད་ཀྱང་ཕྱོགས་གཅིག་ཏུ་སྡུད་པ་མ་བྱུང་བར་འདུག་སྟེ་དེ་ནི་སྐུ་ཕྲེང་འདི་བ་ཙམ་དུའང་མ་ཟད་དོ། །དེས་ན་འདི་པ་ནི་ཐམས་ཅད་མཁྱེན་པ་ལྔ་པ་ཆེན་པོ་ངག་དབང་བློ་བཟང་རྒྱ་མཚོ་དང་ཤ་ཚུགས་ཀྱི་ཁྱད་པར་ཙམ་ལས་མཁྱེན་རབ་ཀྱི་ཡོན་ཏན་ལ་རྣམ་པར་དབྱེ་བ་འགའ་མི་མཆིས་པར་གྲགས་ཤིང་གྲུབ་ལ། བསྟན་པའི་གསལ་བྱེད་མཁས་གྲུབ་ཆེན་པོ་འཇམ་དབྱངས་པའི་ཚེ་མདུན་དུ་གཞན་དག་བྱུང་ན་བསྡམ་གནས་འཛོག རྗེ་ཙོང་ཁ་པའི་གསུང་ལ་གཟིགས་རྟོགས་མཛད་པའི་ཚེ་སྐུའི་དྲུང་དུ་དོན་གོ་བ་སུས་བྱུང་ཡང་། གཟིགས་འཚམས་ཀྱི་ཚིག་དོན་གྱི་ཆ་ལས་སློས་ཏེ་རྗེ་རིན་པོ་ཆེའི་ཆེ་བ་རེ་གསུངས་པར་ཡོད་ཅེས་གསུངས་པ་དཔྱད་གཞི་ཆེ། དེ་ནས་མཛད་པ་འཕྲིན་ལས་ཀྱི་ཆ་ལས་མདོར་མཚོན་པ་ཙམ་བརྗོད་ན། བར་ཁམས་ནས་གདན་འདྲེན་པ་ལན་བརྒྱར་བྱུང་བ་ལ་ཟང་ཟིང་གི་དངོས་པོ་ཚད་མེད་པ་ཡང་ཡང་གནང་ནས་ཕྱིར་ལོག ལན་ཅིག་བར་ཁམས་ཀྱི་སློབ་པ་གང་ཡང་མེད་པ་ལ་བཀའ་ལས་ཕ་ཡུལ་བ་ཆོ་སྐྱིང་རྗེ་ཨང་། གསུངས། ཅི་ལགས་ཞུས་པར་ངའི་དོན་དུ་དཀའ་ལས་ཆེན་པོ་བྱས་ད་ལམ་འགྲོ་དགོས་གསུངས། ཞབས་གྲྭ་རྣམས་ཧད་ནས་བསྡད། མི་རིང་བར་གདན་འདྲེན་པ་འབྱོར་བ་བཞིན་བར་ཁམས་སྟོང་འཁོར་དུ་ཐེབས། གོང་མ་ན་རིམ་གྱི་གདན་སའི་ཁྲི་ལ

ཞབས་ཀྱི་པད་མ་འདབ་བརྒྱ་བཀོད་དེ་དགའ་སྟོན་རྒྱ་ཆེན་པོ་དང་། ཟབ་རྒྱས་ཆོས་ཆར་ཕབས་ཏེ་རི་ཞིང་སྟོས་པའི་འགྲོ་བ་རྣམས་ཀྱི་དབུགས་དབྱུང་བར་མཛད། རེས་ཞིག་བཞུགས་ནས་ཕྱོགས་ཀུན་ནས་འདུས་པ་ཐམས་ཅད་ཀྱི་རེ་འདོད་ཡིད་བཞིན་དུ་སྐོང་བར་མཛད། འབུལ་བ་ཆེ་ཆུང་གང་བྱུང་ཐམས་ཅད་བླ་སྐེ་གཉིས་ཀྱི་དགོན་སྡེའི་ཆོས་ཐོག་གི་གཏོང་ཐེབས་སུ་སྦྱོར་འཇགས་གནང་སློག་པ་ཐོས་བསམ་དང་། སྒོང་ས་པ་བསམ་གཏན་གོང་འཕེལ་དུ་བཏང་། བསོ་ཏོག་གནས་ལ་ཕེབས་སྐབས་དེ་ཕྱོགས་ཀྱི་སྐྱེ་བོ་དག་གིས། གནས་འདི་ལ་གོང་མ་ཐམས་ཅད་ཀྱི་གྲུབ་རྟགས་རེ་ཡོད་ད་ལམ་ཁྱེད་ཀྱིས་ཀྱང་གྲུབ་རྟགས་ཅིག་བཞག་དགོས་ཞེས་ནན་ཏན་ཆེན་པོས་ཡང་ཡང་ཞུས་པས་སྣན་སུན་ཏེ་ཞབས་ས་ལ་བརྡབས་ནས་དགོས་ན་སློག ཁྱེད་ཚོ་ཨུ་ཚུགས་ཆེན་པོ་ཨ་གསུངས་ཏེ་ཕྱིར་ཕེབས་རྗེས་སུ་ས་སློག(སློག)པས་རྡོ་ཞིག་ཐོན་པ་ལ་ཞབས་རྗེས་གསལ་པོ་བྱུང་འདུག་པས་ཡ་མཚན་སྐྱེས་ནས་དེ་འདྲ་བྱུང་བ་དང་། ཡ་མཚན་ཆེ་ཚུལ་ཞུས་པར་བཀའ་ལས། ཁྱེད་ཚོའི་ས་ཆ་ཡུལ་ཕྱོགས་ཀྱི་མི་འདི་འཕྲུལ་ལུ་འཕྲུལ་ལུ་ལ་དགའ་པོ་གཞན་རྐང་རྗེས་ལག་རྗེས་ལ་ངོ་ཅི་མཚར། དེས་ཕན་ཐོགས་ཅི་ཡོད་དེ་འདྲ་དོན་དག་ཡོད་ན་ཨོ་རྒྱན་རིན་པོ་ཆེ་དང་། རྗེ་རིན་པོ་ཆེ་སོགས་ཀྱིས་བོད་ལུང་ཁོག་གི་རྡོ་ལུས་པ་མེད་པར་རྟགས་འཛོག་ཐང་བ་འཐེལ་མ་བཞག དེ་ལས་མ་ཆི་ལུང་ཞུས་ནས་བདེན་པ་དང་། རྡོ་ལ་བསྐོས་པ་སོགས་བྱེད་ན་འདི་ཕྱི་ཐམས་ཅད་ལ་དེ་མཚར་བ་ཡོང་། ངོ་མཚར་ཆོས་ལ་ཡོད་མོད་དེ་སུམ་ཡང་མི་བསམ་གཞན་ཕར་འོག་བཟང་སྤྱོད་ཙམ་ལ་སྟོས་དང་། ཞེས་སོགས་གསུངས་པས་སྐྱེ་བོ་ཀུན་གྱིས་མ་ཆིར་བརྩོན་པ་ཆེས་ཆེར་བྱེད་པ་བཟང་སྤྱོད་ཡང་ཡང་འདོན་པ་སོགས་ཆོས་ལ་དད་གུས་ཆེར་སོང་། དེ་ནས་ཕྱིར་ཕེབས་སུ་ཆིབས་ཁ་བསྒྱུར་ལམ་བར་གྱི་སྐྱེ་འགྲོའི་དོན་མཛད་བཞིན་ཕེབས་པར་ཨ་རིག་གིས་དྲངས། དེར་རབ་བྱུང་དགེ་ཚུལ་སྣོང་བསྒྲུབ་པ་དབང་ལུང་རྗེས་གསུམ་ཞུས་པ་སོགས་མང་བས་རེས་ཞིག་ཐོགས། དེ་ནས་ཆིབས་བསྐྱོད་དེ་མདོ་མཁར་དུ་ཕེབས་ཏེ་མཚོ་སྔོན་གྱི་

དཔོན་སོགས་དང་རྒྱ་བོད་སོགས་མཇལ་བ་དང་། ཆོས་ཁྲིར་ཡོང་བ་སོགས་ཀྱི་འདོད་པ་ཇི་
བཞིན་སྐོང་བར་མཛད་མུར་བཞུགས། དབའ་(དཔའ)རིས་དང་། ཙོ་ནི་(ནེ)། རྨ་
ཕར་རི་ཚུར་རི། མཚོ་སྔོན་གཡས་ཉ་གཡོན་ཉ་སོགས་ཀྱིས་ལན་གྲངས་མང་པོའི་བར་གདན་
དྲངས་པར་ཞལ་སྨོན་གནང་བ་ལས་ཕེབས་བསྐྱོད་མ་གནང་ལ། འོན་ཀྱང་ནན་ཏན་ཆེ་
བསྟུབ་ལན་གཅིག་གཉིས་ཐམས་ཅད་དུ་ཕེབས་ཏེ་སོ་སོའི་རེ་འདོད་བསྐང་། ལྷག་པར་ཙོ་ནི་
(ནེ)ནས་མི་སྣ་འབྱོར་བས་ཙོ་ནི་(ནེ)དཔོན་དང་། དགོན་སྡེ་ཞུ་ཡིག་ནན་ཅན་སྟོང་
འཁོར་སྐུ་གོང་མ་ན་རིམ་གྱི་བརྩེ་བས་རྗེས་སུ་བཟུང་ཚུལ་སོགས་དང་། རྗེ་བླ་མ་ཐུགས་རྗེ་
ཆེན་པོ་ཉིད་ཀྱང་ནི། ཇི་སྐད་དུ། རང་གི་དོན་དུ་འཆི་མེད་ཀྱི། །བདེ་བའང་རྩ་ལྟར་
དགོངས་པ་ཁྱོད། །ཅེས་སོགས་དྲངས་པའི་ཞུ་ཡིག་གིས་ཉེ་བར་བསྐྱོད་དེ་ཆིབས་ཁ་བསྒྱུར།
ལམ་བར་གྱི་འགྲོ་བ་མཐའ་ཡས་པ་སྐལ་བ་བཟང་པོའི་དཔལ་ལ་སྦྱོར་བཞིན་ཙོ་ནེར་ཕེབས།
དཔོན་སློན་འབངས་དང་བཅས་པ་དང་། བླ་སློབ་གྲྭ་དམངས་བཅས་པས་བསུ་བ་རིང་ཐུང་
བསམ་གྱིས་མི་ཁྱབ་ཅིང་བརྗོད་དུ་མེད་པས་ཞབས་ནས་ཡོངས་སུ་བཏེགས་ཏེ་དགོན་ཆེན་དུ་
ཕེབས། དགའ་སྟོན་དང་འབུལ་བ་ཚད་མེད་པ་དང་བཅས་ཏེ་མདོ་སྔགས་ཀྱི་ཆོས་མཐའ་
ཡས་པ་ཞུས་པར་རྗེ་ཉིད་ནས་ཀྱང་ལུང་རྟོགས་ནམ་མཁའ་མཛོད་ཀྱི་སྒོ་ཕྱེ་ནས་ཟབ་གསང་
ཆོས་ཀྱི་ཆར་བ་རིང་དུ་ཕབས་སྐྱེ་བོ་ཐམས་ཅད་སྨིན་གྲོལ་འགོད་པར་མཛད། ཞབས་བརྟན་
གསོལ་འདེབས་ཞིག་དཔོན་མི་དབང་ཆེན་པོ་སྐུ་མཆེད་དང་། བླ་སློབ་འདུས་སྡེ་བཅས་ནས
ཞུས་ཏེ་ཚོགས་ཆེན་དུ་བཞུགས། དེ་ནས་རིམ་གྱིས་ཕེབས་ཏན་ཏིག་ཡང་ཏིག་ཏུ་གནས་
གཟིགས་མཛད་ནས། སྐུ་གོང་མའི་གྲུབ་ཁང་དུ་གྲུབ་པ་ཤས་ཅིག་གནང་། མཆོད་རྟེན་ཐང་
དུ་ཕེབས་ནས་འཆད་ཉན་ཡར་རྒྱས་དང་། ཁྱད་པར་དྲུག་ཅུ་ལྔགས་མཁར་གྱི་སློབ་དཔོན་དུ་
བཞུགས་སྐྱབ་པའི་རིང་ལ་དཔལ་ཆེན་རྡོ་རྗེ་འཇིགས་བྱེད་ཀྱི་ཞལ་དངོས་སུ་གཟིགས་པར་
གྲགས་ཏེ་ཉིད་དཔལ་འཇིགས་མཛད་རྡོ་རྗེའི་ངོ་བོར་གྲུབ་པ་ལ་དེ་རིགས་ངོ་ཅི་མཚར། པདྨ་

ཀ་རའི་དགེ་བསྙེན་དུང་ཕོད་ཅན་ལ་བཀའ་བསྒོས་ཏེ་མིའི་ཡོག་ཏུ་བཏྲམས་པར་མཛད། རྒྱལ་དབང་སྐལ་བཟང་རྒྱ་མཚོ་སྐུ་འབུམ་དུ་ཕེབས་སྐབས་མཚོ་ཁར་བསུ་བ་ལ་ཕེབས་བཀུར་བསྟི་དང་ཆོས་འབྲེལ་ཞུས། མཚོ་སྔོན་དམག་འཁྲུགས་སྐབས་བཞུགས་མ་བདེ་བར་གཡེར་གཞུང་དུ་ཕེབས་ནས་སླར་ཡང་རྡོ་རྗེ་འཆང་ངག་དབང་འཇམ་དབྱངས་བློ་གྲོས་ལས་རྫོགས་བརྗོད་དཔག་བསམ་འཁྲི་ཤིང་། པཎ་ཆེན་གྱི་བླ་མཆོད་ཀྱི་ཏཱིཀཱ་ཟུང་འཇུག་གྲུབ་པའི་ཤིང་རྟ་(རྟ) སོགས་དང་། གཞན་ཡང་སྟན་བརྒྱུད་དང་། གསེར་ཆོས་སོགས་རྗེ་དེ་ལ་གང་བཞུགས་མཐའ་དག་པར་གསན། དེར་ཕེབས་སྐབས་ཚངས་གདུང་ཕོད་ཅན་རྗེས་འབྲེང་དུ་ཡོད་པ་འགའ་ཞིག་ལ་མཐོང་སྣང་བྱུང་བས་དགོན་སྡེའི་འགྲམ་དུ་རྟེན་ཕོ་བརྩིགས་ནས་མཆོད་གསོལ་བྱེད་པ་བྱུང་། ཆུ་ཡོས་ལོའི་དུས་འཁྲུག་གི་རྐྱེན་གྱིས་མདོ་མཁར་སྟོང་འཁོར་དགོན་དགའ་ལྡན་ཆོས་འཁོར་གླིང་འཕོར་རྐྱེན་དུ་གྱུར་བར་སླར་རབ་བྱུང་བཅུ་གཉིས་པའི་མེ་ཕོ་འབྲུག་ལོར་ད་ལྟའི་སྟོང་འཁོར་དགོན་ཐུབ་བསྟན་བཤད་སྒྲུབ་གླིང་གསར་དུ་ཕྱག་བཏབ་ནས་རྗེ་ཙོང་ཁ་པའི་ཕྱག་བཞེས་ཆོ་འཕྲུལ་སྨོན་ལམ་ཆེན་མོ་དང་། སྟོང་འཁོར་ཡོན་ཏན་རྒྱ་མཚོའི་གསུངས་ལས། ལྷ་ཡི་དམ་གང་ཡིན་ཟེར་ཙ་ན། །དཔལ་ནམ་མཁའ་ལྷ་བུའི་གསང་འདུས་དང་། །རྒྱུད་བྱིན་རླབས་ཐུར་བའི་བདེ་མཆོག་དང་། །ཞེས་སོགས་གསང་བདེ་འཇིགས་གསུམ་གསུངས་པ་ལྟར་གསང་འདུས་སྒྲུབ་མཆོད་གསུམ་དང་བདེ་འཇིགས་གཉིས་ཀྱི་སྒྲུབ་མཆོད་རེ། ཡང་། ཆོས་བརྒྱུད་པ་གང་ཡིན་ཟེར་ཙ་ན། །ལམ་ཉམས་ལེན་རྒྱ་ཆེན་སྤྱོད་པའི་བརྒྱུད། །དོན་ཉམས་ལེན་ཟབ་མོ་ལྟ་བའི་བརྒྱུད། །ཅེས་སོགས་གསུངས་པའི་དོན། ཕྱིར་སེར་སྨད་ཐོས་བསམ་ནོར་བུའི་གླིང་གི་ཡིག་ཆ་གཞིར་བཞག་པའི་མཚན་ཉིད་བཤད་གྲྭ་ཡང་གྲྭ་ཚང་གིས་འཛུགས་པར་མཛད་ཅིང་། བཀའ་དམ་ཚིག་ཅན་གྱི་མགོན་པོ་དང་། །མཐུ་དྲག་རྩལ་ཆེ་བའི་ཉེ་མའི་སྲས། །ཞེས་གསུངས་པའི་ཆོས་ཀྱི་སྲུང་མ་གཙོ་བོར་མཛད་པའི་དཀུན་དཔྱིད་ཀྱི་དགུ་གཏོར་ཆེན་མོ་རྗེ་ཉིད་ཀྱིས་རྡོ་རྗེ་སློབ་དཔོན་གནང་ནས་དཔལ་ལྡན་

སྨད་རྒྱུད་གྲྭ་ཚང་གིས་ཕྱག་ལེན་གཙང་དག་གཞིར་བཞག་མཛད་པ་འཛུགས་པར་གནང་བ་སོགས་ནི་ཇི་སྐད་དུ། སྟོང་འཁོར་ཡོན་ཏན་རྒྱ་མཚོའི་གསུངས་ལས། ཁྱད་པར་རྗེ་བཙུན་ཙོང་ཁ་པའི། །མདོ་སྔགས་བསྟན་པའི་པད་ཚལ་ལ། །སྟོན་མེད་ཧ་བདུན་བདག་པོ་རོལ། །ལེགས་བཤད་པདྨོ་ཁ་ཕྱེ་ནས། །བཤད་སྒྲུབ་བརྩོན་པའི་རྒྱལ་མཚན་འཛུགས། །ཞེས་གསུངས་ལྟར་ལགས་སོ། །དགུང་ལོ་དྲུག་ཅུ་བཞེས་པ་ས་སྤྲུལ་ལོར་འཇམ་དབྱངས་བཞད་པ་དཀོན་མཆོག་འཇིགས་མེད་དབང་པོས་སྣང་ར་དགོན་གསར་དུ་གདན་དྲངས་ཏེ་ཕྱེང་བ་དང་གྱི་ཡ་སྦྲགས་པའི་དབང་རྫོགས་པར་ཞུས་པ་གསུང་བཤད་ཟབ་ཅིང་རྒྱས་པ་དང་། ཕྱག་ལེན་རྣམ་པར་དག་པའི་སྒོ་ནས་ལེགས་པར་སྩལ། དེ་ཚེ་སྐུ་ཅུང་ཟད་བསྙེལ་པའི་ཉམས་ལ་བརྟེད་ཆགས་པ། གསུང་གསང་ཞིང་གསལ་བ། ཐུགས་ཡངས་ཤིང་འཇམ་པས་དེར་འདུས་ཐམས་ཅད་སྨྲ་མི་ཤེས་པའི་དང་བས་བ་སྤུ་གཡོ་ཞིང་མཆི་མ་འཁྱིན་པ་རྒྱུན་དུ་བྱུང་བ་དང་། ཆེན་པོ་འགགས་སྟོན་གྱི་སྔགས་འཆང་ཁྱོད་པོ་གཞོན་ནུ་བསོད་ནམས་ཡང་ཡང་དྲན་པར་གྱུར་ཞེས་པན་ཚུན་དུ་གླེང་བར་གྲགས། སྡེ་དགེ་རྒྱལ་པོས་ཡང་ཡང་གདན་དྲངས་པར་ལན་ཅིག་ཕེབས་པར་བཞེད་དེ་ཞལ་གྱིས་བཞེས་པར་སྡེ་དགེའི་མི་སྣ་བ་ཕུན་ཚོགས་ཀྱིས་ཕྱག་དཔེ་སོགས་སྐུ་ཆས་གདོས་ཆེ་བ་རྣམས་སྔོན་དུ་ཁྱེར་ནས་ཁོང་སྟོན་འཁོར་ཆིབས་ཤར་ལ་ཕེབས་རྩིས་གནང་བར་ཐག་ཆད། སླར་ཕེབས་སྐབས་སུ་མ་སོང་བས་ཕེབས་མ་གྲུབ་པའི་གནས་ཚུལ་དང་། འཚམས་ཞུས་བར་ཨེལ་ཆེ་བསྟགས། བསྟན་འགྲོའི་དོན་རྫོགས་ནས་སྐུ་ལུས་བརྗེ་བར་དགོངས་ཏེ་དགུང་ལོ་རེ་དགུར་ཕེབས་ཆུ་སྤྲེལ་ལོར་དགོན་པའི་བླ་སློབ་ར་བསྒྲིས་རྣམས་ལ་ཉིད་རྒྱ་ནག་རི་བོ་རྩེ་ལྔ་མཇལ་བར་ཕེབས་རྒྱུ་ཡིན་པས་ཁྱེད་བླ་སློབ་ཐམས་ཅད་ཀྱིས་མཛད་རྒྱུ་ནི་བཅའ་ཡིག་ཏུ་གསལ་པོར་བྲིས་ནས་ཡོད། རྐན་གཞོན་ཐམས་ཅད་ཀྱིས་ཀྱང་བཅའ་ཡིག་ནང་ལྟར་དགོན་པའི་འགྲིགས་ལམ་ཉིད་ཐེག་པ་ཁུར་ལེན་བྱེད་ན་ཁོ་བོས་དགོན་སྡེ་བཏབ་པ་དང་། ཁྱེད་རྣམས་ཁྱིམ་ནས་ཕྱུང་སྟེ་དགོན་པར་ཞུགས་པའི་དགོས་དོན་བྱུང་བ་

ཡིན། སྤྱིར་དགོན་པའི་སྤྱི་ཚོས་ལས་སྡེ་རྣམས་ལ་རག་ལས་ཏེ། འགྲིགས་ལམ་གྲྭ་དང་འདྲ། དགེ་འདུན་ཕྱིད་(ཕྱིངས)གྲུར་ཞུགས་པའི་མགྲོན་པོ་དང་འདྲ། ལས་སྡེ་བ་གྲུབ་(གྲྭ)དང་འདྲ་བ་ཡིན། དེས་ན་གྲུར་ཞུགས་རྣམས་གྲུ་ཁ་གང་འཁོར་ཁ་ལོ་པའི་ལག་ཡིན་པ་དེ་བཞིན་ལས་སྡེ་ཆེ་ཕྲ་ཐམས་ཅད་ཀྱི་ཐུགས་ལ་ཞོག་ཅེས་སོགས་བཀའ་སློབ་ནས་ཤར་ཕྱོགས་སུ་ཆིབས་ཁ་བསྒྱུར་ཏེ་རྒྱལ་བའི་ཡབ་གཅིག་འཇམ་དཔལ་སྨྲ་བའི་སེང྄་གེའི་དྲུང་དུ་གསང་གསུམ་འཕྲིན་ལས་ཀྱི་བ་དན་དཀར་པོ་ས་ཆེན་པོའི་འཁོར་མོ་ཡུག་ཏུ་ལྷབ་ལྷབ་གཡོ་བཞིན་པར་གནས་ཆེན་རི་བོ་རྩེ་ལྔར་ཕྱིན། གནས་གཟིགས་དང་། རྟེན་མཇལ་མཆོད་སྨོན་སོགས་རྒྱས་པར་མཛད་འཇམ་དཔལ་སྨྲ་བའི་སེང་གེ་ལས་གདམས་པ་ཟབ་མོ་མནོས་ཏེ་སྒྲུབ་པ་སྙིང་པོར་མཛད་པ་ལ་བཞུགས། དེ་ཡང་རྗེའི་དགོངས་པ་ནི་གནས་ཁྱད་འཕགས་ཉིད་དུ་ཡུལ་ཁྱད་འཕགས་རྗེ་བཙུན་འཇམ་དཔལ་གྱི་དྲུང་ནས་མཛད་པ་ཁྱད་པར་དུ་འཕགས་པ་ཞིག་གནང་བརྩིས་མཛད་ཅིང་། སྤྱིར་གདུལ་བྱའི་སྐལ་བ་དམན་པ་དང་། སྨོས་ཞབས་ཕྱི་དབང་ཆེ་ཞིང་གཏེ་མུགས་པས། རྗེ་བླ་མའི་སྒྲུབ་པ་བར་དུ་བཅད་ནས་ཕྱིར་ཕེབས་དགོས་ཚུལ་ཡང་དང་ཡང་དུ་ཞུས་པར་བཀའ་ལས་ཁྱེད་རྣམས་ཚབ་ཚུབ་མ་བྱེད་དང་། འགྲོ་བདེ་བ་ངེད་ཅག་གིས་བྱེད་གསུངས་པ་དང་། ཡང་གྲུབ་པའི་རྒྱལ་མཚན་མཐོན་པོར་འཛིན་པའི་དྲང་སྲོང་ཞིག་གིས། ཀ་ཡི་ཚུར་ལ་གསོན་དང་ཤེས་ལྡན་དག །ཁ་བ་དུ་ཡུག་ཚུབ་འདྲའི་ལས་མ་བྱེད། །ག་ལེར་བླ་མ་བཟའ་བརྗེ་ཚུག་དང་། །ང་ཅག་རང་གཞན་དགའ་བའི་དོན་ཅིག་ཡོད། །ཞེས་སྨྲས་པ་དག་དོན་མེད་ཀྱི་གཏམ་དུ་བཏང་ནས་མ་ཉན་པས་སྒྲུབ་པ་ལ་རིང་དུ་བཞུགས་མ་ཐུབ་པར་ཆིབས་ཁ་བསྒྱུར་དགོས་ཤར། ཡང་ལམ་སྐབས་ཀྱི་གྲོང་ཁྱེར་ཞིག་གི་ཉེ་འདབས་སུ་ཞག་ཤས་བཞུགས་ནས་སྒྲུབ་པ་ཅིག་མཛད་དགོས་གསུངས་ཀྱང་མ་ཉན་པས་བཀའ་ལས། ཡིན་པ་ཁྱེད་ཚོའི་དོན་ཡིན་ཏེ་བྱེད་དུ་མི་འདུག ང་ལ་བདག་ཁྱད་མེད་གསུངས་ནས་ཕྱིན། །དེ་ནས་ཕེབས་པར་རིང་པོ་མ་སོང་བའི་ལམ་དུ་དག་ཞིང་དགའ་ལྡན་ཆོས་ཀྱི་ཕོ་བྲང་མཐོན་པོར་ངོ་

མཚར་བའི་ཆོ་འཕྲུལ་དང་བཅས་ཏེ་བདེ་བར་གཤེགས་ཏེ་དེ་ལ་དབང་ཆེ་བ་དག་གི་དབང་མ་སོང་ངོ་། །དེ་སྐབས་རྗེ་ཉིད་ཀྱིས་དོན་འགའ་ཕྱག་བྲིས་མཛད་ནས་ཕྱག་དཔེའི་ནང་དུ་བཞག་པ་གཞི་སྡོད་པ་རྣམས་ལ་འཕྲོད་ཅིང་སླར་གཞན་ལ་འཕྱང་ནས་མ་རྙེད། དེ་ནས་སྐུ་གདུང་འགྱོད་བཞིན་སྟོང་འཁོར་དུ་གདན་དྲངས་ནས་མཆོད་འབུལ་སོགས་རྒྱ་ཆེན་པོ་དང་། ཐུགས་དགོངས་རྫོགས་བྱེད་ཀྱི་རིམ་པ་ཡང་རྒྱ་དངོས་འཕང་མེད་ཀྱི་ཚོད་དུ་བསམ་ལས་འདས་པ་ཡིད་སྨོན་ཙམ་དུ་མ་ལུས་པར་སྒྲུབ། རྒྱ་བཟང་རིན་པོ་ཆེ་དགའ་ཐུབ་བསྟན་དབང་ཕྱུག་ཕེབས་ནས་ཁྲུས་གསོལ་དང་སྤྲུལ་སྐུ་མྱུར་གསལ་གྱི་གསོལ་འདེབས་མཛད་ཅིང་གདུང་ལ་ཞུགས་འབུལ་གནང་། དེ་སྐབས་སློ་བུར་དུ་སྒྲ་ཆེན་པོ་ཞིག་གྲགས་པ་དང་ལྷན་ཅིག་དབུ་ཏོད་ཀྱི་ཚལ་བུ་ཞིག་འཕར་ཏེ་རྒྱ་བཟང་རིན་པོ་ཆེའི་མདུན་ལྡོག་སྟེང་དུ་བབས་པའི་སྟེང་དུ་སྐུ་མང་པོ་འབུར་དོད་དུ་ཡོད་པ་དེར་འཁོར་ཀུན་གྱིས་མཐོང་། གདུང་རུས་ཕྱོགས་གཅིག་ཏུ་བསྡོམས་ཏེ་གང་གི་ཐུགས་སྲས་འཇམ་དབྱངས་བཞད་པས་རིན་ཆེན་གཉིས་པའི་ཁམས་ལས་གྲུབ་པའི་བྱང་ཆུབ་ཆེན་པོའི་མཆོད་རྟེན་བཟོ་བཀོད་ལྡན་སུམ་ཚོགས་པ་ཐོག་ཚད་མའི་ནང་དུ་བཞུགས་སུ་གསོལ་ཞིང་། དེའི་བུམ་སྒོའི་ནང་དུ་སྐུ་འབུམ་གྱི་ཙནྡན་ལྗོན་པའི་ཚལ་བུ་ལས་གྲུབ་པའི་སྐྱབས་མགོན་རྗེ་བཙུན་བླ་མ་དེའི་འདྲ་སྐུ་བྱིན་རླབས་ཅན་དང་བཅས་པ་གསར་བཞེངས་མཛད་ནས་སྟོང་འཁོར་ཐུབ་བསྟན་བཤད་སྒྲུབ་གླིང་གི་འདུ་ཁང་སྒྲུབ་ཏུ་འགྲོ་བ་ལྷ་དང་བཅས་པའི་བསོད་ནམས་ཀྱི་ཞིང་དུ་བྱིན་རླབས་ཀྱི་གཟི་བྱིན་ཀུན་ཏུ་འབར་བཞིན་པར་བཞུགས་སོ། །སྨྲས་པ། རིས་སུ་མ་ཆད་སྐྱེ་རྒུའི་ཚོགས་རྣམས་ཀྱིས། །བསོད་ནམས་འབུམ་གྱི་ཤིང་རྟས་ཉེར་དྲངས་པའི། །དམ་པ་ནམ་མཁའི་ནོར་བུ་ཁྱོད་ཉིད་ཀྱི། །འཕྲིན་ལས་རྒྱ་མཚོའི་གོས་ཅན་ཡོངས་ལ་བརྡལ། །སྲིད་པའི་མཚོ་འདིར་ལྷུང་བའི་ལུས་ཅན་རྣམས། །སྲིད་ཞིའི་མཐའ་ལ་མི་གནས་གོ་འཕང་ལ། །རིང་མིན་འགོད་པའི་མཐུ་སྟོབས་མངའ་བ་ཁྱོད། །རིང་མོ་ཞིག་ནས་སྐུ་བཞིའི་བདག་ཉིད་ཅན། །ལྷ་ཀླུ་མི་དང་དྲི་ཟར་བཅས་

པ་ཀུན། །ཀུན་མཁྱེན་ཁྱོད་ལ་གུས་པས་བསྟེན་པའི་ཚེ། །ཚེ་རབས་མང་པོར་བསགས་པའི་སྒྲིབ་གཉིས་སྲུན། །སྲུན་ལ་ཉི་མ་ཇི་བཞིན་སངས་པར་མཛད། །ཐུབ་བསྟན་སྙིང་པོ་འཛམ་མགོན་བླ་མའི་སྲོལ། །ཐུབ་པའི་བརྒྱལ་ཞུགས་མངའ་བ་ཁྱོད་ཉིད་ཀྱིས། །ཐུབ་དབང་ཇི་བཞིན་འཛིན་སྐྱོངས་སྤེལ་མཛད་པས། །ཐུབ་མཆོག་གཞན་གྱི་མཛད་པ་བག་ལ་ཞ། །ཨེ་མ་རྫོད་དུས་དཀྱུན་གྱི་མཐར་སླེབས་ཀྱང་། །ཕན་བདེའི་གྲུ་ཆར་འགྱེད་པའི་རིག་བྱ་ཡིས། །ལུས་ཅན་སྙིང་གི་པདྨའི་རྒྱ་བཀྲོལ་མཁས། །འདི་འདྲ་མཐོང་ཐོས་གྱུར་པ་ཆེས་སྐལ་བཟང་། །ཞེས་པ་ནི་བར་གྱི་ངལ་བསོའི་(གསོའི)ཚིགས་བཅད་དོ། །

༈ སྐྱེས་པའི་རབས་ཀྱི་འཕྲེང་བ་བཅོ་ལྔ་པ་ནི། སྐལ་ལྡན་འགྲོ་ལ་ལམ་བཟང་འདོམས་པ་ལ། །འཛམ་དབྱངས་མཁྱེན་པར་ཞུགས་པར་དབང་བསྒྱུར་ཞིང་། །བསྟན་པ་རིན་ཆེན་གཙུག་གི་རྒྱན་འཛིན་པའི། །འདུན་ལྡན་རྒྱ་མཚོའི་མགོན་ལ་གསོལ་བ་འདེབས། །ཞེས་གསུངས་པ་ལྟར། སྐལ་བ་དང་ལྡན་པའི་འགྲོ་བ་རྣམས་ལ་ཚང་ལ་མ་ནོར་བའི་ལམ་བཟང་འདོམས་པ་ལ། རྗེ་བཙུན་འཛམ་དབྱངས་གཞོན་ནུར་གྱུར་པ་གང་གི་མཁྱེན་པར་ཞུགས་པ་དང་མཚུངས་པར་རང་དབང་དུ་བསྒྱུར་བར་ནུས་ཤིང་། ཁྱད་པར་དུ་གསེར་མདོག་འཆད་པའི་བསྟན་པ་རིན་ཆེན་དབང་གི་རྒྱལ་པོ་གཙུག་རྒྱན་དུ་གུས་པས་བསྟེན་ཅིང་གཅེས་པར་འཛིན་པའི་བདུན་ལྡན་རྒྱ་མཚོའི་ཚོགས་ཀྱི་མགོན་དང་སྐྱབས་དང་དཔུང་གཉེན་གཅིག་པུར་གྱུར་པའི་བདག་ཉིད་ཆེན་པོ་མཚན་བརྗོད་པར་དཀའ་བ་དག་གི་དབང་ཕྱུག་འཛམ་དབྱངས་བསྟན་འཛིན་རྒྱ་མཚོའི་དཔལ་ཞེས་གྲགས་པ་དེ་ཉིད་ཡིན་ལ། དེ་ཡང་སྟོང་འཁོར་ལྔ་བ་བསོད་ནམས་རྒྱ་མཚོ་ལ་སྤྲུལ་སྐུ་སྐྱབས་མཆོག་མཚུངས་མེད་འདི་ཉིད་དང་། བར་ཁམས་སྟོང་འཁོར་སྤྲུལ་སྐུ་འཛམ་དཔལ་དགེ་འདུན་རྒྱལ་མཚན་སྐུ་གཉིས་བྱུང་། དེ་ཚེ་བློ་མཐུའི་ན་ཚོད་ཕྲ་བ་དག་གིས་གཉིས་འཇྲོན་པ་མི་འཐད་པས་གཅིག་ནི་དངོས་མ་ཡིན་པར་ཁྲུམས་སོ་ཞེས་རིང་དུ་སྒྲོགས་སོ། །ཁྱེད་དག་ལ་མི་འཐད་ཅིང་། དོན་དམ་པར་སྟོང་འཁོར་བསོད་

ནམས་རྒྱ་མཚོ་ལ་སྤྲུལ་སྐུ་གཅིག་ལྷག་གཉིས་སུ་མ་ཟད་བཅུ་ཕྲག་མང་པོའང་བྱོན་ཏེ། པཎ་ཆེན་ཐམས་ཅད་མཁྱེན་པ་གོང་མའི་གསུང་ལས། ངག་དབང་འཇམ་དབྱངས་བསྟན་འཛིན་རྒྱ་མཚོ་ལ། །གསོལ་བ་འདེབས་སོ། །གཞན་ཡང་ཞིང་འདིར་སྐུ་ཡི་བཀོད་པ་ནི། །མཁས་དང་གྲུབ་བརྙེས་ས་སྐྱོང་ལ་སོགས་པ། །བཅུ་ཕྲག་བཞི་ཡི་རྣམ་པར་རོལ་རྣམས་ལ། །གསོལ་བ་འདེབས་སོ། །ཞེས་གསུངས་པའི་ཕྱིར། སྐབས་ཀྱི་དོན་ལ་སྐྱབས་མགོན་མཚུངས་མེད་འདི་ཉིད་སྐུ་འཁྲུངས་པའི་ཡུལ་ནི་མདོ་སྨད་ཀྱི་སའི་ཆ་ལས་རོང་པོ་ཤིང་ལེབ་ཁ་ཞེས་པར་རིགས་རུས་ཆེ་འབྲང་ཕུན་སུམ་ཚོགས་པའི་ཡབ་རྗེ་དམ་པ་དོན་གྲུབ་དང་། ཡུམ་སྒྲོལ་མ་ཞེས་པ་གཉིས་ཀྱི་སྲས་སུ་རབ་བྱུང་བཅུ་གསུམ་པའི་ནང་ཚན་ཤིང་ཕོ་ཁྱིའི་ལོ་ལ་གཟའ་སྐར་འཕྲོད་སྦྱོར་སོགས་ཕུན་སུམ་ཚོགས་པའི་ཉིན་དཀར་ཕྱོགས་ཀྱི་ལྷ་རྣམས་ཀྱིས་ཤིས་པ་བརྗོད་ཅིག་མེ་ཏོག་གི་ཆར་འབེབས་པ་དང་། དབང་པོའི་གཞུ་རིས་ཀྱིས་ཕྱོགས་ཀུན་ཡོངས་སུ་འགེངས་པ་སོགས་བཀྲ་ཤིས་ཤིང་མཆོག་ཏུ་དགེ་བའི་མཚན་མ་དུ་མ་དང་བཅས་ཏེ་པདྨོ་འདམ་གྱི་སྦུབས་ལས་ལོངས་པ་བཞིན་དུ་མངལ་གྱི་དྲི་མས་མ་གོས་པར་སྐུ་བལྟམས་ཤིང་། གཞོན་ནུ་ཉིད་ནས་མི་བསླུན་པའི་སྤྱོད་པའི་ཆ་ཕྲ་མོ་ཙམ་ཡང་མི་མངའ་བར་རྒྱལ་སྲས་ཀྱི་བསླབ་པའི་ཚུལ་ཁྲིམས་ལ་རང་ཤུགས་ཀྱིས་སྤྱོད་པ་སོགས་སར་གནས་ཀྱི་ཡོན་ཏན་མ་ལུས་པ་མངའ་བས་ཉེ་བར་འཁོད་པ་དག་གིས་འདི་ནི་རང་ག་བ་ཞིག་མ་ཡིན་ནོ་ཞེས་སྨྲེང་བར་གྱུར། དེ་ཚེ་སྤྲུལ་སྐུའི་དོན་ལ་ཚངས་པ་དུང་ཐོད་ཅན་སྐུ་གསོལ་ཞུས་པར་ལྷ་ཆེན་ནས། རྗེ་པུ་ཏེ་མཚན་ལྡན་རྡོ་རྗེ་འཆང་། །འདིད་ལྷ་ཡི་གཙུག་རྒྱན་ངོ་མཚར་ཅན། །ཕོང་དག་པའི་ཞིང་དུ་ཕེབས་ནས་སླར། །མ་དག་ཞིང་དུ་བྱོན་ནས་ཡོད། །རྨ་སྨྲོམ་རའི་མདུན་ནས་ཤར་དུ་བབས། །ཆབ་བཀྲ་ཤིས་གཡང་ཆགས་རྨ་ཆུ་ཟེར། །ཆུ་དེ་ཡི་ཕར་ངོས་ཤིང་གི་རི། །རི་གྱད་པ་ཁ་ན་ནོར་བུ་ཡོད། །ལྷ་ཁོ་བོས་རྒྱུན་དུ་བྱ་ར་བྱེད། །དོན་གྲུབ་པར་འདའ་འོ་དང་དུ་ལོང་། །ཞེས་པ་སོགས་གསུངས་པས་དཔོན་ཨེ་ཁེ་ཐེ་ཧཻ་(ཧཻ) བཀྲ་ཤིས་རྒྱ་མཚོས་མི་གཉིས་མྱུལ་མ་བཏང་བ་རྨ་ཕ་རེར་ཕྱིན།

ཕྱོགས་ཀུན་ཐུལ་ཏེ་ཤི་ལི་ཁར་སླེབ་རྗེ་སྤྲུལ་པའི་སྐུ་དང་མཇལ་ཚད་མེད་པའི་དད་པ་ཐོབ་ཕྱིར་འཁོར་ནས་རྒྱ་མཚན་ཞུས་པར་ཀུན་མདུན་པ་གཅིག་ཏུ་དྲིལ་ནས་དེར་ཐག་ཆད་（བཅད）དེ་རིང་པོ་མ་ལོན་པར་རྫོང་གི་སློན་ལམ་དང་ཐུགས་བསྐྱེད་ཀྱི་དམ་བཅའ་བཙན་པོའི་རྟ་བདུན་གྱིས་ལེགས་པར་དྲངས་པས་གཟུགས་སྐུའི་ཉིན་བྱེད་སློབ་འབངས་ཚོགས་ཀྱི་བསོད་ནམས་ཤར་རིའི་ཕྲག་པ་ནས་ཐོན་ཏེ་གོང་མའི་གདན་ས་སྟོང་འཁོར་ཐུབ་བསྟན་བཤད་སྒྲུབ་གླིང་གི་གསེར་གྱི་ཁྲི་དཔང་མཐོན་པོར་ཞབས་ཟུང་ནོར་བུའི་འཁོར་ལོ་རྣམ་པར་བཀོད་པས་འགྲོ་བ་རྣམས་ཡིད་ཀྱི་ངལ་བསོ་（གསོ）ཐོབ་ཅིང་དབུགས་དབྱུང་བར་མཛད། ཡོངས་འཛིན་དགེ་བའི་བཤེས་གཉེན་དུ་མ་ལ་བསྟེན་ནས་ཆོས་སྤྱོད་དང་རྒྱུད་སྡེའི་ཆོ་ག་སོགས་ཀྱི་ཐུགས་འཛིན་དང་། ལྷག་པར་དུའང་ཤེས་བྱའི་གནས་ཀུན་ལ་མཁྱེན་རབ་ཀྱི་འཇུག་པ་ཐུལ་དུ་ཕྱིན་པ་རྗེ་བཙུན་ཤེས་རབ་འཁོར་ལོ་དང་གཉིས་སུ་དབྱེར་མེད་པའི་དབང་གིས་རིག་པའི་གནས་སོགས་མཁས་པར་བྱ་བའི་གནས་ཕལ་ཆེར་དཀའ་བ་མེད་པར་ཐུགས་སུ་ཆུད་པས་མཁས་རློམ་ཆེན་པོའི་བརྟུལ་ཞུགས་ཅན་རྣམས་ཀྱི་ཁེངས་པ་ཆུང་ངུར་མཛད། དགུང་ལོ་བཅུ་སྐོར་ཙམ་དུ་ཕེབས་སྐབས་སྐུ་འབུམ་བྱམས་པ་གླིང་དུ་བདག་ཉིད་ཆེན་པོ་ཆུ་བཟང་ཧུ་ཐོག་ཐུ་ངག་དབང་ཐུབ་བསྟན་དབང་ཕྱུག་དཔལ་བཟང་པོ་བཞུགས་པའི་དྲུང་དུ་ཕེབས། བསྟན་པའི་ནང་མཛོད་སོ་ཐར་གྱི་སྡོམ་པའི་ནང་ཚན་ཚོག་སྟ་མ་དགེ་ཚུལ་ཡི་སྡོམ་པ་བཞེས་མཚན་ངག་དབང་འཇམ་དབྱངས་བསྟན་འཛིན་རྒྱ་མཚོ་ཞེས་གསོལ་ཏེ། དེས་ནས་མཚུངས་མེད་སྤྲུལ་པའི་སྐུ་འདི་རྫོང་མ་སྐུ་གོང་མ་ངག་དབང་བསོད་ནམས་རྒྱ་མཚོ་བར་ཁམས་སུ་ཕེབས་སྐབས་རྗེ་ཉིད་ལ་འབྲུངས་རབས་གསོལ་འདེབས་ཞུ་བར་དཔག་ཡས་བསྐལ་བ་མ་ཞེས་པ་གནང་བ་དེར་མདོ་རྒྱུད་རྒྱ་མཚོའི་གསོལ་འདེབས་ཀྱི་མཇུག་ཐོག་ཏུ། ངག་གི་དབང་ཕྱུག་འཇམ་དབྱངས་གཞོན་ནུ་གཞན། །བློ་བཟང་རྒྱལ་བའི་མདོ་སྔགས་བསྟན་པ་འཛིན། །གཞུང་ལུགས་རྒྱ་མཚོའི་སྙིང་པོའི་དོན་རྟོགས་པ། །དཔལ་ལྡན་བླ་མའི་ཞབས་ལ་གསོལ་བ་འདེབས། །ཞེས་

གསལ་བར་བསྟན་ནམ་སྙམ། དགུང་ལོ་བཅུ་གསུམ་པའི་ཐོག་སྔོ་མེ་ལྷ་སྟེ་ཚོ་བས་གདན་དྲངས་གསོལ་བ་བཏབ་པའི་ངོར་བཀྲ་ཤིས་ཆོས་གླིང་ཞེས་པའི་དགོན་པ་ཕྱག་འདེབས་གནང་བ་སོགས་བསྟན་འགྲོར་སྨན་པའི་བྱ་བ་རྒྱ་ཆེན་པོ་དང་། ཁྱད་པར་དུ་རྗེ་བླ་མ་ཙོང་ཁ་པ་ཆེན་པོའི་གསུང་ལས། རིགས་ལམ་ཕྲ་མོ་ཕྱེད་པའི་རྣམ་དཔྱོད་དང་། །གཞུང་ལུགས་གདམས་པར་ཤར་བའི་ཉམས་ལེན་དང་། །ཚིག་སྦྱོར་ཚུལ་ལ་མཁས་པའི་ངག་གི་དཔལ། །ས་སྟེང་འདི་ན་རིན་ཆེན་རྣམ་གསུམ་སྣང་། །ཞེས་གསུངས་པ་ལྟར་གྱི་རིན་པོ་ཆེ་ལེན་ཕྱིར་གཞུང་ལུགས་རྒྱ་མཚོ་ཆེན་པོར་ཞུགས་པར་དགོངས་ཏེ་རེ་ཞིག་བཀྲ་ཤིས་འཁྱིལ་དུ་ཕེབས་ནས་བཞུགས་ཤིང་དེ་ཚེ་གཞུང་ལུགས་ཀྱི་གནས་ལ་གསན་བསམ་བརྩོན་པ་ཆེས་ཆེར་མཛད། དེ་ནས་དགུང་ལོ་ཉི་ཤུར་སོན་པའི་ཚེ་སྟོང་འཁོར་དུ་ཕེབས་སྐུ་གོང་མའི་དུས་མདོ་ཕྱོགས་ཀྱི་འཆད་ཉན་བཙུགས་པ་དཔོན་བཀྲ་ཤིས་ཆོས་སྐྱབས་དང་ཀན་གྲ་འགའི་བྱེད་པ་ལ་བརྟེན་ནས་ཉམས་ཡང་ཐུགས་ཕྱོགས་ཀྱི་སྒྲུབ་མཆོད་སོགས་ངོ་ཙམ་ཡོད་པ་བརྩོན་ཐབས་གསོ་བར་སོ་སོར་རྩ་ཚིག་དམ་པོ་བཞག དགོས་པ་ཞིག་གི་དབང་གིས་རྒྱལ་ཁབ་ཆེན་པོར་གློ་བུར་དུ་ཕེབས། འཇམ་དབྱངས་གོང་མ་ཆེན་པོ་ཆན་ལུང་དང་ཡེ་ཧོར་ནས་མཇལ་འཕྲད་གནང་། གོང་མ་ཆེན་པོ་ཐུགས་ཤིན་ཏུ་དགྱེས་ཤིང་། བཀའ་ལས་ཧོ་ཐོག་ཐུ་སྐུ་ཕྲེང་དུ། སོག་སྐད་ཡེ་ཤེས་ཕེབས་པར་སྐུ་ཕྲེང་བདུན་སོག་སྐད་ཤེས་ཞུས་པས། བཀའ་ལས་ཁྱོད་ཀྱིས་སོག་སྐད་མ་ཤེས་ན་ངས་བོད་སྐད་ཤེས་དོ་ལོ་བདུན་ཡིན། བདུན་བརྒྱད་དགུ་བཅུ་ཐམ་པ་ཧ་ཧ་གསུངས། གཞན་ཡང་གསེར་གྱི་བཀའ་ལུང་བཟང་པོ་དང་བདག་རྐྱེན་གཟིངས་བསྟོད་གཞན་འགྲན་མེད་པ་གནང་། ཕྱིར་ཕེབས་འཕྲལ་བླ་མ་གུང་ཐང་ཞིན་སོགས་ཐམས་ཅད་ནས་སྣ་ཡེར་ཚད་མེད་པ་འབུལ་བར་བྱུང་། ཕར་ལ་རང་ལུགས་སྲོལ་དང་མཐུན་པའི་སྟོན་མོ་མཛད། ཡང་ཉིན་གཅིག་གོང་མ་ལྷ་ཁང་ཞིག་ཏུ་ཕེབས་སྐབས་མཇལ་བར་ངེད་ཀྱི་ཧོ་ཐོག་ཐུ་ཡང་འདུག་གསུངས་ཏེ་ཕེབས་ཙམ་ནང་ནས་ཕྱག་དྲིལ་གནང་། བདག་རྐྱེན་དང་དགོངས་གཞིའང་ཆེ་

པ་ཡིན། དེ་ནས་འ་ཞུ་ཕྱུག་མཛོད་དོན་གྲུབ་གྲགས་པ་ཞེས་སྙོ་ཡངས་པས་མི་ཆེན་རྣམས་ཀྱི་ངོ་འཛིན་སོགས་ལས་དོན་ལེགས་པར་འགྲུབ་པ་བྱུང་བས་བདག་རྐྱེན་གནང་སྟེ་འདོད་པ་བཞིན་འབུལ་སྐྱུད་དུ་བཏང་། ལེའུ་ཏྲ་ཞིན་ནས་གོང་མའི་མདུན་ན་འདོན་ཏེ་ཨེར་ཕུ་བརྒྱུད་དེ། གོང་མ་ཆེན་པོར་བོད་དུ་འགྲོ་བའི་གནང་བ་ཞུ་བར། བཀའ་ཕེབས་སུ་སྟོང་འཁོར་ཏུ་ཐོག་ཐུ་ད་ལྷ་དགུང་ལོ་ཆུང་སྐབས་སྟོན་ལ་བོད་དུ་ཡོན་ཏན་སློབ་པར་འདོད་པ་བཞིན་མགྱོགས་པར་སོང་སྐད་ཡང་ངེད་གཉིས་ཐུག་ཚོག་གནང་སྤྱིན་ལ་ངེད་རང་སྤྱད་པའི་གཡུ་ཡི་འཕྲེང་བ་དང་། གསེར་གྱི་རྡོར་དྲིལ། གཞན་ཕྱི་རུའི་བརྒྱ་ཕྲེང་། སྤོས་ཤེལ་ཕྲེང་བ། གོས་ཡུག་བཅོ་ལྔ་བཅས་ཡོད་ངས་ཏུ་ཐོག་ཐུ་མི་བརྗོད་ཅེས་སོགས་གཟིགས་པ་ཚད་མེད་པས་བདག་རྐྱེན་གཟེངས་བསྟོད་བླ་ན་མེད་པ་མཛད། དེ་ནས་བོད་དུ་ཕེབས་པར་ཐུགས་ཐག་བཅད་སེར་འབྲས་གང་དུ་བྱོན་ན་ལེགས་སྙམ་དགོངས་ཡོད་པའི་སྐབས། ཐུ་ཀྭན་ (ཐུའུ་བཀྭན) ཏུ་ཐོག་ཐུས་རྗེ་འདི་ཉིད་ལ། ཕོ་བོའི་རྨི་ལམ་དུ་སེ་ར་ཡིན་ཟེར་བའི་དགོན་སྡེ་ཞིག་གི་གཡས་ཕྱོགས་སུ་ཤིང་གནགས་ (ནགས) ཐོ་རེ་བ་ཡོད་པ་ཞིག་གི་ནང་ནས་བཛྷེ་བསེ་ཐབ་ཀྱིན་པ་ཞིག་གིས་ཁྱོད་ཀྱིས་སྟོང་འཁོར་འདི་ལ་ཁ་ཏ་བསླབ་བྱ་ལེགས་པར་མཛད་དགོས་ཚུལ་སོགས་ཟེར་བ་ཞིག་བྱུང་བ་དེ་གང་ཡིན་སྙམ་པ་ན་སེར་སྨད་ཀྱི་ཆོས་སྐྱོང་ཕོ་རོག་ཆོས་རྒྱལ་ཡིན་པར་འདུག་དེས་ན་བོད་དུ་ཐུགས་གཉེར་ལ་ཕེབས་ནས་གྲྭ་ས་གཞན་དུ་ཕེབས་ན་ཆོས་སྐྱོང་དེ་མི་དགའ་བའི་ཚོད་འདུག་པས་སེར་སྨད་དུ་ཕེབས་ན་ལེགས་ཚུལ་གསུངས་ཤིང་། དེ་བཞིན་ཙྭ་དོར་ཤར་བ་ཆོས་རྗེས་ཀྱང་ཡང་ཡང་ནན་ཏན་མཛད། ཁྱད་པར་དུ་འཇམ་མགོན་བསྟན་པའི་ཀ་ཆེན་ལྕང་སྐྱ་རོལ་པའི་རྡོ་རྗེ་ཡེ་ཤེས་བསྟན་པའི་སྒྲོན་མེ་དཔལ་བཟང་པོས་ཀྱང་། སྤྲུལ་པའི་སྐུ་རིན་པོ་ཆེ་ཉིད་སྐུ་ན་ཕྲ་བ་དང་མཁྱེན་རབ་ཡངས་པ་ལ་བསམ་ནས་སྔོན་དུ་གྲྭ་སར་སོང་ནས་རྗེས་སོར་གོང་མ་མཇལ་ན་ཡོད་སྙམས་བྱུང་། འཇམ་དབྱངས་བཞད་པ་ནས་ཀྱང་འདི་ལ་དེ་བཞིན་ཡི་གེ་བྱུང་ཡང་། ཁྱེད་རང་གི་ཐུགས་བསྐྱེད་ཕུལ་དུ་བྱུང་བས་

དོན་དག་རིགས་པར་གྲུབ་སོང་ད་བོད་དུ་ཕྱིན་ནས་མདོ་སྔགས་གཞུང་ལུགས་ཀུན་ལ་གསན་བསམ་མཐར་ཕྱིན་པ་མཛད་དགོས་ཚུལ་སོགས་ཆོས་སྲིད་གཉིས་ཀའི་དོན་ལས་བརྩམས་པའི་གསུང་ཞིབ་ཟབ་རྒྱས་གནང་། དེ་ནས་སླར་ཆ་དཀར་དུ་ཕེབས་མཚན་སྒྲོགས་མཁན་པོས་ཁྱོད་ཀྱིས་ད་རེས་ངེད་ཚོའི་སྙིང་བརྟན་ཨང་། ཁྱོད་སྤོབས་པ་ཆེན་པོ་རེད། གོང་མས་ཡང་ཁྱོད་ལ་གཟིགས་པ་ཆེན་པོ་རེད་གསུངས་དགའ་སྟོན་བཟང་པོ་གནང་། སྦྱིན་བདག་ཆེ་ཕྲ་ཐམས་ཅད་ནས་སྤྲ་ཡེར་དགའ་སྟོན་ཆེན་པོ་ཕུལ། དེ་ནས་ཆིབས་ཁ་བསྒྱུར་ཏེ་གནས་ཆེན་རི་བོ་རྩེ་ལྔ་སོགས་བརྒྱུད་མཚན་སྙན་གྲགས་པའི་གུར་གུམ་ཕྱོགས་ཀྱི་མཛེས་མའི་འགྲམ་པར་བགོ་བཞིན་ཝུ་ཏུ་སུར་ཕེབས། བུ་ཞིན་ཏྲ་པེ་ལི་སོགས་ཀྱིས་ཞབས་ནས་བཏེགས། དངོས་འབུལ་སྒྲོམ་ཆེན་གྱིས་སྤྲི་ཞུ་ཞུས། ཝུ་ཏུ་སུའི་བླ་མ་ལ་ཨེ་ཏེ་ནི་མེར་རྒན་ཆོས་རྗེའི་ཚེ་ལོ་གནང་། བླ་མ་འདི་པས་སྔ་ཕྱིར་དངོས་འབུལ་ཚད་ལས་འདས་པ་ཕུལ། རེས་ཞིག་བཞུགས་ཞུས་པར་ཏེ་ཏེ། སྙིང་དཀའ་རིག་ན་གྱི་ནར་སྡོད་ཐབས་མེད། །དོན་ཆེན་མཐོང་ན་དོན་མེད་འདའ་བ་ཕངས། །ཞེས་པའི་དོན་རྗེར་ངེད་སྡོད་མི་ཁོམ་གསུངས་ནས་ཆིབས་བཏེགས། རིམ་གྱིས་□□ཕེབས་□□□□སུ་མཆོག་བུ་རེ་ཞིག་བཞུགས་འགྲོ་བ་རྣམས་ཀྱི་རེ་འདོད་བསྐོང་། སྟོང་འཁོར་དུ་ཕེབས་འཕྲུལ་མཚོ་སྟོན་ནས་ཇ་(ཛ)སག་□འཇམ་དབྱངས་གོང་མ་ཆན་ལུང་རྒྱལ་པོ་ཁྲི་བཞུགས་ལོ་བཞི་བཅུའི་ཤིང་ལུག་ཟླ་བ་དགུ་པའི་ཚེས་བཅུ་གསུམ་ཉིན་ཐོག་མར་མཇལ་སྐབས་ཚེ་སྐུ་བཀྲ་ཤིས་ལི་མ་དང་། མཛོད་དར་ཕུལ་བར། གོང་མ་རིན་པོ་ཆེ་ནས་ཁ་བཏགས་ཁྲིར་ཤོག་གསུང་ནས་མཛོད་བཏགས་ཞིག་གནང་། སྙིན་ཀྲོལ་ཚང་དང་། ངེད་གཉིས་ལ་གདན་ཁ་གང་མ་རེ་བཏིང་། བཀའ་ལས་རྟ་ཐོག་ཐུ་མདུན་དུ་སྡོད་ཕེབས། མདུན་ནས་ཀར་(དཀར)ཡོལ་སེར་པོའི་ནང་དུ་འོ་མ་གང་རེ་གནང་། སྙིན་ཀྲོལ་ནོ་མོན་ཧན་ལ་འདི་སྟོང་འཁོར་ཏོ་ཐོག་ཐུ་ཡིན་ནམ་ཞེས་དྲིས་ནས། ངེད་ལ་ཏོ་ཐོག་ཐུ་བདེ་མོ་ཡིན་ནམ། ལོ་དུ་ཡིན་གསུང་གནང་བར། ལོ་ཉེ་ཤུ་རྩ་གཉིས་ཡིན་སོགས

ཕུལ་འབྲུམ་བྱུས་ཐད་མ་ཡིན་ནམ། སྐྱེ་ཕྲེང་དུ་ཡིན་ཕེབས་པར། བདུན་པ་ཡིན་ཞུས། བདུན་དོ་ལོ་དང་། བརྒྱད་ནའི་མ། དགུ་ཡེ་སུ་ཡིན་ངས་ཀྱང་བོད་སྐད་དུ་ཅུང་ཟད་ཤེས་ཞེས་ཞལ་རྗེད་གསུངས་ནས་བཞད། ཡང་ལྷང་སྐྱ་ཚང་ནས་ཆོས་ཉན་ནས། བླ་མ་འདི་ལ་ཆོས་ཨེ་ཉན། ད་སྔ་པི་ཅིང་ལ་ཡོང་ཨེ་མྱོང་གསུང་གནང་བའི་ལན་དུ། གོང་མ་བདེ་སྐྱིད་རྒྱལ་པོའི་རིང་ངས་གོང་མ་མཇལ་ནས་ཚན་ཞི་མཛླུ་ཤྲཱི་ཐམ་ཀ་གནང་བ་ཡིན་ཞུས། སོག་སྐད་ཨེ་ཤེས་ཕེབས། མི་ཤེས་ཞུས་པར། ལར་རྒྱ་མི་ཤེས་སམ་ཕེབས་པར། རེ་གཉིས་ཤེས་ཞུས། ཁྱོད་ཀྱི་དགོན་པ་གང་ཡིན་པ་དགོན་པ་དུ་ཡོད། ལོ་ཉི་ཤུ་རྩ་གཉིས་ཡིན་ཚེ་ལོ་གཞོན་ཆོས་སློབ་པའི་དུས་ཡིན། ཡོན་ཏན་བཟང་པོ་སློབ་གསུངས། གཟིམས་ཁང་སྒོ་ནས་མཇོད་གོས་བཞི། ཁུག་མ་ཚ་གསུམ་ཨེར་ཕུའི་ཕྱག་གིས་གནང་། དེ་འཕྲུལ་བཀའ་ཤོག་དྲུག་དང་། ཐམ་ག་རྒྱལ་པོས་གཟིགས་ནས་རྩུ་ར་གན་གྱི་ཏིང་སི་ལ་མནན། བཅུ་བཞིའི་ཉིན་གོང་མ་འཇམ་དབྱངས་ལྷ་ཁང་ལ་ཕེབས་སྐབས། བུས་བརྩུགས་(པུས་བཙུགས) ཚེ་སྟོད་འཁོར་ཧོ་ཐོག་ཐུ་ཞེས་བཞད་ནས་ལོད་གསུངས། ཕྱིར་ཕེབས་སྐབས་ཕྱག་དྲིལ་གནང་ནས་དགྱེས་དགྱེས་མཛད་བཙོ་ལྔའི་ཉིན་གོས་ཆེན་འདོམ་བཞི་བརྒྱད་གནང་བྱིན་སྐུལ། བཅུ་དྲུག་གི་ཉིན་ལམ་ནས་སྟོང་འཁོར་ཧུ་ཐོག་ཐུ་འདུག་གསུངས་ནས་ཕྱག་ཕྲེང་གཡུའི་ཕྲེང་བ། བྱུ་རུའི་བརྒྱ་ཕྲེང་སོགས་གནང་། ཡར་ལོག་འགྲོ་བའི་འཚམས་ཞུ་ཕུལ་བའི་ཚེ། སྟོང་འཁོར་ཧོ་ཐོག་ཐུ་བདེ་བར་ཡུལ་དུ་ལོག་ནས་བོད་དུ་སོང་ཆོས་བཟང་པོ་སློབ་ནས་ཤོག ངས་ཧོ་ཐོག་ཐུ་མི་བརྗེད་ཅེས་བཀའ་བླན་མེད་པ་ཕེབས་ཏེ་མཇོད་བཏགས་གནང་། འདི་ནི་སྟོང་འཁོར་སྤྲུལ་སྐུ་ངག་དབང་འཇམ་དབྱངས་བསྟན་འཛིན་རྒྱ་མཚོ་དཔལ་བཟང་པོ་དགུང་ལོ་ཉེ་ཤུ་རྩ་གཉིས་སྐབས། འཇམ་དབྱངས་གོང་མ་ཆེན་པོར་མཇལ་འཕྲད་གནང་དུས་གོང་མ་ནས་གཟིགས་པ་བྱུང་ཚུལ་སྔོན་རྣམ་ཐར་བགྲིགས་(བསྒྲིགས་) སྐབས་མ་རྙེད་ཅིང་། སླར་སོག་ཡིག་བོད་ཡིག་ཏུ་བསྒྱུར་བ་ཞིག་ཕྱག་དཔེའི་ཁྲོད་ནས་རྙེད་པས་འདིར་བཙུག་པ་ཡིན། རྗེ་

ཉིད་ཀྱི་གསུང་ངོ་མར་འདུག་གོ །སྒྲོལ་མ་སྐྱབས་ཀྱིས་གདན་དྲངས། དེ་བཞིན་དུ་ཕྱག་རྫོར་ཕེ་སེ་སོགས་ཀྱིས་གདན་དྲངས་དགའ་སྟོན་སོགས་རྒྱ་ཆེན་པོ་བསྟར་གནས་ཚུལ་གྱི་ཡི་གེ་ཞིག་སྤྱན་ལམ་དུ་ཕུལ་བས་ཕེབས་སྐོར་ང་ནི་ཅི་ལ་ང་མི་ད་ཨ། རྒྱ་ནག་ཏུ་ཡང་ཡི་གེ་འདི་འདྲ་ཞིག་བྱུང་ཚོད་རེད། ང་ཁ་ཐམས་མ་རྒྱ། ཨ་ཁྱུའི་ཕོ་ཐག་དེ་ཀས་ཆོད་གསུངས་མཆོད་ཡོན་ཀུན་བཞད་མོ་བཞད། དེ་ནས་ཕྱིར་ཕེབས་བཀྲ་ཤིས་འཁྱིལ་སོགས་ནས་འདན་(གདན)འདྲེན་པ་བྱུང་ཡང་དབུས་སུ་ཕེབས་རྒྱུ་ལ་ཇི་ལྟར་བྱུང་བ་པནྜིའི་ཚལ་དུ་སྦྲང་རྩི་ལེན་པ་ལ་ཆེས་ཆེར་རིངས་པ་བཞིན་དུ་མཁས་མང་འདུ་བའི་བསྟི་གནས་ཆོས་སྡེ་རྒྱ་མཚོ་ཆེན་པོ་ལྟ་བུའི་དབུས་ནས་ཐོས་བསམ་གྱི་ནོར་བུ་འདོད་པའི་ལག་རྗེར་བཞེས་པ་ལ་དགྱེས་པ་སྤྲོ་བའི་ཉམས་ཚད་མེད་པ་དང་བཅས་ཏེ་ཕྱོན་ཞིང་། ཕེབས་ལམ་རྣམས་སུ་ཡང་སློབ་འབངས་དང་གདུལ་བྱའི་ཚོགས་ཀྱི་རེ་བ་ཡིད་བཞིན་དུ་བཀང་བའི་འགྲོ་དོན་རྒྱ་ཆེན་མཛད་བཞིན་བར་དགུང་ལོ་ཉེར་ལྔ་པ་ས་ཕོ་ཁྱི་ལོར་དབུས་གཙང་ཆོས་ཀྱི་འབྱུང་གནས་སུ་ཕྱག་ཕེབས་ཏེ། དེ་ལ་ཡང་མཚོ་མོ་ར་ནས་བློ་བཟང་ཆོས་འཛིན་སྔོན་དུ་རྒྱལ་དབང་མཆོད་ཡོན་ལ་འཚམས་ཞུ་འབུལ་བར་བཏང་བ། རྒྱལ་དབང་མཆོད་ཡོན་རྒྱལ་མེ་ཏོག་ཐང་ནས་ཆོས་འཁོར་དཔལ་གྱི་བསམ་ཡས་སུ་ཕེབས་རྒྱུའི་གནས་ཚུལ་ཐོས་བས་བསམ་ཡས་སུ་ཕྱིན་འཚམས་ཞུ་ཕུལ་གནས་ཚུལ་ཞུས་པར། སྐྱབས་མགོན་ནོ་མོ་ཧན་ནས་གཞུང་སར་ཧ་ཟམ་པ་འཕྲུལ་གཏོང་གནང་བའི་དོན་བཞིན་དུ་ཞུ་ལག་ས་རིམ་གང་དགོས་དང་། ཟུར་བསྒྲུ། བསུ་ཆེན་སོགས་རྒྱ་ཆེན་པོ་གནང་། རྒྱལ་དབང་ཐམས་ཅད་མཁྱེན་པ་མཆོད་ཡོན་བསམ་ཡས་ནས་ལྷ་སར་ཕེབས་པ་དང་ལྷན་འཛོམས་མཇལ་ཞུ་སོགས་མཛད་ནས་སེ་ར་ར་ཕེབས་ནས་རོང་པོ་ཁམས་ཚན་དུ་ཕྱག་ཕབས་ཁམས་ཚན། གྲྭ་ས་གྲྭ་ཚང་སོགས་ཀྱི་འཛུག་སྒོའི་རིམ་པ་རྣམས་རྒྱས་པར་མཛད། དེ་ནས་ཆོས་གྲྭར་ཞུགས་ཏེ་ཇི་སྐད་དུ། འཇམ་མགོན་བླ་མ་ཙོང་ཁ་པའི་གསུང་ལས། སྨྲ་བའི་ཁྱུ་མཆོག་འཕགས་པ་ཡབ་སྲས་དང་། །ཕྱག་སྨྲ་ཚར་གཅོད་ཕྱོགས་གླང་གྲགས་པ་

ལས། །ལེགས་པར་འོངས་པའི་རིགས་ལམ་བདུད་རྩིའི་རྒྱུས། །བློ་མིག་དྲི་མ་ཡང་ཡང་མ་བཀྲུས་ན། །ཤིན་ཏུ་ཟབ་གནས་མཐོང་བ་སྨྲས་ཅི་དགོས། །ཞེས་སོགས་གསུངས་པའི་དོན་རིང་ནས་ཐུགས་ལ་བརྣགས་པའི་དོན་ཕྱིར། སེར་སྨད་མཚུངས་མེད་ཆོས་རྗེ་བསྐལ་བཟང་རྣམ་རྒྱལ་ཞེས་གྲགས་པའི་གནས་བརྟན་ཆེན་པོའི་ཞབས་པད་གུས་པས་བསྟེན་ཏེ་དཔལ་ཆོས་ཀྱི་གྲགས་པའི་རིགས་ལམ་དྲི་མ་མེད་པ་ལས་འོངས་པ་བསྡུས་གྲྭའི་གཞུང་ནས་བཟུང་སྟེ་རིམ་པ་བཞིན་དུ་སྦྱངས་པར་མཛད། ཕྱག་མཛོད་ཆེན་མོ་དགེ་སློང་བློ་བཟང་བློ་གྲོས་གཙང་དུ་པཎ་ཆེན་རིན་པོ་ཆེར་འཚམས་ཞུ་འབུལ་བར་བསྟགས། ས་ཕག་སྨོན་ལམ་ཆེན་པོའི་དམ་བཅའ་ཆེན་མོར་ཕེབས་བགྲོ་གླེང་མཛད་པ་ཙམ་གྱིས་འདུས་པ་ཆེན་པོས་འཛམ་པའི་དབྱངས་སུ་མངའ་གསོལ་ཞིང་། སྐྱབས་མགོན་ནོ་མོན་ཧན་ཆེན་པོའི་ཐུགས་ཤིན་ཏུ་དགྱེས་པའི་དྲི་བཞོན་གྱིས་བསྐྱོད་དེ་སྐུ་ཤིང་བལ་གྱི་འདབ་མ་བཞིན་གཡོ་ཞིང་ཆེས་ཆེར་བཞད། འདི་ལོ་ཀུན་གཟིགས་པཎ་ཆེན་བློ་བཟང་དཔལ་ལྡན་ཡེ་ཤེས་དེ་ཉིད་དབང་ཕྱོགས་གསེར་གྱི་རྒྱལ་ཁབ་ཆེན་པོར་ཆིབས་བསྐྱོད་པའི་ཕེབས་ལམ་འདམ་སྟོན་བཀྲ་ཤིས་ཐང་དུ་ཕེབས་ནས་མཇལ་ཕྱག་ཕྱིན་ཆབས་ཞུ་བར་མཛད་ཅིང་། དེ་ཉིད་དུ་བསྙེན་རྫོགས་ཀྱི་སྡོམ་པ་ཡང་བཞེས་ཏེ་གསུམ་ལྡན་ངུར་སྨྲིག་འཛིན་པའི་ཁྲུ་མཆོག་ཏུ་སོན་པར་མཛད། པཎ་ཆེན་མཆོག་ནས་ཀྱང་ཐུགས་གཉེར་གསན་བསམ་སོགས་ཕུལ་བྱུང་དུ་མཛད་དེ། རྒྱལ་བ་གཉིས་པའི་བསྟན་པ་ལ་སྨན་པ་མཛད་དགོས་ཚུལ་སོགས་ཀྱི་བཀའ་སློབ་རྒྱ་ཆེན་སྩལ། སླར་ཡང་ཆོས་གྲྭར་ཕྱིན་ནས་གསན་བསམ་འཕྲོ་མཐུད་དེ་ཕར་ཕྱིན། དབུ་ཚད། འདུལ་མཛོད་སོགས་རབ་འབྱམས་གཞུང་ལུགས་ཀུན་ལ་རྩོལ་སྒྲི་ཙམ་མ་ཡིན་པར་གཏིང་（གཏིང）ཕྱིན་པའི་ཐོས་བསམ་སྒྲོ་འདོགས་ལེགས་པར་བཅད་དེ། དེ་ལ་ཡང་ཆོས་ཐོག་ལ་ཆོས་གྲྭ་གཙོ་བོར་མཛད། ཆོས་འཚམས་ལ་མཚན་ཉིད་ཞབས་ཕྱི་འབྲས་སྤུངས་ནས་དགེ་རྒན་དམ་ཆོས། ཞྭ་དམར་འབྱུང་གནས་སོགས་དང་། སེར་བྱེས་ནས་བསམ་བློ་གྲགས་རྒྱམ་པ། དྲེ་པོ་ཆོས་གྲགས་སོགས་

དང་། གྲྭ་ཚང་རང་གི་སློབ་པོར་བློ་བཟང་ཐུགས་རྗེ་སོགས་སེར་འབྲས་ཀྱི་སློབ་གཉེར་བའི་ཁྲི་མཆོག་རྣམ་དཔྱོད་མཆེ་བ་དྲུག་ལྡན་རྣམས་ཀྱི་གཉའ་བར་འགྲིངས་ཏེ་འཕགས་བོད་མཁས་གྲུབ་ཅེ་བའི་གཞུང་ལུགས་མ་སྨྲ་རྨར་བསྒྲོད་དེ་འདྲེན་མཆོག་ཟས་གཙང་སྲས་པོས་དཀའ་བ་དཔག་ཏུ་མེད་པས་ནན་ཏན་སྙིང་པོར་མཛད་ནས་སྒྲུབ་པ་གང་དེ་ཐབས་གང་ཞིག་གིས་འཕེལ་བར་འགྱུར་དགོངས་པའི་རྣམ་ཐར་དཔྱོད་པས་དུས་འདའ་བར་མཛད་ཅིག དེ་དག་གི་ཚེ་ནའང་མཁྱེན་རབ་ཀྱི་རྣམ་དཔྱོད་ཕུལ་དུ་ཕྱིན་པའི་དབང་གིས་གཞུང་ཆེན་མོ་རྣམས་ཀྱི་ཚིག་དོན་མཐའ་དག་བདེ་བླག་ཏུ་ཐུགས་སུ་ཆུད་པ་དང་། ལྷག་པར་དུ་ཡང་དཀའ་བའི་གནད་བསམ་གྱིས་མི་ཁྱབ་པ་གཞན་དག་གིས་ཡུན་རིང་པོར་ཉིན་མཚན་དུ་བསམ་ཀྱང་རྟོགས་པར་དཀའ་བ་དག་ཀྱང་མཁྱེན་རབ་རྨད་པོ་ཆེས་རང་ཤུགས་སུ་བཀྲོལ་ཏེ་གཞན་དག་ལ་ཡང་འདི་དང་འདི་ལྟ་བུའོ་ཞེས་གསལ་བར་འདོམས་པར་སྤྱོབས་པ་སོགས་མདོར་ན་ཕར་ཕྱིན་གཞུང་འཆད་པ་དང་རྩོད་པ་སོགས་ལ་འཕགས་སེང་དང་། དེ་བཞིན་དུ་ཚད་མ་ལ་ཕྱོགས་གླང་ཆོས་གྲགས། དབུ་མའི་གཞུང་ལ་ཀླུ་སྒྲུབ་ཡབ་སྲས། འདུལ་བའི་གནས་གསུམ་ལ་སློབ་དཔོན་ཡོན་ཏན་འོད། མཛོད་སོགས་མངོན་པའི་གནས་ལ་མཁས་མཆོག་དབྱིག་གི་གཉེན་པོ་དངོས་སུ་བྱོན་པ་དང་སྣོ་ཀུན་ནས་མཚུངས་པ་ཞིག་ཡིན་པར་སྣང་། དེའི་མཐུས་རྒྱུན་པར་ཆོས་ར་སོགས་སུ་དམ་བཅའ་བགྲོ་གླེང་སོགས་དང་། ལྷ་ལྡན་སྨོན་ལམ་གྱི་དམ་བཅའ་ཆེན་མོ་སོགས་ཀྱི་སྐབས་ཆོས་ཀྱི་འགྲོ་བ་མཛད་པའི་ཚེ་ན་ཡང་ཚིག་འཁྲི་དང་ཚིག་འགྲེལ་བཤད་ལས། གཞུང་དོན་རྩ་བ་དོར་བའི་ལོ་མའི་རྒྱས་བཤད་སོགས་ལ་མི་འཆེལ་བར་གཞུང་གི་འབབ་ཞིང་ལྷག་པར་དུ་ཡང་དྲང་ངེས་ཀྱི་དོན་སོགས་དཀའ་བའི་གནས་ཕལ་དང་ཕལ་གྱིས་རྟོགས་པར་དཀའ་བ་དག་མཁྱེན་རབ་ཆེ་བ། རྣོ་བ། མྱུར་བ། ཟབ་པ། གསལ་བ་སོགས་ཀྱི་ཁྱད་ཆོས་དང་ལྡན་པའི་སྣོ་ནས་ལུང་རིགས་དྲི་མ་མེད་པས་ཤ་སེལ་ཧུས་སེལ་གྱི་ཚུལ་དུ་གཏོང་བར་མཛད་པ་སོགས་གང་གི་གསུང་གསང་སྨྲ་འཛིན་གྱི་ཡུལ་དུ་སོན་པ་མཐའ་

དགའ་ལ་སྟོན་མ་བྱུང་བའི་བློ་བསྐྱེད་ཀྱི་ཕུལ་ཆེན་པོ་ཤ་སྟག་འབྱུང་བ་དང་། དེ་དག་གི་ཚེ་གསུང་གི་ང་རོ་དང་། སྐུའི་རྣམ་འགྱུར་ཚུན་ཆད་ཀྱང་མཐོང་བ་ཙམ་གྱིས་སྐྱེ་བོ་ཐ་མལ་བ་གཞན་དག་ཀྱང་དབང་མེད་དུ་སྣང་བ་བསྒྱུར་ནུས་པས་འདུས་པ་མཐའ་དག་ཀྱང་ཨེ་མའོ་འདི་ནི་འཕགས་པའི་ཡུལ་གྱི་པཎ་ཆེན་སུ་ཞིག་དཔལ་ལྡན་ཟླ་བ་གྲགས་པའམ། དཔའ་བོ་དངོས་སུ་བྱོན་པ་ལྟ་བུའོ་ཞེས་སོགས་དད་གུས་ཀྱིས་ཀུན་ནས་བསླངས་པའི་སྨྲ་དབྱངས་འཁོར་ཡུག་ཏུ་སྒྲོག་ཅིང་བསྔགས་པའི་མེ་ཏོག་ལན་བརྒྱར་འཐོར་བར་མཛད་དོ། །དེ་ལྟར་ཐུགས་གཉེར་གསན་བསམ་མཛད་པའི་སྐབས་རྣམས་སུ་སྙིགས་དུས་ཀྱི་ཐམས་ཅད་མཁྱེན་པ་ཆེན་པོ། རྒྱལ་བསྟན་སྤྱིལ་བ་ལ་འགྲན་པའི་ཟླ་དང་བྲལ་བ་ཡོངས་འཛིན་ཆོས་ཀྱི་རྒྱལ་པོ་ཡེ་ཤེས་རྒྱལ་མཚན་དཔལ་བཟང་པོ་གཙོར་གྱུར་ཐོག ཆོས་སྲིད་གཉིས་ལྡན་གྱི་བྱེད་པོ་དཔལ་ལྡན་ནོ་མོན་ཧན་ཁྲི་ཆེན་ངག་དབང་ཚུལ་ཁྲིམས་དཔལ་བཟང་པོ་དང་། རིགས་དང་དཀྱིལ་འཁོར་རྒྱ་མཚོའི་མངའ་བདག་རྡོ་རྗེ་འཆང་པ་འོང་ཁ་བ་རྒྱ་མཚོར་མཐའ་ཡས་པའི་ཞལ་སྔ་ནས་དང་། སྤངས་རྟོགས་ཡོན་ཏན་ཀུན་གྱི་གཏེར་མཛོད་གྲུབ་རིགས་ཀྱི་འཁོར་ལོར་བསྒྱུར་བ་སེར་རྗེའི་དགེ་བཤེས་ཐོགས་མེད་མཚར་ཅན། གླུང་རྡོལ་གྲུབ་དབང་ཆེན་པོ་ངག་དབང་བློ་བཟང་དཔལ་བཟང་པོ་སོགས་རྫོད་མེད་ཡོངས་གྲགས་ཀྱི་དམ་པ་དུ་མ་ལས་རྗེ་བླ་མའི་ལེགས་བཤད་བྱང་ཆུབ་ལམ་གྱི་ཆེ་ཆུང་གི་ཁྲིད་དང་། དཀྱིལ་འཁོར་ཆེན་པོ་རྣམས་ཀྱི་དབང་སོགས་ཟབ་པ་དང་རྒྱ་ཆེ་བའི་དམ་པའི་ཆོས་ཀྱི་རིམ་པ་ཡང་མཐའ་ཀླས་པ་གསན་པར་མཛད་ཅིང་། ཆོས་རྣའི་བརྩེས་བཞག་གསན་ཡུལ་གྱི་བླ་མ་ནི་ཡོངས་ཀྱི་དགེ་བའི་བཤེས་གཉེན། ངེས་པ་དོན་གྱི་བླ་མ་ཞལ་སྔ་ནས་བསྐལ་བཟང་རྣམ་རྒྱལ་ཞེས་བྱ་བ་མདོ་རྒྱུད་གཞུང་ལུགས་ཀུན་ལ་མཁས་པ་རྒྱ་མཚོའི་ཕ་རོལ་ཏུ་སོན་ཅིང་། སྡོམ་པ་གསུམ་གྱི་བཅས་མཚམས་ཀྱི་གནས་ལ་ཉེས་ལྟུང་གི་ཆ་ཕྲ་མོས་ཀྱང་མ་གོས་པས་ཚུལ་ཁྲིམས་ཀྱི་དྲི་བསུང་ཞིམ་པོ་ཕྱོགས་བརྒྱར་འཐྲོ་བས་འགྲོ་བའི་ཡིད་བསྒྱུར་བར་ནུས་པ། སེར་སྨད་ཐོས་བསམ་ནོར་བུ་གླིང་གི་མཁན་པོ་

མཛད་དེ་ལུགས་གཉིས་གང་གི་ཆ་ནས་ཀྱང་གཞན་འགྲན་མེད་པའི་འཕྲིན་ལས་ཀྱི་བ་དན་བསྒྲེང་བར་མཛད་པ་དེ་ཉིད་ཡིན་ལ། གཞན་ཡང་འབྲས་སྤུངས་གཙང་པ་མཁན་ཆེན་ལའང་ཆོས་བཀའ་ཅི་རིགས་གསན། སྒོ་མང་མཁན་པོ་སྐལ་བཟང་དངོས་གྲུབ་ལ་ཀུན་གཞི་དཀའ་འགྲེལ་གྱི་བཤད་ལུང་གསན་ཅིང་། དེའི་ཡང་འགྲེལ་གསལ་བ་ཞིག་ཀྱང་བཀའ་རྩོམ་གྱི་བསྐུལ་མ་ཞུ་བར་མཛད། དེ་ནི་ཇི་སྐད་དུ། སྐྱེས་རབས་ལས། ཡ་རབས་རྣམས་དང་འཕྲད་ན་སྐྱེས་ཀྱི་མཆོག །ཚོགས་ཀྱི་ནང་ན་མཁས་པ་མགུ་བར་བྱེད། །ཅེས་གསུངས་པ་ལྟར་རང་དང་གཞན་གྱི་གྲུབ་པའི་མཐའ་རྒྱ་མཚོ་ལྟ་བུའི་གནས་ཀུན་ཐུགས་སུ་ཆུད་ཟིན་ནས། མཁས་པ་རྣམས་ལ་ལེགས་བཤད་ཀྱི་དགའ་སྟོན་འགྱེད་པའི་སླད་དུ་ཤིང་པོ་འབྲུག་གི་ལོའི་ལྷ་ལྡན་སྨོན་ལམ་ཆེན་མོར་མཁས་མང་གསེར་གྱི་རི་བོ་ལྟ་བུ་གདན་འཛོམས་པའི་དབུས་སུ་དཀར་ཕྱོགས་ཀྱི་རྒྱལ་བ་གསུམ་པའི་ཆོས་བཅུ་གསུམ་གྱི་ཉིན་ལྷ་རམས་པའི་དམ་བཅའ་མཛད་པ་ན། གང་གིས་མི་འཇིགས་པའི་མཁྱེན་རབ་ཀྱིས་ཀུན་ནས་བསླངས་ཏེ་ཇི་ལྟར་དམ་བཅས་པའི་གནས་རྣམས་ལ་མཁས་པའི་སྙེམས་པ་འཆང་བའི་དཀའ་རབ་འབྱམས་དང་བློ་གསར་བ་རྣམས་ཀྱིས་རང་ལ་ནུས་པ་གང་ཡོད་ཀྱི་ལུང་དང་རིགས་པ་དུ་མས་རྒོལ་བར་བྱེད་མོད་ཀྱང་། ས་འཛིན་དབང་པོ་རླུང་གིས་བསྒྲིད་པར་མི་ནུས་པ་བཞིན་དུ་ཆོས་དང་མཐུན་པར་ཙུང་ཟད་ཀྱང་རྒོལ་བར་མ་ནུས་པས། ཇི་སྐད་དུ་མཁས་གྲུབ་ཐམས་ཅད་མཁྱེན་པའི་གསུང་ལས་ཁྱོད་ནི་དབྱངས་ཅན་མགྲིན་པར་ཆགས། །ལེགས་བཤད་བདུད་རྩི་ཞལ་ལ་ཆགས། །ཕ་རོལ་རྒོལ་བ་མ་ལུས་པའི། །ཁ་ལ་སྨྲ་བཅད་རྒྱ་ཡང་བྱིན། །མཁས་པ་གསེར་རིའི་ཕྲེང་བ་ནི། །གཟི་བརྗིད་རབ་རྒྱས་ཉི་མ་ཡི། །དྲུང་ན་མར་མེ་རྩེ་མོ་དང་། །མཚུངས་པའི་གནས་ལ་ཁྱོད་ཀྱིས་བཀོད། །ཅེས་པ་དང་། དེ་ཕྱིར་རྟོག་གེ་རྣོ་ལྡན་པ། ལེགས་སྦྱངས་རྒོལ་བ་སྟོང་དག་ནི། །ཁྱོད་དྲུང་ལྷེ་རྩེ་ཁྲེ་བ་ན། །སྙིང་དང་ལྷན་ཅིག་འདར་བ་བརྙེན། །ཅེས་སོགས་གསུངས་པ་དང་སྔོ་རྣམ་པ་ཐམས་ཅད་དུ་མཚུངས་པར་གྱུར་ལ། དེའི་ཕྱིར་སྐབས་

མགོན་ཐམས་ཅད་མཁྱེན་གཟིགས་ཆེན་པོ་དང་། ཆོས་སྲིད་གཉིས་ཀྱི་བྱེད་པོ་དགའ་ལྡན་ཕྲེ་རལ་ཐུ་ནོ་མོན་ཧན་ཆེན་པོ་མཆོད་ཡོན་ལྷན་རྒྱས་ནས་གང་གི་ལུང་རྟོགས་ཀྱི་ཡོན་ཏན་ལ་ཐུགས་ལྷག་པར་དུ་མཉེས་པས་ངེས་པར་བཤད་སྒྲུབ་གཉིས་ཀྱི་སྒོ་ནས་བསྟན་པ་འཛིན་པ་ལ་འཛམ་མགོན་བླ་མ་དང་གཉིས་སུ་མ་མཆིས་པར་འགྱུར་བར་གཟིགས་ནས་བསྟན་དོན་རླབས་པོ་ཆེར་དགོངས་ཏེ་ཆོས་བཅུ་གསུམ་གྱི་ཉིན་དེ་ཁར་སེར་སྨད་ཀྱི་ཆོས་ཁྲིར་ཕེབས་དགོས་ཀྱི་བཀའ་ལུང་གསེར་གྱི་ཙོད་པཎ་ལྷ་ལྡན་ཁྲམས་ར་ཆེན་མོར་མཁས་མང་འདུས་པ་རྒྱ་མཚོའི་དབུས་ནས་སྤྱི་བོར་བཅིངས། སློན་ལམ་གྱི་བཤད་ཐུང་དམ་བཅས་སོགས་ལེགས་པར་གྲུབ་འཕྲུལ་སེ་རྭར་ཕེབས། ཧོར་ཟླ་གཉིས་པའི་ཡར་ངོའི་ཆོས་བརྒྱད་ཀྱི་སྔ་དྲོའི་ཆ་ལ་ཐོག་མར་རོང་པོ་ཁང་ནས་རྟེན་འབྲེལ་གྱི་སྒོ་བརྒྱ་འབྱེད་པའི་རིམ་པ་རྣམས་ལེགས་པར་མཛད། དེ་ནས་སེར་སྐྱ་མཆོག་དམན་བགྲང་བ་ལས་བརྒལ་བ་ལྷ་བུས་དྲི་ཞིམ་པོའི་སྤོས་ཀྱི་དུད་པས་སྣ་དྲངས། ཡོངས་ཀྱི་དགེ་བའི་བཤེས་གཉེན་དུ་མའི་འཁོར་གྱིས་བསྐོར་བཞིན་པར་སེར་སྨད་ཐོས་བསམ་ནོར་བུའི་གླིང་གི་ཆོས་ཀྱི་ཁྲི་འཕང་མཐོན་པོར་ཞབས་སེན་བཀྲ་ཤིས་ཀྱི་རི་མོས་མཚང་པ་རྣམ་པར་བཀོད་པར། གོང་ས་མཆོད་ཡོན་རྣམས་དང་། ཡོངས་འཛིན་ཆོས་ཀྱི་རྒྱལ་པོ་ཡེ་ཤེས་མཚན་ཅན་སོགས་བསྟན་འཛིན་བདག་ཉིད་ཆེན་པོ་རྣམས་ནས་ལེགས་སྐྱེས་བཟང་ཞིང་། གྲྭ་ནོམ་པ་དང་། གདན་ས་ཆེན་པོ་གསུམ་རྒྱུད་གྲྭ་གཉིས་སོགས་ཀྱི་སློབ་དཔོན་ཁྲི་གདན་ཟུར། ཏ་ཚག་རྗེ་དྲུང་རིན་པོ་ཆེ་ཡེ་ཤེས་བློ་བཟང་བསྟན་པའི་མགོན་པོ་སོགས་སྤྲུལ་སྐུ་ཆེ་ཕྲ་དཔོན་ཆོས་དང་ལེའུ་ཏྭ་ཞིན་སོགས་དྲུང་བློན་དཔོན་མི་ཆེན། གཞུང་ས་མཆོག་གི་མི་དྲག་ཞིང་སྣ་ལ་ཆེན་པོ་ལྷ་བུ་རྣམས་དང་། ལས་སྡེ་གྲྭ་དམངས་སོགས་དང་། མཐའ་དབུས་ཀྱི་ཚོང་དཔོན། ཁྱིམ་བདག་ཆེན་པོ་སོགས་སེར་སྐྱ་མཐའ་ཀླས་པས་དད་གུས་ཆེན་པོས་ཀུན་ནས་བསླངས་ཏེ་དངོས་འབྱོར་ལེགས་སྐྱེས་ཀྱི་མཆོད་སྤྲིན་གྲྭ་ནོམ་པ་དང་བཅས་པའི་སྒོ་ནས་བསྟན་པ་འཛིན་པའི་རྗེ་འོད་མངའ་གསོལ་ཞིང་། ཁྲི་འདོན་གྲུབ་འཕྲུལ་

ཁོང་གསལ་དང་འདུས་པ་རྣམས་ལ་བཞུགས་གྲལ་དཀར་སྒོ་གནང་སྦྱིན་དང་གང་ལ་གང་བབ་ཀྱིས་ཡིད་འོངས་སུ་ཚིམ་པར་མཛད་དོ། །སྨྲས་པ། འགྲོ་མང་སྙིང་རྗེ་ཞགས་པས་མི་བསྐྱུང་བས། །ཡང་ཡང་སྲིད་པའི་རོལ་མོ་བཟུང་བྱས་ཏེ། །འཛམ་པའི་དབྱངས་ཀྱི་བསྟན་འཛིན་རྒྱ་མཚོའི་དབུས། །ས་འཛིན་དབང་པོ་བཞིན་དུ་མངོན་པར་འཕགས། །གཞོན་ནུས་ཉིད་ནས་དམ་པའི་བརྟུལ་ཞུགས་ཀུན། །རང་ཆས་ཉིད་དུ་ཐུགས་ལ་མངའ་མོད་ཀྱང་། །ཐབས་མཁས་འགྲོ་བ་འདུལ་ཕྱིར་རྒྱལ་བསྟན་ལ། །སླར་ཡང་ཐོས་བསམ་སྒོམ་པ་བདག་གིར་བཞེས། །གཞུང་ལུགས་ཟབ་ཅིང་རྒྱ་ཆེའི་ཆུ་ཀླུང་འབུམ། །ཕྱོད་ཐུགས་རྒྱ་མཚོར་དུས་ཅིག་འཇུག་པ་ན། །ཟླ་བའི་ཞབས་དང་ཕྱོགས་གླིང་ཆོས་གྲགས་སོགས། །འཕགས་ཡུལ་པཎ་གྲུབ་ཁེངས་པ་ཐུང་དུར་བཏང་། །ཐོས་བསམ་ནོར་བུ་མ་ལུས་འདུ་བའི་གླིང་། །མཁས་མང་འདབ་དཀར་མགྲིན་དུ་འགུགས་པའི་མཚོ། །དམ་པ་དུ་མའི་འབྱུང་ཁུངས་ཆེན་པོ་དེའི། །ཆོས་ཀྱི་ཁྲི་ལ་ཞབས་མཐིལ་ཡོངས་སུ་བཀོད། །དེ་ཚེ་སྲས་བཅས་འདྲེན་པའི་ཚོགས་རྣམས་ཀྱིས། །རྒྱལ་བའི་གདུང་འཚོབ་གཅིག་པུར་དབང་བསྐུར་ཞིང་། །བློ་ལྡན་གུས་པའི་སྐྱེ་བོ་ཐམས་ཅད་ཀྱིས། །བསྟུགས་པའི་མེ་ཏོག་དང་བཅས་བཀུར་བར་གྱུར། །ཞེས་པ་ནི་བར་སྐབས་ཀྱི་ཚིགས་སུ་བཅད་པའི་རིམ་པའོ། །

དེ་ནས་ལོ་རིལ་པོ་གཉིས་དང་ཟླ་མཐོང་གསུམ་གྱི་བར་དུ་སེར་སྨད་ཀྱི་མཁན་ཁྲི་བསྐྱངས་ཤིང་། དེའི་རིང་དུ་ཡང་འཆད་ཉན་འགྲིགས་ལམ་སོགས་སྔར་ཡོད་མི་ཉམས་ཡར་ལྡན་གྱི་སྟེང་དུ་དམ་བཅའ་དང་བློ་རྫོགས་སོགས་ལ་ལྷག་པར་དུ་ཡང་དོ་དམ་དང་རྟེན་བསྐུལ་ཆེ་བར་མཛད་པར་སྣང་སྟེ། དེ་དག་གི་ཚུལ་བྱུར་ཙམ་བརྗོད་ན། དེ་ཡང་མཚན་འཁྱོངས་ཀྱི་དམ་བཅའ་ཆེན་མོ་སོགས་སྔར་ཡོད་ཀྱང་བར་སྐབས་སུ་ཉམས་ཆགས་སུ་གྱུར་པ་གསར་འཛུགས་མཛད་ཐོག་དམ་བཅར་ཕེབས་མིའི་ཆོས་རྭ་བ་རྣམས་ལ་གསོལ་ཇ་དང་། བུ་རམ་ཞིང་ཐོག་སོགས་ཀྱི་གནང་སྦྱིན་ཆགས་མེད་དུ་སྩལ་བས་ཆོས་ཐོག་རེར་དངུལ་སྲང་ལྔ་བཅུ་

སྐོར་གྱི་ཇ་བུར་ཤིང་ཏོག་སོགས་ཀྱི་བགྲོ་སྒྲོ་མཛད་པ་དང་། དམ་བཅའི་སར་དམ་པ་ཉིད་ཀྱང་ཆག་མེད་ལྷ་བུར་ཕེབས་ཤིང་ཆོས་འགྲེམས་སློ་གསར་བ་དེ་ཐམས་ཅད་ཀྱང་ལུང་རིགས་སྨྲ་བ་ལ་འཇིགས་མེད་སེངྒེའི་བརྟུལ་ཞུགས་འཛིན་པ་ཤ་སྟག་ཏུ་གྱུར་པས་ཡོངས་སུ་གང་བས་རྩོད་པའི་སྒྲ་དབྱངས་ཀྱིས་ཕྱོགས་ཀུན་གཡོ་བ་སྙམ་བྱེད་པ་དེ་ལྷ་བུ་བྱུང་བར་སྣང་བ་དང་། དེ་བཞིན་དུ་ཆོས་ར་བ་ཀན་པ་རྣམས་ནས་བཟུང་། སློ་གསར་བ་གཞོན་ནུ་ཚུན་ཆད་ལ་ཡང་སྐབས་ཐོབ་ཀྱི་བརྩེས་བཞག་འཛིན་སྐྱོང་ཐུབ་ཙམ་ལ་ཆ་མ་བཞག་པར། མཛོད་རྩ། ཀུན་གཞི་རྩ་བ། བྱམས་ཆོས་སྡེ་ལྔ། རིགས་ཚོགས་དྲུག ལེགས་བཤད་སྙིང་པོ། ཀུན་གཞིའི་དཀའ་འགྲེལ་སོགས་རྒྱ་བོད་ཀྱི་གཞུང་ཆེན་མོ་རྣམས་འཛིན་དུ་འཇུག་པར་མ་ཟད། དེ་དག་འཛིན་དཀའ་བ་དང་། བཟུང་ན་དགོས་པ་ཆེན་པོ་ཡོད་པ་སོགས་ལ་དགོངས་ནས་སློ་ཛོགས་ཀྱི་རྒྱུགས་ཆེན་སོགས་ཀྱི་སྐབས་སུ་ཡང་གཞུང་དེ་རྣམས་ཤོག་གྲངས་རེ་ཤོག་བུ་གཉིས་རེར་བརྩི་བར་མཛད་པ་དང་། སློ་ཛོགས་ཀྱང་སློ་ལ་མཐོ་རིགས་རྣམས་ནས་ཤོག་བུ་སྟོང་གདལ་བ་སོགས་བྱུང་བ་དེ་རྣམས་ལ་ཡང་སོ་སོར་མང་ཉུང་དང་བསྟུན་པའི་ཁ་བཏགས། སྟོད་འགགས། གཟན་ཤམས། ཞྭ་སེར་སོགས་ཁ་གསར་ཕྱུས་ལེགས་ཤ་སྟག་གི་གནང་སྦྱིན་སྩལ་བ་སོགས་ཕལ་དང་ཕལ་གྱི་བློར་མི་ཚུད་པ་གནང་བ་དང་། དགེ་འདུན་སྤྱི་དང་ཁྱད་པར་ཆོས་འགྲེམས་སློབ་གཉེར་བ་རྣམས་ལ་ལྷག་པར་དུ་ཐུགས་རྩེས་ཆ་བ་དང་། སློབ་གཉེར་མི་ཡོང་བའི་རིགས་རྣམས་ཀྱང་སོས་དལ་དྲན་ཆུང་དུ་མི་བཞག་པར་འདོན་ཁ་བྲལ། ཡིག་རྩིས་སྐད་ངག་སོགས་ལ་ཐབས་དུ་མའི་སྒོ་ནས་སྦྱོར་བར་མཛད་པ་དང་། གཞན་ཡང་རྒྱུན་གྱི་གྲྭ་ཇ་དང་ཕོགས། གཏོང་སྒོ་རྣམས་ཀྱང་ཤིན་ཏུ་བཟང་ཞིང་རྒྱས་པ་སྔར་བྱུང་མི་དྲན་པ་དང་། ཕྱི་འབྱུང་མི་སྲིད་པ་ལྷ་བུར་སྩལ་ཞིང་། ལྷག་པར་ཡང་ལས་འབྲས་ལ་རྩིས་པོ་ཆེར་མཛད་པའི་དབང་གིས་གྲྭ་ཇ་ཟུར་པ་སོགས་སྐད་གསན་བྱུང་ཚེ་ནམ་བྱུང་གི་དུས་ཅི་ཚུད་གང་ཚུད་ཀྱིས་འཕྲལ་འཕྲལ་གཏོང་བར་མཛད་པ་ལས། རྒྱུན་གྱི་གཏོང་སྒོའི་ཐོག་ལ་ཕན་རེས་ཞག་ཏུ་

ཕྱིར་འཐེན་རྣམ་པ་ཀུན་ཏུ་མི་ཚོག་པའི་བཀའ་སྩལ་བཞིན། སྐྱེ་བ་དུ་མར་དགེ་བའི་བཤེས་ཀྱི་ཐུགས་ཀྱིས་བཟུང་བའི་ཕྱག་མཛོད་རབ་འབྱམས་ཚུལ་ཁྲིམས་ཆོས་འཕེལ་ནས་ཀྱང་བཀའ་བཞིན་བསྒྲུབས་ཏེ་རྗེའི་ཐུགས་བཞེད་ཡོངས་སུ་བཀང་། བྱམས་སྙིང་རྗེས་ཐུགས་རྒྱུད་ཡོངས་སུ་བརྟན་པའི་གཤིས་ཀྱིས་གྲྭ་ཚང་གི་གྲྭ་རིགས་སྐྱུ་ན་སྨིན་ཅིང་ན་བཟའ་གསོལ་ཚས་སོགས་དགོན་པ་དང་། ནད་པའི་རིགས་གྱུར་རྣམས་ལ་ཛ་མར་རྩམ་པ་དངུལ་ན་བཟའ་སྨན་སོགས་ཀྱི་གནང་སྦྱིན་ཟམ་མི་ཆད་དུ་སྩལ་བ་དང་། དེས་མཚོན་པའི་དབུལ་ཕོངས་ཉམས་ཐག་གི་འགྲོ་བ་གཟིགས་ཚོད་ལའང་དངུལ་ཛ་མར་རྩམ་པ་སོགས་སྦྱིན་གཏོང་ཕངས་མེད་དུ་མཛད་ཅིང་། དགོན་པའི་ཉེ་འཁོར་གྱི་ཁྱི་རྣམས་ཀྱིས་མཚོན་པའི་མི་ཡུལ་ན་གནས་པའི་དུད་འགྲོ་ཁ་ཐོར་བ་འདི་ཐམས་ཅད་ཀྱང་སྐྱོང་འོས་ཡིན་ཞེས་གླིང་སྐོར་ཆེན་མོ་སོགས་ལ་ཕེབས་རེས་བཞིན་དུ་བྱ་ཁྱི་ཉ་སོགས་ལ་ཟན་གྱི་སྦྱིན་པ་ཆགས་མེད་དུ་གཏོང་བ་དང་། དེ་ལྟར་མཛད་པ་ཐམས་ཅད་ཀྱང་བསམ་པ་ལྷུང་མ་བསྟན་དང་། ཐར་ཆེན་ལས། སྐྱེ་བོ་སྦྱིན་གཏོང་རང་གི་ཕྱིར། །ནོར་རྫས་བྱིན་ཅིང་ལན་ཡང་རེ། །ཞེས་གསུངས་པ་ལྟར་དུ་མ་སོང་བར་བྱང་ཆུབ་ཀྱི་སེམས་ཀྱི་རྗེས་ཟིན་པར་མཛད་ཅིང་། མཇུག་ཏུ་འགོ་(འགྲོ)བ་དེ་རྣམས་མ་འོངས་པ་ན་རྗེ་བླ་མ་ཉིད་ཀྱི་ཆོས་ཀྱི་གདུལ་བྱར་འགྱུར་བའི་བསྔོ་སྨོན་རྣམ་དག་གིས་མཚམས་སྦྱོར་རྒྱས་འདེབས་མཛད་པ་སོགས་སྐད་ཅིག་དང་སྐད་ཅིག་ལ་ཡང་རྒྱལ་སྲས་ཀྱི་སྤྱོད་པ་རླབས་པོ་ཆེ་ཡོངས་སུ་རྫོགས་པ་ཞིག་ཡིན་ལ། ཆོས་འཆད་ཉན་གྱི་ཐད་ལ་ཡང་རྒྱུན་གྱི་བརྩེས་བཞུག་སྟེར་རྒྱུན་ཆག་མེད་གནང་བ་ནི་སྨོས་ཅི་དགོས། དེར་མ་ཟད་རྗེ་ཐམས་ཅད་མཁྱེན་པའི་གསུང་གསང་དྲང་ངེས་རྣམ་འབྱེད་དང་། ཀུན་གཞིའི་དཀའ་འགྲེལ་སོགས་ལ་ཐུགས་བཞེད་ཆེ་བས་ཆོས་རྣའི་བཀའ་ཆོས་ལའང་ལེགས་བཤད་སྙིང་པོ་སོགས་ཀྱི་བཤད་ལུང་སྩལ་ཞིང་། དེ་དག་གི་ཚེ་ཡང་རང་བཞིན་གྱི་ལོ་རྒྱུས་དང་བཤད་སྲོལ་གཡམ་རྒྱུགས་ཙམ་མ་ཡིན་པར་ཇི་སྐད་དུ། ཟབ་སྟོང་དགོངས་དོན་ཤིན་ཏུ་སྲ་བའི་གཞུ། །རྣམ་དཔྱོད་རྒྱུད་ཀྱིས་བཀུག་ལས་ལྷུང་

རིགས་ཀྱི། །ཉག་ཕྲན་རྡོ་རྗེའི་རྗེས་འགྲོས་ལོག་སྨྲའི་སྙིང་། །འཕིགས་བྱེད་སྲིད་སྒྲུབ་གཉིས་པ། །ཞེས་གསུངས་པ་ལྟར་དཀའ་བའི་གནད་འབའ་ཞིག་ལུང་རིགས་བརྒྱ་ཕྲག་གིས་གཏན་ལ་འབེབས་པ་དང་། གཞན་ཡང་རྩོད་པ་སོགས་ཀྱི་ཚེ་ཁས་ལེན་འཛིན་ལུགས། རང་རྒྱུད་ལ་སྐོར་ཏེ་ཉམས་ལེན་དུ་སྦྱོར་ལུགས་སོགས་བཤད་སྲོལ་མཐའ་ཀླས་པའི་སྒོ་ནས་འདོམས་པར་མཛད་པ་ན་མཁས་རློམ་སྤྱི་བརྗོལ་ཅན་སྤྲར་མ་གུས་པའི་རྣམ་འགྱུར་ཅན་དག་ཆོས་གྲལ་དེ་ཉིད་དུ་སླེབས་ནས་གསུང་བཤད་ཐོས་པའི་ཚེ་བློ་སྣ་དབང་མེད་དུ་འགྱུར་ནས་སྔར་ཞབས་ཀྱི་པདྨོ་གཙུག་གི་ཅོད་པཎ་དུ་བསྟེན་པར་འགྱུར་བ་སོགས་ཀྱི་ཁྱད་ཆོས་དང་ལྡན་ཞིང་། གཞན་ཡང་ལྷོགས་ཐོ་རིའི་མཁན་པོ་མཛད་སྐབས་གཞུང་ས་མཆོག་ནས་རིན་ཆེན་རིལ་སྒྲུབ་གནང་བར་རིལ་སྒྲུབ་པའི་ཟླ་ན་འཚོ་བྱེད་གཞོན་ནུ་གཉིས་པར་གྱུར། །གོང་མའི་བཀའ་བཞིན་གཞུང་ས་རིན་པོ་ཆེ་ནས་གཙང་ཞྭ་ལུའི་མཁན་སའང་གནང་བ་བཞིན་མཛད། བསྟན་བཅོས་རྩོམ་པ་མཆོན་ན་ཞལ་སློབ་ཀྱི་དྭགས་མ་དེ་མོ་ནོ་མོན་ཧན་གྱི་ཡོངས་འཛིན་བཤེས་གཉེན་ཆེན་པོ་རིན་ཆེན་རྒྱལ་མཚན་དང་། རི་བོ་རྩེ་ལྔའི་དབུར་གནས་ལྷ་མང་བླ་མ་སེར་སྨད་ཧ་བོན་དགེ་བཤེས་ཧོར་ཚང་བ་བློ་བཟང་ཤེས་རབ། མཆོད་རྟེན་ཐང་གི་མཁན་རིན་པོ་ཆེ་པན་པོ་བ་རྒྱ་མཚོ་དོན་གྲུབ་བཅས་ཀྱིས་བསྐུལ་ངོར་ལེགས་བཤད་སྙིང་པོའི་ཡང་འགྲེལ་དང་། གངས་ལྗོངས་བསྟན་པའི་སྒྲོན་མེ་མཚུངས་མེད་འབྲུལ་མཁན་ཆེན་མཆོག་སྤྲུལ་རིན་པོ་ཆེ་ནས་བསྐུལ་ངོར་ཀུན་གཞིའི་འགྲེལ་པ་སོགས་མཛད་ཅིང་། གཞན་ཡང་སྔར་ཆོས་འགྲིམ་གནང་སྐབས་དང་རྗེས་སོར་ཐོས་བསམ་ནོར་བུའི་གླིང་གི་མཁན་ཁྲི་སྐྱོང་སྐབས་ཀུན་ཏུ་སྒྲུབ་ཐབས་དང་། སྔོན་ཆོག་སོགས་ལས་བྲངས་པའི་བཀའ་རྩོམ་གྱི་རིམ་པ་མཐའ་ཡས་པ་ཡོད་པར་སྣང་ལ། སྔར་རྒྱ་ཁབ་ཆེན་པོ་ནས་བཀའ་རྩོམ་གནང་བ་ལ་རྒྱལ་རོང་བ་མགོན་པོ་ཀླུ་སྒྲུབ་སོགས་ཀྱིས་ཞུ་བའི་སེང་གདོང་ཆོས་སྐོར་པོད། ཧ་མགྲིན་ཆོས་སྐོར་སོགས་པོ་ཏིར་ལོངས་པ་དང་། ཐོར་བུ་བ་སོགས་མཐའ་ཡས་པ་ཡོད་པར་གྲགས་ཤིང་། སྙན་ངག་ཀྱི་སློབ་

མའང་བླ་ཆེན་དཔོན་ཆེན་མཁས་པ་བཙུན་པ་སོགས་མཐའ་ཡས་པར་མདོ་རྒྱུད་ཀྱི་ཁྲིད་ལུང་དབང་མན་ངག་སོགས་ཀྱང་བར་མ་ཆད་དུ་འདོམས་པར་མཛད་ཅིང་། དེའི་མཐུས་གསུང་སྐྱེས་སློབ་མའི་ཚོགས་ཀྱང་གྲངས་མེད་པ་ལྟ་བུར་གྱུར་པར་སྣང་ཡང་ཟིན་བྲིས་སུ་མ་བཏབ་པས་དེང་མཐའ་དག་བརྗོད་པར་ག་ལ་ནུས་ཤིང་། གཙོ་བོའི་དབང་དུ་བྱས་ན་བོད་དུ་བྱུང་བ་ལ། བསྟན་པའི་ཉིན་བྱེད་འབྲུལ་མཁན་ཆེན་མཆོག་སྤྲུལ་རིན་པོ་ཆེ་དང་། དུང་དཀར་མཆོག་སྤྲུལ། དགའ་པ་རིན་པོ་ཆེ། དེ་མོ་ནོ་མོན་ཧན་གྱི་ཡོངས་འཛིན་བཤེས་གཉེན་ཆེན་པོ་རིན་ཆེན་རྒྱལ་མཚན། ཚྭ་ཇོར་ནོ་མོན་ཧན་གྱི་མཆོག་སྤྲུལ་རིན་པོ་ཆེའི་ཡོངས་འཛིན་བྱང་རྩེ་ཆོས་རྗེ་བློ་བཟང་དགེ་ལེགས། ཡོངས་ཀྱི་དགེ་བའི་བཤེས་གཉེན་ཆེན་པོ་སེར་སྨད་མཁན་པོ་ཞལ་སྔ་ནས་བློ་བཟང་ཐུགས་རྗེ། སེར་སྨད་ཞལ་སྔ་ནས་གྲགས་པ་མཁས་བཙུན་གྲུབ་པའི་མགོན་པོ། སེར་སྨད་ཞལ་སྔ་ནས་གྲགས་པ་རྒྱ་མཚོ། སྟོང་འཁོར་དང་མཆོད་རྟེན་ཐང་གཉིས་ཀའི་ཆོས་ཁྲིར་ཡང་ཡང་དབང་བསྒྱུར་བའི་ཧ་བོན་དགེ་བའི་བཤེས་ཆེན་པོ་ངག་དབང་བློ་བཟང་། རི་བོ་རྩེ་ལྔའི་དབྱར་གནས་བླ་མ་དགེ་བཤེས་ཆེན་པོ་བློ་བཟང་ཤེས་རབ། མཆོད་རྟེན་ཐང་གི་མཁན་པོ་མཁས་བཙུན་གཉིས་ལྡན་དོན་གྲུབ་རྒྱ་མཚོ། ཤར་རྒྱལ་མོ་རོང་པ་དགེ་བའི་བཤེས་གཉེན་ཆེན་པོ་ཕྱོགས་བཞི་དཔོན་པོ་བྱམས་པ་ཕུན་ཚོགས་སོགས་བསྟན་པ་ལ་བྱ་བ་རྒྱ་ཆེན་པོ་བྱེད་ནུས་ཀྱི་བདག་ཉིད་ཆེན་པོ་མི་ཉུང་བ་ཞིག་བྱུང་བར་གྱུར་ལ། གཞན་སྐོག་གྱུར་གྱི་ཆོས་ཐམས་ཅད་མངོན་སུམ་དུ་གཟིགས་པར་གདོན་མི་ཟད་ (ཟ) ཡང་ཡོན་ཏན་སྟེད་ (སྡེད) པ་ལ་རིང་ནས་གོམས་པར་མཛད་པའི་དབང་གིས་མཐའ་དག་གསལ་པོར་མི་གསུངས་ཀྱང་། སྐབས་འགར་མནལ་ལམ་སོགས་ལ་བྱུང་བ་ལྟར་མཛད་ནས་འབྱུང་འགྱུར་གྱི་དགེ་མི་དགེའི་ལུང་རྣམས་ཀྱང་གསལ་པོར་སྟོན་པ་དང་། སྐབས་ཞིག་ལྷ་ས་ནས་རྒྱའི་མི་མདའ་རྒྱབ་པའི་སྐད་གསན་པར་ཨ་ཁ་དེ་ལེགས་པོ་མ་བྱུང་། ཕྱག་མཛོད་ཆོས་འཕེལ་ད་ལྟ་རང་ལྷ་སར་སོང་དགའ་ལྡན་ཁང་གསར་ལ་རྒྱ་ནག་གི་སྐད་ཆ་ཅིག་ཡོད་པར་འདུག

གསུངས། ཅི་ལགས་ཞེས་ཞུས་པར་ད་ཁྱེད་རང་སོང་དང་མིག་ཆུ་ཙར་རེ་ཡོང་དགོས་པ་ཞིག་ཡིན་འདྲ་དེ་རིང་རྒྱུའི་མེ་མདའ་རྫེ་མའི་སྐད་དེ་ཡག་པོ་མ་བྱུང་གསུངས། ཕྱག་མཛོད་པ་དེ་འཕྲུལ་ལྷ་སར་དགའ་ལྡན་ཁང་གསར་དུ་མགྲོན་གཉེར་སར་ཕྱིན་ནས་རྒྱ་ནག་གི་སྐད་ཆ་འདྲ་ཡོད་མེད་གླེང་བས་འདུག་སྟེ་ཇོད་ཉན་མི་འདུག་ད་ལྟ་རྒྱ་ནག་ནས་གྲལ་ཅོ་འགྱུར་བར་པཎ་ཆེན་རིན་པོ་ཆེ་མ་བཞུགས་འདུག་ཅེས་ཟེར་བར་སྙིང་བརྟོན་པ་ལྟ་བུ་བྱུང་ཞིང་མིག་ཆུ་འདོན་བཞིན་སེ་རར་ལོག་པ་སོགས་དེ་འདྲའི་རིགས་མང་དག་བྱུང་ཡང་ཕལ་ཆེར་ལོག་ལྟས་བཅང་པའི་དབང་གིས་སྣང་བ་དག་པ་བྱུང་ཚོད་ཆེར་མི་སྣང་། ཆོས་འཁོར་དཔལ་གྱི་བསམ་ཡས་དང་འོལ་ཁ་ཆོས་ལུང་རྒྱལ་མེ་ཏོག་ཐང་སོགས་སུའང་ཞབས་དག་པའི་གཟིགས་སྣང་མང་དག་བྱུང་ཞེས་ཉེ་འཁོར་བ་རྣམས་ལ་གསུངས་ཀྱང་སྣང་དག་བྱེད་མཁན་ཨ་ལ་ལ། ཚིག་གི་སྙིང་པོ་ཆོས་ཡིན་ཀྱང་། །སྤྱང་ཁུའི་རྣ་བར་དེ་མི་འགྲོ། །ཞེས་པའི་དཔེ་ཡིན། དད་པའི་རྩ་བ་དག་སྣང་ཡིན། །ལོག་ལྟ་ཅན་ལ་ཨ་ལ་ལ། །མདོར་ན་ཇི་སྐད་དུ་ཡོངས་འཛིན་ཆོས་ཀྱི་རྒྱལ་པོའི་གསུང་ལས། ངག་གི་དབང་ཕྱུག་འཇམ་དབྱངས་བླ་མ་ཡི། །བསྟན་པའི་སྙིང་པོ་རང་གིས་འཛིན་པ་དང་། །རྒྱ་མཚོའི་གོས་ཅན་ཁྱབ་པར་སྤེལ་བ་ལ། །ཟླ་བྲལ་མཁས་མཆོག་དབང་པོར་གསོལ་བ་འདེབས། །ཞེས་ཡོངས་སུ་བསྔགས་པར་མཛད་པ་དང་མཐུན་པར་སྐུ་གསུང་ཐུགས་ཀྱི་རྣམ་ཐར་ངོ་མཚར་ཅན་བསམ་གྱིས་མི་ཁྱབ་པ་ཞིག་ཡིན་མོད་ཀྱང་ཡི་གེའི་ཁུར་གྱིས་འཇིགས་ནས་མཐའ་དག་འགོད་པར་མ་ནུས་པས་མདོར་བསྡུས་ས་བོན་ཙམ་དུ་བཀོད་པ་ཡིན་ནོ། །དེ་ནས་སླར་ཡང་དབང་ཕྱོགས་ཀྱི་བསྟན་འགྲོའི་དོན་དུ་རིང་མིན་འབྱོན་དགོས་པ་སོགས་ཀྱིས་མི་ཧ་ཟླ་བ་གཉིས་པའི་ནང་སེར་སྨད་ཀྱི་མཁན་ཁྲི་བཤོལ་ཏེ་རྗེས་སྲིད་སོགས་ཀྱང་ལེགས་པར་མཛད་ཟིན་ནས། སྐྱབས་མགོན་མཆོད་ཡོན་སོགས་ལ་ཐོན་ཕྱག་དང་། གྲྭ་ས་གྲྭ་ཚང་རྣམས་ལ་ལེགས་འབུལ་སོགས་མཛད་དེ་ཧོར་ཟླ་གསུམ་པའི་ནང་ལྷ་ལྡན་ནས་ཕྱག་བཏེགས་ཏེ་རང་ཡུལ་དུ་ཆིབས་ཀྱི་ཁ་ལོ་བསྒྱུར། ཞབས་ལམ་སོགས་སུའང་གདུལ་

བྱའི་དོན་རྒྱ་ཆེར་མཛད་བཞིན་ཕེབས་པར་འབྲི་ཆུ་ཁར་ཡབ་རྗེ་དམ་པ་དོན་གྲུབ་ཀྱི་གཙོས་བསུ་བ་དང་པོ་དང་། དཔའ་རས་དང་སྒོ་མིས་མཆོད་བསུ་བ་གཉིས་པ་དག་གསུམ་པ་བཅས་མདོ་སྨད་སྟོང་འཁོར་དུ་ཕེབས་ཐོག་སླར་ཡང་སྐྱབས་མགོན་ནོ་མོན་ཧན་ཆེན་པོ་བསུ་བར་མཚོ་ཁར་ཕེབས། ཕེབས་བསུའི་རིམ་པ་རྒྱ་ཆེན་པོ་བསྐྱར། སྟོང་འཁོར་མཁར་ནས་བོད་ལུགས་ཀྱི་དཀར་སྒྲོ་རྒྱ་ཆེན་ཕུལ་བར་སྐྱབས་མགོན་མཆོག་ནས་ཡུལ་ལུགས་ལ་གང་ཡོད་མི་གནང་བར་འདི་འདྲ་ཅི་བྱེད་གསུངས་མེར། དེ་ནས་སྐུ་ཞབས་ནོ་མོན་ཧན་ཆེན་པོ་སྐུ་འབུམ་དུ་ཕེབས་གང་ནས་ཆེན་པོའི་སྤྱི་ཆོས་ལར་རྒྱའི་དོན་ལ་ཚོགས་གཏམ་ཞིབ་རྒྱས་སྤྲུལ་བའི་གསུང་འཕྲོས་པ་སྐུ་སྐྱེས་པས་ཅི་ཡོང་པོ་མ་སྐྱེས་ན་གསུངས་ཞེས་པ་གསན་པས་ངའི་བླ་མ་སངས་རྒྱས་ཀྱི་གསུངས་དེ་རང་བདེན་ཞེས་ཡང་ཡང་གསུངས། དེ་ནས་ཧྲུ་ནང་ཛ་སག་གིས་གདན་དྲངས་ཤལ་ཕྱུར་ཕེབས་གདུལ་བྱའི་རེ་འདོད་བསྐང་། ཚ་གན་ནོ་མོན་ཧན་ལ་མཇལ་འཕྲད་ཅིག་བྱེད་དགོས་ཡོང་ཅེས་ཚྭ་ཕ་རེར་ཕེབས་དེ་སྐབས་སྐུ་ཞབས་དེ་བས་སྙུན་ཚུལ་བཞེས་པ་བབ་ལྷེ་ཙམ་ཡོད་པས་སུ་དང་ཡང་ཐུགས་འཕྲད་མེད་ཀྱང་རྗེ་འདི་པ་ཕེབས་པར་གསན་འཕྲལ་སི་ཏུ་རྣམས་ནས་ཁྱེད་ཀྱི་སྙུན་གཞིའི་བབ་དང་། ཁོང་པ་བླ་ཆེན་ཡིན་པ་བཅས་ད་ལན་མཇལ་འཕྲད་མི་གབ་ཚུལ་ཞུ་བར་བཀའ་ཕེབས་ལ་ད་ལན་སྟོང་འཁོར་ཞབས་དྲུང་དང་ཅི་ཀྱང་ཐུག་དགོས་པ་ཞིག་ཡོད་ཁོང་ངེད་ལ་མི་གནོད་གསུངས་ནས་མཇལ་འཕྲད་གནང་གསོལ་དཔོན་པས་གསོལ་བ་འདྲེན་པ་ཙམ་མ་གཏོགས་སུའང་མདུན་དུ་མ་ཚུད་པར་ཉིན་ཐོག་ཐག་རྣམ་གཉིས་གསུང་འཕྲོས་མཛད། དེ་ནས་ཕྱིར་ཕེབས་ཤིང་ཞབས་དྲུང་དཀར་པོའི་སྟེང་གཞིའང་དྭངས་སོ། །དགུན་ཐོག་སྟོང་འཁོར་རང་དུ་བཞུགས་ནས་རེ་ཞིག་སྟོས་པའི་ཡིད་ཅན་ཀུན་གྱི་འདོད་དོན་ཡིད་བཞིན་སྐོང་བར་མཛད། འགའ་ཞིག་ནི་རྗེའི་འདི་པའི་སྐུའི་གཟི་བྱིན་མི་བཟོད་པས་ཞལ་ཙམ་མཇལ་བ་ལ་སྤྲོད་མཐའ་ཙམ་དུ་བས། ལ་ལ་དག་ནི་ཇི་སྐད་དུ། སངས་རྒྱས་རྣམས་ནི་བྱུང་གྱུར་ཀྱང་། །སྐལ་བ་མེད་པས་བཟང་མི་མྱོང་། །

ཞེས་གསུངས་པ་ལྟར་རོ། །འདི་ལ་ཁ་ཅིག་གིས་བླ་མ་འདི་བས་མ་བྱུང་ཟེར་ཏེ། དོན་དངོས་ལ་སྐུ་ཞབས་རིན་པོ་ཆེ་འདི་པས་བོད་ནས་ཕྱོགས་ཕྱོགས་ལ་གྲྭ་རྒྱུན་བཏང་ནས་འདོད་ལྟ་དབྱངས་ཚོག་ཕྱག་ལེན་གར་ཐིག་ཡིག་བཟོ་འབུད་རྣ་ཡན་ཆད་སློབ་དགོས་གསུངས་པ་ལ་ཐིག་པ་ཁྱེར་ལེན་ལྟ་ཞོག མི་བྱེད་དགུ་བྱེད་ཟེར་ནས་ཐུགས་དཀྲུགས་པ་ལས་མ་བྱུང་ཞེས་ཐོས། གཞན་དུ་བླ་མས་དགོན་པ་སྐྱོང་ཟེར་བ་ཡང་གྲྭ་པ་རྣམས་ནས་བླ་མས་གང་གསུངས་བསྒྲུབ་པས་བྱུང་བ་མ་གཏོགས་གྲྭ་པ་རྣམས་སོས་དལ་ལ་བཞག་ནས་བླ་མ་རང་གཅིག་པུས་དགོན་པ་དེའི་ཚོ་ག་ཕྱག་ལེན་ཐམས་ཅད་མཛད་ནས་དགོན་པ་དེ་སྐྱོང་ཞེས་པ་མཐོང་ཐོས་མེད་དེ་སྐར་ཁྱེད་མཐོང་རྒྱ་ཆེ་བ་རྣམ་པས་རྟེད་ན་འདིར་འཇུག་པར་ཞུ་ཞུ། རྗེ་རིན་པོ་ཆེས་དེ་འདྲ་མཛད་ཡོད་དམ་སྙམ། དགུང་ནི་མེ་ལུག་ལོར་ཚེས་བཏེག་ཏེ་ཆུ་བཟང་དུ་ཕེབས། ཆུ་བཟང་ནོ་མོན་ཧན་རིན་པོ་ཆེ་ལ་དངོས་འཁྱེར་གྱི་མཆོད་སྦྱིན་དང་། སྙན་ཚིག་གི་ལམ་ནས་དྲངས་པའི་ཞབས་བརྟན་གྱི་ཞུ་ཚིག་བཟང་པོས་ཐུགས་དགྱེས་པར་མཛད། ཆུ་བཟང་རིན་པོ་ཆེ་ནས་ཀྱང་མཇལ་རྟེན་གསུམ་སོགས་འབུལ་གནང་ཐོག་སྐུ་ཡོན་ལ་བསྔགས་བརྗོད་དང་། བརྟན་བཞུགས། ཆོས་སྲིད་ལས་བརྩམས་པའི་གསུངས་ཞིབ་ཟབ་རྒྱས་ལྷུག་པར་མཛད། དེ་ནས་མཆོད་རྟེན་ཐང་དུ་ཕེབས་སེར་སྐྱ་མཆོག་དམན་ཀུན་གྱི་རྣམ་དཀར་གོང་འཕེལ་དུ་མཛད། གཏོར་སྒྲུབ་ཅིག་ཀྱང་འཇུགས་གནང་མཛད། ཐེ་ཧུང་དང་ལང་གྲུར་ཕེབས་མཐོང་ཐོས་དྲན་རེག་གི་འགྲོ་བ་མང་པོ་དོན་ལྡན་གྱི་གནས་པ་(ལ) སྦྱོར་ཞིང་། ལང་གྲུའི་ཆར་གཏོགས་མ་ཐེ་སེ་ཞེས་པའི་རྒྱུ་དགོན་ཆོས་གཞི་དང་བཅས་པ་བླ་གྲྭ་རྣམས་ནས་ཕུལ་བ་གདུལ་བྱའི་དོན་དུ་བདག་གིར་མཛད། ཡོངས་ཅིང་སོགས་ནས་གདན་ཞུ་ཕུལ་བ་བཞིན་ཕེབས་ནས་ཤུ་གྲུར་ཕེབས་རྗེས་ཀྱི་ཀན་གྲུར་ཕེབས། ཀན་གྲུའི་ཐེ་ཧུས་ཡ་མུན་དུ་གདན་དྲངས་སྟོན་མོ་དྲངས་པར་གནང་སྦྱིན་གྱིས་མགུ་བར་བྱས་ཤུ་ཁྲུར་ཕེབས་པར་ཐག་བཅད་ཀྱང་། གོང་མ་ནས་གསེར་གྱི་རྒྱལ་ཁབ་ཆེན་པོར་མྱུར་བར་ཕྱིན་དགོས་ཀྱི་གསེར་གྱི་ལུང་ཟི་

ཞིང་དུ་བབས་པ་ཀུན་གྲུའི་ཐེ་ཏུ་ལ་འཁོར་འཕྲུལ་ཐེ་ཏུ་ནས་གསེར་ཡིག་གནས་ཚུལ་བཅས་བྱུང་བས་ཕྱིར་ཆིབས་ཁ་བསྒྱུར་ཏེ་སྟོང་འཁོར་དུ་ཕེབས་ནས་མི་ལུག་ཟླ་བ་བརྒྱད་པའི་ཚེས་ཉེར་གཉིས་ལ་ཤར་ཕྱོགས་གསེར་གྱི་རྒྱལ་ཁབ་ཆེན་པོར་བསྐྱོད་ནས་གོང་མ་ཆོས་ཀྱི་རྒྱལ་པོ་སོགས་མཇལ་ཞིང་། གོང་མ་བདག་པོ་ཆེན་པོས་ཀྱང་སྔར་ལས་ལྷག་པའི་བདག་རྐྱེན་གཟེངས་བསྟོད་ཚད་མེད་པ་དང་བཅས་ཏེ་ཟླའི་མཆོད་གནས་སུ་མཆོད་ཅིང་བཀུར་བར་མཛད་ལ། དེ་ནས་བཟུང་ས་ཏ་ལོའི་བར་དུ་གོང་མ་ཆེན་པོའི་དགོངས་བཞེད་དང་མཐུན་པའི་ཞབས་འདེགས་དང་། འཇམ་མགོན་བླ་མའི་བསྟན་པ་སྤེལ་བའི་ཐབས་མཁས་ཀྱི་མཛད་འཕྲིན་དབང་ཕྱོགས་ཀྱི་སྐྱེ་འགྲོ་རྣམས་ཟབ་རྒྱས་ཆོས་ཀྱིས་ཚིམ་པར་མཛད་དེ་སྨིན་གྲོལ་གྱི་ས་ལ་བཀོད་པ་སོགས་ལྷུན་གྱིས་གྲུབ་པ་དང་རྒྱུན་མི་འཆད་པའི་འཕྲིན་ལས་དབྱར་མཚོ་གང་བ་ལྟ་བུའི་ངང་དུ་ལྷུན་ཆགས་པར་འཚོ་ཞིང་བཞེས་སོ། །དེ་ལྟར་ལོ་ངོ་མཐོང་བཅུ་གཉིས་ཀྱི་བར་དུ་བསྟན་འགྲོའི་སྤྱི་དོན་དུ་འཇམ་དབྱངས་གོང་མ་ཆེན་པོའི་ཞབས་འདེགས་སྒྲུབ་པའི་རྣམ་ཐར་ཟིན་ཐོར་འཁོད་རིགས་མེད་ཕྱིར་འདིར་དེ་ཙམ་ལགས། དེ་ནས་རེ་ཞིག་ན་ཞིང་འདིར་སྐུ་ཚེའི་གདུལ་བར་བྱ་བ་ཕལ་ཆེར་རྫོགས་པ་དང་། སྐུ་གདུང་རིང་བསྲེལ་སོགས་ཀྱིས་འགྲོ་བའི་དོན་མཛད་པའི་དུས་ལ་བབ་པ་དང་། སྐྱེ་བོ་དགེ་བའི་ས་བོན་ཅན་རྣམས་ཀྱི་རྒྱུད་ལ་མི་རྟག་པ་དང་། སྐྱེ་བའི་འདུ་ཤེས་བསྐྱེད་པར་མཛད་པ་སོགས་ཀྱི་སླད་དུ་དགུང་ལོ་ཞེ་ལྔ་ས་ཏ་ལོར་སྙུན་ཚུལ་བཞེས་ཏེ་གོང་དུ་གནང་བ་ཞུས་ནས་ཙནྡན་ཇོ་བོར་མཆོད་འབུལ་དང་ཕྱག་སྐོར་ལྷའི་རྣལ་འབྱོར་སྒོམ་པ་སོགས་ལ་ཐུགས་དམ་མཛད་ངོས་ནས་མཁའ་ནང་གཉིས་གདོང་བོད་དུ་ཇོ་བོ་རྣམ་གསུམ་ལ་རིན་ཆེན་རིན་ཐང་ཆེ་བའི་ཕྲེང་བ། རྒྱལ་དབང་ཡབ་སྲས་སོགས་ལ་སྲིད་ན་དཀོན་པའི་འབུལ་ཚན། ལྷ་ལྡན་སྨོན་ལམ་ཚོགས་ཆེན་སོགས་ལ་བླ་ན་མཐོ་བའི་མང་འགྱེད་གཏོང་རྒྱུར་གོས་དངུལ་སོགས་དོ་པོ་རྒྱབ་ནས་མཁའ་ནང་གཉིས་ལ་སྤྲད། ངོས་རྒྱབ་ཏུ་དགེ་སློང་ངག་དབང་ཆོས་འཕེལ་ཅན་གཏོང་བར་ཐག

བཅད་ནས་ཧོར་ཟླ་གཉིས་པའི་ཉེར་བདུན་ཉིན་ཡ་མ་ཟུང་སྐུ་ཚོགས་ཞིག་གསུངས་མཐར་སང་ཉིན་ཁང་པ་འབུབས་ན་མི་བཟང་ལ་བཤིག་ན་བཟང་བའི་སྐད་མ་རེད་གསུངས་ཀྱང་སུ་ལའང་སྣང་དགའ་མ་བྱུང་བར་འདུག རྒྱུད་པ་དགེ་སློང་ཟེར་བ་ཞིག་གློ་ཚུང་མ་བདེ་བར་ཉེ་སྐོར་དུ་བསྡད་པར་ཆོས་ཉེར་བརྒྱད་ཀྱི་ཕོ་རེངས་རྒྱལ་ཇ་བཏུང་བའི་ཐུན་ཚོད་ཀྱི་ཆ་ལ་ལྷའི་བུ་དང་བུ་མོ་མང་པོས་མེ་ཏོག་དཀར་པོ་སོགས་མཆོད་རྫས་མང་པོ་ཐོགས་ནས་བོད་ཕྱོགས་སུ་གདན་འདྲེན་པའི་ཚུལ་བྱེད་པ་སོགས་ངོ་མཚར་བའི་ཆོ་འཕྲུལ་དུ་མ་དང་རྗེ་བླ་མ་ལོངས་སྤྱོད་རྫོགས་པའི་སྐུའི་ཆས་སུ་ཞུགས་ནས་འོད་གསལ་ཆོས་སྐུ་མངོན་པར་གྱུར། རྒྱུད་པ་དགེ་སློང་ནས་སྐུ་ཞབས་ཨ་ཀྱཱ་རིན་པོ་ཆེར་དེ་ཚུལ་ཞུ་བར་འཕྲལ་དུ་ཕེབས་ཏེ་ཐུགས་དམ་གསལ་འདེབས་མཛད། ཞབས་གྲྭ་རྣམས་ཅི་བྱ་མེད་པར་ཧབ་ཧབ་པོར་གྱུར། བཞིན་གྱི་དཀྱིལ་འཁོར་མཆེ་པའི་(མའི)ཆུས་བཀྲུས། ཡིད་ཀྱི་སྦྱ་ངན་བསམ་གཏན་ལ་ཞུགས། ངག་གི་འོ་དོད་ང་རོ་དབྱངས་སུ་བླངས། ལག་པའི་དབྱུག་གུས་བྲང་གི་ཧ་བརྡུངས། རང་རང་ངལ་བ་ཅམ་ལ་བརྗོན་པར་གྱུར། བསྟན་པའི་སྒྲོན་མེ་ཁྲི་ཆེན་རྒྱ་ནག་པའང་དེ་འཕྲལ་ཕེབས། ཨ་ཀྱཱ་ཧོ་ཐོག་ཐུ་དང་རྣམ་གཉིས་ནས་གོང་མར་སྙན་ཞུ་འབུལ་བ་དང་། མགྲོན་ཕྱག་སོགས་ལ་ཞལ་བཀོད་ལེགས་པར་མཛད། རྒྱ་མཚན་གོང་མའི་གསེར་སྙན་དུ་སྒྲོན་པར་ཐུགས་ཁྲ་ཆེས་ཆེ་བར་གནང་ཞིང་། དེ་མ་ཐག་ཏུ་སྐུ་གདུང་ལ་མཆོད་འབུལ་དང་། དེ་ནས་བཟུང་སྟེ་ཞག་ཉེར་གཅིག་གི་བར་མཆོད་པ་མ་ཆག་པ་འབུལ་དགོས་ཀྱི་བཀའ་ཕེབས་བཞིན་སྒྲུབ་ཅིང་། དེའི་རིང་དུ་གོང་ནས་ཀྱང་མཆོད་འབུལ་བར་ཏྭ་ཞིན་རེ་ཆེད་དམིགས་ཀྱིས་གཏོང་བར་མཛད། ཕྱག་མཛོད་བློ་བཟང་ཆོས་འཕེལ་དང་། མགྲོན་གཉེར་ཤ་ར་ཡེ་ཧོར་པ་རྣམས་ནས་ཡུལ་ལུགས་བཞིན་འགྲུབ་པའི་ངོ་ལེན་ཟབ་རྒྱས་དང་། བོད་དུ་གཏོང་བར་གནང་བའི་དངུལ་སོགས་དངོས་གང་ཡོད་མཁན་ནང་གཉིས་ནས་ཕྱིར་གཙང་བཞེས་བྱས། བླ་མའི་དགོངས་པ་རྫོགས་པ་ཟེར་བ་ཇོ་ཐོག་གོ །གོང་གསལ་ཞག་གྲངས་རྫོགས་ནས་སྐུ་གདུང་རིན་

པོ་ཆེ་ཞུགས་ལ་སྨྲུངས་བར་གདུང་རུས་ལ་ཡིག་འབྲུ་སྔ་ཚོགས་ཀྱི་རང་བྱོན་དང་། རིང་བསྲེལ་སོགས་མང་དུ་བྱོན་པ་དང་། དབུ་ཐོད་ཀྱི་ཚལ་བུ་ཞིག་ན་མཆོད་པ་ཞབས་གྲས་ཞིག་གི་སྙིང་པ་ལ་ཨ་ར་པ་ཙ་ན་ཚང་མ་བྱོན་པ་སོགས་བྱུང་སྟེ། ཚུལ་དེས་ནི་འཇམ་དཔལ་དབྱངས་ཀྱི་རྣམ་རོལ་དུ་སྣང་ཡང་ཡིད་ཆེས་ཀྱི་ངེས་པ་སྐྱེད་པར་གྱུར་ཏོ། །དེ་ནས་ཞབས་གྲས་རྣམས་ནས་སྐུ་གདུང་བཞུགས་ཡུལ་གསེར་ཟངས་ལས་གྲུབ་པའི་མཆོད་རྟེན་ཐོག་ཚད་མ་གསར་དུ་བཞེངས་པ་དང་། གཞན་ཡང་ཐུགས་དགོངས་ཐབས་ཀྱི་རྣམ་དཀར་དགེ་སྒྲུབ་མཐའ་ཀླས་པར་མཛད་ཟིན་ནས་གོང་མར་གདུང་གདན་འདྲེན་རྒྱུ་དགོངས་པ་ཞུ་བར། གདུང་རྟེན་སོགས་འདྲེན་བྱེད་དྲིའུ་ལྔ་བཅུའི་བདག་རྐྱེན་སྩལ་ཞིང་། བཀའ་ལུང་ལ། ཁྱེད་རྣམས་སེམས་ལས་མ་བྱེད། ད་དུང་དབུས་གཙང་སོགས་སུ་རྣམ་དཀར་བཟང་བར་སྒྲུབ། སྤྲུལ་སྐུ་ངེས་པ་སྐྱེད་ཚེ་ངེད་ལ་རྒྱུ་མཚན་ཞུས། ཐག་བཟང་པོར་བཅད་པར་བགྱི་ཞིང་། གྲྭ་པ་རྣམས་ལས་ སྔ་རྒྱུན་བཞིན་གྱི་ཕོག་སྟེར། ཟླ་བྲང་འཛིན་སྤྲས་མ་ཉམས་པར་གྱིས་ཞེས་པའི་གསེར་གྱི་བཀའ་ལུང་བཟང་པོ་ཐོབ་ནས་ནང་གཉེར་འབུམ་གླིང་བ་སོགས་ཞབས་གྲས་ཀྱིང་ཟླ་བྲང་འཛིན་སྐྱོང་དུ་བསྡད། ཕྱག་མགྲོན་གཉིས་ཞབས་གྲྭས་རགས་བསྡུས་ནས་སྐུ་གདུང་གདན་འདྲེན་པ་བཅས་རང་ཡུལ་དུ་བྱོན། སྐུ་གདུང་རིང་བསྲེལ་སླིང་པོར་བཞུགས་པའི་མཆོད་སྡོང་ཆེན་པོ་སྟོང་འཁོར་དགོན་དུ་གདན་དྲངས་ཏེ་དགོན་པའི་འདུས་ཚོགས་མངའ་འབངས་དང་བཅས་པས་མཆོད་སྤྲིན་རྒྱ་ཆེན་པོས་མཆོད་པའི་ངང་ལ་དེ་རིག་བཞུགས། དེ་ཡང་སྐུ་དངོས་ལ་ཐ་མལ་པས་ཀྱང་ཐ་མལ་བར་མཐོང་བ་དང་སྐུ་གདུང་སྐུ་འདྲ་སོགས་ལ་མཆོག་ཏུ་འཛིན་པའི་དད་གུས་ཆེན་པོས་མཆོད་བཀུར་ཚད་མེད་པ་བྱེད་པ་རྣམས་ལའང་རྗེས་སུ་ཡི་རང་ངོ་། །སྔར་མཆོད་རྟེན་ཐང་གི་སྡེ་དཔོན་སེར་སྐྱ་རྣམས་ནས་ད་རེས་མཆོད་སྡོང་རིན་པོ་ཆེ་ཁོ་རང་རྣམས་ཀྱི་བསོད་ནམས་ཀྱི་ཞིང་དུ་དགོས་ཚུལ་ཞུས་ཀྱང་སྟོང་འཁོར་སེར་སྐྱ་ཕལ་ཆེ་བས་སྟེར་དུ་མ་འདོད་པས་རྩོད་གཞི་བྱུང་ཟད་བྱུང་བར། ཏ་པོན་རྒྱ་དགེ

བཤེས་དང་། རབ་འབྱམས་པ་བློ་བཟང་བསོད་ནམས་སོགས་བློ་གཟུ་བོར་གནས་པ་རྣམས་
ཀྱིས་མཆོད་སྡོང་རིན་པོ་ཆེ་གང་དུ་བཞུགས་ཀྱང་བསྟན་འགྲོའི་དོན་དུ་འགྱུར་ངེས་པར་མ་
ཟད། གཉིས་ཆར་གོང་མའི་གདན་ས་ཡིན་གཤིས་ཁྱད་པར་མ་མཆིས་ཚུལ་སོགས་ཀྱི་དགེ་
བཤད་སྙིག་བཀྲོལ་མཛད་པར་མཆོད་རྟེན་ཐར་བའི་འདོད་པ་ལྟར་སྒྲིབ་པར་ཞལ་དན་པས།
ས་ལུག་ལོར་མཆོད་རྟེན་ཐང་དུ་གདན་དྲངས་ཏེ་བཀྲ་ཤིས་དར་རྒྱས་གླིང་དུ་སྐྱེ་འགྲོ་དད་ལྡན་
རྣམས་ཀྱི་བསོད་ནམས་ཀྱི་ཞིང་དུ་བཞུགས་ཤིང་། ཕེ་ཅིང་ཕྱག་མགྲོན་གཉིས་བོད་ཕྱོགས་སུ་
ཕྱིན་རྒྱལ་དབང་ཐམས་ཅད་མཁྱེན་གཟིགས་མཆོད་ཡོན་ལྷན་རྒྱས་ལྷ་ལྡན་སྨོན་ལམ་ཆེན་མོའི་
ཚོགས་དབུས་སུ་གདན་དྲངས། དངོས་འབྱོར་གྱི་མཆོད་སྤྲིན་དང་། འདུས་པ་རྒྱ་མཚོར་
མང་འགྱེད། ཛོ་ཤཱཀ་རྣམ་གཉིས་གཙོས་རྟེན་གསུམ་རྣམས་ལ་མཆོད་འབུལ། ངེས་མེད་
དམ་པ་རྣམས་ལ་བསྔོ་རྟེན་སོགས་ཐུགས་དགོངས་རྫོགས་བྱེད་ཀྱི་རིམ་པ་སྒྲུབ་ཏེ་ས་ལུག་ལོར་
སླར་ཡང་པེ་ཅིང་དུ་ཕྱིན་ནོ། །འདིར་སྨྲས་པ། འཇམ་མགོན་རིང་ལུགས་པུཎྜ་རཱི་ཀའི་ཚལ། །
ལོག་སྨྲོར་ལག་ལྡན་རྡོག་པས་བརྫིར་ཉེ་ཚེ། །འཆད་རྩོད་རྩོམ་པའི་ལྕགས་ཀྱུ་རྣོན་པོ་ཡིས། །
ཉམས་མེད་གོང་དུ་འཕེལ་བའི་དབུགས་དབྱུང་སྩལ། །ཐར་པ་འདོད་པའི་བློ་གསལ་ངང་
མོའི་ཚོགས། །ཐེག་ཆེན་ཆོས་ཀྱི་རྫིང་བུར་ཉེར་བཀུགས་ནས། །ལེགས་བཤད་འོ་མའི་དགའ་
སྟོན་འགྱེད་པ་ན། །ལུང་རིགས་སྨྲ་བའི་མགྲིན་ཛ་ཀུན་ཏུ་སྒྲོག །མི་ཟད་རྒྱན་གྱི་འཁོར་ལོའི་
ཡོན་ཏན་གྱི། །གྲགས་སྙན་ཕྱོགས་ཀྱི་འཁོར་ལོ་ཀུན་ཁྱབ་པས། །དབང་ཕྱོགས་ས་ཡི་ཚངས་
པ་ཆེན་པོས་ཀྱང་། །གང་ལ་ཆེད་དུ་བརྗོད་པའི་རྩོད་པན་བཅིངས། །འདུལ་བར་དཀའ་
བའི་འགྲོ་རྒྱུད་ལྕགས་ཀྱི་ཁམས། །བྱིན་རླབས་གསེར་འགྱུར་རྩེ་ཡིས་བྲན་པའི་མོད། །སྨིན་
གྲོལ་ཛམྦུའི་ཀླུང་གི་སུ་ཕྟའི། །ཁམས་སུ་བསྒྱུར་བའི་བྱེད་པོ་བླ་ན་མེད། །དེ་སོགས་མཐའ་
ལས་མཛད་པའི་འཁོར་ལོ་ཆེ། །ས་གསུམ་འགྲོ་བའི་དཔལ་དུ་ལེགས་བསྒྱུར་ནས། །རེ་ཞིག
ཆོས་དབྱིངས་བདེ་བ་ཆེན་པོའི་ཀློང་། །ངལ་བསོའི་ཕྱག་རྒྱ་བཅིངས་ལ་གཞོལ་བར་གྱུར། །

ཅེས་པ་ནི་བར་སྐབས་ཀྱི་ཚིགས་སུ་བཅད་པའོ། །

ན་མོ་གུ་རུ་ཀཱུ་ཏྲ་ཧྲ་དྲ་མཉྫུ་གྷོ་ཁ་ཛ་ཡ་སྭཱ་ག་ར་ཡ། དེ་ལྟར་སྐྱེས་རབས་ཀྱི་ཕྲེང་རླབས་ཀྱི་རྣམ་པར་ཐར་པ་དང་གསོལ་བ་འདེབས་པའི་ཚུལ་མདོ་ཙམ་བརྗོད་ཟིན་ནས། གསུམ་པ་སླར་ཡང་རྗེ་བླ་མ་ཉིད་ལ་བྱེ་བྲག་ཏུ་གསོལ་བ་འདེབས་པ་ནི། བསྐལ་བཟང་ཀླུ་དབང་ཚོགས་ཀྱི་བསྟེན་པའི་གནས། །འཇམ་དཔལ་དབྱངས་ཀྱི་རིང་ལུགས་ནོར་གྱིས་གཏམས། །འཕྲིན་ལས་རླབས་འཕྲེང་དུས་ལས་མི་ཡོལ་བའི། །མང་ཐོས་རྒྱ་མཚོ་ཆེ་ལ་གསོལ་བ་འདེབས། །ཞེས་གསུངས་ཏེ། དེ་ཡང་བསྐལ་བཟང་ཀླུ་དབང་ཚོགས་ཞེས་པ་ནི་བསྐལ་བཟང་གི་རྣམ་འདྲེན་སྟོང་དང་། དེའི་ནང་ཚན་སྟོན་པ་མཉམ་མེད་ཤཱཀྱའི་རྒྱལ་པོ་རྗེས་འབྲང་དང་བཅས་པ་རྣམས་ལ་བརྗོད་པ་སྟེ། དེ་དག་ནི་དཔེར་ན་མ་དྲོས་གནས་པའི་ཀླུའི་དབང་པོ་རྣམས་ཀྱིས་ཆུ་ཀླུང་ཀླུང་ཆེན་པོ་གངྒཱ་སིན་དྷུ། སི་ཏཱ་པཀྵུ་སོགས་དུ་མ་རྒྱུན་མི་ཆད་དུ་འབེབས་པས་ཛམྦུའི་གླིང་འདིར་རྩི་ཤིང་ནགས་ཚལ་ལོ་ཏོག་སོགས་མཐའ་དག་སྐྱེད་པར་བྱེད་པ་དེ་བཞིན་དུ། གདུལ་བྱ་རྣམས་ལ་ཐེག་པ་རིམ་པ་གསུམ་གྱི་དམ་པའི་ཆོས་ཀྱི་ཆུ་ཀླུང་ཆེན་པོ་དུ་མ་ཆད་མེད་དུ་འབེབས་པར་མཛད་པས་དེ་དག་གི་རྒྱུད་ཀྱི་ཉོན་མོངས་པའི་གདུང་བ་བསིལ་ཞིང་ས་ལམ་གྱི་ཡོན་ཏན་མཐའ་དག་བདེ་བླག་ཏུ་བསྐྱེད་པར་མཛད་པས་ན་ཀླུ་དབང་དང་ཆོས་མཐུན་དུ་སྦྱར་ནས་གསུངས་པ་ཡིན་ཅིང་། དེ་ལྟ་བུའི་བསྐལ་བཟང་རྣམ་འདྲེན་རྣམས་ཀྱི་ལུང་རྟོགས་ཀྱི་བསྟན་པའི་གནས་མཆོག་ཏུ་གྱུར་པ་ནི་འཇམ་དབྱངས་མིའི་རྣམ་ཐར་རོལ་པ་ཤར་ཙོང་ཁ་པ་བློ་བཟང་གྲགས་པའི་རིང་ལུགས་དྲི་མ་མེད་པ་དཔྱད་གསུམ་དག་པའི་ནོར་བུས་ཡོངས་སུ་གཏམས་པ་འདི་ཉིད་ལས་གཞན་དུ་མེད་ཅིང་། དེའི་ཕྱིར་འདི་ཉིད་མི་ཉམས་པར་འཛིན་ཅིང་སྤེལ་བའི་འཕྲིན་ལས་ཀྱི་རླབས་ཕྲེང་དུས་ལས་ཡོལ་བ་མི་མངའ་བར་འཇུག་ཅིང་། མང་དུ་ཐོས་པ་དང་བསམ་པ་དང་བསྒོམ་པའི་ཡོན་བསན་བླ་མ་ཞལ་བཞུགས་པའི་དུས་སུ་རྙེད་པ་ཟང་ཟིང་སྒྲུབ་པ་དང་། བཀུར་བསྟི་ཕྱག་གཡོག་སྒྲུབ་པ་དང་། ལྷག་པར་

བཀའ་བཞིན་དུ་སྒྲུབ་པ་སོགས་ཀྱི་མཆོད་པས་ན་ཉེས་པར་བྱེད་པ་དང་། མྱ་ངན་ལས་འདས་ཚུལ་བསྟན་ནས་ཀྱང་ཐུགས་ཀྱི་དགོངས་པ་རྫོགས་ཕྱིར་སྐུ་གསུང་ཐུགས་རྟེན་བཞེངས་པ་དང་། དེ་དག་ལ་ཕྱག་མཆོད་བྱེད་པ། བླ་མའི་སྐུ་གསུང་ཐུགས་ཀྱི་ཡོན་ཏན་བརྗོད་པ། དགེ་འདུན་ལ་བསྙེན་བཀུར་བ་སོགས་མདོར་ན་བླ་མའི་བཀའ་དྲིན་བསབ་ཅིང་ཐུགས་ཀྱི་བཞེད་དོན་འགྲུབ་ཕྱིར་དུ་དགེ་བའི་རྩ་བ་བསགས་པ་རྣམས་ཀྱི་འབྲས་བུ་ལ་ནི་གོང་དུ་བརྗོད་པ་རྣམས་ཀྱིས་བརྒྱའི་ཆ་དང་། སྟོང་གི་ཆ་སོགས་སུའང་བསྐྱུན་(བསྒྲུན) པར་མི་ནུས་པ་ནི་བཤེས་གཉེན་བསྟེན་ཚུལ་གྱི་གཞུང་སོགས་ལས་ཤེས་པར་འགྱུར་ཞིང་། དེ་བས་ན་འདི་ལྟ་བུའི་དགེ་བའི་རྩ་བ་ཟབ་ཅིང་རྒྱ་ཆེ་བ་འདི་དག་ལ་རྗེས་སུ་ཡི་རང་བ་དང་། དད་པ་དང་། གུས་པར་བྱེད་པ་དང་། གོང་དུ་སྨོས་པའི་རྟེན་ཁྱད་པར་ཅན་དེ་རྣམས་ལ་ཕྱག་མཆོད་དང་། བཀུར་བསྟི་ལ་སོགས་པ་བགྱིད་པ་ལ་རང་ཉིད་ཀྱང་བརྩོན་ཞིང་། གཞན་དག་ཀྱག་ཐབས་དུ་མའི་སྒོ་ནས་སྦྱོར་བ་ལ་འབད་པར་བགྱིས་ན་རང་གཞན་ཐམས་ཅད་ཀྱི་རྒྱུད་ལ་རྣམ་པར་དཀར་བའི་དགེ་བ་རླབས་ཆེན་བསྐྲུན་པ་གདོན་མི་ཟ་བས། དེ་ལྟར་མཆོག་དམན་བར་བ་ཐམས་ཅད་ཀྱི་ཐུགས་ཡུལ་དུ་མངའ་བར་འཚལ་ཞིང་། སྨོན་ལམ་གྱིས་མཇུག་བསྡུ་བ་ནི་དེ་མ་ཐག་ཏུ་བརྗོད་པས་འཐུས་པར་འགྱུར་ལ། གོང་དུ་བརྗོད་པ་དེ་དག་གིས་ནི་སྐུ་གསུང་ཐུགས་ཀྱི་རྟེན་བཞེངས་པ་སོགས་ལ་དགེ་བ་རླབས་ཆེན་མཐའ་གླས་པ་ཐོབ་ཚུལ་ཕན་ཡོན་གྱི་རིམ་པ་མདོ་ཙམ་བརྗོད་པ་སྟེ། ལེའུ་གསུམ་པ་རྫོགས་སོ། །

༔ སླར་ཡང་འདི་སྐད་ཅེས་སླེང་བར་བྱ་སྟེ། དུས་གསུམ་གཤེགས་པའི་རྒྱལ་དང་དེ་སྲས་ཚོགས་རྣམས་ཀྱི། །ཚད་མེད་ཐུགས་རྗེ་གཅིག་ཏུ་གྱུར་པའི་སྙིང་པོ་གང་། །མཆོག་གི་སྤྲུལ་སྐུའི་རོལ་པར་ཡོངས་སུ་ཤར་བ་ལ། །ཆན་ཞི་མཉྫུ་ཤྲཱི་ཞེས་སྙན་པའི་གྲགས་པ་འབར། །མགོན་ཁྱོད་དག་དང་མ་དག་འཇིག་རྟེན་ཁམས་རྣམས་སུ། །སངས་རྒྱས་བྱང་སེམས་ཉན་རང་པཎ་གྲུབ་འཁོར་ལོས་བསྒྱུར། །རྣམ་པར་འཕྲུལ་བཟད་མི་ཤེས་པའི་འཕྲིན་ལས་ཀྱིས། །

རིང་མོ་ཞིག་ནས་འགྲོ་བ་སྒྲོལ་ལ་མངོན་པར་བརྩོན། །ཁྱད་པར་ལྷ་ལྡན་སྙིགས་མའི་འགྲོ་བ་བདག་ཅག་རྣམས་ཀྱི་མགོན་དང་སྐྱབས་དང་དཔུང་གཉེན་གཅིག་པུར་ཉེར་དགོངས་ནས། །སྲིད་ལས་གྲོལ་ཡང་སྲིད་པའི་སྒྱུ་འཕྲུལ་མང་དུ་བཟུང་། སྐྱེ་མཁས་བཙུན་བཟང་པོའི་རྣམ་ཐར་སྟོན་འདི་ཨེ་མ་མཚར། །དེ་ལྟ་མོད་ཀྱི་ཚུལ་རོལ་མཐོང་བའི་བྱིས་པ་རྣམས་ཀྱི་བློ་མིག་རིང་ནས་སྒྲིབ་བྱེད་འཐུག་པོས་གནོད་གྱུར་པས། །གང་གིས་གསང་གསུམ་བསམ་མི་ཁྱབ་པའི་རྣམ་པར་ཐར་བ་མཐོང་བ་ལྟ་ཅི་ཐོས་པའི་སྐབས་ཀྱང་ཆེས་ཕྲར་གྱུར། །དེ་ཕྱིར་བློ་སྦྱོངས་སྐྱེ་བོའི་ཚོགས་ལ་སྨན་སྣད་དུ། །སྐྱེས་པའི་རབས་ཀྱི་རྟོགས་པ་བརྗོད་པ་མུ་ཏི་ཀའི། །དོ་ཤལ་ལུང་རིག་ནོར་བུའི་སྲད་བུར་ལེགས་བརྒྱུས་ནས། །རྣམ་པར་སྤེལ་འདི་དང་ལྡན་ཀུན་གྱིས་རྒྱན་དུ་ཡོང་། །གཞན་ཡང་མགོན་དེའི་འཕྲིན་ལས་ཡོངས་སུ་སྤེལ་བར་བྱས་པ་དྲིན་དུ་བཟོ་འདོད་ལྷག་བསམ་གྱིས་བསླངས་ནས། །བདེ་བར་གཤེགས་པའི་རྟེན་གསུམ་བཞེངས་དང་མཆོད་སོགས་རྣམ་པར་དཀར་བའི་དགེ་བ་རླབས་ཆེན་སྤེལ་ཚུལ་རྣམས། །སྒྲོ་སྐུར་འཕྱོག་བརྗོད་ཉེས་བཤད་དུག་ཆུས་མ་སྦགས་དྲང་པོར་བརྗོད་པའི་བརྒྱུད་ལྡན་ཆབ་ཀྱི་རྒྱུན་བཟང་འདི། །གཞན་རྒྱུད་རྒྱ་མཚོར་དགེ་བའི་རླབས་ཕྲེང་འཛུམ་ཕྱིར་བདག་གི་ལྷག་བསམ་མ་དྲོས་སློང་ནས་ལེགས་འོངས་སོ། །འདིར་འབད་དགེ་བ་རབ་དཀར་ཀི་ལ་ཤ། །ཟླ་འོད་འབུམ་གྱིས་འཁྱུད་དང་ཆེས་མཚུངས་པ། །འདིས་མཚོན་བདག་གཞན་དུས་གསུམ་དགེ་བའི་ཚོགས། །མ་ལུས་གཅིག་ཏུ་བསྡུས་པའི་མཐུ་དཔལ་ལས། །ཐུབ་བསྟན་སྤྱི་དང་གསེར་མདོག་འཆང་བ་ཡི། །ལུང་རྟོགས་བསྟན་པ་བཅོ་སྐྱོངས་སུ་ཕཊ། །ཛོ་སྦྲུས་མཚན་པའི་འཁོར་ཡུག་འཛིག་རྟེན་འདིར། །མི་ཉམས་བཀུར་བསྟིར་བཅས་ཏེ་རྒྱས་གྱུར་ཅིག །དེ་འཛིན་བདག་ཉིད་ཆེ་རྣམས་བསྐལ་བརྒྱའི་བར། །ཞབས་ཟུང་བརྟན་ཅིང་མཛད་འཕྲིན་སྲིད་མཐར་ཁྱབ། །འདུས་སྡེའི་ཚོགས་རྣམས་བཤད་སྒྲུབ་གོང་འཕེལ་ཏེ། །ངུར་སྨྲིག་འཛིན་པའི་ས་སྟེང་ཁྱབ་གྱུར་ཅིག །མཐའ་དབུས་འཛིག་རྟེན་ཀུན་ཏུའང་མི་མཐུན་པའི། །རྒུད་པའི་མཚོན་མ

མཐའ་དག་ཉེར་ཞི་ཞིང༌། །བདེ་སྐྱིད་འོད་སྣང་འབར་བའི་གཟི་བྱིན་གྱིས། །རྫོགས་ལྡན་དཔྱིད་ཀྱི་ལང་ཚོ་རྫོགས་གྱུར་ཅིག །ཁྱད་པར་བདག་སོགས་གདུལ་བྱའི་མགོན་གཅིག་པུ། །བསྐལ་བཟང་འཛམ་དབྱངས་རྒྱལ་བ་རྒྱ་མཚོ་ཡི། །ཟག་མེད་ཐུགས་ཀྱི་དགོངས་པ་ཅི་མཆིས་པ། །མ་ལུས་གོང་ནས་གོང་དུ་རྫོགས་གྱུར་ཅིག །སླར་ཡང་མཆོག་གི་སྤྲུལ་སྐུའི་ཉིན་བྱེད་ནི། །རྒྱལ་བསྟན་མཁར་འཕགས་སྐུ་ཚེའི་རྒྱལ་མཚན་བརྟན། །མཛད་འཕྲིན་འོད་སྣང་འཛམ་མགོན་རིང་ལུགས་ཀྱི། །པདྨོའི་གཉེན་དུ་ཆེས་ཆེར་སྨིན་གྱུར་ཅིག །མཛོད་པ་དར་ཏན་ཆོས་རྗེས་གཙོ་མཛད་པའི། །སློབ་འབངས་འདུས་སྡེ་སྦྱིན་བདག་དང་བཅས་པར། །འགལ་རྐྱེན་ཀུན་ཞི་བསམ་དོན་ལྷུན་གྱིས་འགྲུབ། །དཀོན་མཆོག་རིན་ཆེན་སྤྱི་བོས་རྟག་མཆོད་ཤོག །ཁྱད་པར་བླ་མ་མཆོག་གིས་རྗེས་བཟུང་ཞིང༌། །གསུང་གི་བདུད་རྩིའི་དགའ་སྟོན་ལེགས་སྤྱོད་སྟེ། །སྐྱེ་དང་སྐྱེ་བར་འབྲལ་མེད་རྗེས་འཛིན་པའི། །སྲས་ཀྱི་ཐུ་བོ་ཉིད་དུ་འགྱུར་བར་ཤོག །མདོར་ན་བདག་ཅག་མཁའ་ཁྱབ་སེམས་ཅན་ཀུན། །སྒྲིབ་གཉིས་མུན་པའི་གཡུལ་ལས་རབ་རྒྱལ་ཏེ། །ཚོགས་གཉིས་མཐར་ཕྱིན་སྐུ་བཞིའི་གོ་འཕང་མཆོག །རིང་མིན་ཐོབ་པའི་བསྐལ་བཟང་མངོན་འགྱུར་ཤོག །ཆོས་ཉིད་འགྱུར་བ་མེད་པའི་བདེན་པ་དང༌། །རྟེན་འབྲེལ་བསླུ་བ་མེད་པའི་ནུས་མཐུ་དང༌། །བདག་སོགས་ལྷག་བསམ་དག་པའི་མཐུ་སྟོབས་ཀྱིས། །སྨོན་པའི་གནས་ཀུན་བདེ་བླག་ཉིད་འགྲུབ་ཤོག །ཅེས་དགེ་ལྡན་བསྟན་པའི་ཉིན་བྱེད་སྣང་འཕོར་ཧོ་ཐོག་ཐུ་ཆན་ཞི་མཱུ་ཤྲཱི་ནོ་མོན་ཧན་མཆོག་གི་སྤྲུལ་པའི་སྐུ་རིན་པོ་ཆེ་བསྐལ་བཟང་འཛམ་དབྱངས་རྒྱལ་བ་རྒྱ་མཚོའི་འཁྲུངས་རབས་གསོལ་འདེབས་རྣམ་དཔྱོད་ཚོགས་གཉིས་མའི་ཚིག་འགྲེལ་དང་འབྲེལ་བའི་རྟོགས་བརྗོད་རྣམ་ཐར་དང༌། བདེ་ལྡན་ཞིང་མགོན་ཚེ་མཐའ་ཡས་པའི་སྔང་བརྙན་དང༌། དངུལ་གདུང་བྱང་ཆུབ་ཆེན་པོའི་མཆོད་རྟེན་གཉིས་ཀྱི་དཀར་ཆག་ཟུང་དུ་འབྲེལ་བ་རབ་གསལ་ནོར་བུའི་མེ་ལོང་འདི་ནི། འཛམ་མགོན་བསྟན་པའི་གསལ་བྱེད་སེང་（སེར）སྨད་གཞུང་པ་ལྷ་བཙུན་མཆོག་གི་སྤྲུལ་

པའི་སྐུ་རིན་པོ་ཆེ་དང་། ༧རྗེ་བཙུན་བླ་མ་དམ་པ་སེར་སྨད་མཁན་ཟུར་ཞལ་སྔ་ནས་གྲགས་པ་མཁས་བཙུན་གྲུབ་པའི་དཔལ། སྐྱབས་མགོན་དེ་ཉིད་ཀྱི་འཕྲིན་ལས་ཀྱི་ཁ་ལོ་བ་ཕྱག་མཛོད་དར་ཧན་ཆོས་རྗེ་རབ་འབྱམས་པ་ཚུལ་ཁྲིམས་ཆོས་འཕེལ། དྲུང་གནས་རབ་འབྱམས་པ་རྒྱ་མཚོ་བསྟན་དར། སེར་སྨད་རོང་པོ་ཁམས་ཚན་འདུས་སྤྱི་དང་བཅས་པ་ནས་༧སྤྲུལ་སྐུ་རིན་པོ་ཆེ་དག་ཞིང་དུ་གཤེགས་ནས་རིང་པོར་མ་ལོན་པར་མཇལ་རྟེན་གསུམ་ལྷ་རིག་དང་བཅས་འཕྲུལ་དུ་རྫོམ་དགོས་ཀྱི་བསྐུལ་མ་མཛད་དོན་བཞིན། དེ་སྐབས་སྟོན་མགྱོགས་སྟབས་ཤུར་ལྷ་བུར་འབྲུངས་རབས་རྣམ་ཐར་གྱིས་མཚོན་པ་རྣམས་རགས་བསྡུས་ཀྱི་ཚུལ་གྱི་ལན་ཅིག་བྲིས་ཟིན་པ་ཡིན་ཀྱང་། རྗེས་སོར་ཆུ་བྱ་ལོར་ཕྱག་མཛོད་ཆོས་རྗེ་དཔལ་སྤྲར་ཡང་མདོ་སྨད་ནས་སྐུ་ཕྲེང་གོང་མ་འགའ་ཞིག་གི་རྣམ་ཐར་གྱི་མ་ཕྱིའི་ཕྱག་དཔེ་ཡང་ཆེད་བསྐུར་མཛད་ནས་སྐྱར་དུ་བསྒྲིགས་རྫོམ་རྒྱས་པ་ཞིག་དགོས་ཞེས་ཕྱག་བྲིས་ཀྱི་ལམ་ནས་བཀའ་ནན་ཕེབས་པར་མ་ཟད། རྗེ་བཙུན་བླ་མ་དམ་པ་ཞལ་སྔ་ནས་གྲགས་པ་མཁས་གྲུབ་དཔལ་བཟང་པོས་བཀའ་ལུང་སྤྱི་བོར་བཀོད་པ་དང་། རབ་འབྱམས་པ་རྒྱ་མཚོ་བསྟན་དར་སོགས་ནས་ཀྱང་དེ་དོན་བཞིན་ཅི་ནས་བསྒྲིགས་དགོས་ཀྱི་བསྐུལ་མ་ནན་ཆེར་བྱུང་བར་བརྟེན། དངོས་གཞིའི་མགོ་འཛུགས་བར་གསུམ་ཕལ་མོ་ཆེ་རྫོམ་པ་སྟོན་ཡོད་གཞིར་བཞག་པའི་ཐོག སྔ་སོར་ས་བོན་སོགས་ཁུངས་དག་མིན་སྣམ་འགའ་ཞིག་གི་ཐད་དུ་ནོར་འཁྲུལ་བྱུང་བ་རྣམས་ལ་བསྐྱར་བཅོས་དང་། དེར་མ་འཐོབ་པའི་སྐུ་ཕྲེང་སྔ་ཕྱིའི་རྣམ་ཐར་ལོ་རྒྱུས་ཀྱི་རིགས་དང་། བར་སྐབས་ཀྱི་ཚིགས་བཅད་ལ་སོགས་པ་གསར་དུ་བསྟན་ཏེ་བསྣན་ཏེ་ཅུང་ཟད་རྒྱས་པའི་ཚུལ་དུ་བཀོད་པ་ཡིན་ཀྱང་། དེ་ཡང་རང་ཉིད་སྐྱེས་སྦྱངས་ཀྱི་ཡོན་ཏན་དམན་པས་མཁས་པ་མགུ་བའི་དགའ་སྟོན་དུ་འགྱུར་བ་ཞིག་འགོད་པའི་སྤོབས་པ་མ་མཆིས་ཀྱང་། བཀའ་ནན་བཟློག་པར་མ་ནུས་པས་སྤྱི་བརྩོལ་བསྐྱེད་དེ་རི་མོའི་ལམ་དུ་སྤེལ་བ་པོ་ནི་རྗེ་བཙུན་བླ་མ་རྣམས་ཀྱི་བཀའ་དྲིན་གྱིས་འཚོ་བའི་སློབ་བུའི་ཐ་ཤལ། སེར་སྟོད་མཁན་པོ་རྒྱལ་དབང་སྤྲུལ་མིང་བློ་

བཟང་འཕྲིན་ལས་རྣམ་རྒྱལ་ཏེ། འདིས་ཀྱང་འགྲོ་ཀུན་དཔལ་ལྡན་བླ་མ་དམ་པས་འབྲལ་མེད་རྗེས་སུ་བཟུང་སྟེ་ཐེག་པ་མཆོག་གི་དགའ་སྟོན་ལ་རྟག་ཏུ་རོལ་པའི་རྒྱུར་གྱུར་ཅིག །ཤུ་བྷཾ།

༈ རྗེ་བཙུན་ཆོས་ཀྱི་རྒྱལ་པོ་ཙོང་ཁ་པ་ཆེན་པོའི་ཞབས་ལ་གུས་པས་ཕྱག་འཚལ་ལོ། །གནས་དགའ་ལྡན་ཆོས་ཀྱི་ཕོ་བྲང་ན། །དཔལ་མཉམ་མེད་འཇམ་དཔལ་སྙིང་པོ་ཞེས། །མཚན་ཉི་ལྟར་གྲགས་པ་ཕྱག་གི་ཡུལ། །ཁྱེད་འདིར་ཚོགས་ཀུན་གྱིས་གསོལ་བ་ཐོབ། །དོན་རྒྱལ་བའི་དབང་པོ་ཙོང་ཁ་པ། །སྐུ་ཆེ་བའི་ཡོན་ཏན་བསམ་མི་ཁྱབ། །གསུང་ཟབ་གསང་ཡོན་ཏན་བསམ་མི་ཁྱབ། །ཐུགས་མཁྱེན་བརྩེ་ཡོན་ཏན་བསམ་མི་ཁྱབ། །སྟོན་བདེ་གཤེགས་ཉིད་ཀྱིས་ལུང་བསྟན་པ། །ཕོང་བསྟན་པའི་མངའ་བདག་ཆེན་པོ་ཡིན། །ང་དེ་ཡི་སྲོག་འཛིན་དགེ་ལྡན་པ། །ས་ཆེན་པོའི་རྒྱ་དང་མཉམ་པ་ཡིན། །དེའི་གནས་ཀྱི་ཆེ་བ་བཤད་ཙ་ན། །དཔལ་གསང་བའི་བདག་པོས་ལུང་བསྟན་པའི། །འབྲོག་མཉམ་མེད་རི་བོ་དགེ་ལྡན་ཡིན། །ང་རྣམ་ཐར་གཙང་བའི་དགེ་ལྡན་པ། །ཕྱོགས་ཀུན་ལས་རྣམ་པར་རྒྱལ་བ་ཡིན། །དེའི་བསྟན་པའི་ཆེ་བ་བཤད་ཙ་ན། །ཆོས་མདོ་སྔགས་འགལ་བ་མེད་པ་ཡིན། །ང་ཁྱད་པར་འཕགས་པའི་དགེ་ལྡན་པ། །ལུང་མན་ངག་ཚང་ལ་ནོར་མེད་ཡིན། །ཆོས་བརྒྱུད་པ་གང་ཡིན་ཟེར་ཙ་ན། །ཆོས་ཉམས་ལེན་ཟབ་མོ་ལྟ་བརྒྱུད་དང་། །ལམ་ཉམས་ལེན་རྒྱ་ཆེན་སྤྱོད་པའི་བརྒྱུད། །དོན་ཉམས་ལེན་མན་ངག་བྱིན་རླབས་རྒྱུད། །དཔལ་བསྟན་པའི་བདག་པོ་མན་ཆད་ནས། །བཀའ་བརྒྱུད་པའི་ཆུ་བོ་གསུམ་འདྲེས་པ། །དཔལ་དེ་པཾ་ཀ་རའི་ཐུགས་ཀྱི་བཅུད། །དེ་བརྒྱུད་པ་གཞན་ལས་ཁྱད་དུ་འཕགས། །ལྷ་ཡི་དམ་གང་ཡིན་ཟེར་ཙ་ན། །དཔལ་ནམ་མཁའ་ལྟ་བུའི་གསང་འདུས་དང་། །རྒྱུད་བྱིན་རླབས་མྱུར་བའི་བདེ་མཆོག་དང་། །ལྷ་ཁྲོ་ཆེན་འཇིགས་མཛད་རྡོ་རྗེ་ཡིན། །ཆོས་སྐྱོང་བའི་བསྲུང་མ་བཤད་ཙ་ན། །བཀའ་དམ་ཅན་གྱི་མགོན་པོ་དང་། །ལས་དགེ་སྡིག་ཤན་འབྱེད་ཉི་མའི་སྲས། །ལྷ་དམ་

ཅན་ཆོས་ཀྱི་རྒྱལ་པོ་ཡིན། །སྤྱིར་བསྟན་པ་ཐམས་ཅད་འགལ་མེད་རྟོགས། །སྒོས་གཞུང་ལུགས་མ་ལུས་གདམས་པར་ཤར། །དེས་རྒྱལ་བའི་དགོངས་པ་རྙེད་པ་ཡིས། །དོན་ཉམས་སུ་ལེན་པའི་གཞུང་ཤིང་ཡིན། །ང་ནམ་མཁའ་འདྲ་བའི་དགེ་ལྡན་པ། །ཆོས་ལྟ་བ་སྣང་སྟོང་ཟུར་དུ་འཕྲེལ། །ང་ཉི་ཟླ་འདྲ་བའི་དགེ་ལྡན་པ། །ལམ་བསྐྱེད་རྫོགས་བསྒོམ་ལ་གསལ་ཡངས་ཆེ། །ང་སྔོན་ཤིང་འདྲ་བའི་དགེ་ལྡན་པ། །ཆོས་བསླབ་པ་གསུམ་གྱི་འབྲས་བུ་རྒྱས། །ང་ས་གཞི་འདྲ་བའི་དགེ་ལྡན་པ། །སེམས་བཟང་པོ་བྱང་ཆུབ་མྱུ་གུ་སྐྱེས། །ང་རྒྱ་མཚོ་འདྲ་བའི་དགེ་ལྡན་པ། །ཆོས་མདོ་སྔགས་ཀུན་ཤོང་གཏིང་མཐའ་ཡས། །རྗེ་རྒྱལ་ཚབ་བྱམས་པ་མགོན་པོ་ཡིས། །ང་དགེ་ལྡན་བསྟན་པའི་རྒྱལ་ཚབ་བསྐོས། །དོན་དེ་ཕྱིར་འགྲན་པའི་ཟླ་དང་བྲལ། །ང་བསམ་གྱིས་མི་ཁྱབ་དགེ་ལྡན་པ། །སྤྱིར་ཐུབ་བསྟན་ཡུན་རིང་གནས་པ་དང་། །སྒོས་གསེར་མདོག་ཅོད་པཎ་འཛིན་པ་ཡི། །དཔལ་མཉམ་མེད་རི་བོ་དགེ་ལྡན་པ། །ཕྱོགས་ཀུན་ཏུ་དར་ཞིང་རྒྱས་གྱུར་ཅིག །ཅེས་པ་འདི་ནི་ཡུལ་སྟོང་འཁོར་དུ་སྐྱེས་པའི་བཙུན་པ་ཡོན་ཏན་རྒྱ་མཚོའི་དཔལ་གྱིས་ཤེར་མདའི་གླིང་དུ་སྦྱར་བའོ། ཡི་གེ་པ་ནི་དགེ་ཚུལ་ཡོན་ཏན་དབང་ཕྱུག་གོ །

སྐུར་མཛད་ཡེ་ཤེས་མགོན་པོ་ཕྱག་དྲུག་པའི་དཔལ་གྱི་གཏོར་འབུལ། ཧཱུཾ། བདེ་སྟོང་ཡེ་ཤེས་མཆོག་གི་རོལ་པ་ལས། །གང་ཤར་ཆོས་ཀུན་བདེ་བའི་དགའ་སྟོན་དུ། །བསྒྱུར་བའི་ཀུན་བཟང་མཆོད་པའི་སྤྲིན་ཆེན་གྱིས། །ལྷ་ལམ་ཡངས་པའི་ཁྱོན་ཀུན་འགེངས་གྱུར་ཅིག རྒྱལ་བ་རྒྱལ་སྲས་རྣམས་ཀྱི་ཐུགས་རྗེ་ནི། །བསྟན་དང་བསྟན་འཛིན་སྐྱོང་བར་ཁྲོ་བའི་སྐུ། །སྐུར་མཛད་ཡེ་ཤེས་མགོན་པོར་མཚན་གསོལ་བ། །འཁོར་དང་བཅས་པ་གནས་འདིར་གཤེགས་སུ་གསོལ། །མདུན་དུ་ཡེ་ཤེས་མེ་དཔུང་ཆེན་པོའི་དབུས། །པད་ཉི་ཚོགས་བདག་བརྩེགས་པའི་གདན་སྟེང་དུ། །འདོད་དགུ་སྐྱོལ་བའི་ཐུགས་རྗེའི་ངང་ཉིད་ལས། །མི་གཡོ་མཆོད་པའི་ཞིང་དུ་དགྱེས་པར་བཞུགས། །ཐུགས་དང་ཏིང་འཛིན་ཕྱག་རྒྱས་བྱིན་རླབས

པའི། །ཕྱི་ནང་གསང་བའི་མཆོད་ཚོགས་རྒྱ་མཚོ་འདི། །སྤྲུར་མཛད་མགོན་པོ་འཁོར་དང་བཅས་ལ་འབུལ། །བརྗེ་བས་བཞེས་ཤིང་མཐུན་རྐྱེན་ལྷུན་འགྲུབ་མཛོད། །བདག་སོགས་དེང་ནས་གྲུབ་སྙིང་པོའི་བར། །ཡེ་ཤེས་མགོན་པོ་ཉིད་དང་མི་འབྲལ་ཞིང་། །མཆོག་དང་ཐུན་མོང་དངོས་གྲུབ་ཀུན་གྱི་གཏེར། །བླ་མ་མགོན་པོ་དབྱེར་མེད་སྤྲུར་འགྲུབ་མཛོད། །ཅེས་པ་འདི་ནི་ཛ་སག་རཏྣ་གིརྟིའི་ངག་འདོན་དུ། ཤཱཀྱའི་བཙུན་པ་འཇམ་དབྱངས་བསྟན་འཛིན་རྒྱ་མཚོས་སྦྱར་བའོ། །

ན་མོ་གུ་རུ་མཉྫུ་ཤྲཱི་བཛྲ་ཡ། །དབང་སྟོན་ཞུན་མར་འཁྱིལ་བའི་མཚོར། །འདབ་བརྒྱའི་སྟོང་བུ་ལྡེམ་པ་བཞིན། །སེང་སྟོན་སྟེང་ན་དབྱིངས་བག་ཅན། །སྨྲ་བའི་སེང་གེས་བདག་སྐྱོངས་ཤིག །བསྐལ་བཟང་རྣམ་འདྲེན་སྟོང་གི་འཁོར་གྱི་གཙོ། །རབ་འབྱམས་ཞིང་གི་རྒྱན་གྱུར་འཇམ་དཔལ་དབྱངས། །རྒྱལ་བ་རྒྱ་མཚོའི་གདུང་འཚོབ་བླ་མེད་དུ། །རིམ་པར་བྱོན་པ་རྣམས་ལ་སྙིང་ནས་འདུད། །གང་ཞིག་སྟོང་འཁོར་མཉྫུ་ཤྲི་རིར་གྲགས་པའི་རྣམ་ཐར་དཀར་ཆག་བཅས། །འབྲུག་པ་རྒྱལ་དབང་ཆོས་རྗེའི་མཆོག་སྤྲུལ་བློ་བཟང་འཕྲིན་ལས་རྣམ་རྒྱལ་ཞེས། །མཁས་པའི་དབུས་ན་མངོན་པར་མཐོ་བའི་ཞལ་གྱི་བུམ་བཟང་ལས་འོངས་པའི། །རབ་གསལ་ནོར་བུའི་མེ་ལོང་ཞེས་བྱའི་སྟོན་མེད་ལེགས་བཤད་བདུད་རྩི་འདི། །བླ་མ་དམ་པས་སྐྱེ་བར་རྗེས་བཟུང་བའི། །རང་རྟགས་མངོན་པར་གསལ་བའི་མི་ཡི་རྗེ། །ཕྱག་མཛོད་ཆེན་མོ་དར་ཧན་ཆོས་རྗེས་ནས། །ངོ་མཚར་བར་གྱི་ཡོལ་གོ་ཡངས་པོར་གཏམས། །གང་ཚེ་ཐག་རིང་ཡུལ་སྐྱེས་པའི། །ལས་བྱེད་དག་ནི་ལས་འདིའི་ཆེད། །སུས་ཀྱང་མ་ཐོས་འདིར་ལྷགས་པ། །མཐུན་པའི་སྨོན་ལམ་ཉིད་དུ་འཁྱུམ། དེ་ཡང་པར་ཤིང་ནི་སྟོ་ཁོ་ཞབས་དྲུང་རིན་པོ་ཆེས་གཙོས། མཆོད་རྟེན་ཐང་གི་མི་ཐུར་རི་ཁྲོད་འདུས་སྡེ་ནས་ཕུལ་ཞིང་། པར་ཡིག་རབ་འབྱམས་པ་རྒྱ་མཚོ་བསྟན་དར་དང་། དབུ་ལྷ་བོད་ཡུལ་ཨེའི་ལྷ་བྲིས་པ་བསོད་ནམས་རྡོ་རྗེས་བྲིས། པར་ཤིང་བཟོ་སྐྱོར་ནི་སྐུ་འབུམ་པ་བློ་བཟང་བསྟན་འཛིན་དང་། པར་

བཀོན་（བཀོ་མཁན）ནི་ཁམས་སྡེ་ཡུལ་རྣམ་རྒྱལ་དགོན་གྱི་གྲྭ་རིགས་རོང་པོ་གང་ལང་དགེ་སློང་བསྟན་འཛིན་བཀྲ་ཤིས་ཀྱིས། ༄གོང་མ་ཏཱ་ཆེན་རྒྱལ་པོ་ཁྲི་བཞུགས་ལོ་ཉི་ཤུ་རྩ་གཉིས་མེ་གླང་ཟླ་བ་གསུམ་པའི་ཚེ་ལ་བཀོ་བའི་དབུ་བཙུགས་ཤིང་། ས་སྟག་ཟླ་བ་དགུ་པའི་ཡར་ཚེས་རྣམ་ཐར་དཀར་ཆག་བཅས་པར་ཤོག་བུ། མིག་རི་ཟླ་བའི་གྲངས་ལྡན་འདི་ཉིད་གྲུབ་པར་བགྱིས་ལགས་སོ། །སླར་ཡང་འདི་སྐད་དུ་སྨྲས་ཏེ། གང་ཞིག་བླ་མ་མཆོག་གི་རྣམ་ཐར་འདི། །གང་གི་རྣད་བྱུང་ཐུགས་རྗེས་བྱུང་གྱུར་པ། །རྗེ་བཙུན་གྲགས་པ་མཁས་བཙུན་གྲུབ་མགོན་དེའི། །བཀའ་དྲིན་དྲན་ཚེ་སྨུག་པ་སྤྱི་བོར་འཆོར། །བསྐལ་བཟང་འཇམ་དབྱངས་རྒྱལ་བ་རྒྱ་མཚོའི་དཔལ། །རྗེ་བཙུན་གྲགས་པ་མཁས་བཙུན་གྲུབ་པའི་མགོན། །མཁས་དབང་བློ་བཟང་འཕྲིན་ལས་རྣམ་རྒྱལ་ཏེ། །འཇིག་རྟེན་མིག་འབྱེད་གསུམ་ལ་གུས་ཕྱག་འཚལ། །ཚུལ་དེར་འབད་པའི་བསོད་ནམས་གངས་རིའི་གོས། །ཡི་རང་ཉིན་བྱེད་འོད་ཀྱིས་བཞུ་བའི་རྒྱུན། །སྐྱེ་དགུའི་ཡིད་ཀྱི་རྫིང་བུར་ཞུགས་གྱུར་ནས། །དག་སྣང་པད་ཚལ་ཀུན་ནས་རྒྱས་གྱུར་ཅིག །བདག་སོགས་སྲིད་པར་ལེ་ལོ་བཅོམ་པའི་བརྩོན་འགྲུས་ཀྱིས། །སྲོག་ཀྱང་བཏང་ནས་ལམ་བཟང་སྟོན་པའི་དགེ་བའི་བཤེས། །ཚུལ་བཞིན་བསྟེན་ནས་བཀའ་བཞིན་སྒྲུབ་པའི་མཉེས་བྱེད་ལ། །རྟག་ཏུ་འབད་པས་རྣམ་དག་ལམ་ལ་འཇུག་པར་ཤོག །རྒྱལ་བ་རྒྱལ་སྲས་སྤྱོད་པ་མ་ལུས་པ། །སྲིད་དུ་སྲིད་མཐར་སྤྱད་པའི་མི་ངོམས་ཤིང་། །ཀུན་ལ་ཀུན་ནས་བརྩེ་བའི་བླ་མ་རྗེས། །ཇི་ལྟ་ཇི་ལྟར་སྤྱད་པ་ལྟར་སྤྱོད་ཤོག །རྣམ་ཐར་རྣམ་པར་གསལ་བའི་ཉི་མ་འདི། །སྲིད་པར་སྲིད་པའི་མིག་ཏུ་གནས་གྱུར་ཏེ། །ལོག་རྟོག་ལོག་འདྲེན་ཀུ་མུད་ཟུམ་པ་དང་། །བསྟན་པ་བསྟན་འཛིན་གླིང་བཞི་གསལ་བར་ཤོག །གཞན་ཡང་ཀུན་ཏུ་ནད་མུག་འཁྲུག་རྩོད་སོགས། །མི་མཐུན་རྐྱེན་པའི་མིང་ཡང་མི་གྲགས་ཤིང་། །ཐུབ་བསྟན་བཤད་སྒྲུབ་དར་ཞིང་རྒྱས་པ་དང་། །འཛམ་གླིང་བདེ་སྐྱིད་ལྡན་པའི་བཀྲ་ཤིས་ཤོག །ཨོཾ་ཨ་ར་པ་ཙ་ན་ཧྲཱིཿ ཨོཾ་མ་ཎི་པདྨེ་ཧཱུྃ། ཨོཾ་བཛྲ་པཱ་ཎི་ཧཱུྃ་ཕཊ། ཨོཾ་ཏཱ་རེ་ཏུཏྟཱ་རེ་ཏུ་རེ་སྭཱཧཱ།

༄། །གདངས་ཅན་གཙུག་ལག་རིན་ཆེན་ཕྲེང་བ། །

ཡེདྷརྨཱཧེཏུཔྲབྷཝཱཧེཏུནྟེཥཱནྟཐཱགཏོཧྱཝདཏ྄། ཏེཥཱཉྩཡོནིརོདྷཨེཝཾཝཱདཱིམཧཱ ཤྲམཎཿ དགེ་ལེགས་འཕེལ། ཞུས་སོ། །

༄༅། །གངས་ཅན་གཙུག་ལག་རིན་ཆེན་ཕྲེང་བ། །དེབ་བརྒྱད་པ།

༄༅། །ཕྱོང་འཚོར་ཤེར་ཏེ་ཉི་ཆན་ཞི་མཛུ་ཕྲིའི་ཉོ་མོན་ཏན་གྱི་འཁྲུངས་རབས་གསོལ་འདེབས་སོགས།

རྒྱུས་འགོད་མཁན།	རྡོ་སྦྲེལ་ཚེ་རིང་རྡོ་རྗེ།
མཛད་མཁན།	བློ་བཟང་འཕྲིན་ལས་རྣམ་རྒྱལ།
གཙོ་སྒྲིག་པ།	རྡོ་སྦྲེལ་ཚེ་རིང་རྡོ་རྗེ།
རྩོམ་སྒྲིག་འགན་འཁུར་བ།	རྡོ་སྦྲེལ་ཚེ་རིང་རྡོ་རྗེ།
པར་ཞུས་འགན་འཁུར།	སྒྲོལ་མ་མཚོ། དབྱངས་ཅན་འཚོ།
མདུན་ཤོག་མཛེས་འཆོས།	སྐལ་བཟང་ནོར་བུ།
པར་གཞི་སྒྲིག་བཟོ།	པད་མ་ཆོས་སྐྱིད།
དཔེ་སྐྲུན་འགྲེམས་སྤེལ།	བོད་ལྗོངས་མི་དམངས་དཔེ་སྐྲུན་ཁང་། （ལྷ་ས་གླིང་སྐོར་བྱང་ལམ་སྒོ་ཨང་20པ།）
པར་འདེབས།	བོད་ལྗོངས་ཤིན་ཧྭ་པར་འདེབས་བཟོ་གྲྭ།
དེབ་ཚད།	787×960　1/16
དཔར་ཤོག	12.125
ཡིག་གྲངས།	ཁྲི13.6
པར་གཞི།	2014ལོའི་ཟླ10པར་པར་གཞི1བསྒྲིགས།
དཔར་ཐེངས།	2021ལོའི་ཟླ7པར་པར་ཐེངས2བཏབ།
དཔར་གྲངས།	1,001－3,000
དཔེ་རྟགས།	ISBN 978－7－223－04492－9
རིན་གོང་སྒོར།	25.00